經華管信 创优系列·会计

U0812073

高级财务会计

（第2版）

Advanced Financial Accounting, Second Edition

主　编　陈良华　吴　芃
副主编　刘春晖　高凯丽　王晶晶　陈洪涛

電子工業出版社
Publishing House of Electronics Industry
北京 • BEIJING

内 容 简 介

本教材在参考国内外高级财务会计领域重要文献的基础上，结合近年来的中国理论和实践，从新视角对高级财务会计的主要内容进行系统梳理和总结。本书共 6 篇：第 1 篇（第 1 章）是高级财务会计基本理论；第 2 篇（第 2～3 章）是合伙与分支机构会计；第 3 篇（第 4～7 章）是企业合并与合并财务报表；第 4 篇（第 8～10 章）是国际会计；第 5 篇（第 11～13 章）是特殊业务会计；第 6 篇（第 14～15 章）是拓展专题。本教材内容新，信息量大，理论联系实际，深浅有序搭配，反映本领域最新理论与方法。

本教材可以作为会计专业、审计专业和财务管理专业本科生及研究生的教材或阅读参考书。同时，可作为广大财会从业者、爱好者的参考及自学用书。

图书在版编目（CIP）数据

高级财务会计 / 陈良华，吴芃主编. —2 版. —北京：电子工业出版社，2015.6
（华信经管创优系列）

ISBN 978-7-121-26288-3

Ⅰ. ①高… Ⅱ. ①陈… ②吴… Ⅲ. ①财务会计—高等学校—教材 Ⅳ. ①F234.4

中国版本图书馆 CIP 数据核字（2015）第 124457 号

策划编辑：王志宇（wangzy@phei.com.cn）
责任编辑：王志宇
印　　刷：涿州市京南印刷厂
装　　订：涿州市京南印刷厂
出版发行：电子工业出版社
　　　　　北京市海淀区万寿路 173 信箱　邮编：100036
开　　本：787×1 092　1/16　印张：19.25　字数：522 千字　插页：1
版　　次：2009 年 9 月第 1 版
　　　　　2015 年 6 月第 2 版
印　　次：2015 年 6 月第 1 次印刷
印　　数：3 000 册　　定价：43.00 元

凡所购买电子工业出版社图书有缺损问题，请向购买书店调换。若书店售缺，请与本社发行部联系，联系及邮购电话：(010) 88254888。

质量投诉请发邮件至 zlts@phei.com.cn，盗版侵权举报请发邮件至 dbqq@phei.com.cn。

服务热线：(010) 88258888。

前言

600 年前，地球是“隔离的”；600 年来，地球是“圆的”；而现在，地球是“平的”。我们正处在一个急剧变革的时代。工业社会向信息社会的转变，使一切都将发生深刻的变化，包括人们的生活方式、交流方式；组织机构的经营方式、管理方式；国家的管理规则、政治机构；市场的运作模式、运行规律……变革的潜流已经涌来，在市场浪潮中搏击的企业已最先感受到这变革浪潮的冲击。这种冲击正在动摇现有企业的管理理念和管理方法，也正在动摇现行高级财务会计的模式，正在动摇现有会计计量模式。新的管理理念和计量模式在新经济时代初现，一些敢于弄潮的理论先驱者已经在进行创新的尝试。随着国际经济一体化及金融市场国际化的趋势，便捷的交通和网络信息已将各国公司融入全球市场，会计服务现已成为全球市场的一个重要部分，高级财务会计学呈现全球化的特征。中国的改革开放与加入 WTO，使得中国与世界的距离拉得越来越近。高级财务会计在中国公司正受到前所未有的重视。

全书由陈良华、吴芃具体策划、总纂、修改、定稿，并任主编，刘春晖、高凯丽、王晶晶、陈洪涛任副主编。具体分工为：第 1～3 章由陈良华、陈洪涛撰写，第 4～7 章由高凯丽、王晶晶撰写，第 8～14 章由吴芃撰写，第 15 章由刘春晖撰写。

本书在写作过程中，得到许多专家学者的热情关怀和悉心指导，得到东南大学经济管理学院领导的精心安排和帮助，得到电子工业出版社王志宇等编辑的鼎力支持和策划，在此，我们表示衷心的感谢！我们还要感谢所有帮助过我们的同事、朋友和学生。最后，真诚地感谢我们的家人，是她（他）们的关心和帮助才使得本书得以顺利完成。

本书在写作过程中，参考了国内外许多高级财务会计方面的著作和资料，并从中吸收了许多有价值的观点。在此，特作说明并向有关作者致谢。

由于作者水平有限，错误和缺点在所难免，敬请广大读者批评指正。

陈良华　吴芃

目 录

第1篇 高级财务会计基本理论

第1章 导论……2

1.1 高级财务会计的产生与发展……2

1.1.1 高级财务会计的产生……2

1.1.2 高级财务会计的发展……5

1.1.3 本节小结……8

1.2 高级财务会计的概念与特点……10

1.2.1 高级财务会计的不同概念比较……10

1.2.2 高级财务会计内容确定原则……12

1.2.3 高级财务会计的特点……12

1.3 高级财务会计的内容……13

1.4 高级财务会计学科与相关学科的关系和本教材的编排结构说明……15

1.4.1 高级财务会计学科与相关学科的关系……15

1.4.2 本教材的编排结构说明……16

扩展内容1 中级财务会计和高级财务会计概念比较与界定……16

本章小结……19

思考题……19

第2篇 合伙与分支机构会计

第2章 合伙企业会计……21

2.1 合伙企业与合伙企业会计概述……21

2.1.1 合伙企业的概念及特征……21

2.1.2 合伙企业会计概念及特征……22

2.1.3 账户设置……23

2.2 合伙企业设立的核算……25

2.3 合伙企业经营的核算……27

2.3.1 合伙人提用、借贷、增资及减资的会计核算……27

2.3.2 合伙企业的损益分配的会计核算……29

2.4 合伙企业权益变动的核算……32

2.4.1 新合伙人入伙……32

2.4.2 合伙人退伙或死亡……37

2.5 合伙企业清算的核算……39

2.5.1 合伙企业清算及其步骤……39

2.5.2 合伙企业清算的会计处理……40

本章小结……50

思考与练习题……50

第3章 分支机构会计与联合财务报表……52

3.1 分支机构及分支机构会计概述……52

3.1.1 分支机构的概念及特征……52

3.1.2 分支机构会计的概念及特点……53

3.2 分支机构往来事项的核算……55

3.2.1 总部与分支机构往来的会计核算……55

3.2.2 分支机构之间往来的会计核算……58

3.3 分支机构的其他业务核算……60

3.3.1 相对账户的调节……60

3.3.2 总部账上的分支机构费用的处理……61

3.4 联合财务报表……61

3.4.1 联合财务报表概述……61

3.4.2 联合财务报表的编制……62

本章小结……68

思考与练习题……68

第3篇 企业合并与合并财务报表

第4章 企业合并……71

4.1 企业合并概述……71
4.1.1 企业合并的含义和动机……71
4.1.2 企业合并的分类……72
4.2 企业合并的会计处理方法……74
4.2.1 购买法……74
4.2.2 权益结合法……75
4.2.3 购买法与权益结合法的比较……77
4.3 同一控制下的企业合并……77
4.3.1 同一控制下企业合并的会计处理原则……77
4.3.2 同一控制下企业合并的会计处理方法……78
4.4 非同一控制下的企业合并……81
4.4.1 非同一控制下企业合并的会计处理原则……81
4.4.2 非同一控制下企业合并的会计处理方法……83
4.4.3 多次交易分步实现企业合并的会计处理方法……84
4.4.4 购买子公司少数股权的会计处理方法……85
4.4.5 被购买方的会计处理方法……85
扩展内容2 中国会计准则与国际准则、美国准则比较……85
扩展内容3 合伙企业与个人独资企业、公司制企业的区别……86
本章小结……87
思考与练习题……88

第5章 股权取得日合并财务报表的编制……90

5.1 合并财务报表概述……90
5.1.1 合并财务报表编制的意义……90
5.1.2 合并财务报表的构成及范围……91
5.1.3 合并财务报表编制的基本程序……93
5.1.4 合并财务报表编制的理论基础……94
5.2 购买法下股权取得日合并财务报表的编制……95
5.2.1 拥有子公司全部股权……95
5.2.2 拥有子公司部分股权……99
5.3 权益结合法下股权取得日合并财务报表的编制……102
5.3.1 拥有子公司全部股权……102
5.3.2 拥有子公司部分股权……103
扩展内容4 新旧准则中合并报告的差异比较……104
本章小结……106
思考与练习题……107

第6章 股权取得日后合并财务报表的编制……109

6.1 购买法下股权取得日后合并财务报表的编制……109
6.1.1 拥有子公司全部股权……109
6.1.2 拥有子公司部分股权……119
6.2 权益结合法下的股权取得日后合并财务报表的编制……123
6.2.1 拥有子公司全部股权……123
6.2.2 拥有子公司部分股权……131
6.3 合并现金流量表的编制……134
6.3.1 合并现金流量表合并范围……134
6.3.2 合并现金流量表的编制方法……134
6.3.3 少数股东权益在合并现金流量表中的反映……135
6.4 合并所有者权益变动表的编制……136
扩展内容5 新旧合并财务会计报表准则的差异比较……137
本章小结……138
思考与练习题……138

第7章 集团公司内部交易事项的处理……141

7.1 集团内部交易事项概述……141
7.1.1 集团内部交易事项的含义……141

7.1.2 集团内部交易事项的类型 …… 142
7.2 内部存货的抵销处理 …… 142
7.2.1 发生当期的抵销处理 …… 143
7.2.2 以后各期的抵销处理 …… 145
7.3 内部固定资产的抵销处理 …… 148
7.3.1 发生当期的抵销处理 …… 148
7.3.2 以后各期的抵销处理 …… 149
7.3.3 清理期间的抵销处理 …… 150
7.4 内部债权债务的抵销处理 …… 151
7.4.1 发生当期的抵销处理 …… 151
7.4.2 以后各期的抵销处理 …… 152
7.5 合并财务报表应用举例 …… 154
7.5.1 首期合并会计报表编制举例 …… 154
7.5.2 连续各期合并会计报表编制举例 …… 160
扩展内容 6 集团内部交易新旧会计准则的变化内容 …… 166
扩展内容 7 企业合并中的所得税问题 …… 167
本章小结 …… 168
思考与练习题 …… 169

第 4 篇 国际会计

第 8 章 外币业务会计 …… 173
8.1 外币交易的概念、种类及记账方法 …… 173
8.1.1 外币交易的概念和种类 …… 173
8.1.2 外币交易的记账方法 …… 174
8.2 外币统账制下外币账户的设置及外币交易业务核算程序 …… 174
8.2.1 外币统账制下外币账户的设置 …… 174
8.2.2 外币统账制下外币交易业务的会计核算程序 …… 175
8.2.3 汇兑损益的计算和处理 …… 175
8.3 即期汇率和即期汇率的近似汇率 …… 175
8.3.1 即期汇率的选择 …… 175
8.3.2 即期汇率的近似汇率 …… 175
8.4 外币交易的会计处理 …… 176
8.4.1 交易日的会计处理 …… 176
8.4.2 期末调整或结算 …… 177
本章小结 …… 179
思考与练习题 …… 179
第 9 章 外币报表折算 …… 181
9.1 外币报表折算概述 …… 181
9.1.1 外币报表折算的目的与意义 …… 181
9.1.2 外币报表折算的会计问题 …… 182
9.2 外币报表折算方法 …… 183
9.2.1 现行汇率法 …… 183
9.2.2 流动与非流动项目法 …… 184
9.2.3 货币-非货币项目法 …… 186
9.2.4 时态法 …… 187
9.2.5 四种方法的比较 …… 189
9.3 外币报表折算差额的会计处理 …… 189
9.3.1 当期确认法 …… 189
9.3.2 递延法 …… 190
9.3.3 其他方法 …… 190
9.4 我国外币报表折算 …… 190
9.4.1 境外经营财务报表的折算 …… 190
9.4.2 恶性通货膨胀经济情况下外币财务报表的折算 …… 191
9.4.3 境外经营的处置 …… 191
扩展内容 8 FASB 和 IASB 就外币报表折算方法的规定 …… 192
本章小结 …… 193
思考与练习题 …… 194
第 10 章 物价变动会计 …… 196
10.1 物价变动会计概述 …… 196
10.2 一般物价水平会计 …… 197
10.2.1 一般物价水平会计概述 …… 197
10.2.2 一般物价水平会计的处理程序 …… 197
10.3 现行成本会计 …… 204
10.3.1 现行成本会计概述 …… 204
10.3.2 现行成本会计的处理程序 …… 205
10.4 现行成本与一般物价水平相结合的会计 …… 208

10.4.1 现行成本与一般物价水平相结合的会计概述……208
10.4.2 现行成本与一般物价水平相结合的会计处理……209
本章小结……211
思考题……211

第5篇 特殊业务会计

第11章 所得税会计……213
11.1 所得税会计概述……213
11.1.1 所得税概述……213
11.1.2 所得税会计的概念……213
11.1.3 资产负债表法……214
11.1.4 所得税的计算……215
11.2 资产、负债的计税基础……216
11.2.1 资产的计税基础……216
11.2.2 负债的计税基础……217
11.2.3 特殊交易或事项中产生的资产、负债计税基础的确定……219
11.2.4 暂时性差异……219
11.3 应纳税暂时性差异和递延所得税负债……220
11.3.1 应纳税暂时性差异……220
11.3.2 递延所得税负债……220
11.3.3 不确认递延所得税的特殊情况……221
11.4 可抵扣暂时性差异和递延所得税资产……222
11.4.1 可抵扣暂时性差异……222
11.4.2 递延所得税资产……223
11.4.3 不确认递延所得税资产的特殊情况……223
11.5 特殊情况下产生的递延所得税资产（负债）……224
11.5.1 适用税率变化对已确认递延所得税资产和递延所得税负债的影响……224
11.5.2 合并财务报表中因抵销未实现内部销售损益产生的影响……224
11.6 所得税费用的确认和计量……224
11.6.1 当期所得税……225
11.6.2 递延所得税……225
11.6.3 所得税费用……226
11.6.4 资产负债表债务法的基本程序……226
11.6.5 所得税的列报……227
11.7 综合例题……227
扩展内容9 不征税收入和免税收入……228
扩展内容10 所得税会计处理新旧比较……229
本章小结……232
思考与练习题……233
第12章 债务重组……234
12.1 债务重组概述……234
12.1.1 债务重组准则的历史沿革……234
12.1.2 债务重组概念……235
12.1.3 债务重组方式……235
12.2 会计处理……236
12.2.1 债务重组涉及的主要会计科目……236
12.2.2 以资产清偿债务的会计处理……236
12.2.3 以债务转为资本的会计处理……237
12.2.4 以修改其他债务条件清偿债务的会计处理……238
12.2.5 以组合方式清偿债务的会计处理……240
本章小结……242
思考与练习题……243
第13章 租赁会计……244
13.1 租赁会计概述……244
13.1.1 租赁的定义……244
13.1.2 租赁的特点……245
13.1.3 与租赁相关的重要概念……245
13.1.4 租赁的分类……247
13.2 经营租赁的会计处理……248
13.2.1 承租人对经营租赁的会计处理……248
13.2.2 出租人对经营租赁的会计处理……249

13.3 融资租赁的会计处理······251
13.3.1 租赁内含利率······251
13.3.2 承租人对融资租赁的会计处理······251
13.3.3 出租人对融资租赁的会计处理······254
13.4 售后租回交易······256
13.4.1 售后租回交易的性质和特点······256
13.4.2 售后租回交易的会计处理······256
13.5 租赁在财务报告中的列示······258
13.5.1 国际会计准则关于租赁在财务报告中的列示······258
13.5.2 我国会计准则关于租赁在财务报告中的列示······259
扩展内容11 中国与国际准则中租赁会计的差异比较······259
本章小结······261
思考与练习题······261

第6篇 拓展专题

第14章 政府及非营利组织会计······264
14.1 政府及非营利组织会计概述······264
14.1.1 政府及非营利组织的定义及类型······264
14.1.2 政府及非营利组织的重要性······265
14.1.3 政府及非营利组织会计的组成体系······265
14.2 政府及非营利组织财务报告目标······265
14.2.1 政府财务报告目标······266
14.2.2 非营利组织财务报告目标······266
14.2.3 我国政府及非营利组织财务报告目标的现状······266
14.3 政府及非营利组织会计的基本理论······267
14.3.1 政府及非营利组织会计的基本前提与会计原则······267
14.3.2 政府及非营利组织会计的基本要素······269
14.4 财政总预算会计······270
14.4.1 财政总预算会计概述······270
14.4.2 财政总预算会计科目······272
14.4.3 财政总预算会计核算······273
14.4.4 财政总预算会计财务报表······282
扩展内容12 政府及非营利组织会计与企业会计的比较······282
本章小结······284
思考与练习题······284

第15章 注册会计师审计······286
15.1 审计的产生与发展······286
15.1.1 审计的概念······286
15.1.2 审计的发展······287
15.1.3 审计与会计······287
15.1.4 现代审计的三大分支······287
15.2 审计人员及审计职业规范体系······288
15.2.1 审计人员······288
15.2.2 审计职业规范体系······289
15.3 审计目标······289
15.3.1 审计总目标······289
15.3.2 会计报表认定······290
15.3.3 审计一般目标······290
15.4 审计证据······291
15.4.1 审计证据的种类······291
15.4.2 审计证据的特征······292
15.5 常用审计程序······292
15.5.1 检查······292
15.5.2 清点有形资产······293
15.5.3 观察和重新执行······293
15.5.4 询问······293
15.5.5 函证······294
15.5.6 验算······294
15.5.7 分析程序······294
15.6 审计意见与审计报告······295
15.6.1 审计报告······295
15.6.2 审计意见类型······296
本章小结······297
思考题······298

参考文献······299

第1篇

高级财务会计基本理论

- 导论

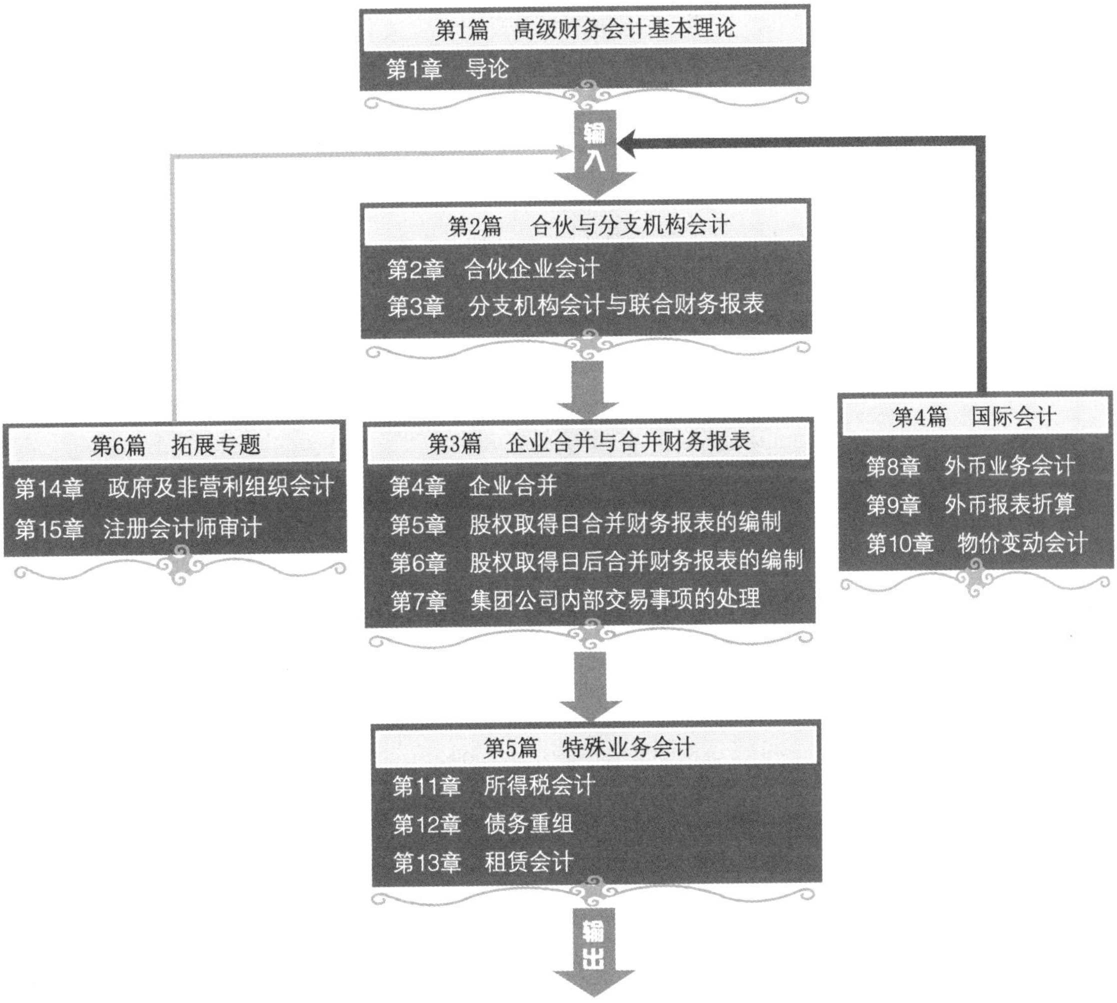

第1章　导　　论

重要概念

- 高级财务会计
- 中级财务会计
- 会计学基础
- 会计假设松动
- 特殊会计业务
- 企业合并与合并报表
- 国际会计
- 合伙与分支机构会计

引言 高级财务会计是一门年轻学科。因此，国内外会计学者在高级财务会计内容设置上持有不同的观点，有的甚至是迥然不同的。这从国内外各种不同版本的高级财务会计教材和专业书籍中可见一斑。本章将对高级财务会计的概念、理论体系、研究范围、基本内容等进行系统论述，并通过比较国内外主要版本的高级财务会计教材和专业书籍所涵盖内容，最后来确定本教材的高级财务会计的概念、理论体系和编写内容。

1.1　高级财务会计的产生与发展

1.1.1　高级财务会计的产生

高级财务会计有许多称谓，诸如高级会计学、高等会计学、特殊业务会计学等，不同的称谓大多没有严格的解释。那么，到底什么是高级财务会计呢？高级财务会计应该包括哪些内容呢？本章将系统地讨论上述问题。像会计上许多其他名词一样，高级财务会计是从西方引入的，在我国较早的高级会计学教材中，其内容、研究范围直至编排体例是西方“Advanced

Accounting”的翻版，“Advanced Accounting”直译为高级或高等会计，那么不是应该包括财务会计和管理会计两部分吗？但根据“Advanced Accounting”编排体例和内容，又似乎只包括财务会计内容。我们认为，西方“Advanced Accounting”教材应该是我们所述的《高级财务会计》教材，它们的内涵和外延应该是一致的。因为，国外涉及管理会计的高级教材，英文为“Advanced Management Accounting”，翻译为《高级管理会计》，例如，哈佛大学著名管理学会计家卡普兰教授编写的教材英文为“Advanced Management Accounting”（高级管理会计）。不过，高级财务会计到底如何界定？它和中级财务会计如何划分？它应该包括哪些内容？还是需要我们系统论证和探讨的，因为迄今为止，仍然存在争议。

哲学家培根曾说过：“读史使人明智。”因此，首先让我们来讨论一下高级财务会计的产生过程。

1. 社会经济迅速发展使得现代会计形成两大分支

现代会计产生于20世纪初，其标志是现代会计的基本观念、公认会计原则和系统的会计理论的出现和形成。因为在20世纪初，会计职业团体不断发展与壮大，许多新的会计观念、公认的会计原则已经形成，并得到社会的广泛认可。其特点是在继承了近代会计的复式记账、货币计量等诸多优点的基础上，形成了较为完整的理论体系，尤其会计原则得到了广泛的应用，成为会计行为的准绳。

20世纪初社会生产力得到了较大的发展，企业的规模不断扩大，企业的组织形式逐渐向股份制公司转化，企业的所有权与经营权高度分离，股东尤其是小股东不可能直接参与企业的经营管理，但他们却迫切需要了解企业的经营状况、营运能力和获利大小，以决定自己的投资方向，债权人也需要了解企业的财务状况、偿债能力，以决定对企业的贷款政策。这就要求会计不能只为企业管理当局服务，而且要服务于与企业有利害关系的所有集团和个人，因而就产生了以公认会计准则为行为标准的财务会计，定期或不定期地向企业所有者、债权人、潜在的所有者及社会一般公众提供通用财务信息，所以财务会计也被称为对外报告会计（Outer Accounting）。财务会计自20世纪20年代产生以后，得到了不断的发展，已形成了较为完善的理论体系。其理论体系主要是以公认的会计原则为核心，以会计理论结构框架为支撑，其方法体系主要是在继承了传统会计方法的基础上，丰富与发展了会计的确认、计量、记录、报告等一系列方法。股份公司的发展与完善，使企业的所有权与经营权高度分离，经营管理权集中于企业的管理当局。他们是企业所有者的代理人，直接经管企业，企业经营的成败，关键取决于管理当局的决策正确与否。管理当局为了加强对经营活动的控制，提高决策的科学性和准确性，需要会计提供越来越多的与经营决策密切相关的会计信息。而这些信息与企业为外界使用者提供的财务信息有一定的区别，它更侧重于管理当局的计划、预测决策和分析的信息，在形式上更加灵活多样，在内容上更加广泛，在时间上更加及时，因而逐渐产生了相对于财务会计的另一重要分支——管理会计，即主要为管理当局内部经营决策提供信息的会计，或称为对内报告会计（Internal Accounting）。特别是在20世纪30—40年代，随着以“泰罗制”为标志的管理科学理论与方法的兴盛，以及数学模型、电子计算机等技术逐步被引入会计，丰富和发展了会计的内容和方法，也增进了会计在管理决策中的作用，最终导致管理会计的成熟和发展。20世纪50年代以后，管理会计发展极其迅速，成为一门跨学科的会计学分支。在20世纪80年代以后，管理会计进一步从执行会计转入决策会计阶段，在企业管理中发挥着越来越重要的作用。

因此，现代会计由于社会经济需要而分裂成两大分支：（1）财务会计；（2）管理会计。

2. 裂变出的财务会计难以应对社会发展需求，导致高级财务会计产生

第二次世界大战以后，世界范围内的科技革命推动了西方社会经济的迅猛发展，西方资本主义国家经济环境产生了以下巨大变化。

（1）各国经济不断发展壮大，由自由竞争逐步形成垄断，公司间相互渗透形成了庞大的企业集团，母子公司成为一种普遍的社会现象，企业间的横向和纵向经济联系更加紧密、依赖性更强，社会经济资源的配置进一步优化，社会对会计信息的要求和依赖性越来越高，会计在企业中的地位越来越重要。

（2）西方主要国家在20世纪60—70年代通货膨胀普遍加剧。1972—1973年，初级产品的价格猛涨，随之工资相应提高，消费品价格猛涨。1973—1975年，经济合作与发展组织全体成员国消费价格上涨率平均为26%，其中1973年秋季发生的第一次石油危机使原油价格暴涨34倍，1971年第二次石油危机又对早已恶化的通货膨胀起到推波助澜的作用。而且波及亚洲及拉丁美洲。通货膨胀已成为全世界共同面临的难题。

（3）贸易投资自由化、跨国经营普遍化。西方发达国家不仅推行产品资本和货币资本的国际化，拓展国际市场，而且大规模地推行生产资本的国际化，推动国际贸易和国际投资的扩大，因此，跨国家、跨区域、跨行业的经济组织日益增多，经营形式多样化、多角化和多元化，国际经济趋于一体化。

（4）金融国际化、经济一体化。由于国际金融市场得以完善，各种衍生金融工具应运而生，并得到快速发展，国际资金的流速加快，流量增多，期货交易、融资租赁等行业蓬勃发展，使各国交易投资的规模扩大，频率增高，国际间的依赖性增强。

（5）企业合并兼并，破产潮流席卷全球。各国企业为了增强竞争实力，占有市场的更大份额，都在积极寻求合作伙伴，建立联盟，对资产进行重组、合并。且在合并、兼并、联合过程中，突破了国界，出现了跨国度、跨地区、跨行业的大联合、大兼并和大合并，社会经济资源得到了较佳配置，提高了规模效益，降低了产品成本，创立了品牌，独占了市场鳌头。

由于上述环境的变化，必然产生许多新的会计业务，而这些新的会计业务又都突破了现有财务会计和管理会计的范围，其程序与方法并不能处理这些新业务，主要表现在以下几个方面。

（1）企业集团内部存在着母公司与子公司、子公司与子公司之间以内部价格转移财产或劳务的业务往来，为了全面综合集团公司整体财务状况，会计期末应编制集团公司的合并报表。如果是跨国性的集团公司，若所属国外子公司会计报表中使用的货币种类与母公司不同时，还应首先进行外币报表的折算，然后再编制合并报表。

（2）在进行国际贸易和国际间投资及劳务输出的过程中，必然发生外币兑换、外币交易与折算，以及外币远期合同，套期保值和融资的互换交易等事项。

（3）通货膨胀的存在与发展，必然严重地冲击财务会计的币值稳定假设，如果不采取一定的措施对物价变动影响进行剔除，必然影响会计信息的质量、会计信息价值的实现。

（4）国际金融市场的形成，各种衍生金融工具的创新，期货市场和融资租赁业务的发展，必然催生风险及逃避风险，远期汇率与即期汇率、租赁契约、残值担保等一系列特殊问题。

（5）企业的兼并与合并、清算与破产，也必然严重冲击会计主体假设与持续经营假设。企业的兼并与合并不仅需要编制合并报表，而且在会计处理过程中涉及若干会计主体，会计人要扮演多种角色，站在不同的立场上，为不同的主体服务；企业的清算与破产，宣告企业经济活动的终结，原有的企业不复存在，这必然与企业持续经营假设相矛盾，如何进行清算破产，这确是会计领域的一个新问题。

此外，独资、合伙企业，其他业务内容与股份公司差异较大，它们的会计处理又有自己独特的方法。

面对会计领域诸多的新问题，原有的财务会计框架难以容纳，而这些又是财务会计必须解决的问题，因此，必须在原有财务会计学的基础上，谋求建立一门新的学科来解决这些会计领域的新问题，于是高级财务会计在 20 世纪 60 年代就应运而生了，如图 1-1 所示。

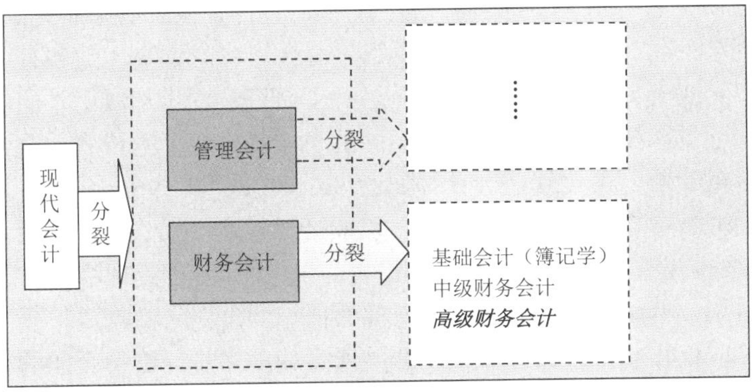

图1-1 高级财务会计的产生

1.1.2 高级财务会计的发展

为处理反映上述新的经济业务，在原有财务会计学的基础上逐步演变形成了高级财务会计学，从高级财务会计学所涵盖的内容来看，其发展过程大致可划分为三个阶段。

1. 高级财务会计的萌芽（1936—1952 年）

现代会计从一产生就孕育了高级财务会计的胚芽。西方国家工业革命和产业革命的成功，有力地推动了社会生产力的发展，企业由自由竞争逐步走向垄断，市场竞争更加激烈，于是出现了第一次企业兼并、合并的浪潮，企业的兼并、合并必然产生了母子公司，因而也就在会计上必然编制合并报表，以完整地反映企业集团的财务状况、营运能力。第一次世界大战后，美国的经济得到了快速发展，又产生了第二次企业兼并浪潮，本次兼并“把一个部门的各个生产环节兼并在一个企业，各种工序相互结合，连续作业，形成一个统一运行的联合体”，企业兼并的第二次浪潮使股份公司得到进一步的发展与完善，“导致了合并报表的广泛使用，从而产生了一些重要思想，包括经济实体的概念、合并所产生的商誉问题等”。在这一时期，西方主要工业国家出现了轻度、持续通货膨胀的局面，通货膨胀必然影响财务信息的准确性，引起人们的关注，美国早期会计学家亨利 • W • 斯威尼（Hemery W. Sweeney）在 1936 年就出版了《稳定币值会计》一书，提出了对膨胀进行会计处理的方法，被会计界誉为英文文献中物价变动会计的首创模式，通货膨胀会计思想的出现，标志着高级财务会计进入了萌芽期。

2. 高级财务会计发展期（1953—1974 年）

第二次世界大战后，西方主要工业国家开始由军事工业向民间工业转变，这就需要更新设备和扩大投资。而传统的信贷方式已无法满足这种旺盛的资金需要，在银行和企业的共同参与下，在 20 世纪 50 年代就产生了融资租赁业务，以解决各国各行业资金不足的问题，融资租赁业务一出现就促使了租赁会计的产生。1953 年美国会计程序委员会（CAP）发表了《会计研究公告第 43 号》，提出融资租赁会计处理方法的若干意见。

20 世纪 60 年代末，世界经济出现了迅猛发展的局面，科学技术的突破，新兴工业部门（如计算机、激光、宇航、核能、海洋开发、合成材料等部门）相继兴起，必然要求拥有巨额资金的强大垄断企业，因而出现了第三次企业兼并浪潮，“本次企业兼并是以混合兼并占主导地位，把互无关联的各类企业，通过兼并，凑合成一个混合体，这个混合体在一个企业主统一指挥、统一管理、统一经营下进行运转”。美国会计程序委员会（CAP）针对企业兼并浪潮，于 1959 年分别发表了会计研究公告第 51 号《合并财务报表》，对合并报表的编制提出了若干指导意见。20 世纪 60 年代西方国家发生了持续的通货膨胀，对会计信息的真实性和有用性产生了较大的冲击，会计理论界和实务界开始对此关注，并进行了研究，逐步形成了不同的学术观点，例如古典学派、新古典学派和激进学派等，这些不同的学派，构成了物价变动会计的雏形，针对物价变动对财务会计的影响，美国注册会计师协会（AICPA）于 1963 年发表了其第 6 号会计研究论文集：“呈报物价水准变动的财务影响”。美国会计原则委员会（APB）于 1960 年发表了第 3 号公告：“重编一般物价水准变动的财务报表”，以指导会计处理物价变动对财务信息质量的影响。在这一时期，国家对企业加强了所得税的征管，允许应税收益与会计收益有一定的区别，如何重新计算应税收益将直接影响企业缴纳所得税的多少，影响企业的净收益，因此所得税会计也应运而生。

20 世纪 50—60 年代是高级财务会计发展时期，其主要内容已基本形成，并已具有一定的会计处理规则，所以在西方国家已出现了高级财务会计教程，并步入了西方国家的大学课堂，但高级财务会计的内容尚不完善，有待于进一步发展。

3. 高级财务会计的成熟期（1975 年至今）

进入 20 世纪 70 年代，在 20 世纪 60 年代企业兼并的基础上形成了庞大的跨国集团公司。跨国集团公司的出现，必然引起会计计量单位的多元化，即外币和本位币的双重计量单位，于是就产生了大量的外币业务和汇兑业务。跨国集团公司编制合并报表还涉及外币折算问题等，这些都是财务会计无法解决的问题。为了指导处理这些新的会计事项，美国财务会计准则委员会（FASB）于 1973 年颁发了第 1 号财务会计准则公告，“外币业务的揭示”，1975 年颁布了第 8 号财务会计准则公告，“外币交易和外币财务报表换算的会计处理”，20 世纪 70 年代以后就形成了较为成熟的外币业务会计。在这一时期，西方国家已健全了期货交易市场，尤其是金融期货交易和期权交易得到了较大的发展，例如，1972 年美国芝加哥商业交易所（CME）首先推出英镑、加拿大元、联邦德国马克、法国法郎、日元和瑞士法郎期货合约交易，以回避汇率风险，1975 年芝加哥期货交易所率先推出第一张抵押证券期货合约（GNNA）来回避利率风险，1982 年美国堪萨斯城期货交易所推出第一个股价指数期货合约——价值线指数期货，以回避股市风险。1973 年美国芝加哥成立了期权交易所，1982 年荷兰的阿姆斯特丹交易所进行了世界上第一笔外汇期权交易，芝加哥期货交易所引进了美国国库券期货期权。大批的期货交易，也就必然引起大量的期货交易的会计事项，为了指导这些期货交易事项的会计处理，美国财务会计准则委员会（FASB）于 1984 年颁布了第 80 号财务会计准则公告“期货合同的会计处理”，建立了较为完善的期货会计处理方法，形成了期货会计。

20 世纪 70 年代以后，西方国家通货膨胀加剧，形成了许多物价变动会计理论与模式。

（1）一般物价水平会计。其奠基人是美国著名会计学家斯威尼（Hemery W. Sweeney）。他在 1936 年出版的《稳定币值会计》一书提出了等值美元会计思想，在 20 世纪 70 年代以后得到了广泛的支持与发展。国际会计准则委员会（IASC）于 1977 年发布了其第 8 号准则公告《会计对物价变动的反映》，1981 年发布了第 15 号准则公告《反映物价变动影响的资料》，1989 年发布了第 29

号准则公告《恶性通货膨胀经济中的财务报告》，形成了系统的一般物价水平会计的理论与方法。

（2）现行成本会计模式。主张以现行成本来代替历史成本，以消除各个企业所承受的个别物价变动影响。其理论创始人为美国著名会计学家爱德华兹。他于 1961 年发表了《企业收益的理论和计量》一书，指出了采用现行成本计量的理论，该理论在 20 世纪 70 年代以后得到较快的发展，并获得了会计职业团体的支持，例如，美国证券交易委员会（SEC）于 1978 年发布第 190 号《会计文告集》，要求证券上市的公营大公司必须编报现行重置成本报表，美国财务会计准则委员会（FASB）在上述公告中也予以支持，要求各大公司不仅编报一般物价水平会计补充报表，而且还同时要求编制现行成本会计补充报表。英国、澳大利亚、加拿大和新西兰等国家的会计职业界，亦追随美国和英国，陆续发布了现行成本会计征求意见稿，并试行现行成本会计。

（3）变现价值会计。主张以资产的现时价或变现价值为计价标准。其代表性人物为美国会计学家麦克尼尔（Kmacneal），他于 1939 年出版《会计中的真实性》（Truth in Accounting）一书，主张按资产的现时价值计价。20 世纪 60 年代，澳大利亚的会计学家钱伯斯（R. Chambers）在《算盘》杂志上发表《通货膨胀会计：方法的问题》，丰富与发展了麦克尼尔学说。美国另一位会计学家罗伯特 • 斯特林于 1970 年后相继发表了他的《企业收益计量理论》（Theory of the Measurement of Enterprise Income）和《计量收益和财富的相关标准的应用》（Measuring Income and Wealth：an Application of the Relevance Criterion），进一步丰富和发展了变现价值会计理论。

20 世纪 80 年代以来，世界经济进入了一个产业结构大调整时期。在这种形势下西方发达国家掀起了第四次企业兼并浪潮。在第四次企业兼并浪潮中，企业的经济业务又发生了许多变化，例如国际间相互投资；母子公司的投资；为了逃避各种税收，利用各国的税法和有关法律，进行内部价格转移和财产转移等对原有的所得税会计处理、外币业务的处理以及合并报表的编制形成了较大的冲击。为此会计理论界也积极寻求对策，例如美国财务会计准则委员会（FASB）于 1987 年颁布了第 96 号会计准则公告《所得税会计》，1988 年颁布了第 100 号会计准则公告《所得税法》，1989 年又颁布了第 103 号和 1991 年、1992 年分别颁布了《所得税会计》；1981 年颁布了第 52 号会计准则公告《外币税收》，1982 年颁布了第 57 号会计准则公告《有关联者的揭示》，1982 年又颁布了第 70 号会计准则公告《财务报表与物价变动：外币核算》，以期指导处理第四次兼并浪潮所产生的新的会计业务。

20 世纪 80 年代以来，随着社会会计业务环境的变化，新会计业务不断出现，高级财务会计的基本内容、处理指导思想和方法都已基本形成，并得到了会计职业界的广泛认可与接受，成为一种会计惯例，标志着高级财务会计学的成熟，它以一门独立于中级财务会计的新学科出现在会计学科体系之中。

高级财务会计发展阶段见表 1-1。

表 1-1 高级财务会计发展阶段

阶 段	特 点	主要内容
第一阶段：萌芽期（1936—1952年）	出现对传统会计准则松动的会计事项。例如，合并报表的使用，通货膨胀会计思想的出现等	企业兼并的第二次浪潮使股份公司得到进一步的发展与完善，导致了合并报表的广泛使用，从而产生了一些重要思想，包括经济实体的概念、合并所产生的商誉问题等。在这一时期，西方主要工业国家出现了轻度、持续通货膨胀的局面，通货膨胀必然影响财务信息的准确性，引起人们的关注，美国早期会计学家亨利 • W • 斯威尼（Hemery W. Sweeney）在 1936 年就出版了《稳定币值会计》一书，提出了对通货膨胀进行会计处理的方法，被会计界誉为英文文献中物价变动会计的首创模式，通货膨胀会计思想的出现，标志着高级财务会计进入了萌芽期

续表

阶段	特点	主要内容
第二阶段：发展期（1953—1974年）	20世纪50—60年代是高级财务会计发展时期，其主要内容已基本形成，并已具有一定的会计处理规则，所以在西方国家已出现了高级财务会计教程，并步入了西方国家的大学课堂，但高级财务会计的内容尚不完善，有待于进一步发展	第二次世界大战后，西方主要工业国家开始由军事工业向民间工业转变，在20世纪50年代就产生了融资租赁业务，促使了租赁会计的产生。20世纪60年代末，世界经济出现了迅猛发展的局面，出现了第三次企业兼并浪潮，美国会计程序委员会（CAP）针对企业兼并浪潮，于1959年分别发表了第51号会计研究公告《合并财务报表》。20世纪60年代西方国家发生了持续的通货膨胀，对会计信息的真实性和有用性产生了较大的冲击，构成了物价变动会计的雏形，针对物价变动对财务会计的影响啊，美国注册会计师协会（AICPA）于1963年发表了其第6号会计研究论文集《呈报物价水准变动的财务影响》。美国会计原则委员会（APB）于1960年发表了第3号公告《重编一般物价水准变动的财务报表》。在这一时期，国家对企业加强了所得税的征管，允许应税收益与会计收益有一定的区别，因此所得税会计也应运而生
第三阶段：成熟期（1975年至今）	20世纪80年代以来，随着社会会计业务环境的变化，新会计业务不断出现，高级财务会计的基本内容、处理指导思想和方法都已基本形成，并得到了会计职业界的广泛认可与接受，成为一种会计惯例，标志着高级财务会计学的成熟，它以一门独立于中级财务会计的新学科出现在会计学科体系之中	进入20世纪70年代，跨国集团公司的出现，必然引起会计计量单位的多元化，美国财务会计准则委员会（FASB）于1973年颁布了第1号财务会计准则公告《外币业务的揭示》，1975年颁布了第8号财务会计准则公告《外币交易和外币财务报表换算的会计处理》，20世纪70年代以后就形成了较为成熟的外币业务会计。20世纪70年代以后，西方国家通货膨胀加剧，形成了许多物价变动会计理论与模式：（1）一般物价水平会计；（2）现行成本会计模式；（3）变现价值会计。20世纪80年代以来，西方发达国家掀起了第四次企业兼并浪潮。在第四次企业兼并浪潮中，国际间相互投资；母子公司的投资；为了逃避各种税收，利用各国的税法和有关法律，进行内部价格转移和财产转移等对原有的所得税会计处理、外币业务的处理以及合并报表的编制形成了较大的冲击。美国财务会计准则委员会（FASB）于1988年颁布了第100号会计准则公告《所得税法》，1989年又颁布了第103号和1991年、1992年分别颁布了《所得税会计》；1981年颁布了第52号会计准则公告《外币税收》，1982年颁布了第57号会计准则公告《有关联者的揭示》，1982年又颁布了第70号会计准则公告《财务报表与物价变动：外币核算》，以期指导处理第四次兼并浪潮所产生的新的会计业务

1.1.3 本节小结

会计假设被会计界认为是“自我证明的会计环境命题”，在几个世纪以来都被认为是正确的推论。在西方会计理论中，假设通常被认为是原则赖以存在的基本假定。人们所探求的会计理论正是要确定假设与原则间的联系以及假设、原则与会计方法之间的关系。企业会计的原则和方法在几个世纪中能够获得较稳定的发展，是在会计假设与会计面临的经济环境基本一致、没有出现明显有悖于会计假设的“特殊事项”的条件下，人们不断探索的结果。随着客观环境的变化，各种超越会计基本假设的经济业务大量涌现，势必迫使会计增添一些新的理论与方法。高级财务会计对特殊会计事项处理的原则和方法与中级财务会计对一般会计事项的处理原则和方法存在着很大差别，这种差别源于特殊会计事项对会计假设的背离。高级财务会计产生于会计所处的客观经济环境的变化，是客观经济环境发生变化引起会计假设松动后，人们对背离会计假设的特殊会计事项进行理论和方法研究的结果。

1. 会计主体假设的松动

会计主体是会计为之服务的特定单位。会计主体界定了会计服务的空间。典型的会计主体是一个独立核算的企业，会计以此为服务对象进行会计事项的处理，并通过编制会计报表系统反映该主体的财务状况和经营成果。但是，随着构成母子关系的企业集团的出现，会计主体显然突破了某一企业的概念。因为，母公司本身是一个独立核算的企业，这一会计主体下的每一子公司及其他分支机构也是一个会计主体。在这种情况下，站在集团的角度，会计服务对象的空间范围显然是由母公司以及下属单位构成的整体。也就是说，会计不仅要以每一独立的企业为单位进行核算，编制会计报表，还要以整个企业集团为服务对象，以个别报表为基础采用专门的方法编制合并会计报表。

2. 持续经营假设和会计分期假设的松动

持续经营假设指会计主体的经营活动将会持续经营下去，在可预见的将来不会出现因破产等原因而清算。但是，对于一个持续经营的企业，会计不能在企业结束其全部业务活动后才进行财务状况和经营成果的陈报，因此，需要将持续经营的企业划分为相等的时间跨度，以此为基础编制会计报表。这两个假设为解决会计核算中资产计价和收益确定问题提供了基础。例如，正是基于持续经营假设和会计分期假设，才对资产的计价采用历史成本而不用变现价值，以等同的时间间隔编制会计报表。如果企业面临清算，投资者和债权人关心的将是资产的变现价值和资产的偿债能力，按变现价值计价才能提供对决策有用的信息。也正是在这两个假设的前提下，会计确认和计量的原则与方法才具有稳定性和可比性。一旦有迹象表明企业因某种原因而面临着破产或兼并、收购等方式的重组，这两个假设便丧失了前提，以这两个假设为基础的会计确认、计量的原则和方法将会无法采用。例如，当企业清算时，将采用破产清算会计程序，资产以清算价格计价，并编制清算开始日和结束日会计报表。由于现代经济生活中有许多不确定因素可能导致企业破产、重组，才使企业面临破产清算和重组等特殊会计事项。高级财务会计中的破产清算会计和重组会计正是持续经营假设和会计分期假设动摇的结果。

3. 货币计量假设的松动

以货币为计量单位是会计核算区别于其他核算的显著特征。货币计量假设指会计对企业资产、负债、所有者权益、收入、费用以及利润的核算以货币为统一的计量单位，会计报表所反映的内容只限于能够用货币来计量的经济活动。货币计量假设中隐含着一个十分重要的假设：币值稳定。也就是说，以货币为计量单位的会计报表要能够为投资者、债权人以及会计报表的其他使用者提供有用的信息，会计计量所使用的货币其本身的价值必须是稳定的，至少其价值波动必须限定在不足以使会计报表对经济业务产生歪曲的反映。但第二次世界大战以后，西方国家出现了普遍的、持续性的通货膨胀，货币购买力不断下降，货币计量假设中隐含的币值稳定的假定已严重脱离现实。仍以币值稳定为假设前提的以历史成本为基础的传统会计模式所提供的会计报表必然会严重失实，引起报表使用者的误解，迫使人们对物价变动会计进行研究。前面已述，企业合并和企业集团的建立突破原来的会计主体观念，出现了合并会计报表。但是，报表合并的范围并不限于国内的子公司。跨国集团为了对遍及其他国家的子公司进行管理，为了向报表使用者提供决策所需的有关跨国集团整体财务状况和经营情况的信息，同样需要编制跨国集团合并报表。比国内企业集团合并报表更为复杂的是，跨国集团合并报表之前，必须将子公司按所在国外币编制的会计报表折算成以母公司报告货币表述的报表。货币计量概念还延伸至将某一国外子公司以外币表述的会计报表转化成以母公司本国货币表述的会计报表。如果各种货币之间的汇率一直是固定不变的，那么外币报表的折算不是一个困难的问题，只需将某一子公司按所在国或地区的货币编制的会计报表按固定汇率折合成本国货币即可。但在汇率变动的情况下，流动项目和非流动项目、货币项目和非货币项目受汇率的影响是不同的，因此，不同类型的项目必须采用不同的汇率折算。由此而出现的折算汇率选择和折算差异的处理问题是中级财务会计中的理论和方法所无法解决的，从而使外币报表折算成为高级财务会计研究的课题之一。

1.2　高级财务会计的概念与特点

1.2.1　高级财务会计的不同概念比较

人们对高级财务会计概念存在不同观点和争论，正是由于对高级财务会计概念的不同理解，使得高级财务会计的内容构成繁杂。目前，对高级财务会计的提法在正式出版的教材里主要有以下几种：（1）高级财务会计（上海财经大学系列教材，汤云为等主编；厦门大学系列教材，常勋编；注册会计师专门化教材；复旦大学教材，张文贤主编；对外贸易大学系列教材，余恕莲等编著）；（2）高级会计学（中国人民大学系列教材，阎达五等著）；（3）企业特种会计（中南财经大学，罗飞主编）；（4）高等会计学（立信会计丛书，王文彬等编）；（5）特殊业务会计学（三校合编教材，徐兴恩等主编）。那么，如何理解高级财务会计概念呢？

（1）阎达武教授认为，高级会计是随着社会经济的发展，对原有的财务会计内容进行补充、延伸、开拓的一种会计，即利用财务会计的固有方法，对现有财务会计未包括的业务，以及随着客观经济环境变化而产生的一些特殊业务，以新的会计观念进行反映和监督的会计。可以看出，此种定义突出的是新业务、特殊性、非传统业务和必须处理的业务事项。在这种定义下，高级财务会计要解决的主要问题是：特殊会计主体的业务（合并、合伙、分支机构会计），特殊会计期间的业务（非常规的对外财务报告、企业清算、破产、重组会计），特殊计量方式的业务（物价变动会计、外币业务、衍生金融工具会计），带有特殊性的业务（租赁会计、信息披露等）。

（2）王文彬教授认为，高等会计学是以讨论财务会计领域中的若干高难问题为主体，辅之阐述诸如资产评估、人力资源等问题对财务会计提出的新挑战。很显然此种定义下的高等会计学突出的是“高、难”二字，但是高和难都具有相对意义，随着时间的推移，原来的高和难很可能就不是高和难了。不同时期高等会计所要解决的问题很可能完全不同，这就给学科的框架带来了模糊的概念。

（3）常勋教授对高级财务会计的定义表述是：“承接《中级财务会计》一书的内容，对一些专门的会计领域、也是比较深奥的会计课题展开讨论”。这个观点与王文彬的很相近，还有很多学者也有近似表述。

（4）耿建新教授等编著的《高级会计学》中引用了上海财经大学会计学系会计译丛小组1986 年翻译的斐内·米勒《会计学原理》的会计假设出现某种程度松动的观点，这是值得借鉴的，这种会计假设的松动是由于客观经济环境的变化使然，所以真正的高级财务会计形成的基础是会计假设的松动。

我们认为“高级财务会计形成的基础是会计假设的松动”的说法是比较合适的。经济发展导致了新的业务，新的业务促使原有的假设产生松动。例如，由于投资主体的多样化而导致了会计主体的变化，即出现了复合的主体，单一会计主体的会计核算已不能再满足客观需要，进而产生了合并会计；由于企业间的竞争加剧，企业的破产、清算、重组就在所难免，此时的持续经营假设就不再适用，所以也就有了破产、清算和重组会计；同时在破产期间，会计分期和货币计量的假设都有某种程度的变化，但货币计量假设的不适用主要还是在通货膨胀发生的时候，所以货币计量假设导致了物价变动会计。这样，高级财务会计基本内容也就比较好归纳了。另外，与合并会计相对应的是合伙、分支机构会计，也应当包括进去；物价变动会计中只讨论了通货膨胀会计，而能源危机同样可以引起通货膨胀，也应在考虑之列；新的科学技术的应用会在某一段时间内造成供给的大量增加而引发通货萎缩，尽管通货萎缩会计现在还没有相关的报道出现，也应在考虑之列。如此看来，按照会计假设的松动而形成的高级财务会计基本内容体系缺少一定的完整性和系统性，还要从其他的方面来考虑和完善。从一门学科的完整性来看，应把导论也列入其中，使读者对高级财务会计的内容和框架结构有一个比较清晰的认识，以便于准确理解高级财务会计的定位；对应高级财务会计的系统性，合伙、分支机构会计和分部报告与中期报告也应当列入其中。

高级财务会计的概念与名称见表1-2。

表1-2 高级财务会计的概念与名称

序列	代表人物	主要观点	特点
01	阎达武教授	高级会计是随着社会经济的发展，对原有的财务会计内容进行补充、延伸、开拓的一种会计，即利用财务会计的固有方法，对现有财务会计未包括的业务，以及随着客观经济环境变化而产生的一些特殊业务以新的会计观念进行反映和监督的会计	定义突出的是新业务、特殊性、非传统业务和必须处理的业务事项
02	王文彬教授	高等会计学是以讨论财务会计领域中的若干高难问题为主体，辅之阐述诸如资产评估、人力资源等问题对财务会计提出的新挑战	很显然此种定义下的高等会计学突出的是“高、难”二字，但是高和难都具有相对意义，随着时间的推移，原来的高和难很可能就不是高和难了
03	常勋教授	高级财务会计的定义是：“承接《中级财务会计》一书的内容，对一些专门的会计领域，也是比较深奥的会计课题展开讨论”	这个定义强调与中级财务会计衔接，是中级财务会计的补充
04	耿建新教授	高级财务会计概念引用了上海财经大学会计学系会计译丛小组1986年翻译的斐内·米勒《会计学原理》的会计假设出现某种程度的松动的观点。强调以会计假设的松动为标志	定义突出以会计假设的松动为高级财务会计概念的标志
我国高级财务会计的不同名称使用情况：（1）高级财务会计；（2）高级会计学；（3）企业特种会计；（4）高等会计学；（5）特殊业务会计学			

综上所述，我们认为高级财务会计可以定义为：高级财务会计是指来源于经济环境变化而导致的会计假设的松动，并由会计假设松动而形成的新的会计核算内容。这样的定义和前述学者的定义基本上没有矛盾，突出的也是新，既然是新的业务，当然也就会有某种难度。但是这种新的含义比较单一，那就是会计假设的松动造成的新业务，而不是所有的新业务。这样的梳理也许会简化高级财务会计的内容构成。

1.2.2 高级财务会计内容确定原则

确定高级财务会计内容的基本原则分三个方面。

1. 以经济事项与四项假设关系为理论基础确定高级财务会计的范围

前面已述，客观经济环境的变化造成会计假设的松动是高级财务会计产生的基础。也就是说，划分中级财务会计与高级财务会计的最基本标志在于它们所涉猎的经济业务是否在四项基本会计假设的限定范围之内。属于四项假设限定范围内的会计事项属于中级财务会计的研究范围；而背离四项假设的会计事项则归于高级财务会计的研究范围。这是因为，处理背离基本假设的会计事项所运用的会计原则、程序与方法是中级财务会计所无法提供的。我们之所以将外币会计、物价变动会计、合并会计、破产会计等内容归于高级财务会计，正是基于这一点考虑的。

2. 考虑与中级财务会计的衔接

以上从理论上论述了高级财务会计产生的基础，由此不难看出，划分中级财务会计与高级财务会计的理论标准应该是：限定在四个基本假设之内的会计事项属于中级财务会计的内容，超出四个假设的会计事项归属于高级财务会计。但是，中级财务会计阐述的是基于四个假设基础之上的一般会计事项，但有些会计事项虽然未背离四个基本假设，却并不具有普遍性，而业务处理的难度也较大。

3. 以中国国情为主，也应借鉴国外相关学科的研究成果

在界定高级财务会计研究的内容、依据的理论和采用的方法时，应从中国的国情出发，当然也应吸收国外相关学科的一些好的经验。笔者认为，尽管会计是一种通用的国际商业语言，但国情的差异必然形成各国在理论研究和实务处理上的不同，我们应积极参与国际协调，但各国的会计规范均有其独特的形成背景，在制定我国会计规范和理论研究中，应保持我们的特色。

1.2.3 高级财务会计的特点

既然将高级财务会计作为独立于基础会计和中级财务会计的一个分支，在我国综合性大学和高等财经院校会计专业中单设专门课程为学生讲授，在此，有必要进一步研究和了解高级财务会计的特征。我们认为，高级财务会计具有以下三方面特征。

1. 研究内容复杂

高级财务会计所研究的应该是随着会计领域的拓宽而出现的更新、更复杂的会计事项，财务会计领域中的高、难问题，不仅涉及会计核算方法，还应有一定深度的理论探讨，如国际公认的三大会计难题——合并会计报表的理论与实务问题、物价变动会计的理论与实务问题、外币报表折算的理论与实务问题。

2. 涉及领域宽广

高级财务会计研究的内容，不囿于特定假设条件和规定的原则，只要是使用者需要的会计信息，原则上都应该提供。从报告主体看，不仅包括反映几个单一公司形成企业集团情况的合并会计报表，还包括反映一个公司不同分部情况的分部报表。从报告的地域看，不仅包括同一境内、同一币种的合并会计报表，还包括跨国不同币种外币报表的折算。从报告内容的时间看，不仅包括事后的财务报告，还应包括反映前瞻性信息的财务报表，等等。

3. 探讨问题新颖

高级财务会计研究的内容应结合国际、国内的新动向、新问题，有一定超前性。不论是运用的方法，还是遵循的理论，都不应局限于已颁布的准则和制度，应将国际、国内会计的新动向融入其中，并随环境的变化随时有所调整。

1.3　高级财务会计的内容

根据上述研讨的结果，我们认为高级财务会计应该属于财务会计范畴，它与会计学基础、中级财务会计一起构成财务会计内容体系。对高级财务会计内容的界定按照是否对财务会计基本假定松动和突破作为衡量标准，其内容应包括以下九个方面。

1. 合伙与分支机构会计

这里包括两种会计：（1）合伙企业会计；（2）总分部会计与汇总报表。会计主体的概念从狭义的会计核算主体，可以扩展到非公司形式的会计主体。传统会计主体主要指的是具有独立法人地位的公司组织，如果把会计主体假设扩展到非公司组织，如个人企业和合伙企业，那么就产生了合伙企业会计（理论上也应该包括个人企业会计，因为其会计核算简单，就不用纳入高级财务会计教材中，学生完全可以自行理解和自学）；另外，把会计主体的概念从狭义的会计核算主体，可以扩展到公司内部中分支部门的会计主体，就形成了分支机构会计。

2. 企业合并与合并财务报表

这里包括两种会计：（1）企业合并会计；（2）合并财务报表。企业合并按其法律形式分为吸收合并、创立合并和取得控制权。经吸收合并或创立合并后，仍然只有一个经济实体从事其经营活动。从会计角度而言，合并后只有一个会计主体。

但取得控制股权后，母公司和子公司仍然是单独的经济实体，从会计角度看，不仅企业集团是一个会计主体，母公司和其下属的每一个子公司也仍然是一个相对独立的会计主体。因此，合并会计主要解决两个问题：一是不同形式的合并所应采取的合并方法，主要阐述购买性质合并所采用的购买法和股权联合性质的合并所采用的权益联合法；二是合并会计报表的编制，着重介绍合并报表理论、合并报表的范围、合并报表的程度及方法等问题。

3. 外币会计

这里包括两种会计：（1）外币业务会计；（2）外币报表的折算。其核心问题是选用何种汇率对外币交易和外币报表进行折算，以及对由此产生的外币折算差额应如何处理。就外币交易会计而言，其货币计量不仅表现为以原币来表述交易事项，还表现为以记账本位币来对外币进行再一次计量。外币报表折算实际上是跨国公司中的母公司将境外子公司以外币表述的报表转换为以母公司报告货币来表述的报表，由于汇率的波动以及报表中不同项目的特性决定着不可能采用某一单一汇率用报告货币对外币报表进行再一次计量。高级财务会计准则必须研究外币报表折算方法的系统设计问题。

4．租赁会计

租赁会计要求以付款额的现值与其公允价值孰低为计价基础，而摒弃历史成本原则，从而扩展了会计要素的计价基础。传统租赁通常只涉及出租人、承租人两方当事者，主要表现为融物。现代意义上的租赁则是涉及多方当事人的一种新的信贷活动，通过融物达到融资的目的。租赁可按多种标准分类，各国通用的做法是按其性质分类。按与一项资产所有权有关的全部风险和报酬是否转移为标志，可将租赁业务分为融资租赁与经营租赁。凡实质上转移与一项资产所有权有关的全部风险和报酬的租赁为融资租赁，否则为经营租赁。经营租赁的会计处理较简单，但融资租赁的会计处理则较复杂，也颇具争议。从系统性考虑，高级财务会计除阐述经营租赁和融资租赁外，售后租回业务的会计处理也应加以介绍。

5．物价变动会计

以货币为计量单位是会计核算区别于其他核算的根本特征，它将本来不可比的经济事项用货币这一计量单位进行统一的反映，使会计核算具有综合性和全面性。但是，一旦货币计量假设中隐含的币值稳定假设受到动摇且物价波动超过一定的幅度，会计对企业财务状况和经营成果的反映则失去客观性，使会计信息无法成为制定经济决策和处理各方经济利益的可靠依据。为了消除物价变动对会计事项的歪曲反映，真实再现企业财务状况和经营成果，必须在传统的财务会计模式之外寻求新的会计模式。物价波动对会计信息的影响大体可分为两类：一是动摇会计计量单位的稳定性；二是影响会计计量基础的客观性。从理论上看，除传统会计模式外，任何一种计量属性与任何一种计量单位都能组成一个在不同程度上消除物价波动影响的会计模式。但从应用考虑，高级财务会计目前只介绍一般物价水平会计和现行成本会计。

6．非营利组织会计

非营利组织会计深化了权益要素的概念。在非营利组织会计中，权益不再指所有者的权益，而仅指净资产。它强化了权益的本质特征：资产与负债的对比结果，即“剩余额”的概念。此外，非营利组织会计出现，也扩展了会计主体假设，传统会计主体假设主要指具有法人地位的单个公司组织形式。而非营利组织出现，扩展了传统会计主体组织形式的假设。

7．破产会计和债务重组

这里包括两种会计：（1）破产会计；（2）债务重组会计。以破产法及相关法律制度为依据，采用有别于持续经营状态下的会计原则与方法，向债权人、清算组、人民法院及其他信息使用者提供破产会计信息。破产或重组会计是在企业进入破产清算状态时而采用的会计程序，其会计要素的确认、计量以及会计报表体系均与持续经营状态下的会计存在着重大的差别。破产或重组会计主要研究破产资产、破产债务、清算净资产以及清算损益的确认与计量，破产或重组企业债务清偿顺序的确定，破产或重组会计报告体系的构成与编制。

8．所得税会计

所得税会计的出现拓展了配比原则的含义，使其不仅局限于收入与费用的直接配比，还包括了收入在利润总额的基础上与费用进行间接配比。20 世纪 80 年代以来，西方发达国家掀起了第四次企业兼并浪潮。这次兼并浪潮特点是国际化兼并浪潮；国际间相互投资；母子公司的投资；为了逃避各种税收，利用各国的税法和有关法律，进行内部价格转移和财产转移等对原有的所得税会计处理、外币业务的处理以及合并报表的编制形成了较大的冲击。美国财务会计准则委员会（FASB）于 1988 年颁布了第 100 号会计准则公告《所得税法》，1989 年又颁布第

103 号和 1991 年、1992 年分别颁布了《所得税会计》，都是应对国际税收与避税问题的，从这个意义上讲，所得税会计出现是由于会计主体假设的松动造成的，扩展到跨国公司范畴。

9．专题审计

这里所指的审计主要是注册会计师审计业务，是最纯粹的外部审计。从西方会计理论分类来看，注册会计师审计业务应该属于财务会计范畴。有时人们将注册会计师审计称为公共会计。随着经营权和所有权的分离，产生了所有者对经营者的监督需要，注册会计师审计活动因此产生。股份公司已经成为现代企业的主要形式，经济活动和会计准则也日益复杂，审计活动已经成为现代经济生活中不可缺少的部分。专题审计主要从审计的产生和发展、审计人员和审计职业规范体系、审计目标、审计证据、常用审计程序、审计意见和报告六个方面对注册会计师审计进行简要介绍。

1.4　高级财务会计学科与相关学科的关系和本教材的编排结构说明

1.4.1　高级财务会计学科与相关学科的关系

20 世纪 80 年代以来，随着经济环境的急速变化，新会计业务不断出现，高级财务会计的基本内容、处理指导思想和方法都已基本形成，并得到了会计职业界的广泛认可与接受，成为一种会计惯例，高级财务会计学已发展成为一门独立的学科。但它仍然同许多相关学科有千丝万缕的联系，与会计学基础和中级财务会计、经济学、财务管理学、管理学、数学、计算机技术等有着密切的联系。图 1-2 为高级财务会计学与相关学科关系图。

（1）高级财务会计与经济学、管理学、会计理论学的关系。经济学、管理学、会计理论学是高级财务会计的理论基础，高级财务会计是微观经济理论的应用学科，早期高级财务会计学尚未独立前，寄生于财务会计学科中，而财务会计学一直被认为是经济学的一个分支。

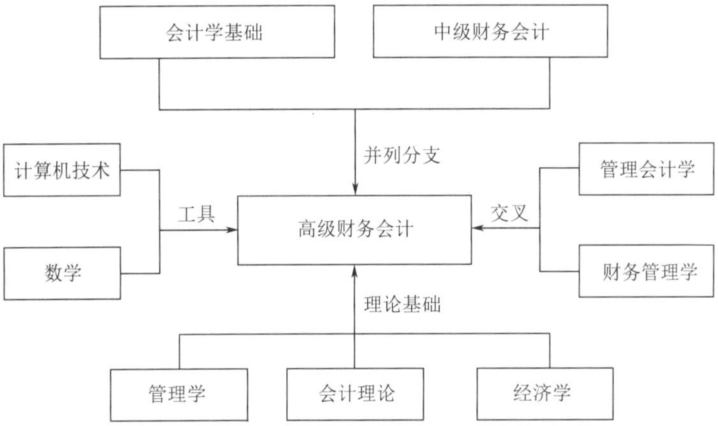

图1-2　高级财务会计学与相关学科关系图

（2）高级财务会计与会计学基础、中级财务会计学的关系。高级财务会计与会计学基础、中级财务会计学一起组成了一个较为完整的财务会计学科，因此高级财务会计学是财务会计学的一个分支。财务会计学包括的内容甚广：会计学基础、中级财务会计学、高级财务会计、注册会计师审计，等等，其中高级财务会计是研究对会计假设松动或扩展的特殊会计事项业务处理的学科，是对会计学基础、中级财务会计学的延伸。

（3）高级财务会计与管理会计、财务管理学的关系。要说清楚高级财务会计与管理会计的关系，只需说清楚财务会计与管理会计的关系。会计学由两部分组成：财务会计与管理会计。财务会计是对外会计，而管理会计是对内会计。财务会计与管理会计关系十分密切，如果从为内部管理提供信息需求角度来讲，财务会计信息是管理会计最基础和最重要的组成部分。因此，高级财务会计与管理会计关系也十分密切，如果为内部管理与决策提供必要的高级财务会计信息，那么，高级财务会计信息就是管理会计的重要组成部分之一。要说清楚高级财务会计与财务管理的关系，就需要辨析会计学与财务管理的关系。往往有人把两者混为一体，其实两者是有区别的。会计的职能主要是为公司的管理控制和决策提供价值信息。而财务管理则是利用会计提供的数据和外部的信息来进行融资、投资和股利分配的决策。概括地讲，会计是进行价值信息管理的一项工作；而财务管理是进行资金管理的一项工作。它们之间关系十分密切。因此作为财务会计学分支的高级财务会计可以为财务管理提供价值信息支持。

（4）高级财务会计与数学、计算机技术的关系。随着计算机技术的不断发展，许多计量技术方法以及各种模拟技术被广泛地应用于高级财务会计之中，财务决策数量化已成为现代高级财务会计学的发展趋势。因此，数学、计算机技术是高级财务会计的应用工具。

1.4.2 本教材的编排结构说明

本教材是以高级财务会计为基本范围编写的一本教材。着重介绍高级财务会计的内容和方法，对会计理论、比较会计学、专业会计学（金融会计、保险会计等）内容将不作介绍。本教材分 6 篇共 15 章，我们将按如图 1-3 所示的结构来编写各章，使其相互关联成为完整的一体：第 1 篇为高级财务会计基本理论与方法篇，主要论述基本理论和基本方法，使学生对高级财务会计形成一个总体概貌。第 2～5 篇为高级财务会计的具体内容，是本教材的核心，分别论述了合伙与分支机构会计、企业合并与合并财务报表、国际会计和特殊业务会计。第 6 篇为高级财务会计拓展专题，我们选择了非营利组织会计、专题审计两个专题进行论述。

扩展内容 1　中级财务会计和高级财务会计概念比较与界定①

中级财务会计和高级财务会计的提法早已得到会计界的广泛认可，但对其内涵和外延的界定则众说纷纭。我们认为，随着客观经济环境的变化和发展，原来的会计理论框架经历了从内部构成的协调变为不协调，又从不协调变为再次协调这样一个否定之否定的过程。中级财务会计是建立在原始协调的财务会计理论框架基础之上的。高级财务会计则是在再次协调的会计理论框架基础上建立起来的。它不仅包括放宽了会计基本假设的业务，还包括扩展了会计要素的含义、放宽了其确认和计量的基本原则的业务。

① 摘自 迟悦，《中级财务会计和高级财务会计概念界定》，发表在《财会月刊》1999 年 10 期。

一、财务会计理论框架的基本结构

要界定中级财务会计和高级财务会计，首先必须明确财务会计理论框架的基本结构。笔者借鉴西方财务会计理论框架和中国财务会计基本准则，提出中国的财务会计理论框架应包括以下几层内容：①会计目标，包括提供对报表使用者决策有用的信息和对评价受托经济责任有用的信息；②会计信息质量特征，包括相关性、可靠性、可比性和清晰性特征；③会计基本假设，包括会计主体、持续经营、会计分期和货币计量假设；④会计基本要素，包括资产、负债、权益、收入和费用要素；⑤会计基本要素的确认和计量原则，包括权责发生制、配比原则、谨慎原则、历史成本原则、划分收益性支出和资本性支出原则和资本保全原则。在这五项基本构成中，会计目标是根本的导向，会计信息质量特征是为达到会计目标而对会计信息提出的最基本的要求。这两个层次没有中级财务会计和高级财务会计之分，它们是不同层次的财务会计得以统一的基础。

会计基本假设、会计基本要素及其确认和计量的基本原则以客观社会经济环境为依托，随着客观社会经济环境的发展而不断完善和延伸，以适应会计信息质量特征和会计目标的要求。因此，它们的放宽和延伸，构成了中级财务会计和高级财务会计的分界线。

二、财务会计业务的分层

根据财务会计的业务是否能使传统的理论框架的各个层次之间达到内在的协调和统一，以及传统的理论框架对这些会计业务的约束力度，可把财务会计业务划分为三个层次。

1. 放宽了财务会计基本假设的会计业务

这些会计业务如果以传统的会计基本假设为基础进行核算和报告，就会与会计目标或会计信息质量特征发生矛盾。它包括两层含义。

第一，以传统意义上的会计基本假设为基础，不能解释或核算这些业务。如合并会计报表和分部报告按传统意义上的会计主体假设是无法解释和生成的；清算和重组会计在传统的持续经营假设下也无法进行。

第二，以传统的会计基本假设为基础生成的会计信息，不符合会计信息质量要求，不能为会计目标服务。例如，如果坚持以币值稳定为假设，在严重通货膨胀情况下，物价变动会计所生成的会计信息就不具备可靠性和相关性，无法满足报表使用者决策的需要；人力资源会计和绿色会计单纯以货币计量就可能难以实现，或所提供的信息缺乏相关性和可靠性；期货业务如果以等距的会计分期为假设，就不能保证期货信息的及时性和相关性，从而难以满足决策的需要。有些会计业务在放宽了会计基本假设的同时，还放宽了一些传统意义上的会计确认计量的原则。例如，采用历史成本计价的清算会计所提供的信息缺乏相关性，很难成为决策和评价受托经管责任的依据；外汇业务中的汇兑损益，如果依照谨慎原则，应只确认汇兑损失而不确认汇兑收益，这就不能为报表使用者提供决策所需要的汇率变动对企业的双向影响情况。

2. 扩展了会计要素的含义或放宽其确认和计量原则的会计业务

放宽了确认和计量原则，是指以传统的会计要素的确认计量原则为基础进行核算或报告，会与会计信息的质量特征和会计目标发生矛盾。虽然有些业务同样扩展了会计要素的含义或放宽其确认和计量的原则，但是它们首先是放宽了会计的基本假设。而这里的业务仅仅是扩展了会计要素的含义或放宽其确认和计量的原则的业务，它们并不会造成会计基本假设与会计目标或信息质量特征的内在不一致。例如，所得税会计放宽了配比原则。所得税的配比是建立在收入与其他费用相对比结果之上的，是所得税费用与利润总额的直接配比，而不是与营业收入的直接配比。又如，或有事项按照谨慎性原则应只确认或有负债和或有损失。或有资产和或有收益即使可能会给企业带来重大影响也不予披露。这就与重要性会计信息质量特征发生了矛盾。

扩展了会计要素的含义，是因为传统的会计要素的界定与会计信息的质量特征和会计目标发生了矛盾。例如，或有事项的发生扩展了资产、负债、收入和费用等要素的含义。以或有负债为例，虽然各国对负债的定义有所不同，但是都强调负债的现存性。国际会计准则强调：负债的一项基本特点，是企业具有现存的义务。或有负债并不符合负债要素的这一基本特点，本应不在会计报表中予以反映。但有些重大的或有负债对报表使用者的决策具有很高的相关性，如果不对它们进行披露，就有可能造成报表使用者对报表所反映的企业状况的误解。

3. 完全以传统的会计理论框架为基础的财务会计业务

对于这些会计业务，传统的财务会计理论框架能保持其内在的协调一致性，不会出现自相矛盾的问题。

三、中级财务会计和高级财务会计的界定

上述第一层和第二层会计业务，虽然对原有的会计理论体系提出了挑战，使原有理论体系的内在一致性被打破，但其并非是游离在会计理论框架之外的东西，相反，还强化了这一理论框架中的会计目标和会计信息质量特征。

在第一层次中，合并会计报表的出现使会计主体的概念从狭义的会计核算主体，扩展到包括核算主体和报告主体两层含义，并且主要是指会计报告主体。期货合约和中期报告的出现，使会计分期从狭义的以会计年度为基础的等距分期，扩展成为为满足报表使用者决策需要而设定的各种分期方式，包括短于或长于一个会计年度的分期和不等距分期。在第二层次中，所得税会计的出现拓展了配比原则的含义，使其不仅局限于收入与费用的直接配比，还包括了收入在利润总额的基础上与费用进行间接配比。租赁会计要求以付款额的现值与其公允价值孰低为计价基础，而摒弃历史成本原则，从而扩展了会计要素的计价基础。这两个层次在扩展和延伸了会计的基本假设、会计的基本要素及其确认与计量的同时，丰富了财务会计基本理论框架的传统意义，使这一理论框架达到了更高层次的内在统一。因此它们构成了高级财务会计的基本内容。而第三层次的财务会计能够使财务会计的基本理论框架在原始意义上就实现内在的一致性，因而它构成了中级财务会计的基本内容。

四、一般业务会计与中级财务会计、特殊业务会计与高级财务会计的关系

从以上论述可知，中级财务会计就是传统财务会计。但是，一般业务会计与中级财务会计并不是等同的概念，特殊业务会计与高级财务会计也不相同。它们的主要区别在于外延上的差异。特殊业务会计主要“特”在两个方面：第一，对原有会计理论体系的丰富和扩展，即高级财务会计；第二，对原有会计理论体系的深化。

这里包括两种情况。

1. 在不确定情况下，深化了原有会计原则的会计业务

如长期合约工程和分期收款销售业务深化了权责发生制。长期合约工程要求在比较确定能够取得货款时才确认营业收入。分期收款销售业务要求在合约规定的分期付款日确认销售收入。这些看似实行收付实现制，实质上它们仍然坚持以收入是否实现为收入确认的依据。这样做恰恰是在不确定情况下把权责发生制与谨慎原则结合起来，是对权责发生制的灵活运用和强化。

2. 深化了会计要素的会计业务

如非营利组织会计深化了权益要素的概念。在非营利组织会计中，权益不再指所有者的权

益，而仅指净资产。它强化了权益的本质特征：资产与负债的对比结果，即“剩余额”的概念。

综上所述，在财务会计理论框架中，会计目标和会计信息质量特征，是中级财务会计和高级财务会计赖以存在的共同基础，是会计基本假设和会计要素及其确认计量原则的根本导向。随着经济的发展，新的会计业务的出现，使原有的会计理论框架出现了内在的不协调。它们要求对传统意义上的会计假设、会计要素及其确认计量原则进行拓展和延伸，以使会计的理论框架再次得以协调。这就形成了高级财务会计与中级财务会计的分界线：在传统的会计理论框架基础上建立的是中级财务会计，在再次协调了的会计理论框架基础上建立的是高级财务会计。

本章小结

高级财务会计属于财务会计的范畴。随着客观环境的变化，各种超越会计基本假设的经济业务大量涌现，势必迫使会计增添一些新的理论与方法。高级财务会计对特殊会计事项处理的原则和方法与中级财务会计对一般会计事项的处理原则和方法存在着很大差别，这种差别源于特殊会计事项对会计假设的背离。高级财务会计产生于会计所处的客观经济环境的变化，是客观经济环境发生变化引起会计假设松动后，人们对背离会计假设的特殊会计事项进行理论和方法研究的结果。

高级财务会计学的产生与发展经历了三个阶段：（1）高级财务会计的萌芽期（1936—1952年）；（2）高级财务会计的发展期（1953—1974年）；（3）高级财务会计的成熟期（1975年至今）。我们认为确定高级财务会计内容的基本原则分三个方面：以经济事项与四项假设关系为理论基础确定高级财务会计的范围；考虑与中级财务会计的衔接；以中国国情为主，也应借鉴国外相关学科的研究成果。因此，高级财务会计内容应该包括以下9个方面：合伙与分支机构会计、企业合并与合并财务报表、外币会计、租赁会计、物价变动会计、非营利组织会计、破产会计和债务重组、所得税会计、专题审计。

思考题

1. 简述高级财务会计的概念和内容。
2. 论述高级财务会计的产生背景。
3. 论述高级财务会计的三个发展阶段。
4. 高级财务会计的特点是什么？
5. 论述高级财务会计内容的确定原则。
6. 高级财务会计学科与相关学科的关系如何？

第2篇

合伙与分支机构会计

- 合伙企业会计
- 分支机构会计与联合财务报表

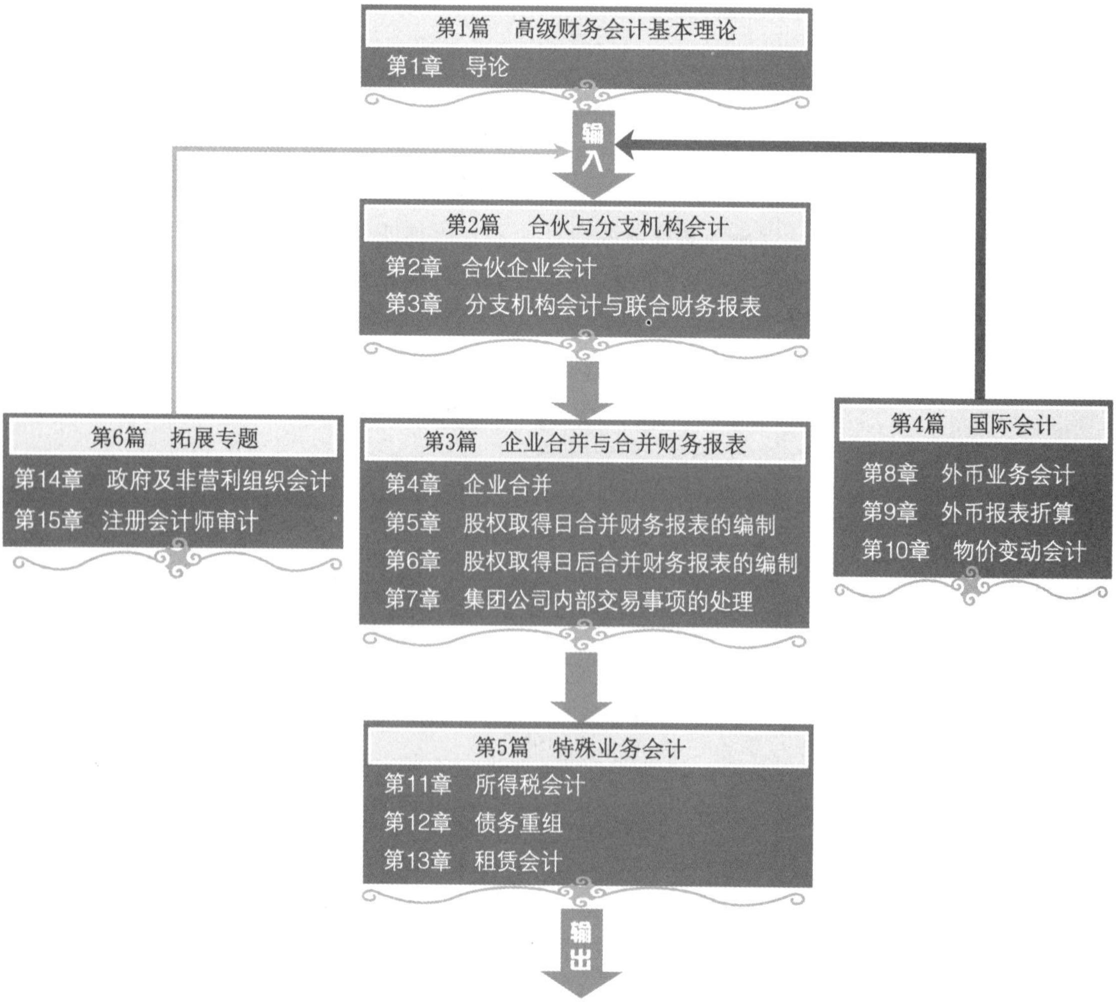

第 2 章　合伙企业会计

重要概念

- 合伙企业
- 合伙人提用
- 合伙人退伙
- 约定比例分配法
- 资本收益分配法
- 资本比例分配法
- 合伙人资本
- 合伙人借款和贷款
- 合伙人薪金分配法
- 红利法
- 商誉法
- 投资净额法

引言 合伙企业是一种古老的企业经营方式，也是现代经济中的重要市场主体。有许多国际知名的大企业在创业阶段甚至已经成长为大规模企业后都采用了合伙企业的组织形式。例如，索尼公司起步时是由盛田少夫和井深大众创办的合伙企业，微软公司是由比尔·盖茨和保罗·爱伦的合伙企业发展起来的，福特公司也出自福特与马柯姆森的合伙企业，还有采用合伙制的德勤、普华等国际大会计事务所……可见合伙企业对经济的发展起着重要的推动作用。合伙企业组织形式的特点决定了其在企业设立、损益分配、合伙权益变更以及清算等方面会计处理的特别之处。本章将系统介绍合伙企业主要会计核算的内容和方法。

2.1　合伙企业与合伙企业会计概述

2.1.1　合伙企业的概念及特征

1. 合伙企业的概念及种类

合伙，是指两个或两个以上的个人为了共同的目的相互约定，共同出资、共同经营、共担风险、共享收益的一种自愿联合。合伙企业（partnership），是指由各合伙人订立合伙协议，共同出资、合伙经营、共享收益、共担风险，并对合伙企业债务承担无限连带责任的营利性组织。

合伙企业按照不同的分类标准可以分成不同的类型。

按照合伙人承担的责任的不同，合伙企业可分为普通合伙和有限合伙。普通合伙是指每个合伙人对合伙企业的债务都负有个人连带责任的合伙企业，当合伙企业的财产不足以清偿其债务时，合伙人应当以自己的个人财产承担不足部分的清偿责任。而有限合伙是一种特殊的合伙企业，它由一名以上普通合伙人和一名以上的有限合伙人组成。其中，普通合伙人执行合伙事务，对外代表合伙组织，并对合伙企业的债务承担无限责任。有限合伙人不执行合伙事务，不对外代表组织，只按出资比例享受利润分配和分担亏损，并仅以其出资额为限对合伙的债务承担清偿责任。

按照合伙人的性质，合伙企业可以分为个人合伙和法人合伙。个人合伙是以两个或两个以上公民之间的协议为基础，以共同出资、共同经营为主要内容的一种自然人的联合体。法人合伙是以两个或两个以上的法人联营，共同出资，联营各方按照出资比例或协议约定，以各自所有的或经营管理的财产承担连带责任的一种法人的联合体，并且该联合体不具备法人条件。

由于个人投资的普通合伙会计处理和账户设置比较典型，如果你能够系统掌握好个人投资的普通合伙的会计处理和账簿设置原理，就很容易自学其他类型的合伙企业会计处理方法。因此，下面我们将着重介绍个人投资的普通合伙企业的会计核算。

2. 合伙企业的基本特征

合伙企业不同于公司制企业，它有8个方面基本特征。

（1）非独立法人：合伙企业依附于合伙人的存在而存在，在法律上不独立承担民事责任，企业责任与合伙人个人责任紧密相连。

（2）以合伙协议为法律基础：合伙企业是根据契约而成立的，合伙契约又叫合伙协议，它的性质与公司章程类似，用来明确各合伙人之间的责、权、利关系。

（3）互为代理：每个合伙人都是其余合伙人的代理人，每个合伙人代表合伙企业所发生的经济行为对所有合伙人均具有约束力。

（4）生命有限：合伙企业是在合伙协议的基础上建立起来的，原合伙人的退出或新合伙人的加入都会使原来协议自动终止，原合伙企业自动解散，新合伙企业成立。

（5）经营责任无限：各合伙人在作为合伙组织成员的期间内，对于合伙组织所发生的一切债务都负有责任。

（6）财产共有：合伙组织的资产为合伙人所共有，合伙组织的负债为合伙人共同所欠。

（7）共享收益和共担损失：合伙企业损益的分享或分担可以按照合伙人一致同意的办法在合伙人之间分配。损益的分配方法（或比例），应在合伙协议中明确规定，未做规定的，可按合伙人出资比例分摊或平均分摊。

（8）非纳税主体：合伙企业无须对其经营所得缴纳所得税。合伙企业的经营净收益按一定方式分配给各合伙人以后，都将由合伙人纳入其本人的纳税申报中，所以，合伙企业的收益不会经受两重课税。

2.1.2 合伙企业会计概念及特征

合伙企业虽然不是一个法律主体，但它是一个会计主体。合伙企业会计是指运用系统账户、凭证和报表来连续反映合伙企业经济活动情况的一种会计。

由于合伙企业的性质及其组织形式的特点，造成了合伙企业会计不同于其他组织形式企业的自身的特点。与公司制企业会计相比，由于合伙企业在法人资格、投资者责任、投资者与管理者关系、权益设置及转让等方面都有不同，因此在会计理论和实务方法上有以下几点不同之处。

（1）在会计假设上，合伙企业会计中的会计主体和持续经营假设不同于公司制企业。合伙企业组织形式上的特点决定了合伙企业会计理论的特殊之处，如合伙企业不是法人，合伙人的行为与合伙企业关系密切，决定了其不是完全独立的会计主体。合伙企业生命有限也给持续经营的前提增加了限制条件。

（2）在会计科目设置上，合伙企业会计与公司制会计的最大区别在于对所有者权益的核算方式不同。因为公司股东对公司债务只负有限责任，为保护债权人的利益，法律上规定公司资本应划分为投入资本和资本收益，分别设置会计科目，通常包括实收资本（股本）、资本公积、盈余公积和未分配利润。而合伙人对合伙企业债务承担无限责任，因而其资本无须划分为投入资本与资本收益。从法律规定和会计理论上讲，只需设一个权益科目来反映所有者权益的事项，但为了更清楚准确地核算权益，加强合伙人对合伙企业的管理，在实务中可设两类权益科目，即合伙人资本科目、合伙人提用科目。在年终，合伙人提用科目转入合伙人资本科目。

（3）在会计方法上，合伙企业会计也有许多不同于公司制的特殊之处，如合伙企业是以契约为基础的，因而合伙人在合伙企业中所占的资本份额可能与其出资的公允价值并不相符，合伙人从合伙企业所获得的收益分配比例也可能与其所持的资本份额不一致，这种现象在公司会计中是不存在的。所有者的变动会影响公司制会计，而在合伙企业会计中却需要用较为复杂的方法来处理。合伙企业解散与清算中所采用的特殊会计方法也是在公司制会计中没有的。

（4）在会计报表上，合伙企业除了应编制“资产负债表”、“利润及利润分配表”和“现金流量表”外，为详细反映各合伙人出资、提款、损益分配情况，还应编制“合伙人资本表”，说明合伙人权益及合伙人权益总额的增减变动情况。合伙企业对外报送的会计报表均为年报，一般不用编制月份报表。合伙企业与其他企业会计报表列示方法基本相同，只是由于合伙人资本核算的特殊性，使得在这方面的列示上有所不同。如在“资产负债表”上资本划分为各合伙人资本项目，“应收合伙人借款”和“应付合伙人贷款”项目应分别在“长期资产”和“长期负债”中单独列示，以强调其特殊性或重要性。又如在“现金流量表”上，由于合伙人资本变动对合伙企业的现金流量会产生影响，因此在“筹资活动现金流入”项目中应包含合伙人以现金形式增加的投资，在“筹资活动现金流出”项目中应包含合伙人以现金形式减少的资本和提用账户中记录的合伙人提用现金。

2.1.3　账户设置

从会计账户设置上来看，合伙企业与其他组织形式的企业相比，资产、负债、收入和费用的会计核算基本相同，所不同的主要是所有者权益的会计核算。

1. 合伙人资本

“合伙人资本”账户核算合伙人投入的资本以及分享的经营所得。当合伙人投入资本时，借记有关资产账户，贷记“合伙人资本”账户，该账户贷方余额随着合伙人追加投资以及利润的分配而增加，并随着合伙人提用资产以及由于亏损相应承担的部分而减少。

合伙人资本账户所反映的内容如图 2-1 所示。

合伙人资本——××合伙人

合伙人减少投资额	合伙人原始投资额
合伙人分担亏损额	合伙人增加投资额
	合伙人应得收益额
	期末合伙人资本额

图2-1　合伙人资本账户所反映的内容

2．合伙人提用

“合伙人提用”账户是“合伙人资本”账户的备抵账户，用来核算合伙人当期从合伙企业提取的资产，当合伙人提取一定数额的包括现金在内的资产时，按提取数借记“合伙人提用”账户，贷记相关资产账户。会计期末，“合伙人提用”账户的借方余额转入“合伙人资本”账户。

在设立“合伙人提用”账户并记录各合伙人提用这一经济行为时，应该注意以下两点。

（1）合伙人在提取合伙企业实物资产（商品存货除外）供其自用时，通常按照该实物资产的市场价格记入“合伙人提用”账户，市场价与资产账面价值的差额记入“本年利润——估价损益”账户。期末结账时，再将“本年利润——估价损益”账户的余额转入资本账户。

（2）合伙人在提用合伙企业的商品存货时，通常按照该商品存货的成本价记入“合伙人提用”账户，并等额贷记存货类账户。

合伙人提用账户所反映的内容如图 2-2 所示。

合伙人提用——××合伙人

合伙人提取现金	期末转入资本账户
合伙人提取实物资产	

图2-2　合伙人提用账户所反映的内容

3．合伙人借款和贷款

企业和合伙人之间如果是长期的借贷事项，则需另设立“应收合伙人借款”或“应付合伙人贷款”账户，列为资产或负债项目。若按流动与非流动项目分类，则这类关联方交易列为非流动项目。

如果合伙企业借给合伙人无担保的巨额款项的偿还能力受到怀疑，在企业清算时，最好将一些应收款项抵冲“合伙人资本”项目，否则，资产负债表内所列的资产及合伙人权益均将因虚增而使人误解。

应收合伙人借款和应付合伙人贷款账户所反映的内容如图 2-3 所示。

应收合伙人借款——××合伙人

合伙人从合伙企业临时提款	归还借款
合伙人留用收回的合伙企业账款	清算时转入合伙人资本账户
期末应收合伙人借款额	

应付合伙人贷款——××合伙人

合伙企业归还借款	合伙企业收到合伙人贷款
清算时转入合伙人资本账户	
	期末应付合伙人贷款额

图2-3　应收合伙人借款和应付合伙人贷款账户所反映的内容

4．本年利润

设置“本年利润”账户，用来反映合伙企业损益的形成、利润的分配或亏损的弥补。该账户的贷方登记从有关收入账户转入的数额，以及亏损的弥补；该账户的借方登记从有关成本、费用、税金等账户转入的数额以及利润的分配。该账户期末余额应按合伙协议的规定转入“合伙人资本”账户，结转后该账户一般无余额。

“本年利润”账户所反映的内容如图 2-4 所示。

本年利润	
成本、费用、税金结转 由于其他原因引起的合伙企业损益的减少 合伙企业损益的分配	收入结转 由于其他原因引起的合伙企业损益的减少

图2-4　“本年利润”账户所反映的内容

2.2　合伙企业设立的核算

合伙企业设立时，由于是以合伙协议为基础的，因此，每一位合伙人资本账户的入账金额可能等于其投入企业净资产的公允价值，也可能不等于其投入企业净资产的公允价值。因此，合伙协议是合伙企业会计核算的基础。

1．出资方式

合伙人对合伙企业的出资可以是货币资金，可以是实物资产，如存货、设备、房屋、建筑物，也可以是无形资产，如土地使用权、知识产权等或其他财产权利。经全体合伙人协商一致，也可以劳务出资，其评估办法由全体合伙人协商确定。收到合伙人投资时，借记有关科目，贷记“合伙人资本”科目。

合伙人以现金出资时，出资金额即为入账价值。若合伙人以非现金资产出资，应按照投资当时的公允价值入账。按公允价值记录合伙人投资的理由在于，所有投入合伙企业的财产均成为合伙财产，且该财产的使用和处置的损益均按损益分配率分配给了各合伙人，因而，非现金资产按公允价值入账体现了公平合理的原则。从理论上来讲，公允价值应经独立评估机构评估确定，但在实务中，由于合伙企业是根据合伙协议而设立的，因而非现金资产的公允价值是由所有合伙人协商确定的，所涉及金额应均在合伙协议中载明。

2．会计处理

对于合伙人初始投资的会计处理，按照合伙人获得的资本权益与投入的可辨认资产的公允价值是否一致，有三种不同的处理方法，分别是投资净额法、红利法和商誉法。

（1）投资净额法（net investment method）

投资净额法是指，每一位合伙人的资本账户均按其投入合伙企业可辨认净资产的公允价值入账。

【例 2-1】2×13 年初甲、乙两人以下列现金和实物出资组成合伙企业，其出资方式及公允价值见表 2-1。

表 2-1　甲、乙出资方式及公允价值一览表

单位：元

	甲（公允价值）	乙（公允价值）
现金		28 000
土地使用权（取得成本 5 000 元）	15 000	
厂房（取得成本 30 000 元）	35 000	
存货（取得成本 7 000 元）		14 000
合计	50 000	42 000

协议规定，甲、乙两人各自的权益份额与其出资额一致，因此按公允价值入账，其会计分录如下：

借：现金　28 000
　　存货　14 000
　　无形资产　15 000
　　固定资产——厂房　35 000
　　贷：合伙人资本——甲　50 000
　　　　合伙人资本——乙　42 000

（2）红利法（bonus method）

如果双方约定各合伙人从合伙企业得到的资本份额相等，或合伙协议未明确说明，一般可理解为各合伙人取得的资本份额是相等的，这时可采用红利法或商誉法进行处理。

红利法是指，不确认协议中暗含的不可辨认资产的会计处理方法，需要按各合伙人出资额的平均数确认各合伙人资本账户的入账金额。

在红利法下，虽然投入资本的合计数等于每一位合伙人投入合伙企业可辨认净资产公允价值的合计数，但是，每一位合伙人资本账户的入账金额并不等于其投入合伙企业可辨认净资产的公允价值。资本账户入账金额小于其出资金额的合伙人相当于给了资本账户入账金额大于其出资金额的合伙人红利。

【例 2-2】沿用例 2-1 的资料，协议规定甲、乙两合伙人的资本权益相同。采用红利法处理。甲将部分红利转让到乙的名下，以使双方的资本份额相等。

$$红利=(50\,000-42\,000)\div 2=4\,000(元)$$

会计分录如下：

借：现金　28 000
　　存货　14 000
　　无形资产　15 000
　　固定资产——厂房　35 000
　　贷：合伙人资本——甲　46 000
　　　　合伙人资本——乙　46 000

（3）商誉法（goodwill method）

商誉法是指，确认协议中暗含的不可辨认资产的会计处理方法。该种方法认为合伙企

业的各合伙人享有的资本份额相等，出资额多的合伙人同意其他合伙人按自己的出资额确认“合伙人资本”账户的金额，其他合伙人的出资额与“合伙人资本”账户的金额的差额，确认为“商誉”。

【例 2-3】沿用例 2-1 的资料，协议规定甲、乙两合伙人的资本权益相同。采用商誉法处理。

将乙为企业不可辨认资产的价值视为商誉。以甲的投资及其在资本总额中的比例推算合伙企业资本总额。

合伙企业资本＝50 000÷50%＝100 000(元)

商誉＝100 000－(50 000＋42 000)＝8 000(元)

会计分录如下:

借：现金	28 000	
存货	14 000	
无形资产	15 000	
固定资产——厂房	35 000	
商誉	8 000	
贷：合伙人资本——甲		50 000
合伙人资本——乙		50 000

2.3　合伙企业经营的核算

2.3.1　合伙人提用、借贷、增资及减资的会计核算

1. 合伙人提用

由于合伙企业以收益分配的形式给予合伙人报酬，所以合伙协议通常允许合伙人按月或按周从预计可分得的收益中提取适当金额，也可视为合伙人的薪金。另外，合伙人还可能提用合伙企业的实物或其他资产。对这些业务应设置“合伙人提用”账户进行专门核算，而不是直接记入“合伙人资本”账户。

在会计期间结束时，应将“合伙人提用”账户结转到“合伙人资本”账户。因此，假如当初直接借记“合伙人资本”账户，则其最后的结果是相同的。但是，使用“合伙人提用”账户，可记录各合伙人在一定期间的提款情况。该记录可与合伙协议上所允许的提款数相比较，以便对超额提款建立会计控制。

【例 2-4】合伙人甲、乙分别从合伙企业提取现金 2 000 元作为薪金。

会计分录如下:

借：合伙人提用——甲	2 000	
合伙人提用——乙	2 000	
贷：现金		4 000

期末，会计分录如下:

借：合伙人资本——甲	2 000	

合伙人资本——乙　　2 000
贷：合伙人提用——甲　　2 000
合伙人提用——乙　　2 000

2. 合伙人借贷

合伙人由于特殊的经济原因，造成自身现金需求的缺乏，而向合伙企业申请贷款，并签署贷款协议，标明所借款项金额、偿还时间、偿还方式及利息。

【例 2-5】 2×13 年 6 月 30 日合伙人甲从合伙企业借款 10 000 元，贷款协议申明：贷款期半年，年利率 6%，到期一次还本付息。

会计分录如下：

(1) 借款时

借：应收合伙人借款——甲　　10 000
贷：现金　　10 000

(2) 还本付息时

借：现金　　10 300
贷：应收合伙人借款——甲　　10 000
利息收入　　300

合伙企业由于自身的经营情况不利，陷入临时资金周转困难，而又无法或不愿意向其他金融机构借款时，可临时向合伙人借款。并签署贷款协议，标明所借款项金额、偿还时间、偿还方式及利息。

【例 2-6】 2×13 年 6 月 30 日合伙企业向合伙人甲借款 50 000 元，贷款协议申明：贷款期半年，年利率 6%，到期一次还本付息。

会计分录如下：

(1) 借款时

借：银行存款　　50 000
贷：应付合伙人贷款——甲　　50 000

(2) 还本付息时

借：应付合伙人贷款——甲　　50 000
财务费用　　1 500
贷：银行存款　　51 500

3. 合伙人增资和减资

合伙协议中应规定合伙企业开始经营后关于增资和减资的各项准则。增资时，应根据前述初始投资的计价规则确定如何记入"合伙人资本"账户。巨额而不正常的减资，应直接借记"合伙人资本"账户。

【例 2-7】 2×13 年 4 月 1 日合伙人甲决定向合伙企业增资 30 000 元，而合伙人乙 2×13 年 7 月 1 日决定从合伙企业中抽出自己所投入的资金 20 000 元。

会计分录如下：

借：银行存款　　30 000
贷：合伙人资本——甲　　30 000
借：合伙人资本——乙　　20 000

贷：银行存款　　20 000

为了反映利润分配前后资本变动的情况，能够比较期初资本余额与投入资本净额以便合伙人制定好减资政策，并防止既定政策被滥用，合伙企业可以编制合伙人资本变动表。若合伙记录不完整，该变动表可以提供一种计算净利润的简便方法——“总额”栏内期末的资本净额减去投入资本净额。

【例 2-8】合伙企业 2×13 年实现净利润 60 000 元，甲、乙二人损益分配比例为 6:4，结合例 2-1、例 2-4 和例 2-7 有关合伙权益的资料，编制合伙人资本变动表，见表 2-2。

表 2-2　合伙人资本变动表　　单位：元

	甲（60%）	乙（40%）	合　计
期初资本余额（2×13 年 1 月 1 日）	50 000	42 000	92 000
加：增资（2×13 年 4 月 1 日）	3 000		3 000
减：减资（2×13 年 7 月 1 日）		（2 000）	（2 000）
提款	（2 000）	（2 000）	（4 000）
投入资本净额	51 000	38 000	89 000
加：本期净利润	36 000	24 000	60 000
期末资本余额（2×13 年 12 月 31 日）	87 000	62 000	149 000

2.3.2　合伙企业的损益分配的会计核算

1. 合伙企业的合伙损益

由于合伙企业的生产经营规模有限，合伙人对企业债务负有无限连带责任，并且合伙人对损益的分配不同于公司制的企业，因而合伙企业可以只设置一个“本年利润”账户反映损益的形成和分配（或分担）。值得注意的是，在计量合伙损益时，不能将合伙人私人费用列入合伙的经营费用中。例如，以合伙企业的资产支付合伙人私人的开支，则应借记“合伙人提款”或“合伙人资本”科目。在会计年度末，“合伙人提款”账户应结转到“合伙人资本”账户，而不能结转到“本年利润”账户中去。

2. 合伙企业损益分配的基本方法

合伙企业的净收益或净损失要在各合伙人之间进行分配，通常在合伙协议中要明确规定分配的原则和具体方式。如果没有分配协议，一般认为损益将平均分配。一般而言，损益分配的基本方法有：约定比例分配法、资本比例分配法、资本收益分配法、合伙人薪金分配法、合伙人奖金或津贴分配法。

（1）约定比例分配法

约定比例分配法是指合伙人在考虑了各合伙人出资额多少及其对合伙企业的贡献大小等因素之后，由合伙人事先商定按某一约定比例或以后各个时期的具体比例分配损益，并在协议中加以规定的一种损益分配方法，订立的一个分配比例。该方法的特点是“按资分配”与“按绩效分配”相结合，适合于技术密集型企业或引进专门人才以其技术等方式入伙的损益分配。

【例 2-9】沿用例 2-8 的资料，假设合伙契约中规定甲、乙二人的分配比例为 6:4，计算结果与例 2-8 相同。

会计分录如下：

借：本年利润　　60 000

　　贷：合伙人资本——甲　　36 000

　　　　合伙人资本——乙　　24 000

（2）资本比例分配法

资本比例分配法是指合伙人的损益分配比例以其投资额的大小为依据计算。此法主要考虑合伙人的出资比例，具有一定的合理性。资本比例主要有以下几种类型：原始资本比例、期初资本比例、期末资本比例、加权平均资本比例。

①原始资本比例法

原始资本比例法以合伙人最初投入资本的比例作为合伙企业存在期间唯一可行的损益分配标准。运用此法考虑的主要是合伙企业开创之时资本的重要性，但却忽视了合伙企业开始营业后合伙人资本的变动和具体贡献，存在一定的不足。

【例 2-10】 沿用例 2-8 的资料，采用原始资本比例法处理。

甲应得利润＝60 000×50 000/(50 000＋42 000)＝32 608.7(元)

乙应得利润＝60 000×42 000/(50 000＋42 000)＝27 391.3(元)

②期初资本比例法

期初资本比例法以合伙人期初投入资本的比例作为损益分配的标准。在营业第一年，期初资本即为合伙人的原始投资额。此法计算比较简便，但未能考虑到合伙人在经营期间提取现金、取用商品以及应归合伙人而暂由企业使用的款项和合伙人增减资本等因素，从而使损益分配不够合理。

在例 2-10 中，该合伙企业的期初资本比例也就是其原始资本比例，故计算结果与上相同。

③期末资本比例法

期末资本比例法以各合伙人期末投资额的比例作为损益分配的依据。此法的优点是既考虑了原始投资，又考虑了会计期内各合伙人的增资、减资，以及提用资产。但是增减资本的时间不可能均衡发生，各合伙人提用资产也不会同时发生，所以增、减资本以及提用资产影响企业实际使用资本的期限是不同的。早期提款和晚期提款对企业资本的使用也有不等的影响。然而，这一方法对这些因素均未加以考虑，从而在一定程度上也影响了利润分配的合理性。

【例 2-11】 沿用例 2-8 的资料，采用期末资本比例法处理。

甲应得利润＝60 000×51 000/(51 000＋38 000)＝34 382(元)

乙应得利润＝60 000×38 000/(51 000＋38 000)＝25 618(元)

④加权平均资本比例法

加权平均资本比例法以合伙人在损益分配当年内平均资本额的比例，作为损益分配的依据。此法不但考虑到合伙人投资额的大小，而且重视资本投放于企业的持续性。投资数额大、供企业使用时间长的，所分配的损益自然大，反之则较小。

【例 2-12】 沿用例 2-8 的资料，假设“合伙人提用”按照合伙协议均衡发生。采用加权平均资本比例法处理。

甲投入资本净额＝50 000＋3 000－2 000/2＝52 000(元)

乙投入资本净额＝42 000－2 000－2 000/2＝39 000(元)

合伙企业期末投入资本净额＝52 000＋39 000＝91 000(元)

甲应得利润＝60 000×52 000/(52 000＋39 000)＝34 285.7(元)

乙应得利润＝60 000×39 000/(52 000＋39 000)＝25 714.3(元)

（3）资本收益分配法

资本收益分配法是指损益先按资本投资收益（即资本投资利息）分配，余额再按其他方法分配。因而，合伙损益的分配可以先按一定的资本收益分配，余额再考虑其他因素按其他的方法分配。在这种情况下，合伙损益的分配协议应规定：①资本收益率；②选定的资本额是按原始资本、期初资本、期末资本还是加权平均资本分配，通常做法是，资本利息按加权平均合伙企业的损益资本分配；③剩余利润的分配方法；④在出现亏损或利润不足以分配资本利息的情况时，资本利息还应不应分配。

【例 2-13】接例 2-12，假设合伙协议约定资本利率为 10%。采用资本收益分配法处理，其损益分配情况见表 2-3。

表 2-3　利润分配表 1

单位：元

	甲	乙	合　计
加权平均资本资本额	52 000	39 000	91 000
按 10%计算分配资本利息	5 200	3 900	9 100
剩余利润平均分配	30 000	30 000	60 000
利润分配合计	35 200	33 000	69 100

（4）合伙人薪金分配法

合伙人薪金分配法是指在分配损益时先按合伙人事前确定的固定数额分配薪金，余额再按约定比例法或资本比例法分配。当合伙人由于种种原因不能在企业中工作同样多的时间或付出同样多的努力时，可以采用不同数额的薪金标准来进行分配。当然，合伙人薪金从性质上看并不能构成合伙企业成本的一个组成部分，它已经是损益分配的一部分了，只不过为了方便而称其为薪金。

【例 2-14】沿用例 2-8 的资料，采用合伙人薪金分配法处理，其损益分配情况见表 2-4。

表 2-4　利润分配表 2

单位：元

		甲	乙	合　计
净利润	60 000			
薪金	（4 000）	2 000	2 000	4 000
可分配利润	56 000			
约定分配比例（6:4）	（56 000）	33 600	22 400	56 000
可分配的利润	0			
净利润的分配		35 600	24 400	60 000

（5）合伙人奖金或津贴分配法

合伙人奖金或津贴分配法是指在分配损益时先分配奖金或津贴，余额再按约定比例或资本比例分配。合伙人薪金是事前确定的固定数额，而合伙人奖金或津贴则通常是按照年利润的一定比例计算的。这是通过奖金或津贴形式对合伙人在企业中的劳动进行补偿的另外一种利润分配形式。必须注意，这里所说的合伙人薪金报酬和投资利息，都是指合伙人据以对损益进行分配的标准，而不是合伙企业的薪金费用和利息费用。

【例 2-15】沿用例 2-8 的资料，假设合伙协议规定将超过 40 000 元以后的合伙企业利润的 20%作为甲的红利。采用合伙人奖金或津贴分配法处理，其损益分配情况见表 2-5。

表 2-5 利润分配表 3

单位：元

		甲	乙	合　计
净利润	60 000			
给甲的红利	（4 000）	4 000		4 000
薪金	（4 000）	2 000	2 000	4 000
可分配利润	52 000			
约定分配比例（6:4）	（52 000）	31 200	20 800	52 000
可分配的利润	0			
净利润的分配		37 200	22 800	60 000

2.4 合伙企业权益变动的核算

新合伙人的入伙或现任合伙人的退伙或死亡，都会使现有的法律合伙主体解散，但这种解散不一定使合伙经营或作为独立会计主体的合伙终止。合伙人的变动将造成合伙企业内部权益的变动，包括合伙人之间权益比例的变化或伙权总额变化或合伙人权益数额与他们之间权益比例都发生变化等。

当因新合伙人入伙、现合伙人退伙或死亡而使合伙的法律关系解除时，企业的持续经营需要一个新的合伙协议。这时会产生一个问题，即合伙资产是否应加以重估。有些人认为，原合伙企业既然合伙解散而终止，则所有转让给新合伙企业的资产就如同该资产出售给公司组织一样应重新评估。有人则认为，合伙权益的变动与公司股东权益变动不同，因此，合伙权益的私下销售，并未为重新评估提供基础。本章关于合伙权益变动部分将对两者均进行讨论和举例说明。重估法通常称为商誉法，非重估法称为红利法。

2.4.1 新合伙人入伙

合伙企业成立后，为了筹集资金、扩大规模，或者需要具有特定技能的人才改善企业经营，因此需要吸收新的合伙人入伙。新的合伙人入伙时，必须取得原合伙人同意，并需要修订原合伙协议或重订新合伙协议。通常，新合伙人入伙可以采用新合伙人购买原合伙人全部或部分权益和新合伙人投入资本取得权益两种方式。

1. 购买原合伙人的部分或全部伙权

购买原合伙人部分或全部伙权入伙方式是指新合伙人向一个或多个原有合伙人付款，购买他们的一部分或全部原有的权益。即原有的资本从一个或多个原合伙人那里转移到新合伙人名下，而合伙企业的资本总额并没有改变。这种购买业务实际上是在新合伙人与出售权益的原合伙人之间进行的，是新旧合伙人之间的伙权转让行为，与合伙企业的资产、权益并无关系，表现在合伙企业会计中的只是权益比例的变化，但会计上应对合伙人变更导致权益比例变化的情况进行记录。

新合伙人购买原合伙人权益入伙，可以是向一个原合伙人，也可以是向多个原合伙人购入伙权入伙。

（1）向一位合伙人直接付款取得其部分或全部伙权

如果新合伙人直接向目前的某个合伙人购入权益，会计处理只需将新合伙人购进的权益比例所相应的金额从原合伙人的资本账户转入新合伙人的资本账户。

【例 2-16】 接例 2-8，2×14 年初，甲、乙同意接受丙为新合伙人。新合伙人丙入伙后，新的合伙协议约定甲、乙、丙三人的损益分配比例为 4:4:2。假设甲出售其在企业的一半权益 43 500 元(87 000/2)给丙，且丙为此支付了 60 000 元。

合伙的资本余额见表 2-6。

表 2-6 资本余额 1　　单位：元

	账面价值	转让资本	转让后的资本	资本比例	损益分配比例
甲	87 000	（43 500）	43 500	29.2%	40%
乙	62 000		62 000	41.6%	40%
丙		43 500	43 500	29.2%	20%
合计	149 000	0	149 000	100%	100%

会计分录如下：

借：合伙人资本——甲　　43 500

　　贷：合伙人资本——丙　　43 500

丙购买甲的一半权益后，在合伙企业的资本权益只有 43 500 元。甲与丙的交易只是他们之间的私事，与合伙企业无关，合伙企业的资本总额仍为 149 000 元。

（2）向一位以上的合伙人购入伙权

新合伙人欲加入合伙企业，如果直接向原合伙企业的多个合伙人购入伙权的，会计处理上仍只需将新合伙人购进的权益份额从原几个合伙人的资本账户转入新合伙人的资本账户。

通常，新合伙人付出的款项要高于其享有的伙权比例，超出部分应按损益分配的比例在原合伙人之间分配，会计处理方法有两种：一种是红利法，另一种是商誉法。在红利法下，不确认协议中承认的商誉，新合伙人付出的超额部分直接按原合伙协议约定的损益分配的比例在原合伙人之间分配。在商誉法下，要确认协议中承认的商誉。商誉就是合伙企业的公允价值与账面价值之差额，按损益分配比例在原合伙人之间进行分配。

【例 2-17】 接例 2-8，2×14 年初，甲、乙同意丙直接付款给合伙人 80 000 元入伙，取得合伙企业 50%的权益。

① 红利法下的会计处理

合伙的资本余额见表 2-7。

表 2-7 资本余额 2　　单位：元

	账面价值	转让资本	转让后的资本	占有比例
甲	87 000	（43 500）	43 500	29.2%
乙	62 000	（31 000）	31 000	20.8%
丙		74 500	74 500	50%
合计	149 000	0	149 000	

红利＝新合伙人付款－合伙企业原账面价值×所购得的伙权比例

＝80 000－149 000×50%＝80 000－74 500＝5 500(元)

多付的现金 5 500 元是合伙企业客观存在的商誉，在红利法下不确认商誉。由于甲、乙约定分配比例是6:4，所以甲和乙分别获得现金3 300元和2 200元。

会计分录如下：

借：合伙人资本——甲　　(87 000×50%) 43 500

　　合伙人资本——乙　　(62 000×50%) 31 000

　　贷：合伙人资本——丙　　74 500

② 商誉法下的会计处理

合伙的资本余额见表2-8。

表2-8　资本余额3　　单位：元

	账面价值	商誉分配	转让资本	转让后的资本	占有比例
甲	87 000	6 600	(48 000)	45 600	28.5%
乙	62 000	4 400	(32 000)	34 400	21.5%
丙			80 000	80 000	50%
合计	149 000	11 000	0	160 000	

商誉＝新合伙人付款÷所购得的伙权比例－合伙企业原账面价值

＝80 000÷50%－149 000＝160 000－149 000＝11 000(元)

根据商誉，按损益分配比例调增“合伙人资本”账户。将新增合伙人为取得伙权所支付的款项，按损益分配比例调减原合伙人的权益。

会计分录如下：

借：商誉　　11 000

　　贷：合伙人资本——甲　　(11 000×60%) 6 600

　　　　合伙人资本——乙　　(11 000×40%) 4 400

借：合伙人资本——甲　　(80 000×60%) 48 000

　　合伙人资本——乙　　(80 000×40%) 32 000

　　贷：合伙人资本——丙　　80 000

2. 直接向合伙企业投资取得权益入伙

新合伙人不通过向原合伙人购买伙权而是以增加新的资本的方式入伙，这种情况下原合伙人资本额不会由此而减少，合伙企业的资本规模随着资产的增加而扩大。新合伙人的加入标志着原合伙关系的终止和新合伙关系的建立。在签订新的合伙协议基础上，全体合伙人要就新合伙人的投资额及相关事项进行协商，并应当对企业的资产进行重新评估，将各项资产的账面值调整为公允价值。新合伙人投入资本并取得其伙权，根据协商的结果，最终新合伙人所取得的伙权的会计处理方法常见的有三种。

（1）取得的资本权益的账面价值等于其投入资产价值

在新合伙人向企业投入新的资本时，企业的资本总额会增加。如果原有的合伙人认为原有的资本余额能够反映企业资产现状，即企业净资产账面价值基本等于其公允价格时，他们可以同意新合伙人以实际的投资数额来计算他在合伙企业中的权益比例。而如果此时合伙企业的资产没有按公允价值反映，企业就必须先对全部资产和负债进行评估，评估损益须在原合伙人之间分配，并相应调整原合伙人资本账户金额，然后再按照调整后的资本总额计算新合伙人应取得的伙权。

【例2-18】接例2-8，2×14年年初，丙拟以现金加入，并以此取得1/5的伙权。

由于合伙企业原账面价值为 149 000 元，构成新合伙企业资本的 4/5，新合伙企业的资本总额将为 186 250 元，因此丙应投资金额为 37 250 元。

合伙企业的资本余额见表 2-9。

表 2-9　资本余额 4　　单位：元

	账面价值	新合伙人投入资本	入伙后的资本	占有比例
甲	87 000		87 000	46.7%
乙	62 000		62 000	33.3%
丙		37 250	37 250	20%
合计	149 000	37 250	186 250	

会计分录如下：

借：库存现金　　37 250

　　贷：合伙人资本——丙　　37 250

（2）取得的资本权益的账面价值低于其投入资产价值

当新的合伙人提出加入合伙企业时，很可能合伙企业已经营较长时期，并且具有相当的获利能力。这时原合伙人就可能要求新合伙人付出较高的投资额而取得低于其投资金额的伙权，而新合伙人为加入这一有较高赢利水平的企业，通常也会同意这一条件。

对于新合伙人实际投资额高于其按伙权比例所确认的资本额的差额部分，一般有两种会计处理方式，即商誉法和红利法。

【例 2-19】接例 2-8，2×14 年年初，在丙提出入伙的情况下，甲、乙合伙人认为合伙企业存在商誉，要求丙投入现金 50 000 元，以取得新合伙企业 1/5 的伙权。丙同意投入。

① 红利法下的会计处理

合伙企业的资本余额见表 2-10。

表 2-10　资本余额 5　　单位：元

	账面价值	新合伙人入伙	入伙后的资本	占有比例
甲	87 000	6 120	93 120	46.8%
乙	62 000	4 080	66 080	33.2%
丙		39 800	39 800	20%
合计	149 000	50 000	199 000	

红利＝新合伙人付款－新合伙企业净资产×所购得的伙权比例

$$=50\,000-(149\,000+50\,000)\times\frac{1}{5}=50\,000-39\,800=10\,200(\text{元})$$

实际多付了 10 200 元，说明原合伙企业存在着商誉。这笔商誉不在账面上确认，而应按损益分配比例转作为原合伙企业甲、乙合伙人的资本增加额。

会计分录如下：

借：库存现金　　50 000

　　贷：合伙人资本——甲　　(10 200×60%) 6 120

　　　　合伙人资本——乙　　(10 200×40%) 4 080

　　　　合伙人资本——丙　　39 800

② 商誉法下的会计处理

合伙企业的资本余额见表 2-11。

表 2-11　资本余额 6

单位：元

	账面价值	商誉分配	新合伙人入伙	入伙后的资本	占有比例
甲	87 000	30 600		117 600	47%
乙	62 000	20 400		82 400	33%
丙			50 000	50 000	20%
合计	149 000	51 000	50 000	250 000	

商誉＝新合伙人付款÷所购得的伙权比例－新合伙企业净资产

$$=50\,000\div\frac{1}{5}-(149\,000+50\,000)=250\,000-199\,000=51\,000(\text{元})$$

这 51 000 元就为原合伙企业的商誉，归甲、乙合伙人所有，应按 40%和 60%的损益分配比例在甲、乙两合伙人之间进行分配，分别记入其资本明细账户。

会计分录如下：

借：商誉　　51 000

　　贷：合伙人资本——甲　　(51 000×60%) 30 600

　　　　合伙人资本——乙　　(51 000×40%) 20 400

借：库存现金　　50 000

　　贷：合伙人资本——丙　　50 000

（3）取得的资本权益的账面价值高于其投入资产价值

由于新合伙人具有独特技术和管理才能，或能给企业带来较好的声誉，或带来客户网和业务，或企业急需资金等原因，原合伙人可能会同意新合伙人以较少的投资取得多于投资数额的权益，即新合伙人可以低于公允价格的代价取得伙权。这时候，新合伙人取得资本权益的账面价值高于其投入资产价值。这种情况的会计处理也有商誉法和红利法两种处理方式。

【例 2-20】接例 2-8，2×14 年初，在丙提出入伙的情况下，甲、乙合伙人认为合伙企业存在商誉，要求丙投入现金 30 000 元，以取得新合伙企业 1/5 的伙权。丙同意投入。

① 红利法下的会计处理

合伙企业的资本余额见表 2-12。

表 2-12　资本余额 7

单位：元

	账面价值	新合伙人入伙	入伙后的资本	占有比例
甲	87 000	(3 480)	83 520	46.7%
乙	62 000	(2 320)	59 680	33.3%
丙		35 800	35 800	20%
合计	149 000	30 000	179 000	

红利＝新合伙企业净资产×所购得的伙权比例－新合伙人付款

$$=(149\,000+30\,000)\times\frac{1}{5}-30\,000=35\,800-30\,000=5\,800(\text{元})$$

实际少付了 5 800 元，说明合伙人丙存在着商誉。这笔商誉不在账面上确认，而应按损益分配比例减少原合伙企业甲、乙合伙人的原有资本，减少部分相当于原合伙人付给新合伙人丙的红利。

会计分录如下：

借：库存现金　　30 000
　合伙人资本——甲　　(5 800×60%) 3 480
　合伙人资本——乙　　(5 800×40%) 2 320
　贷：合伙人资本——丙　　35 800

② 商誉法下的会计处理

合伙企业的资本余额见表2-13。

表2-13　资本余额8　　单位：元

	账面价值	商誉分配	新合伙人入伙	入伙后的资本	占有比例
甲	87 000			87 000	41.8%
乙	62 000			62 000	29.8%
丙		29 000	30 000	59 000	28.4%
合计	149 000	29 000	30 000	208 000	

商誉＝新合伙企业净资产－新合伙人付款÷所购得的伙权比例

$$=(149\,000+30\,000)-30\,000\div\frac{1}{5}=179\,000-150\,000=29\,000\text{(元)}$$

这29 000元就为新合伙人丙的商誉，归合伙人丙所有。

会计分录如下：

借：库存现金　　30 000
　商誉　　29 000
　贷：合伙人资本——丙　　59 000

2.4.2 合伙人退伙或死亡

现有合伙人可能退出合伙企业，丧失合伙人的地位，称为退伙。当一个合伙人退出合伙企业时，原合伙企业就已经从法律上解体了，但是这并不意味着合伙企业从实体上的解体并进行清算。同样，一个合伙人死亡，原有的合伙关系即被认为解散。尽管其余的合伙人会如往常一样将合伙企业继续经营下去，但已被认为是在新的合伙关系基础上的经营。无论是合伙人退伙还是死亡，都造成原合伙关系的解散，因而需要解决退伙的合伙人或已故合伙人的财产问题。由于合伙人死亡时的会计处理与合伙人退出企业时的会计处理方式基本相同，因而本书只阐述合伙人退出企业时的会计处理方式。

退伙有两种形式：一种是退伙人将其资本出售给其他合伙人或新合伙人；另一种是从合伙企业抽出资本。根据退伙人资本账户余额与其退伙金的数量关系，退伙时的处理有三种情况，即退伙金等于退伙人资本账户余额；退伙金小于退伙人资本账户余额；退伙金大于退伙人资本账户余额。

1. 退伙金等于退伙人资本账户余额

如果合伙企业的获利能力属于社会平均水平，资产的公允价值与账面价值大体相当，一般按退伙人的账面资本退款给退伙人。

【例2-21】接例2-16，现合伙人甲决定退伙。假设乙、丙同意甲退伙，并按账面数43 500元退还给甲。

会计分录如下：

借：合伙人资本——甲　　43 500
　　贷：库存现金　　43 500

2. 退伙金高于退伙人资本账户余额

退伙金高于退伙人资本账户余额，也称超额付款给退伙人，是指合伙企业付给退伙人的财产数额高于退伙人在原合伙企业资本权益的账面数额。当退出的合伙人从合伙企业得到高于其权益账面数额的资产时，实际上他不仅将其本人账面的权益全部拿走，而且还取得了其他合伙人的一部分权益。在这种情况下，留在企业的其他合伙人的资本数额就相应减少，以弥补退出的合伙人所多提取的那部分权益数额。对超额付款给退伙人的会计处理方法同样有红利法和商誉法两种。对于合伙人退出合伙企业的会计处理采用商誉法，又可以细分为两种具体做法：一种是确认退伙人部分商誉；另一种是确认全部商誉。

【例 2-22】 沿用例 2-21 的资料，假设甲在合伙权益的最后清偿中得款 54 000 元。

① 红利法下的会计处理

红利＝退伙金－退伙人资本账户余额
＝54 000－43 500＝10 500(元)

合伙企业在向退伙人甲清偿时，将超额付款部分 10 500 元作为乙、丙对退伙人甲的红利，并由乙、丙按损益分配比例 4:2 从各自的资本账户中抵减。

会计分录如下：

借：合伙人资本——甲　　43 500
　　合伙人资本——乙　　(10 500×4/6) 7 000
　　合伙人资本——丙　　(10 500×2/6) 3 500
　　贷：库存现金　　54 000

② 部分商誉法下的会计处理

在部分商誉法下，将超额付款部分 10 500 元作为退伙人甲的商誉。

会计分录如下：

借：合伙人资本——甲　　43 500
　　商誉　　10 500
　　贷：库存现金　　54 000

③ 全部商誉法下的会计处理

商誉＝退伙人权益增值部分÷退伙人损益分配比例
＝10 500÷40%＝26 250(元)

会计分录如下：

借：商誉　　26 250
　　贷：合伙人资本——甲　　(26 250×40%) 10 500
　　　　合伙人资本——乙　　(26 250×40%) 10 500
　　　　合伙人资本——丙　　(26 250×20%) 5 250
借：合伙人资本——甲　　54 000
　　贷：库存现金　　54 000

3. 退伙金小于退伙人资本账户余额

退伙金小于退伙人资本账户余额，也称折价付款，是指退出企业的合伙人从企业取得的资产价值将低于其权益的账面价值。当合伙人一致认为企业资产账面价值过高时，或者说，合伙人急于退出企业，他不愿意再进行繁杂的资产重估，他所取得的资产价值仍然会低于其权益的账面数额。当一个合伙人退出企业时取得的资产价值小于其权益账面数额时，他实际上是将这部分没有提取的权益账面数额留在了企业。这时，没有退出企业的其他合伙人应该按照他们之间的损益分配比例来分配这部分未提取的权益账面数额。在以折价付款方式下，合伙企业付款给退伙人的会计处理方法一般采用红利法。

【例 2-23】沿用例 2-21 的资料，假设甲在合伙权益的最后清偿中得款 36 000 元。同时，甲退伙时，各合伙人不愿进行资产评估。

红利＝退伙人资本账户余额－退伙金

＝43 500－36 000＝7 500(元)

合伙企业在向退伙人甲清偿时，将折价付款部分 7 500 元作为给其他合伙人的红利，按损益分配比例 4:2 分别转入乙、丙的资本账户。

会计分录如下：

借：合伙人资本——甲　　43 500

　　贷：合伙人资本——乙　　(7 500×4/6) 5 000

　　　　合伙人资本——丙　　(7 500×2/6) 2 500

　　　　库存现金　　36 000

若该合伙企业进行了资产评估，其中存货高估了 18 750 元，应降低其公允价值，并按损益分配比例调整各合伙人的资本账户。

会计分录如下：

借：合伙人资本——甲　　(18 750×40%) 7 500

　　合伙人资本——乙　　(18 750×40%) 7 500

　　合伙人资本——丙　　(18 750×20%) 3 750

　　贷：存货　　18 750

借：合伙人资本——甲　　36 000

　　贷：库存现金　　36 000

2.5　合伙企业清算的核算

2.5.1　合伙企业清算及其步骤

当合伙企业的合伙经营期满，或没有达到原合伙经营的目的，或因其他原因合伙人无意继续经营下去，经全体合伙人协商同意，可停止经营、办理清算。

合伙企业的解散与清算是两个有联系但又不同的概念。合伙解散（the dissolution of a partnership）仅指合伙人之间合伙关系的改变，以使作为法律主体的合伙终止。合伙解散后，可订立新协议继续进行合伙经营，或者作为法律主体和企业主体的合伙关系就此终止。作为企业主体的合伙关系的终止涉及结束合伙企业的事务，称为合伙清算（partnership liquidation）。

合伙企业的清算一般包括以下几个步骤：

（1）将非现金资产转换为现金；

（2）确认损益及清算期间的清算费用；

（3）清偿所有债务；

（4）按照合伙人资本账户最终余额将现金分配给各合伙人。

需要说明的是：①合伙企业在清偿企业债务时，通常应首先偿付欠合伙人以外的债务，然后，再偿付欠合伙人的债务；合伙企业的清算损益应按损益分配比例，在各合伙人之间进行分配。如果合伙企业的资产不足以抵偿企业债务，应由合伙人用个人财产抵偿。②分配合伙资产时，不应分配给资本余额为负值的合伙人。因此，合伙人贷款账户应与资本账户抵销，以确定分配给各合伙人的金额。一旦确定了每个合伙人应分配的金额，应在减少各合伙人资本账户之前，先借记其贷款账户。③上述清算程序，假设合伙具有偿债能力，即合伙企业的资产超过负债。同时也假设所有合伙人对合伙企业净资产具有权益，即无合伙人贷款余额，并且在将所有现金分配给合伙人之前，已将所有资产转换为现金。若无以上假设，合伙清算过程就变得较复杂。

2.5.2 合伙企业清算的会计处理

合伙企业的清算，根据其清算时间的长短可采用一次分配清算法和分次分配清算法两种。不论合伙企业采用哪种清算方法，在清算账务处理时都需要设置“清算损益”账户，用来反映清算过程中发生的清算费用和资产变现及债权债务清理损益。该账户余额，应按损益分配比例分配转入“合伙人资本”账户。

1. 简单合伙清算法

简单合伙清算（Simple Partnership Liquidation）是指将所有合伙资产转换为现金，并在最后解决合伙事务时将现金一次性分配给合伙人。此法要求所有资产在分配给合伙人前先变现，从而避免了合伙资产过早分配导致不足以偿付债务的可能性。

【例2-24】甲乙丙合伙企业由甲、乙、丙合伙人共同经营，合伙协议约定合伙人甲、乙、丙按照4:4:2的比例分配损益。2×14年3月1日全体合伙人决定对合伙企业进行清算，清算时的资产负债表见表2-14。在清算过程中，如数收回应收账款18 000元，存货变卖获得现金35 000元，固定资产变卖获得现金12 000元。

表2-14 甲乙丙合伙企业资产负债表

2×14年3月1日　　　　单位：元

资　产	金　额	负债及所有者权益	金　额
库存现金	67 000	应付账款	1 000
应收账款	18 000	合伙人资本——甲	43 500
库存商品	45 000	合伙人资本——乙	62 000
固定资产原价	35 000	合伙人资本——丙	43 500
减：累计折旧	15 000		
资产总计	150 000	负债及所有者权益总计	150 000

据以上资料，有关会计分录如下：

(1) 变卖非现金资产

借：库存现金　　65 000
　　累积折旧　　15 000
　　清算损益　　18 000
　贷：应收账款　　18 000

库存商品 45 000
固定资产 35 000

(2)偿还合伙企业债务

借：应付账款 1 000
贷：库存现金 1 000

(3)分配清算损益账户(按4:4:2分配)

借：合伙人资本——甲 7 200
合伙人资本——乙 7 200
合伙人资本——丙 3 600
贷：清算损益 18 000

(4)分配合伙企业的财产

借：合伙人资本——甲 36 300
合伙人资本——乙 54 800
合伙人资本——丙 39 900
贷：现金 131 000

甲乙丙合伙企业清算表见表2-15。

表2-15 甲乙丙合伙企业清算表

2×14年3月1日至2×14年3月31日　　单位：元

	现金	非现金资产	负债	甲资本（40%）	乙资本（40%）	丙资本（20%）
2×14年3月1日余额	67 000	83 000	1 000	43 500	62 000	43 500
非现金资产变现	65 000	(83 000)	—	(7 200)	(7 200)	(3 600)
余额	132 000		1 000	36 300	54 800	39 900
清偿负债	(1 000)		(1 000)			
余额	131 000			36 300	54 800	39 900
分配现金给合伙人	(131 000)			(36 300)	(54 800)	(39 900)

具有清偿能力的合伙企业清算时，将有足够的现金偿还债务和分配给各合伙人。但清算过程中所产生的损失会使一些合伙人的资本账户成为借方余额。当这种情况发生时，“合伙人资本”账户为借方余额的合伙人，对“合伙人资本”账户为贷方余额的合伙人欠有一笔债务，所以他们将被要求拿出个人财产偿还其合伙负债。但若这些人并无个人财产，其余合伙人必须承担等于这一借方余额的损失。这项损失按相对损益分配比例分配给资本账户为贷方余额的各合伙人。

【例2-25】假设甲乙丙合伙企业正在清算，在所有资产均已变现且所有债务均已清偿后，其账户余额见表2-16。合伙协议中规定甲、乙、丙损益分配比例为2:3:5。

表2-16 账户余额　　单位：元

	借方	贷方
库存现金	30 000	
合伙人资本——甲	6 000	
合伙人资本——乙		16 000
合伙人资本——丙		20 000
合计	36 000	36 000

(1)合伙人个人有偿债能力

因合伙人甲资本账户有借方余额6 000元，故甲应以其个人资产清偿6 000元债务，即甲应付6 000元给合伙企业，以冲销资本账户的借方余额。他所付的6 000元将使合伙企业现金达到36 000元，以便在最后清算时分配给乙和丙。

会计分录如下：

借：库存现金	6 000	
贷：合伙人资本——甲		6 000
借：合伙人资本——乙	16 000	
合伙人资本——丙	20 000	
贷：库存现金		36 000

(2)合伙人个人无偿债能力

合伙人甲个人无能力支付6 000元，则6 000元的损失由乙、丙按损益分配比例承担。乙应承担损失2 250元(6 000×3/8)，丙应承担损失3 750元(6 000×5/8)。此时，只需将现金30 000元分配给乙13 750元(16 000−2 250)和丙16 250元(20 000−3 750)，合伙企业宣告结束。但乙、丙由于替甲补足了资本账户借方余额，因此乙、丙对甲有追索权。

会计分录如下：

借：合伙人资本——乙	2 250	
合伙人资本——丙	3 750	
贷：合伙人资本——甲		6 000
借：合伙人资本——乙	13 750	
合伙人资本——丙	16 250	
贷：库存现金		30 000

2．分期分配清算

分期分配清算是在清算期较长的情况下，合伙人随着合伙企业非现金资产的陆续变现而分期分配现金的方法。在分期分配清算方式下，合伙企业非现金资产全部出售之前，合伙人要求针对已经变现的部分进行分配。于是会出现这样的问题，能否保证分配给合伙人的现金不超额。安全清偿表法和现金分配计划法可以解决这个问题。

（1）安全清偿表法

具有清偿能力的合伙企业进行清算时，可按系统的方式分配现金，直到所有非现金资产均已变现为止。当然，分配给合伙人之前，应清偿对合伙人以外的债务。一旦有现金可分配给合伙人时，每次分配前，可编制安全清偿表以确定每次的可分配金额。

安全清算必须遵守的原则是：其各次分配的现金资产的总和不得超过企业完成清算程序时可供分配的现金资产和非现金资产变现金额的总和。安全清偿在于确保分配给合伙人的现金不至于超额，它必须以下面的假设为基础：

① 所有非现金资产可能全部损失；

② 所有合伙人均无力偿还其对企业的欠款；

③ 企业可能存在需要偿还或支付的未记录和或有负债及损失。

分次付款清算的计算应按下列顺序依次进行：

① 计算确定各合伙人在企业的权益：各合伙人账户余额调整各自往来账户的金额；

② 计算确定各合伙人应负担的非现金资产的可能的损失：假定所有非现金资产可能全部

损失，将这一损失按损益分配比例分配给各合伙人；

③ 计算确定各合伙人应负担的企业可能存在需要偿还或支付的未记录和或有负债及损失：将这一损失按损益分配比例分配给各合伙人；

④ 计算确定各合伙人应负担的因其他合伙人无力偿还其对企业的欠款的可能的损失：各合伙人权益在负担上述损失后，有些合伙人的权益可能出现负数，由于分期清偿是建立在所有合伙人均无力偿还其对企业的欠款的假设前提下，所以出现的负数应由其他合伙人按损益分配比例进行负担，一直到该负数为零；

⑤ 计算确定付款金额：剩余的现金资产分配给相关合伙人。

但无论如何，开始清算时，如果资本账户余额的比例等于损益分配比例，而且无企业对合伙人的借款或贷款，则不需要编制安全清偿表。在这种情况下，所有的分配均按相对损益分配比例进行。

【例 2-26】假设甲乙丙合伙企业将于 2×14 年 2 月 29 日开始清算。其合伙人甲、乙、丙的损益分配比例为 5:3:2。企业决定采用分期清算方式进行清算，每月保留 5 000 元现金，用于支付未记录和或有负债及损失，剩余现金分配并支付给各有关合伙人。该企业当年 2 月 29 日的资产负债表见表 2-17。

表 2-17　甲乙丙合伙企业资产负债表

2×14 年 2 月 29 日　　　　单位：元

资　　产	金　　额	负债及所有者权益	金　　额
库存现金	60 000	应付账款	125 000
应收账款	70 000	应付合伙人贷款——乙	5 000
应收合伙人借款——丙	10 000	合伙人资本——甲	85 000
库存商品	100 000	合伙人资本——乙	85 000
固定资产	100 000	合伙人资本——丙	50 000
商誉	10 000		
资产总计	350 000	负债及所有者权益总计	350 000

合伙企业清算期间发生事项及其账务处理如下。

① 3 月清算事项

将丙的往来账户抵减其实收资本账户，核销商誉，应收账款收回 50 000 元，成本为 40 000 元的存货售得 50 000 元。

会计处理如下：

A. 将借款与资本抵销

借：合伙人资本——丙　　10 000

　　贷：应收合伙人借款——丙　　10 000

B. 冲抵商誉

借：合伙人资本——甲　　5 000

　　合伙人资本——乙　　3 000

　　合伙人资本——丙　　2 000

　　贷：商誉　　10 000

C. 应收账款收现

借：库存现金　　50 000

贷：应收账款　50 000

D. 存货出售及其利得

借：库存现金　50 000

贷：库存商品　40 000

合伙人资本——甲　5 000

合伙人资本——乙　3 000

合伙人资本——丙　2 000

E. 清偿处合伙人以外的债务

借：应付账款　125 000

贷：库存现金　125 000

F. 分配现金给合伙人乙

借：应付合伙人贷款——乙　5 000

合伙人资本——乙　25 000

贷：库存现金　30 000

现金分配的依据见表2-18。

表2-18　甲乙丙合伙企业安全清偿表（第一期）

2×14年3月31日　单位：元

	可能损失	甲的资本（50%）	乙的资本和贷款（30%）	丙的资本（20%）
3月31日合伙人权益（见清算表）		85 000	90 000	40 000
非现金资产的可能损失（见清算表）	180 000	（90 000）	（54 000）	（36 000）
小计		13 000	36 000	4 000
或有事项的可能损失	5 000	（2 500）	（1 500）	（1 000）
小计		（7 500）	34 500	3 000
因甲可能导致的损失		7 500	（4 500）	（3 000）
分配支付的现金		0	30 000	0

② 4月清算事项

将账面价值为20 000元的固定资产出售得款15 000元，出售剩余存货得款45 000元，支付清算费用1 000元，发现未入账负债2 000元。

会计处理如下：

A. 出售固定资产

借：库存现金　15 000

合伙人资本——甲　2 500

合伙人资本——乙　1 500

合伙人资本——丙　1 000

贷：固定资产　20 000

B. 出售剩余存货

借：库存现金　45 000

合伙人资本——甲　7 500

合伙人资本——乙　4 500

合伙人资本——丙 3 000
贷：库存商品 60 000

C. 支付费用
借：合伙人资本——甲 500
合伙人资本——乙 300
合伙人资本——丙 200
贷：库存现金 1 000

D. 发现未入账负债
借：合伙人资本——甲 1 000
合伙人资本——乙 800
合伙人资本——丙 200
贷：应付账款 2 000

E. 负债的清偿
借：应付账款 2 000
贷：库存现金 2 000

F. 分配现金给合伙人
借：合伙人资本——甲 2 100
合伙人资本——乙 21 600
合伙人资本——丙 14 400
贷：库存现金 57 000

现金分配的依据见表 2-19。

表 2-19 甲乙丙合伙企业安全清偿表（第二期）

2×14 年 4 月 30 日　　单位：元

	可 能 损 失	甲的资本（50%）	乙的资本和贷款（30%）	丙的资本（20%）
4 月 30 日合伙人权益（见清算表）		73 500	53 100	35 400
非现金资产的可能损失（见清算表）	100 000	（50 000）	（30 000）	（20 000）
小计		23 500	23 100	15 400
或有事项的可能损失	5 000	（2 500）	（1 500）	（1 000）
分配支付的现金		21 000	21 600	14 400

③ 5 月清算事项

将账面价值为 25 000 元的固定资产出售得款 37 500 元，支付清理费用 1 250 元。

会计处理如下：

A. 出售固定资产
借：库存现金 37 500
贷：合伙人资本——甲 6 250
合伙人资本——乙 3 750
合伙人资本——丙 2 500
固定资产 25 000

B. 支付费用

借：合伙人资本——甲　625
　　合伙人资本——乙　375
　　合伙人资本——丙　250
　　贷：库存现金　1 250

C. 分配现金给合伙人

因上期末各合伙人均获现金分配，则以后各期按损益分配比例进行分配，所以不必再编制安全清偿表。

借：合伙人资本——甲　18 125
　　合伙人资本——乙　10 875
　　合伙人资本——丙　7 250
　　贷：库存现金　36 250

④ 6月清算事项

出售剩余固定资产得款37 500元，核销不能收回的应收账款账面余额。

会计处理如下：

A. 出售剩余固定资产

借：库存现金　37 500
　　合伙人资本——甲　8 750
　　合伙人资本——乙　5 250
　　合伙人资本——丙　3 500
　　贷：固定资产　55 000

B. 冲销剩余应收账款

借：合伙人资本——甲　10 000
　　合伙人资本——乙　6 000
　　合伙人资本——丙　4 000
　　贷：应收账款　20 000

C. 分配现金给合伙人

借：合伙人资本——甲　21 250
　　合伙人资本——乙　12 750
　　合伙人资本——丙　8 500
　　贷：库存现金　42 500

本期清算完成后，编制甲乙丙合伙企业合伙清算表，见表2-20。

表2-20　甲乙丙合伙企业合伙清算表

（2×14年3月1日至2×14年6月30日）　单位：元

	现　金	非现金资产	优先债务	甲的资本（50%）	乙的贷款	乙的资本（30%）	丙的资本（20%）
3月1日余额	60 000	290 000	125 000	85 000	5 000	85 000	50 000
抵销丙的借款		（10 000）					（10 000）
冲销商誉		（10 000）		（5 000）		（3 000）	（2 000）
应收账款收现	50 000	（50 000）					
出售存货	50 000	（40 000）		5 000		3 000	2 000

续表

	现　金	非现金资产	优先债务	甲的资本（50%）	乙的贷款	乙的资本（30%）	丙的资本（20%）
3 月份配付款余额	160 000	180 000	125 000	85 000	5 000	85 000	40 000
偿还优先债务	（125 000）		（125 000）				
3 月份分配剩余现金（见表 2-16）	（30 000）				（5 000）	（25 000）	
4 月 1 日余额	5 000	180 000	0	85 000	0	60 000	40 000
出售固定资产	15 000	（20 000）		（2 500）		（1 500）	（1 000）
出售存货	45 000	（60 000）		（7 500）		（4 500）	（3 000）
清算费用	（1 000）			（500）		（300）	（200）
新发现的负债			2 000	（1 000）		（600）	（400）
4 月份分配前余额	64 000	100 000	2 000	73 500		53 100	35 400
偿还优先债务	（2 000）		（2 000）				
4 月份分配剩余现金（见表 2-17）	（57 000）			（21 000）		（21 600）	（14 400）
5 月 1 日余额	5 000	100 000		52 500		31 500	21 000
出售固定资产	37 500	（25 000）		6 250		3 750	2 500
清算费用	（1 250）			（625）		（375）	（250）
5 月份分配前余额	41 250	75 000		58 125		34 875	23 250
5 月份分配剩余现金（5:3:2）	（36 250）			（18 125）		（10 875）	（7 250）
6 月 1 日余额	5 000	75 000		40 000		24 000	16 000
出售剩余固定资产	37 500	（55 000）		（8 750）		（5 250）	（3 500）
冲销应收账款		（20 000）		（10 000）		（6 000）	（4 000）
6 月份分配前余额	42 500	0		21 250		12 750	8 500
6 月份分配剩余现金（5:3:2）	（42 500）			（21 250）		（12 750）	（8 500）
清算完成	0	0	0	0	0	0	0

（2）现金分配计划法

安全清偿表是一种计算安全清偿给各合伙人的金额，以防止超额分配的有效方法。但如果清算是分很多期清偿，则每期分配前都要编制安全清偿表以决定本期可分配多少现金给各合伙人，直到资本余额比例等于损益分配比例为止，才不需要编制安全清偿表，而直接将可分配现金按损益分配比例清偿给各合伙人。所以，在分期清算中，使用安全清偿法显得烦琐且无效。安全清偿表也无法作为规划的工具，不能提供信息帮助合伙人预计他们将获得现金分配的时间。为弥补安全清偿表方法的不足，可在清算初期即编制现金分配计划，用来确定合伙企业分期清偿过程中每一次的现金分配情况。

编制现金分配计划应按下列顺序依次进行。

①易受伤害程度的排序。计算各合伙人所能承受的最大损失，即若合伙企业的损失达到这一限额，该合伙人资本就全部抵销，从而不能参与现金分配。计算方法是以合伙人权益额除以其损益分配比例。根据计算结果，由小到大确定合伙人承受损失的能力。

②编制假定损失吸收表。这张表从清算前的权益开始，将损失额按损益分配比例从每一合

伙人权益中减除，而这笔损失的大小足以消除最易受伤害合伙人的权益。下一步骤是，再将另一笔损失按相对损益分配比例从合伙人剩余的权益中减去，而这笔损失应足以消除下一个易受伤害的合伙人的权益。一直做下去，直到除最不易受伤害的合伙人拥有权益余额以外，其余合伙人的权益为零为止。

③根据假定损失额编制现金分配计划。首先分配给外界债权人，然后依次按承担损失能力由大到小的顺序分配现金给合伙人。

【例 2-27】沿用例 2-26 的资料。开始清算时，甲、乙、丙三人的资本账户余额分别为 85 000 元、85 000 元和 50 000 元，而他们的权益（资本±借贷）分别为 85 000 元、90 000 元和 40 000 元。

① 甲乙丙合伙人易受伤害程度的排序见表 2-21。

表 2-21　甲乙丙合伙人易受伤害程度排序

单位：元

合伙人	合伙人权益	损益分配比例	吸收损失程度	易受伤害程度（1 为最易受伤害程度）
甲	85 000	50%	170 000	1
乙	90 000	30%	300 000	3
丙	40 000	20%	200 000	2

表 2-19 显示各合伙人权益账户余额可承担损失的能力。可承担损失的能力越大，其易受伤害程度越小。甲可吸收损失程度为 170 000 元，而乙可吸收损失程度为 300 000 元，故甲比乙更易受伤害。整个合伙企业的清算损失达 300 000 元以前，乙的权益足以吸收其应负担的部分损失。这可以说明在上例中，为何第一次分配时，由乙分配所有现金。

② 甲乙丙合伙人的假定损失吸收表见表 2-22。

表 2-22　甲乙丙合伙人的假定损失吸收表

单位：元

	甲（50%）	乙（30%）	丙（20%）	合　计
清算前权益	85 000	90 000	40 000	215 000
吸收甲权益的假定损失（按 5:3:2 分配）	（85 000）	（51 000）	（34 000）	（170 000）
余额		39 000	6 000	45 000
吸收丙权益的假定损失（按 6:4 分配）		（9 000）	（6 000）	（15 000）
余额		30 000		30 000

消除甲权益的清算损失为 170 000 元，即甲权益不小于零的最大损失为 170 000 元（85 000 ÷50%），这在拟定易受伤害程度排序时，就已计算过了。

在编制假定损失吸收表时，第一步是将甲的权益降为零，则甲吸收假定损失 85 000 元，乙、丙应吸收假定损失为 51 000 元（85 000×3/5）和 34 000 元（85 000×2/5）。甲、乙、丙各自吸收甲的权益假定损失后，甲的权益余额为零，乙、丙的权益余额为 39 000 元和 6 000 元。

第二步是将丙的权益减为零，则丙应吸收损失 6 000 元，按照相对损益分配比率计算乙应吸收的假定损失为 9 000 元（6 000×3/2）。这时丙由于吸收 6 000 元假定损失而使其权益余额为零，而乙的权益余额为 30 000 元。第二步的合计应吸收假定损失为 15 000 元。这时，假设甲个人不具有清偿能力，丙的权益减为零之后，最不易受伤害的合伙人乙将有 30 000 元的权益。

③ 根据假定损失额编制甲乙丙合伙企业的现金分配计划，见表 2-23。

表 2-23　甲乙丙合伙企业现金分配计划　　单位：元

顺　序	金　额	优先债务	乙的贷款	甲	乙	丙
1	125 000	100%				
2	5 000		100%			
3	25 000				100%	
4	15 000				60%	40%
其余	170 000 或更多			50%	30%	20%

根据表 2-23 现金分配计划的顺序分配现金，当合伙企业取第一笔可供分配的现金时，应首先用于清偿除合伙人以外的对外债务。按照上例中提供的资料，该合伙企业清算时对外债务 125 000 元(应付账款 75 000 元，应付票据 50 000 元)。接下来应清偿企业向乙的借款 5 000 元，因为企业向合伙人的借款比合伙资本有优先的清偿顺序。债务全部清偿后，如还有现金可供分配，则接下来应先考虑分配给乙现金 25 000 元。清偿企业向乙的借款及分配给乙的现金 25 000 元之后，乙、丙的资本余额比例已与其损益分配比例一致。按顺序，乙取得 25 000 元现金后，如有收入 15 000 元，则按 60%:40%分配给乙和丙。此项分配使各合伙人资本余额比例与损益分配比例一致，因此剩余的分配则按损益分配比例在各合伙人之间进行，甲、乙、丙可按其损益分配比例分取现金。

乙可于 2×14 年 3 月 1 日分析此分配计划得知，当 125 000 元分配给优先债权人之后，他可开始收到现金。同样，甲和丙均可利用此现金分配计划确定他们有多少机会可收回全部或部分权益。丙可以确定，在清偿了对外债务 125 000 元和分配给乙 30 000 元之后，他才开始获得现金。如果丙预测合伙企业的所有资产可变现 180 000 元，则他可轻易计算出他将获得的现金数额为 8 000 元[(170 000－155 000)×40%＋(180 000－170 000)×20%]。

【例 2-28】沿用例 2-27 的资料。假设甲乙丙合伙企业分两期清算，第一期分配现金 140 000 元，第二期分配现金 60 000 元。根据现金分配计划编制甲乙丙合伙企业现金分配表，见表 2-24。

表 2-24　甲乙丙合伙企业现金分配表　　单位：元

	可分配现金	优先债务	乙的贷款	甲的资本	乙的资本	丙的资本
第一期						
优先债权人	125 000	125 000				
乙的贷款	5 000		5 000			
乙的资本	10 000				10 000	
	140 000	125 000	5 000		10 000	
第二期						
乙的资本	15 000				15 000	
乙和丙（6:4）	15 000				9 000	6 000
剩余现金（5:3:2）	30 000			15 000	8 000	6 000
	60 000			15 000	42 000	12 000

由表 2-24 可知，在第一期分配的现金 140 000 元中，125 000 元用于清偿合伙人以外的债务，而 5 000 元用于清偿企业向乙的借款，余下的现金 10 000 元分配给乙，减少其资本账户余额。在第二期分配中，首先将 15 000 元分配给乙，因为按现金分配计划，他应先分得 25 000 元现金以减少其资本账户余额。第一期只分配 10 000 元，故第二期的现金应首先分配补足乙 15 000 元。这样乙、丙资本余额比例与损益分配比例一致。接下来将其中 15 000 元现金按乙、丙的损益分配比例 6:4 分配给乙、丙，则乙分得 9 000 元，丙分得 6 000 元。分配以后，最后

还剩现金30 000元，按甲、乙、丙三人损益分配比例5:3:2全部予以分配。由现金分配表所得到的资料可以与由安全清偿表所得到的资料作相同的用途，即现金分配表上所列示的现金清偿额将反映于合伙清算表上，而且在实际分配现金时也将记录于合伙企业账上。

可见，分期分配清算法较为谨慎，既能避免资金闲置浪费，又能防止过多、过早分配所引起的现金不足。但该方法计算复杂，适用于清算期较长的情况。

本章小结

合伙企业属于合伙的范畴，但又与其他合伙有所区别。合伙企业通常有如下特征：（1）非独立法人；（2）以合伙协议为法律基础；（3）互为代理；（4）生命有限；（5）经营责任无限；（6）共有财产，共享损益；（7）共享收益，共担损失；（8）非纳税主体。合伙企业虽不是一个法律主体，但它是一个会计主体，其与公司制企业的会计处理差别主要在企业的设立、损益分配、合伙人权益变动以及清算四个方面。

合伙企业设立时，按照合伙人获得的资本权益与投入的可辨认资产的公允价值是否一致，有三种不同的处理方法，分别是投资净额法、红利法和商誉法。

合伙企业的损益分配基本方法通常有五种：约定比例分配法；资本比例分配法；资本收益分配法；合伙人薪金分配法；合伙人奖金或津贴分配法。

新合伙人入伙可以采用新合伙人购买原合伙人全部或部分权益和新合伙人投入资本取得权益两种方式。新合伙人投入资产、取得伙权的会计处理方法常见的有三种方式：（1）取得的资本权益的账面价值等于其投入资产价值的会计处理方式；（2）取得的资本权益的账面价值低于其投入资产价值的会计处理方式；（3）取得的资本权益的账面价值高于其投入资产价值的会计处理方式。

合伙人退伙或死亡的会计处理根据退伙人资本账户余额与其退伙金的数量关系，退伙时的处理有三种情况，即退伙金等于退伙人资本账户余额；退伙金小于退伙人资本账户余额；退伙金大于退伙人资本账户余额。后两种情况在具体会计处理时，可以选择红利法或商誉法。

根据资产的性质和数量、偿债能力强弱以及清算所需时间的长短，合伙企业的清算可分为简单合伙清算和分期分配清算。简单合伙清算是指将所有合伙资产全部变卖为现金，并在收回了债权、偿付了所有的债务后，将剩余资产按照资本比例一次分配给各合伙人的清算方法。分期分配清算是指把资产分批出售所得现金，在清偿负债后，将所剩数额陆续分配给合伙人的一种清算方法。通常，分期分配清算的方法有两种：安全清偿法和现金分配计划法。

思考与练习题

1. 简述合伙企业的主要特点。
2. 合伙企业和一般企业的账户设置有何区别？
3. 合伙人提用、减资及借贷款之间有何区别？
4. 合伙企业设立时，合伙人投入资本核算的方法有哪些？如何进行会计处理？
5. 简述合伙人损益分配的几种方法。

6. 简述合伙企业权益变动的几种不同情况及其会计处理。

7. 合伙清算的主要方法有几种？说明每种方法的基本核算程序。

8. 甲乙丙合伙企业 2×13 年 1 月 1 日的有关资料见题表 2-1。

题表 2-1 甲乙丙合伙企业的有关资料

单位：元

合伙人	实收资本	损益分配比例
甲	480 000	30%
乙	480 000	50%
丙	300 000	20%

要求：

（1）假设 2×13 年 7 月 1 日，经各合伙人同意，新合伙人丁以 960 000 元现金投资入伙取得合伙企业 40%的权益。分别用商誉法和红利法编制分录，并分别确定上述分录过账后各合伙人权益。

（2）假设 2×13 年 1 月 1 日，乙退出合伙企业，企业付给乙现金 651 600 元。分别用商誉法和红利法编制分录。

9. 综合案例题

甲乙丙合伙企业在 2×13 年 12 月 31 日以后即进行清算，并且除了保留 20 000 元用于或有事项外，所有现金在每个月末进行分配，直到清算过程结束。甲乙丙的损益分配比为 5:3:2。甲乙丙合伙企业 2×13 年 12 月 31 日的资产负债表见题表 2-2。

题表 2-2 甲乙丙合伙企业资产负债表

2×13 年 12 月 31 日

单位：元

资产	金额	负债和所有者权益	金额
库存现金	240 000	应付账款	300 000
应收账款	280 000	应付票据	200 000
应收合伙人借款——丙	40 000	应付合伙人贷款——乙	20 000
库存商品	400 000	资本——甲	340 000
土地	100 000	资本——乙	340 000
固定资产	300 000	资本——丙	200 000
商誉	40 000		
资产总计	1 400 000	负债和权益总额	1 400 000

具体的清算事项如下。

（1）2×14 年 1 月，贷给合伙人 C 的贷款与其资本余额相抵销，商誉也被冲掉；应收账款收回 200 000 元，出售账面价值为 160 000 元的存货，收款为 200 000 元，所得现金全部分配。

（2）2×14 年 2 月，出售账面价值为 80 000 元的存货，收款为 60 000 元，余下的存货出售后收款为 180 000 元。支付清算费用 4 000 元，发现应计负债 8 000 元，支付可分配现金。

（3）2×14 年 3 月，出售土地收款为 150 000 元，支付清算费用 5 000 元，支付可分配现金。

（4）2×14 年 4 月，余下的设备出售后收款为 150 000 元，余下的应收账款全部冲销后，支付可分配现金。

要求：

（1）编制清算过程有关分录；

（2）在每期分配现金前编制安全清偿表；

（3）编制现金分配计划。

第 3 章　分支机构会计与联合财务报表

重要概念

- 分支机构会计
- 分支机构往来
- 销售代理机构
- 联合财务报表
- 总部往来
- 调拨商品
- 分散核算制
- 总部集中核算制

引言 随着企业经济业务的发展，到全国各地，甚至到世界各国去开设分支机构（branch）的企业越来越多，相伴随的经济业务和经济关系更加复杂。不管什么性质、什么组织形式的企业，根据需要都可以设立分支机构，如合伙企业分支机构、有限公司分支机构、外商投资企业分支机构等。如何全面正确地核算企业总部（home office）与各分机构之间、分支机构与分支机构之间的经济业务，就成为目前财务会计关注的重点内容。本章将系统介绍分支机构的主要会计核算的内容和方法，并介绍联合财务报表的内容及编制方法。

3.1　分支机构及分支机构会计概述

3.1.1　分支机构的概念及特征

1. 分支机构的概念

分支机构并不是法律意义上的一个独立实体，只是整体企业的一个组成部分，它是在经营业务、经营方针等各方面都要受到公司总部不同程度的控制的经营单位。分支机构不是独立的法律主体，但通常是一个独立的会计个体。分支机构在不同的企业或行业有不同的名称，如有些企业称为分公司，有些企业称为分厂，商业系统称为分店，银行系统称为分行等。

分支机构可以有多种分类形式，根据总部在资金和商品购销上对分支机构的控制程度不同，分支机构可分为分散制分支机构和集中制分支机构两类。分散制分支机构是指需要分设正式账簿但却没有独立法人地位的经营单位。它们奉行总部统一经营方针和管理方针，在总部管辖下，拥有相对独立的业务经营自主权，其所需资本完全依赖总公司。集中制分支机构是指不需要分设正式账簿或不需要系统分设正式账簿，且没有独立法人地位的经营单位。它们只有简单的辅助或备查记录，所有一切会计事项及其凭证都随时报送总部，由总部并入自己的账簿。或者分支机构虽然设立正式账簿，但仍将一部分账项划归总部直接处理和登记，而在分支机构账簿上则不予记录。集中制可以节省会计处理成本，并能保持总部及各分支机构会计处理的一致性。但是由于各项凭证寄送时，容易遗失或延误，影响会计报表编报的时效性和正确性，实际工作中很少采用。

由于集中制分支机构会计处理和账户设置均较为简单，如果你能够系统学习分散制分支机构会计处理和账簿设置原理，就很容易自学集中制分支机构会计处理方法。因此，下面我们将着重介绍分散制下分支机构会计核算。

2. 分支机构的基本特征

分支机构不同于一般独立企业，它具有以下三个显著特征。

（1）非法人主体

分支机构是公司的一个组成部分，从法律的角度看，它不是独立的法律主体，分支机构的一切业务活动，都应以总公司的名义进行。

（2）受总公司控制

分支机构的经营和管理必须在总公司的直接控制下进行。这种控制主要表现在资金的筹措与投放以及经营决策的确定等方面。

（3）独立会计主体

分支机构是相对独立的会计主体。其核算内容只是分支机构所能控制和负责的部分。此外，分支机构的财务报表只是为了满足内部管理的需要，因此不需要对外提供。

3.1.2　分支机构会计的概念及特点

分支机构会计是指运用系统账户、凭证和报表来连续反映分支机构经济活动情况的一种会计。

作为一个会计个体存在的分支机构，往往要设置一整套账簿，用来记录从公司总部收到的营运资金和商品存货，以及对外发生的购货、销货、应付账款、应收账款、费用等，并定期编制会计报表，向公司总部报告。会计科目的名称与编号、会计报表的内容与格式，以及内部控制制度和会计方针，一般由公司总部事先规定。分支机构应予入账的会计事项，应是分支机构经理能够控制因而可以负责的各种资产、负债、收入和费用，诸如应收账款和销售费用等。至于分支机构经理不能控制的各种资产、负债、收入和费用，诸如固定资产和折旧费用等，往往集中在公司总部进行核算和管理。

1. 账户的设置

● 在总部账，设置“分支机构往来”账户

为了正确处理总部与分支机构之间的往来事项，在总部账上设置“分支机构往来”账户，反映总部投资于分支机构的净资产价值。

● 在分支机构账，设置“总部往来”账户

在分支机构账上设置“总部往来”账户，反映总部对分支机构净资产的权益。

● 会计处理规则

在分支机构的“总部往来”账户中，借方记录收到总部拨来的营运资金、商品及其他资产；贷方记录向总部或其他分支机构送交的货币资金、商品或其他资产。相对应的，在总部的“分支机构往来”账户中，借方登记向分支机构拨付的营运资金、商品或其他资产；贷方登记由分支机构交来的货币资金、商品或其他资产。“总部往来”和“分支机构往来”账户是呈借贷相反方向登记的。因此，“总部往来”账户与“分支机构往来”账户为相对账户，两者都代表分支机构的净资产。这种对应关系是持续的，只要总部增加（借记）“分支机构往来”账户，分支机构也会增加（贷记）“总部往来”账户；反之亦然。“总部往来”与“分支机构往来”账户如有差异，唯一原因在于资料记录的延迟和错误。

分支机构往来与总部往来账户所反映的内容如图 3-1 所示。

分支机构往来

向分支机构拨付的资产 分支机构转来的利润	分支机构交来的资产 分支机构转来的净亏损

总部往来

收到总部拨来的资产 期末结转分支机构的净亏损	向总部或其他分支机构送交的资产 期末结转分支机构的利润

图3-1 分支机构往来与总部往来账户所反映的内容

由于分支机构是企业的一个组成部分，公司总部在编制财务报表时，必须将本身的会计报表与分支机构的会计报表汇编合并。汇编公司总部与分支机构财务报表的程序，类似于母子公司合并报表的编制，相互对应的“公司总部往来”与“分支机构往来”账户应相互抵销，不出现在汇编财务报表中。

2. 商品调拨的计价

分支机构拥有完备的商品库存，其中绝大部分的货源是由总部提供的。但是，从整个企业来说，总部发往分支机构的商品属于企业内部的商品调拨，不能作为销售处理。但总部与分支机构是两个不同的会计实体并分别进行独立核算，需要对内部调拨的商品计价。

通常，总分公司商品调拨主要采用以下三种计价方法。

（1）按成本计价

它是指在发送商品时按购货成本或自制成本作为分店之间调拨商品的价格。采用这种方法的优点是核算简便，并可以避免在分店的期末存货中出现内部未实现利润，但是，按调拨商品的成本计价，将使全部利润都体现为分店的经营业绩，夸大了分店的获利能力，并不符合实际情况。

（2）按成本加成计价

它是指在拨送商品时，按购货成本或自制成本加一定百分比的利润计价。采用这种计价方法，使商品销售后的利润一部分体现为总部的经营成果，一部分体现为分支机构的经营成果，有利于正确评价分支机构的经营业绩。但是，成本加成百分比的确定有一定的主观性，有时不一定符合实际情况。

（3）按售价计价

它是指在总部与分公司之间拨送商品时按对外销售的价格作为调拨价格。这种计价方法，将商品销售的利润全部体现为总部的经营成果，有利于分支机构的存货管理。但是，分支机构经营业务中来自总部的货源，只有营业费用支出的亏损额，而无利润，这也不符合实际情况。

总部与分支机构对商品存货的核算既可采用定期盘存制，也可采用永续盘存制。如果采用定期盘存制，在总部账上应设“运交分支机构商品”账户，在分支机构账上应设置“总部运来商品”账户。由于这两账户具有相对性，故在编制联合财务报表时应加以抵销。如果采用永续盘存制，对于总部与分支机构间转移商品存货的交易，可直接记录有关存货账户，不需再设上述对应账户。另外，采用永续盘存制，更有利于总部对存货的管理；而采用定期盘存制，则不利于对存货的管理，还可能把差错或失窃等造成的损失计入销货成本。因此我们将重点介绍永续盘存制下的分支机构会计核算。

3.2 分支机构往来事项的核算

3.2.1 总部与分支机构往来的会计核算

公司总部与公司外界的业务往来由公司总部会计部门自行记录，同样，分支机构与总部以外的主体进行的交易，也由分支机构按既定会计处理程序记录。因此，总部与分支机构的特点在于总部与分支机构之间往来交易的会计处理方法。总部与分支机构之间的往来业务主要有两种：设立新的分支机构以及总部与分支机构之间转移商品存货的交易。

1. 设立新的分支机构的会计处理

当成立新的分支机构时，在总部和分支机构账上都应加以记录。

【例 3-1】华强北京总部 2×13 年年初在南京设立分支机构。总部交给分支机构经理 5 000 元现金及价值 10 000 元的设备。上述经济业务的会计分录见表 3-1。

表 3-1 总分公司会计分录 单位：元

总 公 司		分支机构——南京分公司	
借：分支机构往来——南京分公司	15 000	借：现金	5 000
贷：现金	5 000	固定资产——设备	10 000
固定资产——设备	10 000	贷：总部往来	15 000

2. 调拨商品的会计处理

分支机构拥有完备的商品库存，其中绝大部分的货源是由总部提供的。但是，从整个企业来说，总部发往分支机构的商品属于企业内部的商品调拨，不能作为销售处理。但总部与分支机构是两个不同的会计实体并分别进行独立核算，需要对内部调拨的商品计价。通常，发给分支机构的商品存货可以按成本价，也可以按高于成本即成本加成或零售价计价。

（1）按成本计价的会计处理

按成本计价是指在发送商品时按购货成本或自制成本作为分店之间调拨商品的价格。采用这种方法并不考虑商品调拨对经营的贡献，仅仅把这种调拨看作商品在总分店之间转移的场所。其优点是核算简便，并可以避免在分店的期末存货中出现内部未实现利润，但是，按调拨商品的成本计价，将使全部利润都体现为分店的经营业绩，夸大了分店的获利能力，并不符合实际情况。

【例 3-2】2×13 年南京分公司发生的部分经济业务如下。

①分公司收到总公司现金 50 000 元。

②分公司收到总公司运来的商品一批，按总公司成本计价为 120 000 元。

③分公司从外界供应商处购买 80 000 元的商品，款未付。

④分公司对外销售总部发来的商品，收到现金 150 000 元，销售商品成本 120 000 元。

⑤分公司偿付前欠货款 20 000 元。

⑥分公司收回应收账款 30 000 元。

⑦支付营业费用(包括销售费用、财务费用、管理费用)10 600 元。

⑧汇回总公司现金 10 000 元。

上述经济业务的会计分录见表 3-2。

表 3-2　总分公司会计分录　　单位：元

总公司	南京分公司
① 将现金拨给分公司 借：分支机构往来——南京分公司　50 000 　贷：库存现金　50 000	收到总公司拨来的现金 借：库存现金　50 000 　贷：总部往来　50 000
② 按成本价向分公司发货 借：分支机构往来——南京分公司　120 000 　贷：库存商品　120 000	收到总公司运来的商品 借：库存商品　120 000 　贷：总部往来　120 000
③	从外界供应商处购货 借：库存商品　80 000 　贷：应付账款　80 000
④	现销商品 借：库存现金　150 000 　贷：营业收入　150 000 借：营业成本　120 000 　贷：库存商品　120 000
⑤	偿付前欠货款 借：应付账款　20 000 　贷：银行存款　20 000
⑥	收回应收账款 借：银行存款　30 000 　贷：应收账款　30 000
⑦	支付费用 借：营业费用　10 600 　贷：库存现金　10 600
⑧收到分公司的现款 借：库存现金　10 000 　贷：分支机构往来——南京分公司　10 000	将现金汇回总公司 借：总部往来　10 000 　贷：库存现金　10 000
⑨记录分支机构本期利润 借：分支机构往来——南京分公司　19 400 　贷：本年利润——南京分公司　19 400	结账分录 借：营业收入　150 000 　贷：营业成本　120 000 　　营业费用　10 600 　　总部往来　19 400

（2）按高于成本计价的会计处理

许多公司却按高于成本的价格向分支机构发货，包括按成本加成或按售价作价。有些公司以正常售价制订转移价格，有些公司则以标准加价制订转移价格，还有些公司甚至制订复杂的公式来确定转移价格。按高于成本计价的原因在于，将收入平均分配于各分支机构、追求存货定价的效率，以及对分支机构保密，不让其知悉实际的边际利润等。

对于高于成本的价格计价的发往分支机构商品的会计处理一般按以下顺序进行。

首先，在总部账上，设置“存货加价”账户来反映“分支机构存货中未实现利润”。它的期末余额，列作资产负债表中“分支机构往来”项目的对销数。

其次，期末结账时，总部除了根据分支机构的财务报表，将其净损益按常规方法予以转账外，还应按分支机构已销售的发交商品计算其已实现的利润，从“存货加价”中转入“分支机构利润”账户。

然后，在分支机构账上，对于总公司发来商品的记账方法，按总部所开具的价款记入“库存商品”账户。

① 无期初存货情况下的会计处理

当分支机构无期初的情况下，总分支机构往来事项的会计处理除商品调拨需按高于成本价记入账册外，其余的经济业务都与上述按成本作价作相同处理。

【例 3-3】沿用例 3-2 的资料。假设在第二笔业务中，总部发运给分公司的商品按 10%的利润计价，计 132 000 元。在第四笔业务中，已将总店发运来的商品出售了 50%，其销售成本应增加 6 000 元（120 000×10%×50%），共计 126 000 元。

总分公司对两笔经济业务应作会计分录见表 3-3。

表 3-3　总分公司会计分录　　单位：元

总　公　司		南京分公司	
②借：分支机构往来——南京分公司	132 000	借：库存商品	132 000
贷：库存商品	120 000	贷：总部往来	132 000
存货加价——南京分公司	12 000 *		
④		现销商品	
		借：库存现金	75 000
		贷：营业收入	75 000
		借：营业成本	66 000
		贷：库存商品	66 000
⑨记录分支机构本期利润		结账分录	
借：存货加价——南京分公司	6 000	借：营业收入	75 000
贷：分支机构往来——南京分公司	1 600	总部往来	1 600
本年利润——南京分公司	4 400	贷：营业成本	66 000
		营业费用	10 600

*　实质是由于总分公司之间商品调拨按高于成本作价产生的内部未实现利润。

当分支机构收到以成本加成为转移价格的商品并出售这种商品时，分支机构的营业成本将高估而利润却低估。而总部无论增加“分支机构往来”账户还是记录分支机构损益，都应以分支机构报告的利润数为基础，因此，总部所记录的分支机构利润同样被低估。为此，在编制联合会计报表工作底稿前，还应作以下抵销分录：

借：存货加价　　12 000
　　贷：营业成本　　6 000
　　　　库存商品　　6 000

抵销总分店商品调拨中的内部利润 12 000 元，其中 6 000 元为分支机构出售存货的营业成本增加数，另外的 6 000 元是分店期末存货中的未实现内部利润数。

② 有期初存货情况下的会计处理

在持续经营的情况下，总分支机构一般会存在期初存货。对于存货由总部调拨按高于成本计价的分支机构来说，在编制联合会计报表时应分别按不同销售情况编制抵销分录。

【例 3-4】接例 3-3，分店 2×13 年期末存货中有 66 000 元为总部调拨的商品，到了 2×14 年年初就成了期初存货，其中的 6 000 元为高于成本价的内部未实现利润。

A. 假设本期全部销售：

借：存货加价　　6 000
　　贷：营业成本　　6 000

B. 假设本期全部未销售：

借：存货加价　　6 000
　　贷：库存商品　　6 000

C. 假设本期销售 50%，仍有 50%形成期末存货

借：存货加价　　6 000
　　贷：营业成本　　3 000
　　　　库存商品　　3 000

3.2.2 分支机构之间往来的会计核算

在总部下设有多家分支机构的情况下，通常在总部账上应分别按各分支机构设置“分支机构往来”明细账户，以处理总分支机构之间的往来事项。而各分支机构之间会发生一些往来事项。对各分支机构之间的往来事项的处理，可采用总部集中核算制，也可采用分支机构分散核算制。

1. 采用总部集中核算制下的会计处理

在采用总部集中核算制的情况下，各分支机构间的往来业务，一律通过总公司核算，即将原属各分支机构间的往来事项置换处理为各分支机构对总部的往来事项。采用这种方法，能在总部账上完整地反映整个企业的往来业务，便于总部的统一调拨和管理控制。

【例 3-5】某公司总部下设有 A、B 两家分店。A 分店调拨商品一批给 B 分店，成本价 60 000 元。采用总部集中核算制，作如下会计处理：

①A 分支机构账所作会计分录为：

借：总部往来　　60 000
　　贷：库存商品　　60 000

②B 分支机构账所作会计分录为：

借：库存商品　　60 000
　　贷：总部往来　　60 000

③总部账所作会计分录为：

借：分支机构往来——B　　60 000

　　贷：分支机构往来——A　　60 000

对于商品调拨发生的运杂费一般进入购货费用。分支机构之间调拨商品同样会发生运杂费。为准确地计算分支机构间拨付商品的成本，有的总部要求商品成本中只包括该商品直接从总部运到该分支机构的费用，超过部分由总公司负责，计入总公司当期损益。

【例 3-6】某公司总部下设有 A、B 两家分店。总公司将成本为 150 000 元的商品发到 A 公司，支付运费 1 800 元。现根据经营状况，总公司指示 A 公司将该批商品调拨给 B 公司，支付运费 2 000 元。假定该批商品直接由总公司运到 B 公司的运费为 1 900 元。

(1) 总公司的会计分录

①拨付给 A 公司商品时

借：分支机构往来——A　　151 800

　　贷：库存商品　　150 000

　　　　银行存款　　1 800

②将商品拨付给 B 公司时

借：分支机构往来——B　　（150 000＋1 900）151 900

超额运费损失　　（1 800＋2 000－1 900）1 900

　　贷：分支机构往来——A　　（151 900＋1 800＋2 000－1 900）153 800

(2) A 公司的会计分录

①收到总公司拨付的商品时

借：库存商品　　150 000

　　总部来货运费　　1 800

　　贷：总部往来　　151 800

②将商品转发给 B 公司时

借：总部往来　　153 800

　　贷：总部来货运费　　1 800

　　　　库存商品　　150 000

　　　　银行存款　　2 000

(3) B 公司的会计分录

借：库存商品　　150 000

　　总部来货运费　　1 900

　　贷：总部往来　　151 900

2. 采用分散核算制下的会计处理

在采用分散核算制的情况下，各个分支机构的往来应设有对方分支机构各自的往来明细账，各分支机构之间的往来事项直接计入相互的分支机构往来明细账中，不需通过总部往来账户。采用分散核算制的会计处理能够反映各分店之间往来项的实际状况。但由此会造成总部统一管理职能的削弱。另外，各分支机构往来事项的处理会增加编制联合会计报表工作底稿的难度。所以，这种方法在实际工作中很少采用。

【例 3-7】沿用例 3-5 的资料，采用分散核算制，作如下会计处理：

①A 分支机构账所做会计分录为：

借：分支机构往来——B　　60 000

贷：库存商品　　60 000

②B 分支机构账所做会计分录为：

借：库存商品　　60 000

贷：分支机构往来——A　　60 000

③总部不作会计处理。

3.3　分支机构的其他业务核算

3.3.1　相对账户的调节

总公司账上的“分支机构往来”和分支机构账上的“总公司往来”这对相对账户的期末余额，原则上应当相等。但在实际工作中，如果记录往来交易时发生错误，或者一方已入账而另一方未入账，年末总部及分支机构的往来账户将不再相等。调节年末总部及分支机构往来账户的方法类似于银行存款余额调节表的方法。

【例 3-8】华强总部及南京分公司 2×13 年 12 月份的有关资料如下：

(1)总部账上的“分支机构往来”账户记录：

12 月 1 日，期初余额 54 000 元(借)。

12 月 20 日，发交分公司商品 35 000 元(借)。

12 月 29 日，代分公司支付应付账款 18 000 元(借)。

12 月 31 日，期末余额 107 000 元(借)。

(2)分店账上的“总部往来”账户记录：

12 月 1 日，期初余额 54 000 元(贷)。

12 月 24 日，收到总部发交商品 35 000 元(贷)。

12 月 30 日，代总部支付应付账款 9 000 元(借)。

12 月 31 日，期末余额 80 000 元(贷)。

核对上述总分公司的相对账户，对发现的未达账项的调节处理如下：

(1)在总部账上的“分支机构往来”账户，有一笔属分支机构的未达账项：12 月 29 日，总部代分支机构支付应付账款 18 000 元，分支机构尚未登记入账。12 月 31 日，分支机构应作调节分录为：

借：应付账款　　18 000

贷：总部往来　　18 000

(2)在分支机构账上的“总部往来”账户中，也有一笔属总部的未达账项：12 月 30 日，分支机构代总部支付应付账款 9 000 元，总店尚未登记入账。12 月 31 日，总部应作调节分录为：

借：应付账款　　9 000

贷：分支机构往来　　9 000

通过上述分录，总部与分支机构往来账户余额将会相等，即具有相对性。总部与分支机构相对账户调节表见表 3-4。

表 3-4 华强总部及南京分公司相对账户调节表

2×13 年 12 月 31 日　　单位：元

总部账上的“分店往来”账户	金　额	分店账上的“总店往来”账户	金　额
调节前余额	107 000	调节前余额	80 000
减：分支机构代付应付账款	9 000	加：总店代付应付账款	18 000
调节后余额	98 000	调节后余额	98 000

3.3.2 总部账上的分支机构费用的处理

总部与分支机构之间经营业务的关联性，决定了总部发生的费用包括了应有分支机构负担的费用，由此产生了总部费用的分摊问题。总部与分支机构之间经营费用的分摊，对于正确计量企业中各分支机构的利润是必要的。

分支机构发生的销售费用，如固定资产折旧费用、应收账款的坏账费用等，可能会统一记在总部账上，而不记在分支机构账上。在这种情况下，当总部收到分支机构利润表，并将分支机构利润登记入账后，应作借记“本年利润——分支机构”账户，贷记“营业费用”账户的会计分录。使分支机构账上由于少记费用而虚增的利润，经过调整后成为真正的利润。总部也可能将某笔营业费用，如广告费等，在统一由总部支付后，再分摊给各分支机构负担。这时，总部可以采用开具借项通知单的方式告知各分支机构，并在总部上借记“分支机构往来”账户，贷记“营业费用”账户。当各分支机构接到总公司的通知单时，则应借记“营业费用”账户，贷记“总部往来”账户。在这种情况下，分支机构编制的利润表反映的是其真正的利润。

【例 3-9】总部发生的广告费用 120 000 元，该费用由总部支出，但南京分公司分摊 25%。

总分公司对该笔经济业务应作会计分录见表 3-5。

表 3-5 总分公司会计分录　　单位：元

总 公 司		南京分公司	
借：分支机构往来——南京分公司	30 000	借：营业费用	30 000
贷：营业费用	30 000	贷：总部往来	30 000

3.4 联合财务报表

3.4.1 联合财务报表概述

由于总部和分支机构都是相对独立的会计主体，所以从核算到编制会计报表形成各自完整的体系，但对于外界来说，总部和分支机构是一个统一体，所以总部对外报送的会计报表需要包括分支机构的内容，这就需要编制联合会计报表。

联合财务报表是指将整个企业，包括总部和所有分支机构的财务状况和经营成果视为一个整体而编制的报表。本报表应根据总部与分支机构的个别财务报表，综合列示总部和各分支机构的资产、负债、业务收入和费用等项目，但对于总部和分支机构之间的往来事项予以抵销，使企业财务报表只反映与外界发生的交易事项及其结果。

个别报表是指总部与分支机构应根据核算和管理的需要，以独立会计实体的概念各自编制的，用于评价总部及分支机构的财务状况和经营成果的报表。但是个别财务报表只能供内部管理者使用，而不能对外提供。因此，总部应以总部与分支机构的个别报表作为基础，合并编制财务报表。个别财务报表的内容和格式与其他企业实体的报表基本一致，只是如果运交分支机构商品按零售价计价，则分支机构的利润表将会出现损失。分支机构的资产负债表特殊之处在于以“总部往来”账户代替“所有者权益”账户。

3.4.2 联合财务报表的编制

编制联合财务报表的程序，类似于母子公司合并报表的编制，先要编制联合财务报表工作底稿：抵销总部与分支机构的相对账户余额；抵销总部与分支机构之间的内部损益；将总部与分支机构其余项目相同的资产、负债、收入、费用等项目金额相加。根据汇总后的金额编制联合资产负债表和利润表等会计报表。

【例 3-10】华强北京总部 2×12 年年初在上海设立分支机构。总部所有运到分公司的商品均按正常售价计价，正常售价为总部成本的 125%。分公司也向外界购货；这些商品按发票价格的 25%加价出售。2×12 年 12 月 31 日，总部与上海分公司的资产负债表见表 3-6。

表 3-6 华强总部及南京分公司资产负债表

2×12 年 12 月 31 日　　单位：元

	总　部	分 公 司
资产		
货币资金	25 000	11 000
应收账款	42 000	23 000
库存商品	20 000	16 000
固定资产	70 000	—
分支机构往来——上海分公司	43 000	—
资产合计	200 000	500 000
负债及所有者权益		
应付账款	14 000	5 000
其他负债	10 000	2 000
存货加价——南京分公司	1 600	—
总部往来	—	43 000
股本	150 000	—
留存利润	24 400	—
负债及所有者权益合计	200 000	50 000

2×13 年，总部与分支机构的经济业务如下。

(1)总部将成本为 40 000 元的商品按转移价格为 50 000 元运给分支机构。

(2)2×13 年度，总部与分支机构分别购货 205 000 元和 20 000 元，货款尚未支付。

(3)2×13 年度，全部销售收入为 281 750 元，其中：总部销售收入为 200 000 元，销售成本为 1 600 000 元；分支机构将从总部购入的期初存货全部售出，并且销售了 90%本期从总部发来的商品，全部销售收入为 81 750 元，销售成本为 760 000 元。所有销货均为赊销。

(4) 2×13 年度，总部收到账款 195 000 元，分支机构则收到 79 750 元。

(5) 2×13 年中，分支机构将 55 000 元现金支付给总部。

(6) 归还欠款：总部归还 210 000 元，分支机构归还 21 000 元。

(7) 2×13 年中，总部支付营业费用 20 000 元，分支机构支付营业费用 2 000 元。总部支付的营业费用中，分支机构应分摊 1 000 元。

(8) 本年度折旧合计为 8 000 元，其中 1 500 元应由分支机构分摊。

上述经济业务的会计分录见表 3-7。

表 3-7　总分公司会计分录　　单位：元

总　公　司			上海分公司		
（1）按成本的 125%发货给分公司			收到总公司运来商品		
借：分支机构往来——上海分公司	500 000		借：库存商品	500 000	
贷：库存商品		400 000	贷：总部往来		500 000
存货加价——上海分公司		100 000			
（2）赊购			赊购		
借：库存商品	2 050 000		借：库存商品	200 000	
贷：应付账款		2 050 000	贷：应付账款		200 000
（3）赊销			赊销		
借：应收账款	2 000 000		借：应收账款	817 500	
贷：营业收入		2 000 000	贷：营业收入		817 500
借：营业成本	1 600 000		借：营业成本	760 000	
贷：库存商品		1 600 000	贷：库存商品		760 000
（4）收到账款			收到账款		
借：库存现金	1 950 000		借：库存现金	797 500	
贷：应收账款		1 950 000	贷：应收账款		797 500
（5）收到分公司的现金			将现金汇给总公司		
借：库存现金	550 000		借：总部往来	550 000	
贷：分支机构往来——上海分公司		550 000	贷：库存现金		550 000
（6）归还欠款			归还欠款		
借：应付账款	2 100 000		借：应付账款	210 000	
贷：库存现金		2 100 000	贷：库存现金		210 000
（7）费用支出			费用支出		
借：营业费用	200 000		借：营业费用	20 000	
贷：库存现金		200 000	贷：库存现金		20 000
（8）分摊给分公司的费用			从总公司分摊来的费用		
借：分支机构往来——上海分公司	10 000		借：营业费用	10 000	
贷：营业费用		10 000	贷：总部往来		10 000
（9）折旧费用			由总公司分摊来的折旧费用		
借：分支机构往来——上海分公司	15 000		借：营业费用	15 000	
管理费用——折旧	65 000		贷：总部往来		15 000
贷：累计折旧		80 000			

为了便于编制联合财务报表，保证报表数据的正确，企业可先在正式联合报表编制前进行工作底稿编制，再根据工作底稿编制正式联合报表。当表 3-7 中经济业务登入账户后，可编制出 2×13 年 12 月 31 日试算表(见表 3-8 中前两栏)。由于试算表中余额是由总公司记录“分支机构利润”之前的账户余额，所以，“总部往来”与“分支机构往来”两个账户余额仍保持相对性。

表 3-8　总公司联合财务报表工作底稿　　单位：元

报表项目	总部（1）	分支机构（2）	抵销（3）		联合报表
			借方	贷方	(4) = (1) + (2) + (3)
利润表：					
营业收入	2 000 000	817 500			2 817 500
减：营业成本	1 600 000	760 000	②10 000	① 16 000 ② 100 000	2 254 000
减：营业费用	255 000	45 000			300 000
利润总额	145 000	12 500			263 500
所有者权益变动表：					
净利润	145 000	12 500			263 500
加：本年年初余额	244 000				244 000
可供分配利润	389 000				507 500
减：对股东的分配	6 000				6 000
本年年末余额	383 000	12 500			501 500
资产负债表：					
货币资金	450 000	127 500			577 500
应收账款	470 000	250 000			720 000
库存商品	250 000	100 000		②10 000	340 000
分支机构往来	405 000			③405 000	
固定资产	620 000				620 000
资产总计	2 195 000	477 500			2 257 500
应付账款	90 000	40 000			130 000
其他负债	100 000	20 000			120 000
存货加价	116 000		①16 000 ②100 000		
总部往来		405 000	③405 000		
股本	1 500 000				1 500 000
未分配利润	389 000	12 500			507 500
负债及股东权益总计	2 195 000	477 500			2 257 500

在编制联合财务报表工作底稿中，还应作如下的抵销分录：

① 从总公司购入的期初存货全部销售，抵销期初存货加价：

借：存货加价——上海分公司　　16 000

　　贷：营业成本　　16 000

② 本期从总公司购入的存货销售了 90%，抵销本期存货加价：

借：存货加价——上海分公司　100 000

　贷：营业成本　90 000

　库存商品　10 000

③ 抵销“总部往来”与“分支机构往来”两个账户：

借：总部往来　405 000

　贷：分支机构往来　405 000

期末，总部与分支机构的调整和结账分录见表 3-9。

表 3-9　总部与分支机构的调整和结账分录　　单位：元

总部		分支机构	
（1）调整分录		结账分录	
借：分支机构往来——上海分公司	12 500	借：营业收入	817 500
贷：本年利润——上海分公司	12 500[1]	贷：营业成本	760 000
借：存货加价——上海分公司	106 000	营业费用	45 000
贷：本年利润——上海分公司	106 000[2]	总部往来	12 500
（2）结账分录			
借：营业收入	2 000 000		
本年利润——上海分公司	118 500[3]		
贷：营业成本	1 600 000		
营业费用	255 000		
未分配利润	263 500		

1. 分公司列示的 12 500 元净利润，并不包括从总公司购入商品的边际利润，总公司年底调整“存货加价”账户时才记录这项分公司利润。

2. 分支机构利润 106 000＝未实现利润 116 000 元－分公司期末存货中未实现利润 10 000 元。

3. 若以整个企业的成本基础而言，分公司净利润应为 118 500 元（12 500＋106 000），这笔金额列示在总公司 2×13 年单独的利润表上。

华强总部及上海分公司个别财务报表与联合财务报表见表 3-10。这张报表在于对比总公司与分公司个别报表及整个企业联合财务报表的差异。

表 3-10　部及分支机构个别财务报表、联合财务报表

华强有限责任公司财务报表 2×13 年度			
	总公司	上海分公司	联合财务报表
2×13 年 12 月 31 日资产负债表			
资产			
库存现金	45 000	127 500	577 500
应收账款	47 000	250 000	720 000
存货	25 000	100 000	340 000
分支机构往来	41 750		
固定资产	62 000		620 000
资产合计	220 750	477 500	2 257 500
负债及所有者权益			
应付账款	9 000	40 000	130 000

续表

华强有限责任公司财务报表 2×13 年度			
	总 公 司	上海分公司	联合财务报表
其他负债	10 000	20 000	120 000
存货加价	1 000		
总部往来		417 500	
股本	150 000		1 500 000
未分配利润	50 750		507 500
负债及所有者权益合计	220 750	477 500	2 257 500
2×13 年 12 月 31 日所有者权益变动表			
净利润	63 500	12 500	263 500
加：本年年初余额	244 000		244 000
减：对股东的分配	6 000		6 000
本年年末余额	301 500	12 500	501 500
2×13 年度利润表			
营业收入	2 000 000	817 500	2 817 500
本年利润——上海分支机构	11 850		
合计	2 118 500	817 500	2 817 500
营业成本	（1 600 000）	（760 000）	（2 254 000）
营业费用	（255 500）	（45 000）	（300 000）
净利润	63 500	12 500	263 500

扩展内容

总公司由于拓展业务的需要可能在其他城市或地区建立销售代理机构。

1. 销售机构与分支机构的区别

销售代理机构与分支机构不同，两者的主要区别在于其经营自主权的大小。其具体区别见表 3-11。

表 3-11　销售代理机构与分支机构的区别

销售代理机构	分 支 机 构
销售代理机构通常只陈列样品以供客户挑选，其本身没有商品存货，也不经营商品购销业务	分支机构通常拥有完备的商品存货，除了可向总公司进货之外，也可以自行向其他厂商购进商品
客户来代理机构看样订货后，代理机构即将购货订单转交总公司，由总公司决定客户能否享受赊销及其赊销额度，并由总公司直接向客户交货，应收账款也由总公司登记入账并负责催收	客户订货后，由分支机构自行决定客户能否享受赊销及其赊销额度并由分支机构直接向客户交货，赊销商品引起的货款也由分支机构登记入账并负责催收
销售代理机构内需设置定额备用金，由总公司拨款以应付日常开支，将近用完时向总公司报销补足，除此之外，销售代理机构不经办其他现金收支业务	分支机构可以自己的名义在银行开户，收到的销货款存入银行，发生的营业费用由分支机构开具支票直接支付

2. 销售代理机构的会计处理

销售代理机构会计较分支机构会计简单，一般只需设置一本现金登记簿，用以记录总部拨付或报销补足的备用金收入，以及应付日常开支的备用金支出。至于总部对销售代理机构经营业务的会计处理，必须根据销售代理机构的经营成果是否需要单独反映而定。如果总部需要将销售代理机构的经营成果单独核算，那么，销售代理机构的营业收入和费用就必须在记账时设置明细账户，以便同总部及其他销售代理机构划分清楚。如果总部不需要单独核算各销售代理机构的经营成果，就不需要设置各销售代理机构明细账，可以合并反映。

【例 3-11】华强公司在广州设立销售代理机构，2×13 年 3 月总部与该销售代理机构发生下列经济业务。

(1) 核定定额备用金 5 000 元，签发现金支票支付。

(2) 向销售代理机构发交样品一批，成本为 10 000 元。

(3) 销售代理机构售出商品，售价 30 000 元。购货订单交总部向客户发货，该批商品成本为 20 000 元。

(4) 总部以现金代销售代理机构支付费用 800 元。

(5) 销售代理机构到总部报销费用 2 500 元，总部签发现金票，以补足备用金定额。

(6) 总部购置一项固定资产价值 30 000 元，拨交销售代理机构。

(7) 月末，编制销售代理机构本月利润的结账分录。

(8) 销售代理机构利润转入总店。

将上述经济业务按两种不同会计处理方法，编制会计分录见表 3-12。

表 3-12　按两种会计处理方法编制会计分录　　单位：元

总部账	
销售代理机构经营成果单独反映	销售代理机构经营成果不单独反映
（1）借：其他应收款——销售代理机构备用金　5 000 　　贷：银行存款　5 000	借：其他应收款——销售代理机构备用金　5 000 　　贷：银行存款　5 000
（2）借：库存商品——销售代理机构样品　10 000 　　贷：库存商品　10 000	借：库存商品——销售代理机构样品　10 000 　　贷：库存商品　10 000
（3）借：应收账款　30 000 　　贷：营业收入——销售代理机构　30 000 　借：营业成本——销售代理机构　20 000 　　贷：库存商品　20 000	借：应收账款　30 000 　　贷：营业收入　30 000 借：营业成本　20 000 　　贷：库存商品　20 000
（4）借：营业费用——销售代理机构　800 　　贷：库存现金　800	借：营业费用　800 　　贷：库存现金　800
（5）借：营业费用——销售代理机构　2 500 　　贷：银行存款　2 500	借：营业费用　2 500 　　贷：银行存款　2 500
（6）借：固定资产——销售代理机构　30 000 　　贷：银行存款　30 000	借：固定资产——销售代理机构　30 000 　　贷：银行存款　30 000
（7）借：营业收入——销售代理机构　30 000 　　贷：营业成本——销售代理机构　20 000 　　　　营业费用——销售代理机构　3 300 　　　　本年利润——销售代理机构　6 700	
（8）借：本年利润——销售代理机构　6 700 　　贷：本年利润　6 700	

本章小结

分支机构是整体企业的一个组成部分，它在经营业务、经营方针等各方面都要受到公司总部不同程度的控制。分支机构不是独立的法律主体，但通常是一个独立的会计个体。根据总部在资金和商品购销上对分支机构的控制程度不同，分支机构可分为分散制分支机构和集中制分支机构两类。

作为一个会计个体存在的分支机构，往往要设置一整套账簿。为了正确处理总部与分支机构之间的往来事项，在总部账上设置“分支机构往来”账户，反映总部投资于分支机构的净资产价值；在分支机构账上设置“总部往来”账户，反映总部对分支机构净资产的权益。“总部往来”账户与“分支机构往来”账户为相对账户。总部与分支机构之间的商品调拨，在存货按高于成本计价的情况下，需要解决未实现内部销售利润的抵销问题。分支机构与外界发生的交易按一般会计处理的原理组织核算。

分支机构与总部应根据核算和管理的需要，以独立会计实体的概念编制各自的个别财务报表。由于总分部各自编制的个别报表只能供内部管理之用，不能作为对外提供的报表，所以，总部应以本部的会计报表和账簿记录以及各分部的报表为基础，编制能反映企业整体的经营成果和财务状况的联合报表，以满足投资者、债权人和其他有关方面的需要。

思考与练习题

1. 什么叫分支机构？分支机构具有哪些特征？
2. 说明“分支机构往来”和“总部往来”这两个账户的性质。
3. 简述总部调拨商品给分支机构按成本计价和按高于成本计价下的会计处理的特点。
4. 总分支机构为什么需要编制联合财务报表？如何编制？
5. 总部净利润与分支机构净利润之和等于联合财务报表的净利润吗？为什么？
6. 某公司在 2×12 年设立了一家分店，该分店统一执行公司总部的经营管理方针，但在会计核算上在期末需单独核算盈亏。2×13 年该分店发生如下经济业务。

（1）收到总部拨付营运资金 120 000 元。

（2）分店自行购买商品 20 000 元，款已付。

（3）分店从总部调拨商品，成本价 90 000 元。

（4）分店收回应收货款 40 000 元。

（5）分店对外销售商品，售价 120 000 元，款已收，成本 90 000 元。

（6）分店上交总店现金 25 000 元。

（7）分店支付期间费用共 14 000 元。

要求：

（1）按成本计价对上述经济业务分别为总部和分店编制会计分录，计算并结算分店的经营利润。

（2）如果分店从总店调拨商品按成本加成 20%的利润进行计价，本年从总店调拨的商品全部售出，请编制 2×13 年有关会计分录，计算并结转分店经营利润。

7. 综合案例题

某公司聘请小王帮助他们编制其第二季度的财务报表，公司总部及其南京分公司的会计记录中的相对账户见题表 3-1。

题表 3-1　公司总部及其南京分公司的会计记录中的相对账户　　单位：元

分支机构往来——南京分公司				
日　期	摘　要	借　方	贷　方	余额（借）
5 月 1 日	余额			124 630
5 月 6 日	划拨商品 160 件，每件 49 元	7 840		132 470
5 月 17 日	分公司代收应收账款	2 500		134 970
6 月 23 日	分公司上交总部款项		2 000	132 970
6 月 2 日	分公司退回商品		450	132 520
6 月 28 日	向分部摊销经营费用	1 200		133 720
总部往来				
日　期	摘　要	借　方	贷　方	余额（贷）
5 月 1 日	余额			124 630
5 月 8 日	总部划拨商品		7 480	132 110
5 月 14 日	收到供应商的商品，总部代付款		2 750	134 860
5 月 15 日	为总部代收应收款		2 500	137 360
5 月 21 日	向总部上交现金	2 000		135 360
6 月 1 日	向总部退回商品	450		134 910
6 月 28 日	为总部代付修理费	375		134 535
6 月 30 日	向总部退回多余商品	5 205		129 330
6 月 30 日	向总部报告第一季度利润		13 710	143 040

其他信息如下。

（1）分公司设备由总部入账，总部定期通知分部其设备的折旧金额。总部将处理分公司设备的损益通知分公司，这些损益在分公司的利润表中反映。调拨商品按成本计价。

（2）由于 2 月 8 日的记账错误，分公司将 160 件商品的销货成本也按 7 480 元记入了账中。

（3）3 月 31 日，分公司代收了总部的应收账款 3 500 元，但分公司的会计错误地将其当作分公司的应收账款记了账。

要求：

（1）调整总部和分部的相对账户。

（2）编制 6 月 30 日总部和分支机构的调整分录（分部采用永续盘存制，不用编制结账分录）。

第3篇

企业合并与合并财务报表

- 企业合并
- 股权取得日合并财务报表的编制
- 股权取得日后合并财务报表的编制
- 集团公司内部交易事项的处理

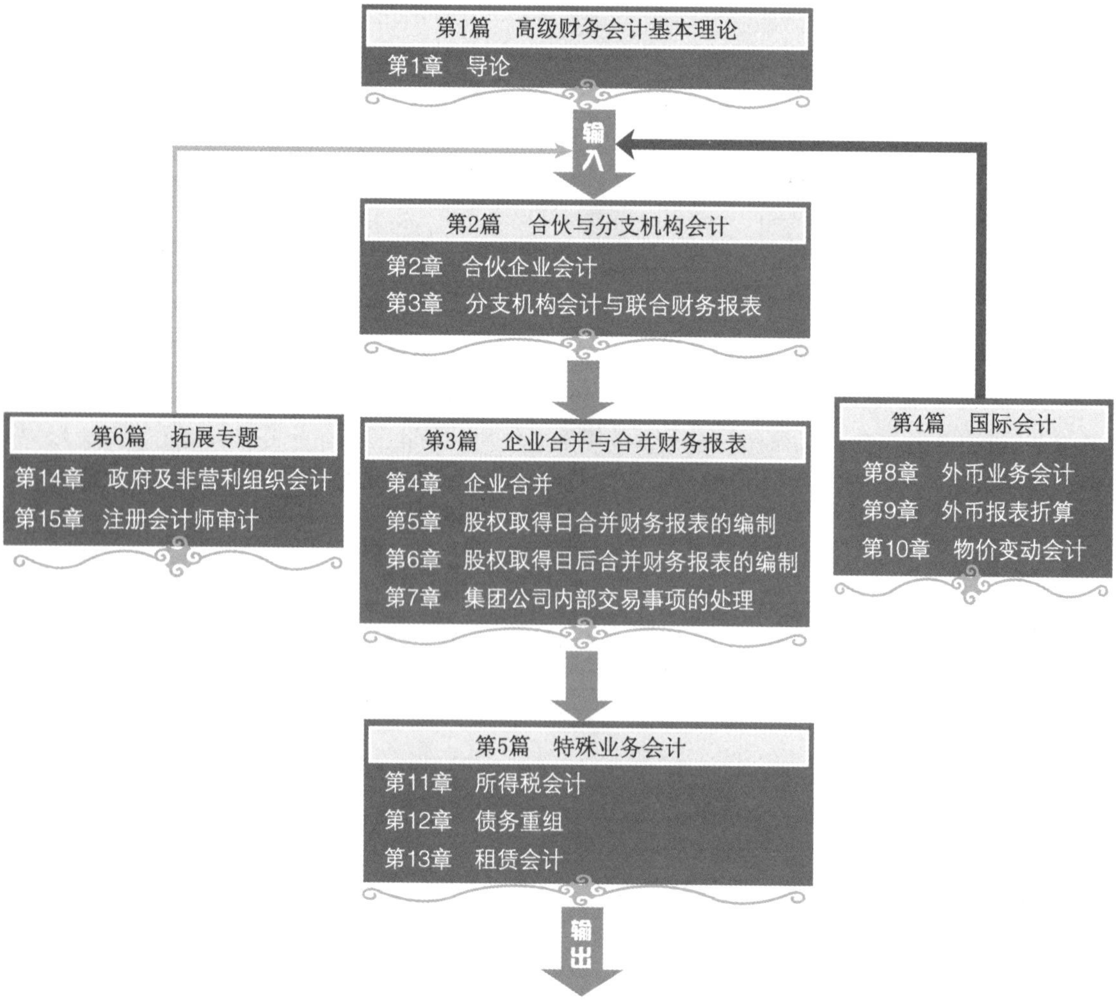

第4章　企业合并

重要概念

- 企业合并
- 吸收合并
- 新设合并
- 控股合并
- 横向合并
- 纵向合并
- 购买法
- 权益结合法
- 同一控制
- 非同一控制

引言 本章阐述企业合并的会计确认、计量与相关信息的披露问题。通过本章的学习，应了解企业合并的方式、分类以及企业合并中的会计问题，掌握购买法和权益结合法的基本原理，以及同一控制下的企业合并与非同一控制下的企业合并的会计处理原则和会计处理方法。在扩展部分还介绍了我国企业会计准则与国际财务报告准则以及美国财务会计准则在适用范围、合并方法、合并成本、计量企业合并日期、初始计量等多个方面的比较，供大家学习了解。

4.1　企业合并概述

4.1.1　企业合并的含义和动机

1. 企业合并的含义

我国《企业会计准则第 20 号——企业合并》规定：企业合并，是指将两个或两个以上独立的企业合并形成一个报告主体的交易或事项。

国际财务报告准则第 3 号《企业合并》规定：企业合并，是指将单独的主体或业务集合为一个报告主体。

财务会计准则委员会（FASB）颁布的于 1970 年 11 月生效的第 16 号意见书《企业合并》

第一段对企业合并所下的定义为：企业合并是指一家公司与另一家公司或非公司组织的企业合并成一个会计主体。这个会计主体继续从事以前彼此分离、相互独立的企业经营活动。

可见，企业合并这一会计概念中，法人资格的消失并不是企业合并的必要条件。合并的实质是控制，而不是法律主体的解散。只要以前彼此独立的企业合成一个会计主体，而它们的经济资源和经营活动处于单一的管理机构控制下，那么就完成了企业合并。

广义的企业合并包括通过合同而不是所有权份额将两个或两个以上的单独的企业合并成一个报告主体的企业合并，但是一般会计准则在规范企业合并时通常都不包括这种情况，本章下面的讨论也不包括这种情况。

2．企业合并的动机

从经济意义上来说，一般是出于以下五个目的。

（1）企业扩张的需要

如果企业通过自行建造厂房、购置生产设备的方式来扩大生产规模，不仅需要耗费大量的资金，而且需要花费相当长的建设周期。相比之下，企业合并方式具有明显的优越性，它可以使企业的规模得到迅速的扩张。

（2）缓解资金压力

以企业合并的形式扩大企业规模不仅可以获得规模经济效益，而且可以缓解资金压力，降低融资成本。比如，企业要扩大生产规模，需要资金 5 000 万元，如果自己承担购建厂房、设备的资金，则企业将面临巨大的资金压力。如果企业以发行股票并承担债务的方式并购一个资产规模 5 000 万元、净资产 2 000 万元的同类厂家，不仅能够大大降低融资成本，也大大减少了现金的流出，这对于资金暂时短缺的企业来说，效果尤为明显。

（3）降低经营风险

购买已有的产品生产线，接受现有的市场，通常要比开发新产品、拓展新的市场风险小。特别是跨行业兼并时，能够有效地防止某个行业的不景气而给企业带来的风险。

（4）取得无形资产

企业合并可能是为了取得有形的经济资源，但是更可能是为了取得无形资产，如专利权、专营权、管理技术、优越的地理位置，甚至是进出口特许权等。这已成为有些企业合并的主要动因。

（5）获得税收上的优惠

通过企业合并，组建企业集团，可以获得税收上的优惠。我国和有些国家的税法，对企业集团的增值税、所得税都给予了税收优惠条件，如在计算应税所得额时，企业集团内某一企业的亏损可以抵销其他企业的盈利。

4.1.2　企业合并的分类

企业合并的方式多种多样，可按不同的标准加以分类。

1．按企业合并的法律形式分类

企业合并按其法律形式进行分类，可以分为吸收合并、新设合并和控股合并。

（1）吸收合并（merger）。吸收合并又称兼并，是指一家公司通过股票交换、支付现金或其他资产，或发行债务性债券而取得另一家或几家公司的全部净资产，参与合并的公司中，只有一家继续存在，其余公司都丧失其法律地位。丧失法律地位的公司，其经营活动可能继续进行，但只是作为购买公司的一部分而存在。因此，如果甲公司通过吸收合并取得乙公司，则这种合并可以用下式表示：

甲公司＋乙公司＝甲公司

（2）新设合并（consolidation）。新设合并又称创立合并，是指一家公司与另一家或几家企业通过交换有表决权的股份或其他形式成立一家新公司，参与合并的公司均丧失其法律地位，由新成立的公司代替，原参与合并的公司的股东成为新公司的股东。如果甲公司与乙公司以新设合并的方式组建丙公司，则这种合并可以用下式表示：

甲公司＋乙公司＝丙公司

（3）控股合并（acquisition）。控股合并，是指一家企业通过支付现金、发行股票或债券等方式取得另一家企业的全部或部分有表决权的股份，从而达到能够对被投资企业实施控制的程度，而参与合并的两家企业仍然保留其法律地位。在这种情况下，投资企业与被投资企业之间形成母子公司关系，需要编制合并报表。如果甲公司取得了对乙公司的控制权，则这种合并可以用下式表示：

甲公司＋乙公司＝甲公司＋乙公司

虽然合并前后两个公司的名称相同，但是它们之间的关系已经发生了实质性的变化，在合并之后两个公司之间形成了母子关系，因此需要编制合并会计报表。

2．按照参与合并的企业在合并前后是否受同一方或相同多方最终控制分类

企业合并按照参与合并的企业在合并前后是否受同一方或相同多方最终控制进行分类，可以分为同一控制下的企业合并与非同一控制下的企业合并。

（1）同一控制下的企业合并。同一控制下的企业合并，是指参与合并的企业在合并前后均受同一方或相同多方最终控制，且该控制并非暂时性的。

同一方，是指对参与合并企业在合并前后均实施最终控制的投资者，如企业集团的母公司等。

相同多方，通常是指根据投资者之间的协议约定，在对被投资者单位的生产经营决策行使表决权时发表一致意见的两个或两个以上的投资者。

控制并非暂时性，是指参与合并各方在合并前后较长的时间内受同一方或相同多方最终控制，控制时间通常在1年以上（含1年）。

在图4-1中，S1公司、S2公司、P1公司和P2公司均受A公司最终控制，因此这四个公司中任意两个或多个公司合并，如果合并后仍受A公司最终控制且控制不是暂时性的，则应认定为是同一控制下的企业合并。在图4-2中，M1公司和M2公司共同控制N1公司和N2公司，如果N1公司和N2公司合并后仍受M1公司和M2公司共同控制，且控制不是暂时性的，则应将N1公司和N2公司的合并认定为是同一控制下的企业合并。

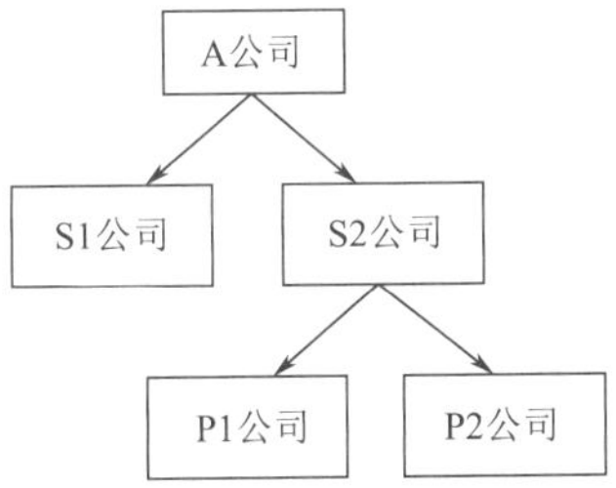

图4-1 受同一方控制

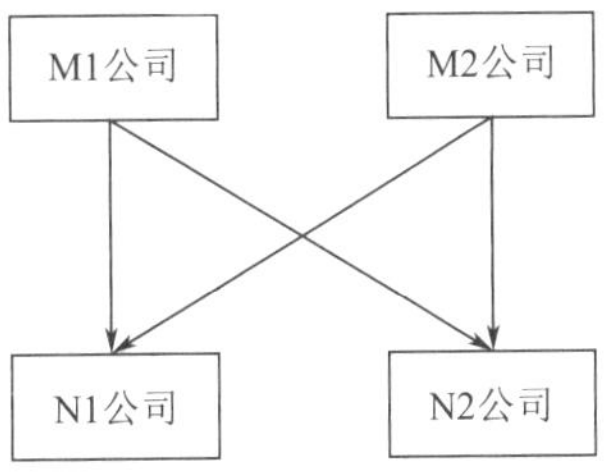

图4-2 受相同多方控制

（2）非同一控制下的企业合并。非同一控制下的企业合并，是指参与合并的各方在合并前后不受同一方或相同多方最终控制，即除判断属于同一控制下企业合并的情况以外其他的企业合并。

3．按合并企业所涉及的行业分类

企业合并按其法律形式进行分类，可以分为横向合并、纵向合并和混合合并。

（1）横向合并（horizontal Integration）。横向合并又称为水平式合并，是指生产同种产品的企业之间的合并。横向合并的目的在于，把一些规模较小的企业联合起来，组成企业集团，以实现规模效益；或者是利用现有的生产设备，增加产量，提高市场占有率，在激烈的竞争中处于有利的地位；或者是优势互补，共渡难关。但是横向合并会削弱企业间的竞争，甚至造成垄断的局面，在一些国家受到反托拉斯法规的限制。

（2）纵向合并（vertical integration）。纵向合并又称垂直式合并，是指生产不同类产品，但相互之间有关联的企业之间的合并，如一家生产计算机的企业和一家生产芯片的企业间的合并。企业通过纵向合并往往能够形成一个产、供、销一体化的企业集团，从而增强实力。

（3）混合合并（conglomeration）。混合合并又称多元化合并，是指所生产产品和所处行业没有内在联系的企业之间的合并，如一家商业银行对一家机器生产公司的合并。企业通过混合合并可以扩展经营行业，分散经营风险，增强生存和发展能力；或者通过利用被合并企业的环境条件，进一步扩展市场。

4．按企业合并的性质分类

企业合并按照其性质进行分类，可以分为购买性质合并与股权联合性质合并。

（1）购买性质合并。购买性质合并是指一家企业通过转让资产、承担负债债务或发行股票等方式取得对另一家企业净资产和经营活动控制权的企业合并。这种合并的特点是，能够清楚地区分购买方与被购买方。

（2）股权联合性质合并。股权联合性质合并是指合并的企业的股东联合控制他们的全部或实际上是全部的净资产和经营活动，以便继续对合并后的实体分享利益和分担风险的企业合并。这种合并中参与合并的哪一方都不能认定是购买者。

4.2 企业合并的会计处理方法

4.2.1 购买法

购买法将企业合并视为一家企业购买另一家或几家企业的行为。它要求购买企业对被购买企业的可辨认净资产和负债重新估价，按照购买日的公允价值入账或反映在合并资产负债表上。也就是说，与一般购买交易一样，买方对所取得的资产或承担的负债均以取得成本入账，各项资产、负债的取得成本为其在合并日的公允价值。如果总的购买成本大于所取得的全部可辨认净资产的公允价值，则将其差额确认为商誉，反之为负商誉。

1．购买法的特点

（1）将合并视为购买交易行为。购买法将企业合并看成是购并企业与被购并企业之间的买卖交易。如果为吸收合并，则是购并方一揽子买进被购并方企业的全部资产，并承担其全部负债。如果为控股合并，则是母公司购买子公司净资产的控制权，子公司置于母公司的控制之下，因而其股权发生了实质性的变化。

（2）有新的计价基础，按购买日的公允价值对被合并企业的资产负债计价。

（3）合并中发生的直接相关费用与同一控制下的直接相关费用的处置方法一致，均计入当期损益。

（4）可能产生商誉或负商誉。

（5）合并后企业的当期收益不包括被合并企业期初至购并日所实现的收益。

（6）不需要对参与合并的其他企业的会计记录加以调整，因为它们的资产和负债已按公允价值记账。

2．购买法的优点

购买法的最大优点就是坚持了资产购置的传统会计处理原则。因为它在合并谈判的过程中，合并双方是以有关资产和负债的公允价值而不是账面价值为基础进行讨价还价的。企业合并作为一种市场交易，只能以公允价值为基础，而不能以账面价值为基础。所以，企业合并实质上是独立主体之间的讨价还价的公平交易行为。购买法正是体现了这种交易的实质。

3．购买法的缺点

（1）公允价值有可能难以确定。购买法要求用公允价值对被购并方的资产负债进行计量，但是客观来说，要确定这些资产负债的公允价值往往比较困难。此外，如果购买方是以本公司的股票作为合并对价，则所发行的股票的公允价值的确定也是一个难题。

（2）购买方与被购买方的计量基础不一致。购买法要求对被购并企业的资产负债采用公允价值计量，但是购买方原来的资产负债仍然按照历史成本记录，则就必然导致合并后企业的财务报表成为一个新旧价格混杂的产物。

（3）商誉的确认和计量存在争议。采用购买法会涉及对商誉如何计量的问题，如前所述，目前对此仍存在争议。

（4）购买方有时难以确定。对于具有股权连续性和规模类似性的企业合并来说，购买方与被购买方的区分有时是很困难的。

4.2.2　权益结合法

权益结合法，又称联营法、股权合并法，是将企业合并视为参与合并的企业股东为了继续对合并后实体分享利益和分担风险，而联合控制它们的全部或实际上是全部的净资产和经营活动的行为的一种企业合并的会计处理方法。

1．权益结合法的特点

（1）将合并视为股权联合行为，而不是资产交易。权益结合法的实质是将企业合并视为原有的股东权益在新的会计主体下的联合和继续，而不是企业之间发生的一种取得资产或筹集资本的交易。

（2）参与合并企业的资产、负债均按其原来的账面价值计价，没有新的计价基础。在权益结合法下，参与合并的企业其各自的资产与负债均保持原来的账面价值。合并方取得的净资产账面价值与支付的合并对价账面价值（或发行股份面值总额）的差额，应当调整资本公积；资本公积不足冲减的，调整留存收益。企业合并过程中发生的各项直接相关费用，均计入当期损益。

（3）合并过程中不产生商誉或负商誉。

（4）参与合并企业合并前的留存收益全部并入合并企业。

（5）如果参与合并企业的会计方法不一致，根据重要性原则，应当追溯调整，并重编前期财务报表。

2．权益结合法的优点

（1）有利于促进企业合并的进行。由于权益结合法允许合并企业在合并当年的合并报表中将其净利润予以合并，使合并当年合并实体的利润比较可观，可避免合并当年合并实体净资产收益率、每股收益率等指标大幅度下降，从而给企业合并带来有利的影响。同时，由于对购买方的购买价格超过被购买企业资产账面价值部分不予以确认，因此不存在商誉，从而可避免合并后对已确认商誉部分的摊销或减值对合并后企业的利润的不利影响，使上市公司避免因对合并商誉的摊销而造成合并后利润率的下降，减少投资者的风险。因此，权益结合法有利于促进企业合并的进行。

（2）符合持续经营假设。权益结合法是以合并后各个参与合并企业的股权及经营活动的持续为前提，以原有资产、负债的历史数据为基础，合并前后的数据延续连贯，可以更好地反映参与合并企业股权的集合和存续，从而符合持续经营假设，也有利于对企业未来经营状况进行预测分析。

（3）方法简单，便于操作。对报告主体而言，运用权益结合法的成本低，它保留了参与合并企业所有资产与负债的账面价值，无须确认、计量和报告参与合并企业原来尚未确认的资产和负债及其公允价值，而且合并双方的账面价值仅简单相加，大大节省了操作成本。权益结合法所追求的是反映企业主体各方的连续性，其会计处理相对简单。

3．权益结合法的缺点

（1）不能准确反映企业合并的经济实质。这是权益结合法的主要缺点。采用权益结合法所记录的是参与合并的企业在合并前以历史成本计量的资产、负债的账面价值，这种处理忽视了一个重要的事实，就是企业合并往往是长期的、艰难的讨价还价的结果。即使企业合并是通过股票交换进行的，股票作为有价证券也必然有其公允价值，企业之间进行股票交换实质上相当于进行了一次新的交易。实际上，企业并购作为产权交易，其本身也是一种资源，它可能使合并方受益于被并方所具有的获取超额收益的能力，也可能通过合并产生协同效应，从而为参与合并的企业带来一定的价值。可见，在合并后企业的财务报表中不反映合并协议最终对资产、负债产生的影响，而仍然只反映基于历史成本计量的原账面价值，这种做法显然不符合真实性这一会计信息质量要求。

（2）不利于社会资源的优化配置。能够采用权益结合法进行会计处理的企业往往能够支付较高的收购价格，因为在被并企业的可辨认净资产的公允价值高于账面价值的情况下，按原账面价值而不是合并日的公允价值计价，且不必确认商誉，有利于合并后企业的财务报表显示较好的业绩，从而能够避免对股票价格的不利影响。同时，由于采用权益结合法的企业其现金流量与采用购买法的企业无差异，经济实质无差别，因此，财务报表中显示的盈余差异完全是会计处理的结果，但在市场经济条件下，资源配置往往偏向于那些报告收益较高的企业，从而最终导致社会资源配置实质上的不合理，这不但会损害其他企业的利益，也会对整个资本市场造成不良影响。

（3）对实施合并企业的财务报表会产生较大影响。由于在被并企业的可辨认净资产的公允价值高于账面价值的情况下，权益结合法有可能避免较高的固定资产折旧、无形资产摊销，并可避免确认商誉，也可避免因资产价值重估所引起的每股收益的稀释，因此，合并后各期收益相对购买法的收益高，这就容易给报表使用者以企业增长的错觉。

4.2.3　购买法与权益结合法的比较

购买法与权益结合法的核算特点可以用表 4-1 来概括。

表 4-1　购买法与权益结合法的比较

对比类别	购买法	权益结合法
1．原理	视同净资产购买	视同普通股交换
2．并入净资产的入账价值	以公允价值入账	以账面价值入账
3．商誉的确认	确认商誉	不确认商誉
4．合并费用的处理	相关直接费用计入当期损益	全部计入当期损益
5．合并方对被合并方利润的处理	并入被合并方自合并完成日后的利润	并入被合并方全年的利润
6．合并方对被合并方现金流量的处理	并入被合并方自合并完成日后的现金流量	并入被合并方全年的现金流量
7．合并方对被合并方留存收益的处理	不并入企业合并	并入合并企业
8．与发行债券相关的佣金、手续费、与发行权益性证券相关的佣金、手续费	与发行债券相关的佣金、手续费计入负债的初始计量金额。 与发行权益性证券相关的佣金、手续费从发行权益性证券的发行收入中扣减，不足部分依次冲减盈余公积、未分配利润	同左
9．合并完成日合并报表的范围	只需要编一张合并资产负债表	计入当期损益需要编制三张合并报表
10．会计政策的一致性调整	不需要调整	需要调整

4.3　同一控制下的企业合并

4.3.1　同一控制下企业合并的会计处理原则

同一控制下的企业合并是指参与合并的企业在合并前后均受同一方或相同多方最终控制且该控制并非暂时性的。同一方是指对参与合并的企业在合并前后均实施最终控制的投资者。相同多方通常是指根据投资者之间的协议或约定，在对被投资单位的生产经营决策行使表决权时发表一致意见的两个或两个以上的投资者。控制并非暂时性，是指参与合并的各方在合并前后较长时间（通常指一年以上，含一年）内受同一方或相同多方的最终控制。

同一控制下的企业合并，在合并中不涉及自集团外少数股东手中购买股权的情况下，合并方应遵循以下原则进行会计处理。

（1）合并方在合并中确认取得的被合并方的资产、负债仅限于被合并方账面上原已确认的资产和负债，合并中不产生新的资产和负债。

同一控制下的企业合并，从最终控制方的角度来看，其在企业合并发生前后能够控制的净资产价值量并没有发生变化，因此合并中不产生新的资产，但被合并方在企业合并前账面上原已确认的商誉应作为合并中取得的资产确认。

（2）合并方在合并中取得的被合并方的各项资产、负债应维持其在被合并方的账面价值不变。

合并方在同一控制下的企业合并中取得的有关资产和负债不应因该项合并而改其账面价值，从最终控制方的角度，其在企业合并交易或事项发生前控制的资产、负债，在该交易或事项发生后仍在其控制之下，因此该交易或事项原则上不引起所涉及资产、负债的计价基础发生变化。

但值得注意的是，当被合并方在合并前采用的会计政策与合并方不一致时，应基于重要性原则，首先统一会计政策，即合并方应该按照本企业会计政策对被合并方资产负债的账面价值进行调整，并以调整后的账面价值作为有关资产、负债的入账价值。

① 合并方在合并中取得的净资产的入账价值相对于为进行企业合并支付的对价账面价值之间的差额，不作为资产的处置损益，不影响合并当期的利润表，有关差额应调整所有者权益相关项目。在根据合并差额调整所有者权益项目时，应首先调整资本公积（资本溢价或股本溢价），资本公积的余额不足的，应冲减留存收益。

② 对于同一控制下的控股合并，合并方在编制合并财务报表时，应视同合并后形成的报告主体自最终控制方开始实施控制时一直是一体化存续下来的，参与合并各方在合并以前期间事项的留存收益体现为合并财务报表中的留存收益。合并财务报表中，应以合并方的资本公积（或经调整后的资本公积中的资本溢价部分）为限，在所有者权益内部进行调整，将被合并方在合并日以前实现的留存收益中按照持股比例计算归属于合并方的部分自资本公积转入留存收益。

4.3.2 同一控制下企业合并的会计处理方法

我国《企业会计准则第 20 号——企业合并》规定，同一控制下的企业合并应采用权益结合法，并对该方法的具体运用进行了详细的规范。

1. 合并方与被合并方的认定

同一控制下的企业合并，在合并日取得对其他参与合并企业控制权的一方为合并方，参与合并的其他企业为被合并方。合并日是指合并方实际取得对被合并方控制权的日期。

同时满足以下条件的，可认定为实现了控制权的转移：

（1）企业合并合同或协议已获股东大会通过；

（2）企业合并事项需要经过国家有关主管部门审批的，已获批准；

（3）参与合并各方已办理了必要的财产交接手续；

（4）合并方或购买方已支付了合并价款的大部分（一般应超过 50%），并且有能力、有计划支付剩余款项；

（5）合并方或购买方实际上已经控制了被合并方或被购买方的财务和经营政策，并享有相应的利益，承担相应的风险。

2. 合并方在企业合并中取得资产和承担负债的计量与报告

（1）合并方在企业中取得的资产和负债，应当按照合并日在被合并方的账面价值计量。合并方取得的净资产账面价值与支付的合并对价账面价值（或发行股份面值总额）的差额，应当调整资本公积；资本公积不足冲减的，调整留存收益。这一规定包含下述三层意义。

首先，若被合并方的投入资本（股本和资本公积之和）大于合并方支付的合并对价账面价值（或发行股份面值总额），应将差额部分相应增加资本公积。

其次，若被合并方的投入资本小于合并方支付的合并对价账面价值（或发行股份面值总额），其差额部分应先冲减合并方的资本公积，不足部分冲减被合并方留存收益。

最后，被合并方留存收益不足冲减的，冲减合并方的留存收益。

总之，对于同一控制下合并方发行股票的企业合并，合并方和被合并方合并后的总资产和总负债等于合并方和被合并方的资产之和和负债之和。因此，合并方和被合并方合并后的所有者权益等于合并方和被合并方的所有者权益之和。合并后公司的股本金额等于合并方合并前的股本加上新发行的股本。合并后公司的资本公积等于合并方与被合并方投入资本之和减去合并后公司的股本金额。这些对应关系可以用来检验会计处理的正确性。

（2）同一控制下的企业合并中，被合并方采用的会计政策与合并方不一致的，合并方在合并日应当按照本企业会计政策对被合并方的财务报表相关项目进行调整，在此基础上按照企业合并准则的规定确认。

（3）合并方为进行企业合并发生的各项直接相关费用，包括为进行企业合并而支付的审计费用、评估费用、法律服务费等，应当与发生时计入当期损益。

（4）为企业合并发行的债券或承担其他债务支付的手续费、佣金等，应当计入所发行债券及其他债务的初始计量金额。企业合并中发行权益性证券发生的手续费、佣金等费用，应当冲减权益性证券溢价收入，溢价收入不足冲减的，冲减留存收益。

（5）企业合并形成母子公司关系的，母公司应当编制合并日的合并资产负债表、合并利润表和合并现金流量表。

其中，合并资产负债表中被合并方的各项资产、负债，应当按其账面价值计量。因被合并方采用的会计政策与合并方不一致，已按企业合并准则规定进行调整的，应当以调整后的账面价值计量。

合并利润表应当包括参与合并各方自合并当期期初至合并日所发生的收入、费用和利润。

合并现金流量表应当包括参与合并各方自合并当期期初至合并日的现金流量。同一控制下的企业合并形成母子关系的，编制合并财务报表时，参与合并各方的内部交易等，应当按照《企业会计准则第 33 号——合并财务报表》处理。

【例 4-1】吸收合并。

假设 A 公司、B 公司都是 M 公司的全资子公司。2×14 年 1 月 1 日，A 公司收购了 B 公司的全部资产，并承担了 B 公司的全部负债。A、B 公司 2×14 年 1 月 1 日的资产和负债的账面价值和公允价值见表 4-2。

表 4-2 A、B 公司的资产和负债的账面价值和公允价值

2×14 年 1 月 1 日　　单位：元

	A 公 司	B 公 司	
		账 面 价 值	公 允 价 值
银行存款	500 000	100 000	100 000
应收账款	800 000	250 000	230 000
存货	1 000 000	450 000	550 000
固定资产	4 500 000	1 200 000	1 900 000
无形资产			100 000

续表

	A 公 司	B 公 司	
		账面价值	公允价值
资产总计	6 800 000	2 000 000	2 880 000
应付账款	260 000	320 000	290 000
应付债券	840 000	180 000	190 000
股本	1 300 000	260 000	2 400 000
资本公积	1 400 000	440 000	
留存收益	3 000 000	800 000	
负债与所有者权益总计	6 800 000	2 000 000	2 880 000

假定A公司以发行普通股1 000 000股的方式换取B公司的净资产（吸收合并），A公司普通股每股账面价值为1元，每股市价为2元。A公司以现金支付发行股票发生的手续费、佣金100 000元，合并过程中发生审计费用100 000元，法律服务费50 000元。假设A、B公司在合并前采用相同的会计政策。根据上述资料，确定合并方、被合并方及合并日，并做相应的账务处理。

分析：A公司和B公司都是M公司的全资子公司，因此，A公司和B公司的合并属于同一控制下的企业合并（吸收合并）。

A公司收购B公司，因此合并方为A公司，被合并方为B公司，合并日为2×14年1月1日。

同一控制下的企业合并采用权益结合法。将合并方在企业合并中取得的资产和负债，按照合并日被合并方的账面价值计量。合并方取得的净资产账面价值与支付的合并对价账面价值（即发行股份面值总额）的差额，应当调整资本公积；资本公积不足冲减的，调整留存收益。合并过程中发生的各项直接费用计入当期损益，发行权益性证券发生的手续费、佣金等费用，首先冲减溢价收入；溢价收入不足冲减的，冲减留存收益。

A公司在合并日应做如下账务处理。

（1）合并方发行股票面值总额为1 000 000元，被合并方的净资产账面价值为1 500 000元。合并方确认的净资产入账价值与发行股票面值总额的差额，应计入资本公积。

借：银行存款	100 000	
应收账款	250 000	
存货	450 000	
固定资产	1 200 000	
贷：应付账款		320 000
应付债券		180 000
股本		1 000 000
资本公积		500 000

（2）各项直接费用150 000元（审计费100 000＋法律服务费50 000）计入当期管理费用。发行股票发生的手续费、佣金等费用100 000元冲减资本公积。

借：管理费用	150 000	
资本公积	100 000	
贷：银行存款		250 000

【例4-2】 例4-1中的其他条件不变，假定：

（1）A公司发行的普通股为100 000股；

(2) A 公司发行的普通股为 4 000 000 股。

应如何进行账务处理？

该企业账务处理见表 4-3。

表 4-3　账务处理

A 公司发行的普通股为 100 000 股	A 公司发行的普通股为 4 000 000 股
合并方发行股票总面值为 100 000 元，取得的净资产入账价值为 1 500 000 元。净资产入账价值与股票总面值之间的差额 1 400 000 元，计入资本公积。 借：银行存款　100 000 应收账款　250 000 存货　450 000 固定资产　1 200 000 贷：应付账款　320 000 应付债券　180 000 股本　100 000 资本公积　1 400 000	合并方发行股票总面值为 4 000 000 元，取得的净资产入账价值为 1 500 000 元。合并方发行股票总面值与取得的净资产账面价值之间的差额为 2 500 000 元，冲减资本公积，资本公积只有 1 400 000 元，不足冲减部分依次冲减盈余公积、未分配利润。 借：银行存款　100 000 应收账款　250 000 存货　450 000 固定资产　1 200 000 资本公积　1 400 000 留存收益　1 100 000 贷：应付账款　320 000 应付债券　180 000 股本　4 000 000
各项直接费用 150 000 元（审计费 100 000＋法律服务费 50 000）计入当期管理费用。发行股票发生的手续费、佣金等费用 100 000 元冲减资本公积。 借：管理费用　150 000 资本公积　100 000 贷：银行存款　250 000	各项直接费用 150 000 元（审计费 100 000＋法律服务费 50 000）计入当期管理费用。发行股票发生的手续费、佣金等费用 100 000 元冲减资本公积，资本公积不足抵减的部分冲减留存收益。由于第一笔分录中已经将资本公积的金额冲减至 0 元，此时应依次抵减盈余公积、未分配利润。 借：管理费用　150 000 盈余公积（留存收益）　100 000 贷：银行存款　250 000

【例 4-3】控股合并。

假设 A 公司、B 公司都是 M 公司的全资子公司。2×14 年 1 月 1 日，A 公司以发行普通股 1 000 000 股的方式从母公司 M 公司处取得 B 公司 100%股权，合并后 B 公司仍维持其独立法人资格继续经营。A 公司普通股每股账面价值为 1 元。假设 A、B 公司采用的会计政策相同。其他资料同表 4-2。

分析：A 公司在合并日应确认其对 B 公司的长期股权投资，并做相应的账务处理：

借：长期股权投资　1 500 000

贷：股本　1 000 000

资本公积　500 000

4.4　非同一控制下的企业合并

4.4.1　非同一控制下企业合并的会计处理原则

非同一控制是指参与合并的各方在合并前后不受同一方或相同多方最终控制。非同一控制下的企业合并，在购买日取得对其他参与合并企业控制权的一方为购买方，合并的其他企业为被购买方。

非同一控制下的企业合并，是参与合并的一方购买另一方或多方的交易，基本处理原则是购买法，主要涉及购买方及购买日的确定、合并企业成本的确定、合并中取得各项可辨认资产、负债的确认和计量以及合并差额的处理等。其会计处理原则见表4-4。

表 4-4　非同一控制下企业合并的会计处理原则

<table>
<tr><td rowspan="5">确定购买方</td><td rowspan="5">购买方是指在企业合并中取得对另一方或多方控制权的一方</td><td>合并中一方取得了另一方半数以上的表决权股份的，除非有明确证据证明该股份不能形成控制，一般认为取得控制权的一方为购买方</td></tr>
<tr><td>即使一方没有取得另一方半数以上的表决权股份，但通过与其他投资者签订协议，实际上拥有被购买企业半数以上表决权</td></tr>
<tr><td>按照法律或协议等的规定，具有主导被购买企业财务和经营决策的权力</td></tr>
<tr><td>有权任免被购买企业董事会或类似权力机构绝大多数成员</td></tr>
<tr><td>在被购买企业董事会或类似权力机构具有绝大多数投票权</td></tr>
<tr><td rowspan="5">确定购买日</td><td rowspan="5">购买日是购买方获得对被购买方控制权的日期，即企业合并交易进行过程中，发生控制权转移的日期</td><td>企业合并合同或协议已获股东大会等内部权力机构通过</td></tr>
<tr><td>按照规定，合并事项需要经过国家有关主管部门审批的，已获得相关部门的审批</td></tr>
<tr><td>参与合并各方已办理了必要的财产交接手续</td></tr>
<tr><td>购买方已支付了购买价款的大部分（一般应该超过 50%），并有能力支付剩余款项</td></tr>
<tr><td>购买方实质上已经控制了被购买方的财务和经营政策，并享有相应的收益和风险</td></tr>
<tr><td>确定企业的合并成本</td><td>企业的合并成本包括购买方为进行企业合并支付的现金或非现金资产、发行或承担的债务、发行的权益性证券等在购买日的公允价值，不涉及发生的各项直接相关费用</td><td>非同一控制下的企业合并中发生的与企业合并直接相关的费用，包括为进行合并而发生的会计审计费用、法律服务费用、咨询费用等，应计入当期损益
对于通过多次交换交易分布实现的企业合并，其企业合并成本为每一单项交换交易成本之和</td></tr>
<tr><td rowspan="4">企业合并成本在取得的可辨认资产和负债之间的分配</td><td colspan="2">购买方在企业合并中取得的被购买方各项可辨认资产和负债，要作为合并企业的资产、负债（或合并财务报表中的资产、负债）进行确认，在购买日，应当满足资产、负债的确认条件。合并中取得的被购买方的各项资产（无形资产除外），其所带来的未来经济利益预期能够流入企业且公允价值能够可靠计量的，应单独作为资产确认
合并中取得的被购买方的各项负债（或有负债除外），履行有关的义务预期会导致经济利益流出企业且公允价值能够可靠计量的，应单独作为负债确认</td></tr>
<tr><td colspan="2">企业合并中取得的无形资产在其公允价值能够可靠计量的情况下应单独予以确认</td></tr>
<tr><td colspan="2">对于购买方在企业合并时可能需要代被购买方承担的或有负债，在其公允价值能够可靠计量的情况下，应作为合并中取得的负债单独确认</td></tr>
<tr><td colspan="2">企业合并中取得的资产、负债在满足确认条件后，应以其公允价值计量</td></tr>
<tr><td rowspan="2">资产负债在满足确认条件后，应以其公允价值计量</td><td colspan="2">企业合并成本大于合并中取得的被购买方可辨认净资产公允价值份额的差额应确认为商誉</td></tr>
<tr><td colspan="2">企业合并成本小于合并中取得的被购买方可辨认净资产公允价值份额的部分，应计入合并当期损益</td></tr>
<tr><td>购买日合并财务报表的编制</td><td colspan="2">非同一控制下的企业合并中形成母子公司关系的，购买方一般应于购买日编制合并资产负债表，反映其于购买日开始能够控制的经济资源情况</td></tr>
</table>

4.4.2 非同一控制下企业合并的会计处理方法

我国《企业会计准则第 20 号——企业合并》规定，非同一控制下的企业合并应采用购买法。对该方法的具体运用请参考 4.2.1 所述处理原则。这里主要具体阐述一下对商誉的处理。

企业合并成本大于合并中取得的被购买方可辨认净资产公允价值份额的差额应确认为商誉，初始确认后的商誉，应当以其成本扣除累计减值损失的金额计量。正商誉的确认和计量最主要有三种方法。

（1）系统摊销法。将外购商誉作为一项没有实物形态的特殊资产予以确认，并在特定期间内摊销。

（2）永久保留法。即把商誉作为永久性资产，不予摊销，除非有证据表明其价值确实发生了持续下跌。我国采用这种方法，规定商誉不应摊销，而应该按照《企业会计准则第 8 号——资产减值》的有关规定进行年度减值测试。

（3）直接冲销法。该方法将外购商誉作为购买企业所有者权益的抵减项目，直接冲减留存收益。

企业合并成本小于合并中取得的被购买方可辨认净资产公允价值份额的差额，应当按照以下规定处理。

（1）对取得的被购买方各项可辨认资产、负债及或有负债的公允价值以及合并成本的计量进行复核。

（2）经复核后合并成本仍小于合并中取得的被购买方可辨认净资产公允价值份额的，其差额应当计入当期损益。

【例 4-4】吸收合并。

假设 A 公司和 B 公司的合并属于非同一控制下的企业合并，A、B 公司 2×14 年 1 月 1 日的资产和负债的账面价值和公允价值见表 4-2。

(1)假设 A 公司以支付现金 800 000 元、发行普通股 1 000 000 股的方式换取 B 公司的净资产。A 公司普通股每股账面价值 1 元，每股市价 2 元。A 公司以现金支付发行股票发生的手续费、佣金 100 000 元，合并过程中发生审计费用 100 000 元，法律服务费 50 000 元。

(2)假设 A 公司以支付现金 200 000 元、发行普通股 1 000 000 股的方式换取 B 公司的净资产。A 公司普通股每股账面价值 1 元，每股市价 2 元。A 公司以现金支付发行股票发生的手续费、佣金 100 000 元，合并过程中发生审计费用 100 000 元，法律服务费 50 000 元。

确认购买方、被购买方以及购买日，并进行账务处理。

分析：A 公司收购 B 公司，因此 A 公司为购买方，B 公司为被购买方。购买日为 2×14 年 1 月 1 日。

A 公司收购 B 公司，属于非同一控制下的企业合并，应采用购买法处理。

在(1)中，先确认 A 公司收购 B 公司的合并成本，为 A 公司付出资产、发行权益性证券的公允价值，为 2 800 000 元(现金 800 000＋普通股市价 1 000 000×2)。此例中，被购买方 B 公司的可辨认净资产的公允价值为 2 400 000 元，合并成本大于被购买方 B 公司的可辨认净资产，产生商誉。再将合并成本分配给商誉和被购买方可辨认净资产的公允价值。

(2)中，同上理，A 公司收购 B 公司的合并成本为 2 200 000 元，小于被购买方 B 公司可辨认净资产，产生负商誉，应先对其进行审核，再将合并成本分配给可辨认净资产的公允价值，负商誉计入当期损益。其会计处理总结见表 4-5。

表 4-5　会计处理

合并成本大于被购买方可辨认净资产		合并成本小于被购买方可辨认净资产	
计量和记录合并成本：		计量和记录合并成本：	
借：合并成本——A 公司	2 800 000	借：合并成本——A 公司	2 200 000
贷：股本——普通股	1 000 000	贷：股本——普通股	1 000 000
资本公积——股本溢价	1 000 000	资本公积——股本溢价	1 000 000
银行存款	800 000	银行存款	200 000
将合并成本分配给商誉和可辨认净资产：		对负商誉进行复核，将合并成本分配给可辨认净资产：	
借：银行存款	100 000	借：银行存款	100 000
应收账款	230 000	应收账款	230 000
存货	550 000	存货	550 000
固定资产	1 900 000	固定资产	1 900 000
无形资产	100 000	无形资产	100 000
商誉	400 000	贷：应付账款	290 000
贷：应付账款	290 000	应付债券	190 000
应付债券	190 000	合并成本——A 公司	2 200 000
合并成本——A 公司	2 800 000	营业外收入	200 000

【例 4-5】控股合并。

假设 A 公司和 B 公司的合并属于非同一控制下的企业合并。A 公司以发行普通股 1 000 000 股的方式获得了 B 公司 80%的股权。A 公司的普通股每股面值为 1 元，每股市价为 7.5 元。A、B 公司 2×14 年 1 月 1 日的资产和负债的账面价值和公允价值见表 4-2。

分析：A 公司在合并日应确认其对 B 公司的长期股权投资，并做相应的账务处理：

借：长期股权投资　　7 500 000
　贷：股本　　1 000 000
　　资本公积　　6 500 000

4.4.3　多次交易分步实现企业合并的会计处理方法

如果企业合并并非通过一次交换交易实现，而是通过多次交换交易分步实现的，合并成本为每一次单项交易成本之和。企业在每一单项交易发生时，应确认对被购买方的投资。投资企业在持有被投资单位的部分股份后，通过增加持股比例等达到对被投资单位形成控制的，应分别对每一单项交易的成本与该交易发生时被投资单位可辨认净资产公允价值的份额进行比较，确定每一单项交易中产生的商誉。达到企业合并时点应确认的商誉（或合并财务报表中应确认的商誉）为每一单项交易中应确认的商誉之和。

购买方在购买日，应按如下步骤进行处理：

（1）将原持有的对被购买方的投资账面价值调整恢复至最初取得成本，相应调整留存收益等所有者权益项目；

（2）比较每一单项交易的成本与交易时应享有被投资单位可辨认净资产公允价值的份额，确定每一单项交易中应予确认的商誉金额（或应予确认损益的金额）；

（3）购买方在购买日确认的商誉（或计入损益的金额）应为每一单项交易产生的商誉（或应予确认损益的金额）；

（4）被购买方在购买日与原交易日之间可辨认净资产公允价值的变动相对于原持股比例的部分，属于被购买方在交易日至够买日之间实现留存收益的，相应调整留存收益，差额调整资本公积。

4.4.4　购买子公司少数股权的会计处理方法

企业在取得对子公司的控制权，形成企业合并后，自子公司的少数股东处取得少数股东拥有的对该子公司全部或部分少数股权，该类交易或事项发生以后，应当遵循以下原则分别对母公司个别财务报表以及合并财务报表进行处理：

（1）从母公司个别财务报表角度，其自子公司少数股东处新取得的长期股权投资应当按照《企业会计准则第 2 号——长期股权投资》确定其入账价值；

（2）在合并财务报表中，子公司的资产、负债应以购买日开始持续计算的金额反映。

因购买少数股权增加的长期股权投资成本，与按照新取得的股权比例计算确定应享有子公司在交易日可辨认净资产公允价值份额之间的差额，在合并资产负债表中以商誉列示。除确认为商誉的部分以外，应当调整合并资产负债表中的资本公积，资本公积不足冲减的，调整留存收益。

4.4.5　被购买方的会计处理方法

非同一控制下的企业合并中，被购买方在企业合并后仍持续经营的，如购买方取得被购买方 100%股权，被购买方可以按合并中确定的有关资产、负债的公允价值调账，其他情况下被购买方不应因企业合并改记资产、负债的账面价值。

扩展内容 2　中国会计准则与国际准则、美国准则比较

在我国新企业会计准则里，《企业会计准则第 20 号——企业合并》是新增加的一项准则，虽然很多地方实现了与国际财务报告准则的趋同，但也存在着不同的地方。

表 4-6 列出的是我国企业会计准则与国际财务报告准则以及美国财务会计准则在合并方法、合并成本、计量企业合并日期、初始计量、确认已计划在购买后进行重组所产生的负债处理、或有负债处理、少数股东权益计量、购买研制中的研发项目处理、商誉以及负商誉处理这 10 方面的比较。

表 4-6　中国准则与国际准则、美国准则在企业合并方面的比较

	中国企业会计准则	国际财务报告准则	美国财务会计准则
合并方法	非同一控制下合并购买法，同一控制下合并用权益结合法		
合并成本	同一控制下的企业合并，合并方为进行的企业合并发生的各项直接相关费用，应当于发生时计入当期损益。为企业合并发行的债券或承担其他债务支付给的手续费、佣金等，应当计入所发行债券及其他债务的初始计量金额；企业合并中发行权益性证券发生的手续费、佣金等费用，应当抵减权益性证券溢价收入，溢价收入不足冲减的，冲减留存收益。 非同一控制下的企业合并，购买方应当区别下列情况计量合并成本：一次交换交易实现的企业合并，合并成本为购买方在购买日为取得对被购买方的控制权而付出的资产、发生或承担的负债以及发行的权益性证券的公允价值；通过多次交换交易分步实现的企业合并，合并成本为每一单项交易成本之和。购买方为进行企业合并发生的各项直接相关费用计入当期损益。在合并合同或协议中对可能影响合并成本的未来事项做出约定的，购买日如果估计未来事项很可能发生并且对合并成本的影响金额能够可靠计量的，购买方应当将其计入合并成本	合并方以公允价值计量合并成本，并加上任何可归属合并过程的费用和未来或有成本调整	合并成本是企业合并中购买主体的成本。发行权益证券成本作为权益证券公允价值扣减。间接费用在合并时确认为费用。购买方以现金支付的，应该以现金作为被购买方成本的计价基础；其他情况下，以公允价值作为被购买方成本计价基础

续表

	中国企业会计准则	国际财务报告准则	美国财务会计准则
计量企业合并日期	控制权转移日	购买日（控制权转移日）	完成日
初始计量	同一控制下的企业合并，合并方在企业合并中取得的资产和负债，应当按照合并日被合并方的账面价值计量 非同一控制下的企业合并，购买方在购买日对作为企业合并对价付出的资产、发生或承担的负债应当按照公允价值计量	被购买方可辨认资产、负债和或有负债以公允价值计量，包括购买方少数股权	被购买方可辨认资产、负债公允价值计量
确认已计划在购买后进行重组所产生的负债处理	无类似规定	只有被购买方已经根据国际会计准则第37号（IAS 37）确认了准备，才可以确认该项负债	如果结束活动和遣散员工的计划已在购买之前开始，必须在购买后一年内完成，则可以确认负债
或有负债处理	合并中取得的被购买方或有负债，其公允价值能够可靠计量的，应当按照公允价值单独确认为负债	如果公允价值可以可靠计量，则确认该或有负债	如果公允价值可以可靠计量，或根据财务会计准则公告第5号（SFAS 5），支付是很可能发生的和能合理地估计时，则确认该或有负债
少数股东权益计量	少数股东权益按公允价值中的少数股东比例来计量	少数股东权益按公允价值中的少数股东比例来计量	少数股东权益按被购买公司账面价值中少数股东的比例来计量
购买研制中的研发项目处理	没有类似规定	购买研制中的研究开发项目可以确认为一项购买的，且有使用年限的无形资产，需要摊销；或者，如果不可以单独计量，则作为商誉的一部分，不需要摊销，但要每年进行减值测试	把购买研制中的研究开发项目费用化来处理
商誉	摊销商誉，但要每年进行的减值测试		
负商誉	购买方对合并成本小于合并中取得的被购买方可辨认净资产公允价值份额的差额，应当按照下列规定处理：对取得的被购买方的各项可辨认资产、负债及或有负债的公允价值以及合并成本的计量进行复核；经复核后合并成本仍小于合并中取得的被购买方可辨认净资产公允价值份额的，其差额应当计入当期损益	把负商誉立即确认为利得	负商誉首先按照购入的非金融资产账面价值的比例进行分配，剩余部分确认为非经营利得

扩展内容3　合伙企业与个人独资企业、公司制企业的区别[①]

一、合伙企业和个人独资企业有何异同

合伙企业和个人独资企业均是独立的民事主体，就其收入所得都不缴纳企业所得税，而由投资人缴纳个人所得税，投资人均须对企业的债务承担无限责任。但两者也有以下区别。

1. 投资者人数不同。合伙企业的投资者为两人或两人以上，而个人独资企业的投资者只

① 摘自 钟法，《合伙企业与个人独资企业、公司制企业区别》，发表在《中国注册会计师》2005年3期。

有一个自然人。

2. 控制与管理方式不同。合伙企业由合伙人直接控制，共同管理，而个人独资企业则完全由投资者一人控制与管理，企业的命运由其一人决定。

3. 规模不同。虽然合伙企业的财产未必就比单个自然人的多，但是一般来讲，合伙企业比个人独资企业更容易向规模化发展。

4. 利润分享与风险分担不同。合伙企业的合伙人可按约定的比例分享利润、分担风险，尽管使得单个合伙人的利润被摊薄，但可以有效分散风险；个人独资企业的投资者则独享利润、独自承担风险，尽管利润优厚但风险集中。

5. 存续期限不同。合伙企业可以长期存续，而个人独资企业则与其投资者的民事人格不可分割，随投资者的死亡而结束，随投资者的变更而消亡。

二、合伙企业和公司制企业有何异同

合伙企业和公司制企业有以下一些区别。

1. 税收不同。对于合伙企业的收入所得，合伙企业自身不缴纳企业所得税，由各合伙人按其应得份额缴纳个人所得税；而对于公司的收入所得，公司自身缴纳企业所得税，股东就其分得的股息和红利缴纳个人所得税。

2. 责任不同。合伙企业和公司都要以其自身财产对外承担责任，但合伙企业的合伙人对合伙企业的债务承担无限连带责任，而公司的股东则对公司债务承担有限责任。

3. 设立条件不同。合伙企业的设立条件比较低，程序比较简单，费用较低；而公司的设立条件比较高，程序比较烦琐，费用较高。

4. 出资方式不同。合伙企业的出资方式比较灵活，个人可以劳务、信用等出资；而个人不能以劳务、信用等方式出资成立公司。

5. 资本和信用需求度不同。合伙企业侧重人合，对信用的需求度较高，选择合伙人要非常慎重；公司侧重资合，对资本的需求度较高，对注册资本的要求和管理比较严格。

6. 利润分享和亏损承担不同。合伙企业的合伙人可平均或按出资比例、亦可按约定的其他比例来分享利润、承担亏损；公司的股东则只能按持有的股份比例和股份种类分享利润，对公司亏损不承担投资额以外的责任。

7. 投资人权利转让的限制不同。法律对合伙人转让其在合伙企业中的财产份额的限制较严，对外转让时须经全体合伙人一致同意；法律对股东转让其股权的限制则较松，有限责任公司股东对外转让股权时须经全体股东过半数同意，而股份有限公司股东可自由转让。

8. 控制和管理方式不同。合伙人对合伙企业实行共同管理，组织灵活，一般按人数行使表决权，控制直接，每一个合伙人对外均可代表合伙企业进行活动；公司股东则需通过设立组织机构进行管理，讲求规范的治理结构，一般按拥有的股份行使表决权，对公司间接控制，只有法定代表人和授权的人才可对外代表公司进行活动。

本章小结

本章阐述企业合并的会计确认、计量与相关信息的披露问题。企业合并实质将两个或两个以上独立的企业合并形成一个报告主体的交易或事项。

企业合并可以按多种标准进行分类，会计上常用的分类是：按照合并的法律形式分为吸收合并、新设合并和控股合并；按照参与合并的企业在合并前后是否受同一方或相同多方的最终控制，分为同一控制下的企业合并与非同一控制下的企业合并。

我国《企业会计准则第 20 号——企业合并》规定，同一控制下的企业合并应采用权益结合法，非同一控制下的企业合并应采用购买法，购买法下确认正商誉，但不分期摊销，只进行减值测试；负商誉则直接计入当期损益。

思考与练习题

1. 什么是企业合并？合并的主要形式有哪些？

2. 什么是同一控制下的企业合并？什么是非同一控制的企业合并？两者在会计处理上有何不同？

3. 什么是权益结合法？它有何特点？有何优缺点？

4. 什么是购买法？它有何特点？有何优缺点？

5. 什么是商誉？我国会计准则对其的会计处理有何规定？

6. 选择题

（1）参与合并的一方以发行普通股的方式取得另一方的净资产，并注销被合并方的法人资格，这种合并称为（　　）。

A. 控股合并　　B. 吸收合并　　C. 新设合并　　D. 权益结合法

（2）在购买法下，发行权益性证券的注册登记费应该（　　）。

A. 增加合并成本　　B. 冲减资本公积

C. 计入当期损益　　D. 增加股本

（3）下列 A、B 公司的四种合并中，属于同一控制下的企业合并的是（　　）。

A. A 公司和 B 公司都直接受 N 公司的重大影响

B. A 公司是 M 公司的子公司，M 公司对 B 公司的经营管理权能够实施重大影响

C. A、B 公司都是国有企业

D. A 公司是 L 公司的子公司，B 公司是 A 公司的子公司

（4）A 公司和 B 公司均为 M 公司的子公司。2×14 年 4 月 1 日，A 公司以银行存款 8 100 000 元取得 B 公司所有者权益的 80%。当日，B 公司所有者权益的账面价值为 10 000 000 元，可辨认净资产的公允价值为 11 000 000 元。则 2×14 年 4 月 1 日，A 公司应确认的资本公积为（　　）元。

A. 100 000（借方）　　B. 100 000（贷方）

C. 700 000（借方）　　D. 700 000（贷方）

（5）对非同一控制下企业合并的合并成本，下列说法中正确的有（　　）。

A. 一次交换交易实现的企业合并，合并成本为购买方在购买日为取得对被购买方的控制权而付出的资产、发生或承担的负债以及发行的权益性证券的公允价值

B. 通过多次交换交易分步实现的企业合并，合并成本为每一单项交易成本之和

C. 购买方为进行企业合并发生的各项直接相关费用也应当计入企业合并成本

D. 购买方为进行企业合并发生的各项直接相关费用应当计入当期损益

E. 在合并合同或协议中对可能影响合并成本的未来事项做出约定的，购买日如果估计未来事项很可能发生并且对合并成本的影响金额能够可靠计量的，购买方应当将其计入合并成本

7. 案例分析

（1）K公司和H公司2×14年3月3日的所有者权益见题表4-1。3月3日，K公司以发行普通股120 000股的方式取得H公司70%的股权。K公司发行的普通股每股面值1元，每股市价15元。

题表4-1　K公司与H公司的所有者权益　　单位：元

	K 公 司	H 公 司
股本	1 000 000	400 000
资本公积	400 000	300 000
盈余公积	400 000	100 000
未分配利润	500 000	250 000
所有者权益合计	2 300 000	1 050 000

要求：

①假设K公司与H公司属于同一控制下的企业，编制相应的会计分录；

②假设K公司与H公司属于非同一控制下的企业，编制相应的会计分录。

（2）2×14年6月2日，S公司以支付发行普通股800 000股的方式取得T公司所有股权。S公司发行的普通股每股面值1元，每股市价7.5元。此外，S公司以银行存款支付发行股票过程中发生的手续费、佣金100 000元，合并过程中发生的审计费用150 000元，法律服务费50 000元。2×14年6月2日S公司与T公司的资产负债表数据见题表4-2。

题表4-2　S公司与T公司的资产负债表　　单位：元

	S公司	T 公 司	
	账 面 价 值	账 面 价 值	公 允 价 值
货币资金	4 500 000	450 000	450 000
交易性金融资产	2 000 000	230 000	250 000
存货	6 300 000	250 000	430 000
应收账款	3 000 000	800 000	780 000
固定资产	8 000 000	450 000	550 000
无形资产	1 500 000	80 000	100 000
资产总计	25 300 000	2 260 000	2 560 000
短期借款	2 500 000	850 000	960 000
应付账款	3 750 000	350 000	350 000
应付债券	250 000	150 000	150 000
股本	8 500 000	500 000	
资本公积	4 500 000	150 000	
盈余公积	4 500 000	120 000	
未分配利润	3 800 000	140 000	
负债和所有者权益合计	25 300 000	2 260 000	

要求：

①假设S公司与T公司属于同一控制下的企业，编制相应的会计分录；

②假设S公司与T公司属于非同一控制下的企业，编制相应的会计分录。

第5章　股权取得日合并财务报表的编制

重要概念

- 企业合并
- 同一控制
- 所有权理论
- 控制
- 主体理论
- 母公司理论

引言 合并财务报表，是各公司（集团）为了控制其被投资企业的经营活动，了解本公司（集团）全部经济实力和经营决策权范围内的企业经营状况，而以公司（集团）作为单一经济主体编制的财务报表。本章介绍了合并财务报表编制的意义、构成、范围、程序和理论基础，以及购买法和权益结合法下股权取得日合并财务报表的编制。在扩展内容中简单比较了新旧会计准则中合并财务报表的异同。

5.1　合并财务报表概述

5.1.1　合并财务报表编制的意义

控股合并后，母公司和其控制的每一个子公司虽然都是独立的法律实体，但从经济角度来看，母公司拥有对子公司的控制权，它们实际上形成了一个统一的经济实体。为了综合、全面地反映这个统一经济实体的经营成果、财务状况以及现金流动情况，需要由控股企业编制一套反映整个企业集团经济活动情况的财务报表。合并财务报表，是以母公司和子公司组成的企业集团为会计主体，以母公司和子公司单独编制的财务报表为基础，由母公司编制的综合反映企业集团财务状况、经营成果以及现金流动情况的财务报表。合并财务报表可以弥补母公司个别财务报表的不足，为有关方面提供决策有用的信息，从而满足报表使用者了解集团总体财务状况和经营情况的需要。编制合并财务报表的目的如下。

（1）为母公司的股东提供决策有用的信息

母公司的股东最为关心的是母公司的经营风险和投资回报，但母公司的经营风险和投资回报不仅取决于母公司自身的财务状况、经营业绩和现金流动情况，而且在很大程度上受子公司的财务状况、经营成果和现金流量的影响。由于控股关系的存在，子公司的盈亏，事实上就是母公司的盈亏。只有以母公司及其子公司组成的企业集团为会计主体编制合并财务报表，才能从总体上反映母公司的财务状况、经营成果和现金流动情况，为母公司股东评判母公司的经营风险、预测投资回报提供全面的信息。

（2）为母公司债权人提供决策有用的信息

母公司的债权人通过母公司对子公司的投资而对子公司的资产拥有间接求偿权，债权人在进行债权投资安全性分析时不仅要通过母公司的个别财务报表了解母公司自身的偿债能力、盈利能力和财务杠杆，还要通过合并财务报表对整个集团的短期偿债能力和长期偿债能力进行分析并以此作为制定债权性投资的依据。

（3）为母公司管理者提供有用的信息

除合并财务报表外，母公司的管理者尽管可以通过行政手段取得管理所需的会计信息，但合并财务报表仍然是母公司的管理当局对于企业管理进行业绩评价的基础，企业所能分配的红利也通常是基于合并主体的业绩来计算的，因此合并财务报表对企业管理者也有重要作用。

（4）为有关政府管理机关提供有用的信息

企业的控股合并容易形成市场垄断或竞争的优势，从而可能对整个国民经济产生重大影响。为此，有关法规为了维护正当竞争，常常对企业的市场占有率规定一个上限。合并财务报表可以为有关政府管理机关评价企业的市场占有情况及其对国民经济的影响提供参考依据。

5.1.2 合并财务报表的构成及范围

1. 合并财务报表的构成

从上述内容可以看出，编制合并财务报表是为了向财务报表的使用者提供其经济决策所需的信息，包括企业财务状况、经营业绩和现金流量情况的信息。因此，合并财务报表主要包括以下几种。

（1）合并资产负债表

合并资产负债表是以母公司本身的资产负债表和属于合并范围内子公司的资产负债表为基础编制的反映母公司和子公司所形成的企业集团某一特定日期财务状况的报表。

（2）合并利润表

合并利润表是以母公司本身的利润表和属于合并范围内子公司的利润表为基础编制的反映母公司和子公司所形成的企业集团在一定期间内经营成果的财务报表。

（3）合并现金流量表

合并现金流量表是反映母公司和子公司所形成的企业集团在一定期间内经营活动、投资活动和筹资活动等对现金及现金等价物产生影响的财务报表。

（4）合并所有者权益变动表

合并所有者权益变动表反映母公司和子公司所形成的企业集团在一定时期内所有者股权增减变动的财务报表。

（5）合并财务报表附注

合并财务报表的附注除了应包括个别财务报表附注中应注明的事项外，还应当对以下事项进行说明：

① 子公司的名称、业务性质、母公司的持股比例和表决权比例，成为子公司的原因；

② 母公司直接或通过其他子公司间接拥有被投资单位半数以上的表决权但未能对其形成控制的原因；

③ 本期子公司增减变动的情况，本期不再纳入合并财务报表合并范围的原来子公司的情况（包括公司名称、业务性质、母公司的持股比例和表决权比例），本期不再成为子公司的原因，并单独披露其在处置日和以前期间资产负债表日资产、负债和所有者权益的金额，包括流动资产、长期投资、固定资产、无形资产及其他资产、流动负债、长期负债和所有者权益以及本期期初至处置日止的收入总额和净利润；

④ 子公司向母公司转移资金的能力受到严格限制的情况；

⑤ 合并价差金额内容的说明；

⑥ 需要在合并财务报表附注中说明的其他事项。

2. 合并财务报表的合并范围

（1）应纳入合并财务报表合并范围的被投资单位。在编制合并财务报表时，首先要确定哪些企业应纳入合并财务报表，哪些企业不应纳入合并财务报表，即要确定合并财务报表的合并范围。合并财务报表准则第1条规定：合并财务报表的合并范围应当以对被投资单位的控制为基础予以确定。控制是指一个企业能够决定另一个企业的财务和经营政策，并能据以从另一个企业的经营活动中获取利益的权利。母公司应当将其控制的所有子公司，无论是小规模的子公司还是经营业务性质特殊的子公司，均应纳入合并财务报表的合并范围。

以控制为基础确定合并财务报表的合并范围，应当强调实质重于形式，综合考虑所有相关事实和因素进行判断，如投资者的持股情况、投资者之间的相互关系、公司治理结构、潜在表决权等。

（2）母公司控制的特殊目的的主体也应当纳入合并财务报表的合并范围。判断母公司能否控制特殊目的的主体，应当考虑如下主要因素：

① 母公司为融资、销售商品或提供劳务等特定经营业务的需要直接或间接设立特殊目的主体；

② 母公司具有控制或获得控制特殊目的主体或其资产的决策权，例如，母公司拥有单方面终止特殊目的主体的权利、变更特殊目的主体章程的权利、对变更特殊目的主体章程的否决权等；

③ 母公司通过章程、合同、协议等具有获取特殊目的主体大部分利益的权利；

④ 母公司通过章程、合同、协议等承担特殊目的主体的大部分风险。

由于母公司无法对下列被投资单位实施控制，不符合合并财务报表的合并范围的标准，所以，母公司不得将其纳入合并财务报表的合并范围。这些被投资单位包括：

① 按照破产程序，已宣布被清理整顿的子公司；

② 已宣布破产的子公司；

③ 非持续经营的所有者权益为负数的子公司；

④ 母公司不再控制的子公司；

⑤ 联合控制主体（合营企业）；

⑥ 其他非持续经营的或母公司不能控制的被投资单位。

5.1.3　合并财务报表编制的基本程序

合并财务报表编制有其特殊的程序，主要包括如下几个方面。

（1）编制合并工作底稿。合并工作底稿的作用是为合并财务报表的编制提供基础。在合并工作底稿中，对母公司和子公司的个别财务报表各项目的金额进行汇总和抵销处理，最终计算得出合并财务报表各项目的合并金额。

（2）将母公司、子公司个别资产负债表、利润表、现金流量表、所有者权益变动表各项目的数据过入合并工作底稿，并在合并工作底稿中对母公司和子公司个别财务报表各项目的数据进行加总，计算得出个别资产负债表、利润表、现金流量表、所有者权益变动表各项目合计金额。

（3）在合并工作底稿中编制调整分录和抵销分录，将内部交易对合并财务报表有关项目的影响进行抵销处理。编制抵销分录，进行抵销处理是合并财务报表编制的关键和主要内容，其目的在于将个别财务报表各项目的加总金额中重复的因素予以抵销。但是，对属于非同一控制下企业合并中取得的子公司的个别财务报表进行合并时，还应当首先根据母公司为该子公司设置的备查簿的记录，以记录的该子公司各项可辨认资产、负债及或有负债等在购买日的公允价值为基础，通过编制调整分录，对该子公司提供的个别财务报表进行调整，以使子公司的个别财务报表反映为在购买日公允价值基础上确定的可辨认资产、负债及或有负债在本期资产负债表日的金额。对于子公司所采用的会计政策与母公司不一致的和子公司的会计期间与母公司不一致的，如果母公司自行对子公司的个别财务报表进行调整，也应当在合并工作底稿中通过编制调整分录予以调整。在编制合并财务报表时，对子公司的长期股权投资调整为权益法，也需要在合并工作底稿中通过编制调整分录予以调整，而不改变母公司“长期股权投资”账簿记录。

在合并工作底稿中编制的调整分录和抵销分录，借记或贷记的均为财务报表项目（即资产负债表项目、利润表项目、现金流量表项目和所有者权益变动表项目），而不是具体的会计科目。比如，在涉及调整或抵销固定资产折旧、固定资产减值准备等均通过资产负债表中的“固定资产”项目，而不是“累计折旧”、“固定资产减值准备”等科目来进行调整和抵销。

（4）计算合并财务报表各项目的合并金额。在母公司和子公司个别财务报表各项目加总金额的基础上，分别计算出合并财务报表中各资产项目、负债项目、所有者权益项目、收入项目和费用项目等的合并金额。其计算方法如下。

① 资产类各项目，其合并金额根据该项目加总金额，加上该项目调整分录与抵销分录有关的借方发生额，减去该项目调整分录与抵销分录有关的贷方发生额计算确定。

② 负债类各项目和所有者权益类各项目，其合并金额根据该项目加总金额，减去该项目调整分录与抵销分录有关的借方发生额，加上该项目调整分录与抵销分录有关的贷方发生额计算确定。

③ 有关收入类各项目和有关所有者权益变动各项目，其合并金额根据该项目加总金额，减去该项目抵销分录的借方发生额，加上该项目调整分录与抵销分录的贷方发生额计算确定。

④ 有关费用类项目，其合并金额根据该项目加总金额，加上该项目调整分录与抵销分录的借方发生额，减去该项目调整分录与抵销分录的贷方发生额计算确定。

（5）填列合并财务报表。根据合并工作底稿中计算出的资产、负债、所有者权益、收入、费用类以及现金流量表中各项目的合并金额，填列生成正式的合并财务报表。

5.1.4 合并财务报表编制的理论基础

在控股合并方式下，如果母公司购入子公司全部股份，这样的子公司称为母公司的全资子公司，如果母公司购入子公司50%以上但不足100%的股权，这样的子公司成为非全资子公司。这样，非全资子公司的股权就有一部分为母公司之外的股东持有，因为这部分股份较少，故称之为“少数股权”。在编制合并会计报表时，需要确认少数股权，即由母公司以外的股东所持有对子公司的净收益（或净损失）和净资产的要求权。对子公司净收益（净损失）的要求权，即少数股东本期损益；对子公司的净资产的要求权，即少数股东权益。在编制合并报表时，如何看待少数股权的性质，以及如何对其进行会计处理，国际会计界形成了三种编制合并会计报表的合并理论，即主体理论、所有权理论和母公司理论。

1. 主体理论

主体理论的基本立论是会计主体与其终极所有者是相互分离、独立存在的个体。主体理论认为，一个会计主体的资产、负债、所有者权益、收入、费用以及形成这些报表要素的交易、事项或情况都独立于终极所有者，它们是会计主体所固有的，不应将会计主体与其终极所有者的法律和经济行为混为一谈。根据主体理论，资产是会计主体自身收取一定商品、劳务或其他未来经济利益的权利，负债是会计主体自身的偿付义务，而资产与负债的差额——所有者权益是会计主体对其终极所有者的义务。对于所有者来说，会计主体的净收益并不会自动归于所有者，只有会计主体宣布发放现金股利，净收益才成为所有者的财富来源。会计主体向其终极所有者派发现金股利，既减少了会计主体的财富存量，也部分地解除了会计主体对其所有者所承担的义务。所有者不再是财务会计的唯一中心，而是与债权人居于同等地位。在主体理论下，按完全合并法编制的合并会计报表，合并的是母公司所控制的资源，而不是母公司所拥有的资源。这种合并方法与控制的经济实质一致，承认了企业并购过程中母公司通过产权控制而产生财务杠杆效应的客观事实。

2. 所有权理论

按照所有权理论，企业集团是指以投资公司为基础，连同在经济活动和财务决策中对另一公司具有重大影响的所有权部分。采用这种理论具有以下特点：一是合并会计报表中，只应包括投资公司在接受投资公司资产、负债、收入、费用中与其出资比例相适应的部分，即接受投资公司资产负债表和损益表的数额，按照投资公司所占的比例计入合并会计报表；二是合并过程中产生的商誉属于投资公司；三是在合并资产负债表中少数股权不予列表，接受投资企业的全部财产不能完整反映。按所有权理论界定合并范围可以解决隶属于两个或两个以上企业集团的公司合并会计报表的编制问题。

3. 母公司理论

母公司理论是通过继承了所有权理论的合理内核，同时吸收了主体理论的合理外延而形成的。在合并会计报表的方面，母公司理论继承了所有权理论关于合并会计报表是为了满足母公司股东的信息需求而编制的理论，否定了主体理论关于合并会计报表是为合并主体的所有资源提供者编制的理论；在报表要素合并方法方面，摒弃了所有权理论狭隘的拥有观，采纳了主体理论所主张的视野更加开阔的控制观；在少数股东权益确认方面，则明显体现了对所有权理论和主体理论的折中和修正，既反对所有权理论将少数股东权益完全排除在合并会计报表之外的保守做法，也反对主体理论全额确认子公司可辨认资产的升（贬）值并按股权比例分摊给少数股东的激进做法；在商誉确认方面，考虑到商誉是不确定性最高的无形资产，完全秉承了所有权理论的稳健惯例；在消除集团公司间交易及其未实现损益方面，又认同了主体理论的做法。

5.2　购买法下股权取得日合并财务报表的编制

购买法是将母公司取得股权视为一个企业取得另一个企业净资产的行为。按购买法的要求，合并前的收益与留存收益是作为购买成本的一部分，而不纳入合并企业的收益和留存收益，因而在股权取得日编制合并会计报表，只需要编制合并资产负债表。

下面分别就母公司持有子公司全部股权与母公司持有子公司部分股权这两种情况，举例说明购买法下股权取得日合并财务报表工作底稿的编制方法。

5.2.1　拥有子公司全部股权

1. 投资成本等于子公司可辨认净资产的公允价值

【例 5-1】假设 2×13 年 1 月 1 日 A 公司以 630 000 元购买了 B 公司的全部股票，B 公司各项资产与负债的账面价值和公允价值相等。在进行这项投资之后，A 公司与 B 公司的试算情况详见表 5-1。

表 5-1　A 公司与 B 公司试算表

2×13 年 1 月 1 日　　单位：元

项　目	A 公司		B 公司	
	借　方	贷　方	借　方	贷　方
货币资金	54 000		3 000	
交易性金融资产	60 000		144 000	
应收账款	960 000		333 000	
存货	480 000		390 000	
长期股权投资——B 公司	630 000			
固定资产	1 980 000		300 000	
商誉			90 000	
应付账款		480 000		48 000
应付票据		144 000		12 000
应付债券				480 000
长期借款		420 000		
股本——普通股		600 000		150 000
资本公积		1 800 000		120 000
盈余公积		705 000		441 000
未分配利润		15 000		9 000
合计	4 164 000	4 164 000	1 260 000	1 260 000

根据以上资料，应在合并会计报表工作底稿上编制如下抵销分录：

借：股本——普通股　150 000
　　资本公积　120 000
　　盈余公积　441 000
　　未分配利润　9 000
　　贷：长期股权投资——B公司　630 000
　　　　商誉(旧)　90 000

合并报表工作底稿详见表5-2。

表5-2　A公司合并报表工作底稿

2×13年1月1日　单位：元

	A公司	B公司	抵消分录		合并资产负债表	
			借方	贷方	借方	贷方
货币资金	54 000	3 000			57 000	
交易性金融资产	60 000	144 000			204 000	
应收账款	960 000	333 000			1 293 000	
存货	480 000	390 000			870 000	
长期股权投资——B公司	630 000			630 000		
固定资产	1 980 000	300 000			2 280 000	
商誉		90 000		90 000		
合计	4 164 000	1 260 000				
应付账款	480 000	48 000				528 000
应付票据	144 000	12 000				156 000
应付债券		480 000				480 000
长期借款	420 000					420 000
股本——普通股	600 000	150 000	150 000			600 000
资本公积	1 800 000	120 000	120 000			1 800 000
盈余公积	705 000	441 000	441 000			705 000
未分配利润	15 000	9 000	9 000			15 000
合计	4 164 000	1 260 000	720 000	720 000	4 704 000	4 704 000

2. 投资成本大于子公司可辨认净资产的公允价值

【例5-2】假设2×13年1月1日A公司以798 000元购买了B公司的全部股票。购买日A公司与B公司的试算表资料，除A公司的应收账款为792 000元外，其他与例5-1相同。另外，假设B公司的下列资产与负债项目的账面价值与公允价值不同(见表5-3)。

表5-3　B公司资产与负债项目　单位：元

	账面价值	公允价值
存货	390 000	360 000
固定资产	300 000	450 000
应付债券	480 000	468 000

在合并工作底稿上，应将子公司高估或低估的资产、负债项目调整至公允价值。因此本例的工作底稿上应有如下一笔调整分录，一笔抵销分录。

调整分录：

借：固定资产　150 000
　　应付债券　12 000
　　贷：存货　30 000
　　　　资本公积　132 000

抵销分录

借：股本——普通股　150 000
　　资本公积　(132 000＋120 000) 252 000
　　盈余公积　441 000
　　未分配利润　9 000
　　商誉(新)　36 000
　　贷：长期股权投资——B 公司　798 000
　　　　商誉(旧)　90 000

商誉（新）是在合并过程中由于投资成本大于子公司可辨认净资产的公允价值而产生的，应当作为合并商誉在合并资产负债表中列示。

本例的工作底稿详见表 5-4。

表 5-4　A 公司合并报表工作底稿

2×13 年 1 月 1 日　单位：元

	A 公 司	B 公 司	调整与抵销分录		合并资产负债表	
			借 方	贷 方	借 方	贷 方
货币资金	54 000	3 000			57 000	
交易性金融资产	60 000	144 000			204 000	
应收账款	792 000	333 000			1 125 000	
存货	480 000	390 000		30 000	840 000	
长期股权投资——B 公司	798 000			798 000		
固定资产	1 980 000	300 000	150 000		2 430 000	
商誉		90 000	36 000	90 000	36 000	
合计	4 164 000	1 260 000	186 000	918 000	4 692 000	
应付账款	480 000	48 000				528 000
应付票据	144 000	12 000				156 000
应付债券		480 000	12 000			468 000
长期借款	420 000					420 000
股本——普通股	600 000	150 000	150 000			600 000
资本公积	1 800 000	120 000	252 000	132 000		1 800 000
盈余公积	705 000	441 000	441 000			705 000
未分配利润	15 000	9 000	9 000			15 000
合计	4 164 000	1 260 000	1 050 000	1 050 000	4 692 000	4 692 000

3. 投资成本小于子公司可辨认净资产的公允价值，但大于账面价值

【例 5-3】假设 2×13 年 1 月 1 日 A 公司以 672 000 元购买了 B 公司的全部股票。购买日 A 公司与 B 公司的试算表资料，除 A 公司的应收账款为 918 000 元外，其他与例 5-1 相同。另外，

假设B公司部分资产与负债项目的账面价值与公允价值不同，其金额同例5-2。

在合并工作底稿上，应该有如下一笔调整分录，一笔抵销分录：

调整分录：

借：固定资产　　150 000

　　应付债券　　12 000

　　贷：存货　　30 000

　　　　资本公积　　132 000

抵销分录：

借：股本——普通股　　150 000

　　资本公积　　(132 000+120 000) 252 000

　　盈余公积　　441 000

　　未分配利润　　9 000

　　贷：长期股权投资——B公司　　672 000

　　　　商誉(旧)　　90 000

　　　　未分配利润　　90 000

贷方的未分配利润是由于投资成本小于子公司可辨认净资产的公允价值而产生的，由于购买日不需要编制合并利润表，该差额体现在资产负债表上，应调整合并资产负债表的盈余公积和未分配利润。

工作底稿及抵销后各项目的余额详见表5-5。

表5-5　A公司合并报表工作底稿

2×13年1月1日　　单位：元

	A公司	B公司	调整与抵销分录		合并资产负债表	
			借方	贷方	借方	贷方
货币资金	54 000	3 000			57 000	
交易性金融资产	60 000	144 000			204 000	
应收账款	918 000	333 000			1 251 000	
存货	480 000	390 000		30 000	840 000	
长期股权投资——B公司	672 000			672 000		
固定资产	1 980 000	300 000	150 000		2 430 000	
商誉		90 000		90 000		
合计	4 164 000	1 260 000	150 000	792 000	4 782 000	
应付账款	480 000	48 000				528 000
应付票据	144 000	12 000				156 000
应付债券		480 000	12 000			468 000
长期借款	420 000					420 000
股本——普通股	600 000	150 000	150 000			600 000
资本公积	1 800 000	120 000	252 000	132 000		1 800 000
盈余公积	705 000	441 000	441 000			705 000
未分配利润	15 000	9 000	9 000	90 000		24 000
合计	4 164 000	1 260 000	1 014 000	1 014 000	4 782 000	4 782 000

5.2.2　拥有子公司部分股权

如果母公司只持有子公司的部分股权，则母公司未持有的那部分股权称为少数股东权益。

1. 投资成本等于子公司可辨认净资产的公允价值

【例 5-4】假设 2×13 年 1 月 1 日 A 公司以 504 000 元购买了 B 公司 80%的股权，B 公司各项资产与负债的账面价值和公允价值相等。A 公司长期借款为 294 000 元，其他资料与例 5-1 相同。

在合并工作底稿上，应编制如下抵销分录：

借：股本——普通股　150 000
　　资本公积　120 000
　　盈余公积　441 000
　　未分配利润　9 000
　　贷：长期股权投资——B 公司　504 000
　　　　商誉　72 000
　　　　少数股东权益　144 000

工作底稿及抵销后各项目的余额详见表 5-6。

表 5-6　A 公司合并报表工作底稿

2×13 年 1 月 1 日　　单位：元

	A 公司	B 公司	调整与抵销分录		合并资产负债表	
			借方	贷方	借方	贷方
货币资金	54 000	3 000			57 000	
交易性金融资产	60 000	144 000			204 000	
应收账款	960 000	333 000			1 293 000	
存货	480 000	390 000			870 000	
长期股权投资	504 000			504 000		
固定资产	1 980 000	300 000			2 280 000	
商誉		90 000		72 000	18 000	
合计	4 038 000	1 260 000		576 000	4 722 000	
应付账款	480 000	48 000				528 000
应付票据	144 000	12 000				156 000
应付债券		480 000				480 000
长期借款	294 000					294 000
股本——普通股	600 000	150 000	150 000			600 000
资本公积	1 800 000	120 000	120 000			1 800 000
盈余公积	705 000	441 000	441 000			705 000
未分配利润	15 000	9 000	9 000			15 000
少数股东权益				144 000		144 000
合计	4 038 000	1 260 000	720 000	720 000	4 722 000	4 722 000

2. 投资成本大于子公司可辨认净资产的公允价值

【例 5-5】假设 2×13 年 1 月 1 日 A 公司以 636 000 元购买了 B 公司 80%的股权。购买日 B 公司的部分资产与负债项目的账面价值与公允价值不一致，其差异数及其他有关资料(除 A 公司的长期借款项目为 258 000 元外)均与例 5-2 相同。

按照我国现行企业会计准则的规定，对于子公司各资产、负债项目的公允价值与账面价值之间的差额，全部确认，少数股东权益要按照少数股东所占子公司可辨认净资产公允价值的份额确定；合并商誉则只确认属于母公司的份额。

购买日B公司可辨认净资产的公允价值为762 000元(1 290 000－528 000)，因此：

应确认的少数股东权益＝762 000×20%＝152 400(元)

应确认的商誉＝636 000－762 000×80%＝26 400(元)

本例的工作底稿上应有如下一笔调整分录，一笔抵销分录。

调整分录：

借：固定资产　　150 000
　　应付债券　　12 000
　　贷：存货　　30 000
　　　　资本公积　　132 000

抵销分录：

借：股本——普通股　　150 000
　　资本公积　　(132 000＋120 000) 252 000
　　盈余公积　　441 000
　　未分配利润　　9 000
　　商誉(新)　　26 400
　　贷：长期股权投资——B公司　　636 000
　　　　商誉(旧)　　90 000
　　　　少数股东权益　　152 400

本例的工作底稿详见表5-7。

表5-7　A公司合并报表工作底稿

2×13年1月1日　　单位：元

	A 公 司	B 公 司	合计金额	调整与抵销分录		合并金额
				借　方	贷　方	
货币资金	54 000	3 000	57 000			57 000
交易性金融资产	60 000	144 000	204 000			204 000
应收账款	792 000	333 000	1 125 000			1 125 000
存货	480 000	390 000	870 000		30 000	840 000
长期股权投资——B公司	636 000		636 000		636 000	
固定资产	1 980 000	300 000	2 280 000	150 000		2 430 000
商誉		90 000	90 000	26 400	90 000	26 400
合计	4 002 000	1 260 000	5 262 000	176 400	756 000	4 682 400
应付账款	480 000	48 000	528 000			528 000
应付票据	144 000	12 000	156 000			156 000
应付债券		480 000	480 000	12 000		468 000
长期借款	258 000		258 000			258 000
股本	600 000	150 000	750 000	150 000		600 000
资本公积	1 800 000	120 000	1 920 000	252 000	132 000	1 800 000
盈余公积	705 000	441 000	1 146 000	441 000		705 000
未分配利润	15 000	9 000	24 000	9 000		15 000
少数股东权益					152 400	152 400
合计	4 002 000	1 260 000	5 262 000	1 040 400	1 040 400	4 682 400

3. 投资成本小于子公司可辨认净资产的公允价值

【例 5-6】假设 2×13 年 1 月 1 日 A 公司以 420 000 元购买了 B 公司 80%的股权。除 A 公司的应收账款为 960 000 元，长期借款为 210 000 元外，其他资料与例 5-3 相同。

按照我国现行企业会计准则的规定，对于子公司各资产、负债项目的公允价值与账面价值之间的差额，全部确认，少数股东权益要按照少数股东所占子公司可辨认净资产公允价值的份额确定；合并商誉则只确认属于母公司的份额。

购买日 B 公司可辨认净资产的公允价值为 762 000 元(1 290 000－528 000)，因此：

应确认的少数股东权益＝762 000×20%＝152 400(元)

应确认的商誉＝420 000－762 000×80%＝－189 600(元)(负商誉)

本例的工作底稿上应有如下一笔调整分录，一笔抵销分录。

调整分录：

借：固定资产	150 000	
应付债券	12 000	
贷：存货		30 000
资本公积		132 000

抵销分录：

借：股本——普通股	150 000	
资本公积	(132 000＋120 000) 252 000	
盈余公积	441 000	
未分配利润	9 000	
贷：长期股权投资——B 公司		420 000
商誉(旧)		90 000
少数股东权益		152 400
未分配利润		189 600

本例的工作底稿详见表 5-8。

表 5-8　A 公司合并报表工作底稿

2×13 年 1 月 1 日　　　　单位：元

	A 公 司	B 公 司	合 计 金 额	调整与抵销分录		合 并 金 额
				借　方	贷　方	
货币资金	54 000	3 000	57 000			57 000
交易性金融资产	60 000	144 000	204 000			204 000
应收账款	960 000	333 000	1 293 000			1 293 000
存货	480 000	390 000	870 000		30 000	840 000
长期股权投资——B 公司	420 000		420 000		420 000	
固定资产	1 980 000	300 000	2 280 000	150 000		2 430 000
商誉		90 000	90 000		90 000	
合计	3 954 000	1 260 000	5 214 000	150 000	540 000	4 824 000
应付账款	480 000	48 000	528 000			528 000
应付票据	144 000	12 000	156 000			156 000

续表

	A 公 司	B 公 司	合 计 金 额	调整与抵销分录		合 并 金 额
				借 方	贷 方	
应付债券		480 000	480 000	12 000		468 000
长期借款	210 000		210 000			210 000
股本	600 000	150 000	750 000	150 000		600 000
资本公积	1 800 000	120 000	1 920 000	252 000	132 000	1 800 000
盈余公积	705 000	441 000	1 146 000	441 000		705 000
未分配利润	15 000	9 000	24 000	9 000	189 600	204 600
少数股东权益					152 400	152 400
合计	3 954 000	1 260 000	5 214 000	1 029 600	1 029 600	4 824 000

5.3 权益结合法下股权取得日合并财务报表的编制

5.3.1 拥有子公司全部股权

母公司采用权益结合法时，其对子公司的投资应按取得子公司的净账面价值入账。即不论母公司发行新股的市价是等于、高于还是低于子公司净资产的账面价值，一律按子公司的账面净值入账。

【例 5-7】假设 A 公司发行 165 000 股，每股面值 1 元、市价 4.8 元的普通股票，以交换 B 公司的全部股权。有关资料见表 5-1。则 A 公司将投资入账时，应编制如下会计分录：

借：长期股权投资——B 公司　　720 000
　　贷：股本——普通股　　165 000
　　　　资本公积　　555 000

根据以上资料，应在合并会计报表工作底稿上编制如下抵销分录：

借：股本——普通股　　150 000
　　资本公积　　120 000
　　盈余公积　　441 000
　　未分配利润　　9 000
　　贷：长期股权投资——B 公司　　720 000

合并报表工作底稿详见表 5-9。

表 5-9　A 公司合并报表工作底稿

2×13 年 1 月 1 日　　单位：元

	A 公 司	B 公 司	抵 消 分 录		合并资产负债表	
			借 方	贷 方	借 方	贷 方
货币资金	54 000	3 000			57 000	
交易性金融资产	60 000	144 000			204 000	
应收账款	960 000	333 000			1 293 000	

续表

	A 公 司	B 公 司	抵 消 分 录		合并资产负债表	
			借　方	贷　方	借　方	贷　方
存货	480 000	390 000			870 000	
长期股权投资——B 公司	720 000			720 000		
固定资产	1 980 000	300 000			2 280 000	
商誉		90 000			90 000	
合计	4 254 000	1 260 000		720 000	4 794 000	
应付账款	270 000	48 000				318 000
应付票据	144 000	12 000				156 000
应付债券		480 000				480 000
股本——普通股	765 000	150 000	150 000			765 000
资本公积	2 355 000	120 000	120 000			2 355 000
盈余公积	705 000	441 000	441 000			705 000
未分配利润	15 000	9 000	9 000			15 000
合计	4 254 000	1 260 000	720 000	720 000	4 794 000	4 794 000

5.3.2　拥有子公司部分股权

如果母公司持有子公司部分股权且符合权益结合法的条件，表明母公司至少持有子公司90%的股权，因而需要编制合并财务报表。在权益结合法下，母公司取得子公司的股权时，应以子公司净资产的账面价值入账。

【例 5-8】假设 A 公司发行 148 500 股，每股面值 1 元、市价 4.8 元的普通股票，以交换 B 公司 90%的股权。相关资料同例 5-7。则 A 公司将投资入账时，应编制如下会计分录：

借：长期股权投资——B 公司　　648 000
　　贷：股本——普通股　　148 500
　　　　资本公积　　499 500

根据以上资料，应在合并会计报表工作底稿上编制如下抵销分录：

借：股本——普通股　　150 000
　　资本公积　　120 000
　　盈余公积　　441 000
　　未分配利润　　9 000
　　贷：长期股权投资——B 公司　　648 000
　　　　少数股东权益　　72 000

合并报表工作底稿详见表 5-10。

表 5-10　A 公司合并报表工作底稿

2×13 年 1 月 1 日　　单位：元

	A 公 司	B 公 司	抵 消 分 录		合并资产负债表	
			借　方	贷　方	借　方	贷　方
货币资金	54 000	3 000			57 000	
交易性金融资产	60 000	144 000			204 000	

续表

	A 公 司	B 公 司	抵消分录		合并资产负债表	
			借 方	贷 方	借 方	贷 方
应收账款	960 000	333 000			1 293 000	
存货	480 000	390 000			870 000	
长期股权投资	648 000			648 000		
固定资产	1 980 000	300 000			2 280 000	
商誉		90 000			90 000	
合计	4 182 000	1 260 000		648 000	4 794 000	
应付账款	270 000	48 000				318 000
应付票据	144 000	12 000				156 000
应付债券		480 000				480 000
股本——普通股	748 500	150 000	150 000			748 500
资本公积	2 299 500	120 000	120 000			2 299 500
盈余公积	705 000	441 000	441 000			705 000
未分配利润	15 000	9 000	9 000			15 000
少数股东权益				72 000		72 000
合计	4 182 000	1 260 000	720 000	720 000	4 794 000	4 794 000

扩展内容 4　新旧准则中合并报告的差异比较

财政部于 2014 年 2 月发布了新修订的《企业会计准则第 33 号——合并财务报表》；7 月，又在此基础上发布了《企业会计准则——应用指南》（以下简称新准则）。之前企业合并会计报表主要依据财政部财会字（2006）3 号《企业会计准则第 33 号——合并财务报表》等文件（以下简称旧准则）执行。新准则是在参照《国际会计准则第 27 号——合并财务报表和单独财务报表》的基础上，结合我国上市公司、国有企业等大型企业集团在合并报表方面的实际情况制定完成的。新准则与旧准则相比，有较大不同，主要表现在相关概念的界定、合并基础、合并范围、合并程序等方面。

1. “合并财务报表”概念界定上的差异

新准则规定：“合并财务报表是指反映母公司和其全部子公司形成的企业集团整体财务状况、经营成果和现金流量的财务报表。”而旧准则规定“凡设立于我国境内，拥有一个或一个以上子公司的母公司，应当编制合并会计报表，以综合反映母公司和子公司所形成的企业集团的经营成果、财务状况及其变动情况。”可见新准则无论在报表的编制范围上还是在反映的内容上都有所变化，尤其是增加了合并现金流量表和合并所有者权益变动表的编制，使得合并报表提供的信息更加全面。

2. 合并基础上的差异

合并财务报表的合并理论一般有三种：母公司理论、所有权理论和主体理论。旧准则依据的基本理论是母公司理论。该理论强调合并报表按大股东的利益来编制，合并报表是母公司报表的延伸或扩展，认为合并报表的使用者主要是母公司的股东或债权人，因此合并的基础是从母公司的角度出发的。而新准则依据的主要理论更侧重于主体理论。该理论认为母子之间的关系应是控制与被控制的关系，而不是拥有与被拥有的关系，母公司所控制的是子公司的全部价值，对合并主体中的多数股东和少数股东应一视同仁，合并报表应反映所有股东的利益，而不应该过分强调母公司股东的利益。

3. 合并范围上的差异

新准则规定合并财务报表的合并范围应当以控制为基础加以确定。其中，控制是指一个企业能够决定另一个企业的财务和经营政策，并能据以从另一个企业的经营活动中获取利益的权力。旧准则要求企业对其他单位投资如占该资产总额50%以上（不含50%），或虽然占该单位注册资本总额不足50%，但具有实际控制权的，应当纳入合并会计报表编制范围。新准则明确了根据控制原则确认子公司的条件，要求母公司应当将其全部子公司纳入合并财务报表的合并范围。并规定虽然某一方没有控股权，但根据公司章程的规定，对投资对象具有实际的控制权且能取得相应的控制利益的情况下，也应该纳入合并范围。这表明，无论是小规模公司还是经营业务性质特殊的子公司都应纳入合并范围，从而使得合并报表做到对由母公司和子公司所构成的企业集团经营成果和财务状况信息的真实反映。新准则对控制的说明更稳健，更严谨，更全面，也更灵活，充分借鉴了国际会计准则的相关规定，更强调实际意义上的控制，而不是仅仅法律形式上的控制。新准则对会计人员的专业素质提出了更高的要求，需要会计人员结合单位的具体情况根据谨慎性原则进行判断，进一步限制了企业利用准则漏洞操纵合并范围从而操纵企业利润的空间。

4. 合并程序上的差异

新旧准则均规定母子公司应当统一会计政策及会计期间。若尚未统一，要按照母公司的会计政策或会计期间对子公司财务报表进行调整；或要求子公司按此规定另行编报财务报表。当子公司与母公司所规定的会计政策差异不大，并且对财务状况和经营成果的影响不大时，按照旧准则母公司也可直接利用该会计报表编制合并会计报表，而新准则对此例外予以取消。

5. 合并报表编制方法上的差异

新准则规定“投资企业能够对被投资单位实施控制的，被投资单位为其子公司，投资企业应将子公司纳入合并财务报表的范围。投资企业对子公司的长期股权投资应当采用成本法核算，编制合并财务报表时，按照权益法进行调整”。而按旧准则的要求，投资企业对子公司的长期股权投资的核算必须使用权益法，将子公司净资产变动对于母公司相关项目的影响在“长期股权投资”账户中反映出来。新准则的这种做法可以简化对子公司长期股权投资的日常核算，而且“提供的独立财务报表具有相关性”（国际会计准则理事会）。但规定在编制合并财务报表时按照权益法进行调整，笔者认为存在的问题主要是：调整时是否采用追溯调整法以及调整工作量和难度比较大。

综上所述，新准则突出了“控制”的思想，进一步统一了会计处理方法，减少会计寻租的空间，同时新准则在很多方面与国际会计准则达成一致，基本上实现了与国际惯例的接轨，而购买法和权益结合法并存的做法又充分考虑了现阶段我国的国情，较之旧准则，新准则更具优越性。

注：为了进一步完善企业会计准则体系，提高企业合并财务报表质量，根据《企业会计准则——基本准则》，财政部对《企业会计准则第33号——合并财务报表》进行了修订，自2014年7月1日起在所有执行企业会计准则的企业范围内施行，鼓励在境外上市的企业提前执行。

原准则三十一条，修订后的准则五十四条，企业财务报表的合并范围和合并程序都有较大变化。其一：重新规定了母公司的合并范围，如果母公司是投资性主体，且不存在为其投资活动提供相关服务的子公司，则不应当编制合并财务报表，该母公司以公允价值计量其对所有子公司的投资，且公允价值变动计入当期损益。其二：母公司应当统一子公司所采用的会计政策，使子公司采用的会计政策与母公司保持一致；子公司所采用的会计政策与母公司不一致的，应当按照母公司的会计政策对子公司财务报表进行必要的调整；或者要求子公司按照母公司的会计政策另行编报财务报表。其三：合并财务报表的合并范围应当以控制为基础予以确定，对“控制”概念重新加以界定，是指投资方拥有对被投资方的权力，通过参与被投资方的相关活动而享有可变回报，并且有能力运用对被投资方的权力影响其回报金额。其四：增加了特殊交易的会计处理，对企业发生因追加投资等对非同一控制下的被投资方实施控制、母公司在不丧失控制权的情况下部分处置对子公司的长期股权投资、企业通过多次交易分步处置对子公司股权投资直至丧失控制权等情况的会计处理做了详细的规定。其五：规定首次采用本准则的企业应当根据本准则的规定对被投资方进行重新评估，确定其是否应纳入合并财务报表范围。因首次采用本准则导致合并范围发生变化的，应当进行追溯调整，追溯调整不切实可行的除外。比较期间已丧失控制权的原子公司，不再追溯调整。

本 章 小 结

本章阐述了合并财务报表基本概念、基本理论以及股权取得日合并财务报表编制的基本方法。

合并财务报表，是各公司（集团）为了控制其被投资企业的经营活动，了解本公司（集团）全部经济实力和经营决策权范围内的企业经营状况，而以公司（集团）作为单一经济主体编制的财务报表。编制合并财务报表的目的，主要是为了向控股公司的股东和债权人，报告控股公司和附属公司的财务状况和经营成果，从而有利于与企业经济利益有关的各方和企业的经营决策者进行全面分析、研究企业生产经营活动，对未来的经营决策做出科学的判断。

编制合并财务报表是为了向财务报表的使用者提供其经济决策所需的信息，包括企业财务状况、经营业绩和现金流量情况的信息。因此，合并财务报表主要包括以下几种：合并资产负债表、合并利润表、合并现金流量表、合并所有者权益变动表、合并财务报表的附注。

合并报表的范围应当以控制为基础予以确定。根据实质重于形式原则，母公司应当将其控制的所有子公司，均纳入合并财务报表的合并范围。控制是指一个企业能够决定另一个企业的财务和经营政策，并具有从另一个企业的经营活动中获取利益的权力。

编制合并财务报表的基本程序是：（1）编制合并工作底稿；（2）将母公司、子公司个别资产负债表、利润表、现金流量表、所有者权益变动表各项目的数据过入合并工作底稿并加总；（3）在合并工作底稿中编制调整分录和抵销分录；（4）计算合并财务报表各项目的合并金额；（5）填列合并财务报表。

国际会计界形成了三种编制合并会计报表的合并理论，即主体理论、所有权理论和母公司理论。主体理论的基本立论是会计主体与其终极所有者是相互分离、独立存在的个体。所有权理论认为母公司和子公司之间是拥有与被拥有的关系，编制合并会计报表的目的是为了向母公司的股东报告其所拥有的资源，采用比例合并法合并企业在其拥有所有权的企业中的权益。母公司理论强调合并会计报表是母公司财务报表的扩展，侧重于母公司股东的利益，以法定控制为原则，以拥有多数股权或表决权（通常是50%以上）决定合并范围，或者通过控制协议来确定合并范围。

在股权取得日编制合并财务报表，主要有购买法和权益结合法两种基本方法。采用购买法要求在合并资产负债表上对子公司的可辨认资产与负责，按购买日的公允价值计量，并相应确认合并商誉。权益结合法要求在合并资产负债表上对子公司的可辨认资产和负债，按其原账面价值计量，不确认商誉。

思考与练习题

1. 什么是合并财务报表？其目的是什么？
2. 合并财务报表的范围该如何确定？
3. 合并财务报表的基本理论有哪些？这些理论有何不同？
4. 合并财务报表的基本程序是什么？
5. 运用购买法和权益结合法编制股权取得日的合并财务报表有何不同？
6. 单选题

（1）M 公司编制合并报表时，以下合并范围确认正确的是（　　）。

A. 报告期内购入的子公司不纳入合并范围

B. 报告期内新设立的子公司不纳入合并范围

C. 规模小的子公司不纳入合并范围

D. 规模小的子公司也要纳入合并范围

（2）对 A 公司来说，下列哪一种说法不属于控制（　　）。

A. A 公司拥有 B 公司 50%的权益性资本，B 公司拥有 C 公司 100%的权益性资本。A 公司和 C 公司的关系。

B. A 公司拥有 D 公司 51%的权益性资本。A 公司和 D 公司的关系。

C. A 公司在 E 公司董事会会议上有半数以上投票权。A 公司和 E 公司的关系。

D. A 公司拥有 F 公司 60%的股份，拥有 G 公司 10%的股份，F 公司拥有 G 公司 41%的股份。A 公司和 G 公司的关系。

（3）下列子公司中，要纳入母公司合并会计报表范围之内的是（　　）。

A. 持续经营的所有者权益为负数的子公司

B. 宣告破产的原子公司

C. 母公司不能控制的其他单位

D. 已宣告被清理整顿的原子公司

（4）以下关于母公司投资收益和子公司利润分配的抵销分录表述不正确的是（　　）。

A. 抵销母公司投资收益和少数股东损益均按照调整后的净利润份额计算

B. 抵销子公司利润分配有关项目按照子公司实际提取和分配数计算

C. 抵销期末未分配利润按照期初和调整后的净利润减去实际分配后的余额计算

D. 抵销母公司投资收益按照调整后的净利润份额计算，计算少数股东损益的净利润不需调整

（5）甲公司 2×12 年 1 月 1 日投资 500 万元购入乙公司 100%股权，乙公司可辨认净资产为 500 万元。当年末乙公司未分配利润-50 万元，所有者权益其他项目不变，在期末甲公司编制合并抵销分录时，应该（　　）。

A. 调整成权益法，减少长期股权投资账面价值和投资收益 50 万元

B. 调整成权益法，增加长期股权投资账面价值和投资收益 50 万元

C. 调整成权益法，减少长期股权投资账面价值和未分配利润 50 万元

D. 未分配利润为负数不合并

7. 多选题

（1）W公司应将下列企业纳入合并的有（　　）。

A. 甲公司，规模较小的子公司

B. 乙公司，业务性质与W公司有差别的子公司

C. 丙公司，其70%的表决权资本由W公司拥有，已被宣告清理整顿

D. 丁公司，其40%的表决权资本由W公司拥有，W公司受托管理其他投资者在丁公司30%的股份

E. 戊公司，其40%的表决权资本由W公司拥有，但W公司有权任免戊公司董事会成员

（2）下列情况中，W公司没有拥有该被投资单位半数以上权益性资本，但可以纳入合并会计报表合并范围的是（　　）。

A. 通过与被投资企业其他投资者之间的协议，持有该被投资企业半数以上表决权

B. 根据公司章程或协议，有权控制被投资企业财务和经营政策

C. 有权任免董事会等权力机构的多数成员

D. 在董事会或者类似权力机构的会议上有半数以上投票权

E. 在已有的四个投资者中，W公司对其持股比例最高

（3）子公司与少数股东之间发生的影响现金流量的业务是（　　）。

A. 子公司向少数股东支付现金股利

B. 少数股东对子公司增加现金投资

C. 少数股东依法从子公司抽回权益性资本投资

D. 少数股东对子公司增加实物投资

E. 子公司向少数股东支付股票股利

（4）母公司应将其排除在合并报表合并范围之外的是（　　）。

A. 所有者权益为负数的子公司

B. 宣告破产的原子公司

C. 已经处置的原子公司

D. 设在境外的子公司

E. 已经清理整顿的原子公司

（5）甲股份有限公司于2×11年年初通过收购股权成为B股份有限公司的母公司。2×11年年末甲公司应收B公司账款为150万元；2×12年年末甲公司应收B公司账款为450万元；2×13年年末甲公司应收B公司账款为225万元，甲公司坏账准备计提比例为2%。对此，编制2×13年年末合并会计报表工作底稿时应编制的抵销分录包括（　　）。

A. 借：应收账款——坏账准备　4.5
　　贷：资产减值损失　4.5

B. 借：应付账款　225
　　贷：应收账款　225

C. 借：资产减值损失　4.5
　　贷：应收账款——坏账准备　4.5

D. 借：应收账款——坏账准备　9
　　贷：未分配利润——年初　9

E. 借：应收账款——坏账准备　3
　　贷：未分配利润——年初　3

第 6 章 股权取得日后合并财务报表的编制

重要概念

- 合并财务报表
- 购买法
- 权益结合法
- 合并工作底稿

引言 股权取得日后的合并财务报表是在母公司取得子公司控制权之后的各个会计期末所编制的。与股权取得日相比，股权取得日后合并财务报表的编制除了合并资产负债表，还包括合并利润表、合并现金流量表和合并股东权益变动表。本章通过实例分别介绍了购买法和权益结合法下股权取得日后合并财务报表的编制原理及方法，并假设本章的例题中，公司的会计处理与税法规定之间不存在任何差异，且不考虑所得税对合并财务报表的影响。

6.1 购买法下股权取得日后合并财务报表的编制

母公司在购买法下股权取得日后编制合并财务报表时，首先，应该以购买日确定的各项可辨认资产、负债及或有负债的公允价值为基础对子公司的财务报表进行调整。其次，将母公司对子公司的长期股权投资采用成本法核算的结果，转化为权益法核算的结果，对公司的财务报表进行相应的调整。再次，通过编制合并抵销分录，将母公司对子公司长期股权投资与子公司所有者权益等内部交易对个别财务报表的影响予以抵销。最后，在编制合并工作底稿的基础上，计算合并财务报表各项目的合并数，编制合并财务报表。（此思路对拥有子公司全部股权、部分股权的情况同等适用。）

6.1.1 拥有子公司全部股权

1. 首期合并财务报表的编制

【例 6-1】接例 5-2，假设 B 公司 2×13 年实现净利润 63 000 元，提取盈余公积 6 300 元，当年没有分配股利，年末未分配利润 65 700 元。A 公司于年末对购买 B 公司所记录的商誉进行了减值测试，发现没有减值。

解析：

B 公司在购买日股东权益总额为 720 000 元，其中，股本为 150 000 元，资本公积为 120 000 元，盈余公积为 441 000 元，未分配利润为 9 000 元。B 公司购买日存货账面价值为 390 000 元，公允价值为 360 000 元；固定资产账面价值为 300 000 元，公允价值为 450 000 元；应付债券账面价值为 480 000 元，公允价值为 468 000 元。

B 公司 2×13 年全年实现净利润 63 000 元，提取盈余公积 6 300 元，当年没有分配股利，年末未分配利润 65 700 元。

此外，进一步假设 A 公司和 B 公司合并价差的分配与摊销见表 6-1。

表 6-1 A 公司和 B 公司合并价差的分配与摊销

单位：元

项目	假设	总额	第 1 年	第 2 年	剩余每年
存货（高估）	先进先出	−30 000	−30 000	—	—
固定资产（低估）	10 年，直线法折旧	150 000	15 000	15 000	15 000
商誉	年度减值测试	36 000			
应付债券（高估）	8 年，按直线法摊销	12 000	1 500	1 500	1 500
合计			13 500	16 500	16 500

1. A 公司 2×13 年年末编制合并财务报表时相关项目计算如下：

B 公司调整后本年净利润＝63 000＋30 000（购买日存货公允价值减值的实现而调减营业成本）－15 000（购买日固定资产公允价值增值计算的折旧而调增折旧费用）－1 500（购买日应付债券高估导致净利润多计而调减的金额）＝76 500 元

2×13 年 B 公司净利润的调整与分配的计算见表 6-2。

表 6-2 2×13 年 B 公司净利润的调整与分配

单位：元

B 公司调整前净利润	63 000
调整：合并价差的摊销	
固定资产低估的折旧费用	−15 000
存货高估	30 000
应付债券折价的摊销	−1 500
B 公司调整后净利润	76 500
A 公司的份额	76 500

B 公司调整后本年年末未分配利润＝9 000（年初）＋76 500（本年实现的净利润）－6 300（提取盈余公积）＝79 200 元

权益法下 A 公司对 B 公司投资的投资收益＝76 500 元（因为 A 公司拥有子公司 B 全部股权）

权益法下 A 公司长期股权投资本年年末余额＝798 000＋76 500＝874 500 元

（不存在少数股东权益及少数股东损益）

2. A 公司 2×13 年编制合并财务报表时，应进行如下抵销处理的调整：

（1）按公允价值对 B 公司财务报表项目进行调整。根据购买日 B 公司资产、负债的公允价值与账面价值之间的差额，调整 B 公司相关公允价值变动的资产、负债及资本公积项目。在合并工作底稿中，其调整分录如下：

借：固定资产　　150 000
　　应付债券　　12 000
　　贷：存货　　30 000
　　　　资本公积　　132 000

因购买日 B 公司资产和负债的公允价值与账面价值之间的差额对 B 公司本年净利润的影响，调整 B 公司的相关项目。之所以进行这一调整，是因为子公司个别财务报表的编制基础是其资产和负债的原账面价值，其当期的净利润也是以其资产、负债的原账面价值为基础计算的结果，而公允价值与原账面价值存在差额的资产或负债，在经营过程中因使用、销售或偿付而实现其公允价值，其实现的公允价值对子公司当期净利润的影响需要在净利润计算中予以反映。在合并工作底稿中，其调整分录如下：

借：管理费用　　15 000
　　财务费用　　1 500
　　存货　　30 000
　　贷：固定资产　　15 000
　　应付债券　　1 500
　　营业成本　　30 000

（2）按权益法对 A 公司财务报表项目进行调整。因购买日 B 公司资产和负债的公允价值与账面价值之间的差额对 B 公司本年净利润的影响，而对 A 公司对 B 公司长期股权投资权益法核算的影响，需要对 A 公司对 B 公司长期股权投资及相关项目进行调整；另一方面，A 公司对 B 公司的长期股权投资采用成本法进行核算，需要对成本法核算的结果按权益法核算的要求，对长期股权投资及相关项目进行调整。在合并工作底稿中，其调整分录如下：

借：长期股权投资　　76 500
　　贷：投资收益　　76 500

（3）长期股权投资与所有者权益的抵销。将 A 公司对 B 公司长期股权投资与其在 B 公司股东权益中拥有的份额予以抵销。在合并工作底稿中，其抵销分录如下：

借：股本　　150 000
　　资本公积　　252 000
　　盈余公积　　447 300
　　年末未分配利润　　79 200
　　商誉(新)　　36 000
　　贷：长期股权投资　　874 500
　　　　商誉(旧)　　90 000

（4）投资收益与子公司利润分配等项目的抵销。将 A 公司对 B 公司投资收益与 B 公司本年利润分配有关的项目的金额予以抵销。在合并工作底稿中，其抵销分录如下：

借：投资收益　　76 500
　　年初未分配利润　　9 000
　　贷：提取盈余公积　　6 300
　　　　年末未分配利润　　79 200

本例中未涉及向股东分配利润。

2×13 年的合并财务报表工作底稿见表 6-3。

表 6-3 A 公司合并财务报表工作底稿

2×13 年 12 月 31 日　　单位：元

项　目	A 公 司	B 公 司	合计金额	调整分录		抵消分录		合并金额
				借　方	贷　方	借　方	贷　方	
（利润表及所有者权益变动表的利润分配部分）								
营业收入	1 500 000	720 000	2 220 000					2 220 000
营业成本	900 000	490 800	1 390 800		（1）30 000			1 360 800
营业税金及附加	90 000	43 200	133 200					133 200
销售费用	66 000	52 500	118 500					118 500
管理费用	105 000	39 600	144 600	（1）15 000				159 600
财务费用	21 000	3 300	24 300	（1）1 500				25 800
资产减值损失	4 200	6 000	10 200					10 200
投资收益	0	900	900		（2）76 500	（4）76 500		900
营业利润	313 800	85 500	399 300	16 500	106 500	76 500		412 800
营业外支出	1 800	1 500	3 300					3 300
利润总额	312 000	84 000	396 000	16 500	106 500	76 500		409 500
所得税费用	78 000	21 000	99 000					99 000
净利润	234 000	63 000	297 000	16 500	106 500	76 500		310 500
少数股东净利润			0					0
归属于母公司股东的净利润								310 500
年初未分配利润	15 000	9 000	24 000			（4）9 000		15 000
提取盈余公积	23 400	6 300	29 700				（4）6 300	23 400
对股东的分配	75 000		75 000					75 000
年末未分配利润（转下）	150 600	65 700	216 300	16 500	106 500	（3）79 200 164 700	（4）79 200 85 500	227 100
（资产负债表项目）								
货币资金	162 000	55 000	217 000					217 000
交易性金融资产	132 000	156 000	288 000					288 000
应收账款	686 600	294 000	980 600					980 600
存货	532 000	450 000	982 000	（1）30 000	（1）30 000			982 000
长期股权投资——B 公司	798 000		798 000	（2）76 500			（3）874 500	0
固定资产	2 112 000	325 000	2 437 000	（1）150 000	（1）15 000			2 572 000
商誉		90 000	90 000			（3）36 000	（3）90 000	36 000
资产总计	4 422 600	1 370 000	5 792 600	256 500	45 000	36 000	964 500	5 075 600
应付账款	456 000	63 000	519 000					519 000
应付票据	129 600	20 000	149 600					149 600
应付职工薪酬	180 000	24 000	204 000					204 000
应付债券		480 000	480 000	（1）12 000	（1）1 500			469 500
长期借款	378 000		378 000					378 000
股本	600 000	150 000	750 000			（3）150 000		600 000
资本公积	1 800 000	120 000	1 920 000		（1）132 000	（3）252 000		1 800 000
盈余公积	728 400	447 300	1 175 700			（3）447 300		728 400
未分配利润（承上）								
少数股东权益								
负债与股东权益总计	4 422 600	1 370 000	5 792 600					5 075 600

然后，根据合并工作底稿编制出合并资产负债表和合并利润表，分别见表 6-4 和表 6-5。

表 6-4　A 公司合并资产负债表

2×13 年 12 月 31 日　　单位：元

资　产	行次	期末余额	年初余额	负债和所有者权益	行次	期末余额	年初余额
流动资产：				流动负债：			
货币资金		217 000		短期借款			
交易性金融资产		288 000					
				交易性金融负债			
应收票据							
应收账款		980 600		应付票据		149 600	
				应付账款		519 000	
				预收账款			
应收股利							
应收利息				应付职工薪酬		204 000	
预付账款				应付股利			
其他应收款				应付利息			
				应交税费			
存货		982 000		其他应付款			
其他流动资产							
流动资产合计		2 467 600					
非流动资产：							
持有至到期投资				预计负债			
可供出售金融资产				递延收益			
长期股权投资				其他流动负债			
投资性房地产				流动负债合计		872 600	
长期应收款				非流动负债：			
				长期借款		378 000	
固定资产		2 572 000		应付债券		469 500	
在建工程				长期应付款			
固定资产清理				专项应付款			
				递延所得税负债			
				其他非流动负债			
无形资产				非流动负债合计		847 500	
开发支出				负债合计		1 720 100	
商誉		36 000		所有者权益			
长期待摊费用				股本		600 000	
递延所得税资产				资本公积		1 800 000	
其他非流动资产				盈余公积		728 400	
非流动资产合计		2 608 000					
				未分配利润		227 100	
				减：库存股			
				外币报表折算差额			
				少数股东权益			
				所有者权益		3 355 500	
资产合计		5 075 600		负债和所有者权益总计		5 075 600	

表 6-5 A 公司合并利润表

2×13 年 12 月 31 日　　　　单位：元

项　目	行　次	本年金额	上年金额
一、营业收入		2 220 000	
减：营业成本		1 360 800	
营业税金及附加		133 200	
销售费用		118 500	
管理费用		159 600	
财务费用（收益以“-”号填列）		25 800	
资产减值损失		10 200	
加：公允价值变动损益（损失以“-”号填列）			
投资净收益（损失以“-”号填列）		900	
二、营业利润（亏损以“-”号填列）		412 800	
加：营业外收入			
减：营业外支出		3 300	
其中：非流动资产处置净损失（净收益以“-”号填列）			
三、利润总额（亏损总额以“-”号填列）		409 500	
加：少数股东权益（亏损以“-”号填列）			
减：所得税费用		99 000	
四、净利润（净亏损以“-”号填列）		310 500	
（一）归属于母公司所有者的净利润		310 500	
（二）少数股东权益			
五、每股收益		略	略
（一）基本每股收益		略	略
（二）稀释每股收益		略	略

2. 以后各期合并财务报表的编制

【例 6-2】 接例 6-1，假设 B 公司于 2×14 年 2 月 28 日发放现金股利 48 000 元，2×14 年实现净利润 162 000 元，提取盈余公积 16 200 元。2×14 年度，A 公司和 B 公司的个别财务报表数据见表 5-4。

解析：

B 公司在购买日股东权益总额为 720 000 元，其中，股本为 150 000 元，资本公积为 120 000 元，盈余公积为 441 000 元，未分配利润为 9 000 元。B 公司购买日存货账面价值为 390 000 元，公允价值为 360 000 元；固定资产账面价值为 300 000 元，公允价值为 450 000 元；应付债券账面价值为 480 000 元，公允价值为 468 000 元。

B 公司 2×14 年全年实现净利润 162 000 元，提取盈余公积 16 200 元，当年发放现金股利 48 000 元，年末未分配利润 163 500 元(＝65 700＋162 000－16 200－48 000)。

相关项目公允价值与账面价值之间的调整与分配见表 6-6(存货在 2×13 年已全部实现对外销售，在此不会影响 2×14 年的净利润金额。)

1. A 公司 2×14 年年末编制合并财务报表时相关项目计算如下：

B 公司调整后本年净利润＝162 000－15 000(购买日固定资产公允价值增值计算的折旧而调增折旧费用)－1 500(购买日应付债券高估导致净利润多计而调减的金额)＝145 500(元)

2×14 年 B 公司净利润的调整与分配见表 6-6。

表 6-6　2×14 年 B 公司净利润的调整与分配　　单位：元

B 公司调整前净利润	162 000
调整：合并价差的摊销	
固定资产低估的折旧费用	−15 000
应付债券折价的摊销	−1 500
B 公司调整后净利润	145 500
A 公司的份额	145 500

B 公司调整后本年年初未分配利润＝65 700＋30 000－15 000－1 500＝79 200(元)

B 公司调整后本年年末未分配利润＝79 200(年初)＋145 500－16 200(提取盈余公积)－48 000(发放现金股利)＝160 500(元)

权益法下 A 公司对 B 公司投资的投资收益＝145 500(元)(因为 A 公司拥有子公司 B 全部股权)

权益法下 A 公司长期股权投资本年年末余额＝874 500(上年年末长期股权投资余额)＋145 500－48 000(分派股利)＝972 000(元)(不存在少数股东权益及少数股东损益)

2. A 公司 2×14 年编制合并财务报表时，应进行如下抵销处理的调整。

(1)按公允价值对 B 公司财务报表项目进行调整。根据购买日 B 公司资产、负债的公允价值与账面价值之间的差额，调整 B 公司年初未分配利润及相关项目。在合并工作底稿中，其调整分录如下：

借：固定资产　150 000
　　应付债券　12 000
　　贷：年初未分配利润　30 000
　　　　资本公积　132 000

因购买日 B 公司资产和负债的公允价值与账面价值之间的差额对 B 公司上年净利润的影响，调整 B 公司的年初未分配利润及相关项目。在合并工作底稿中，其调整分录如下：

借：年初未分配利润　15 000
　　年初未分配利润　1 500
　　年初未分配利润　30 000
　　贷：固定资产　15 000
　　　　应付债券　1 500
　　　　年初未分配利润　30 000

上述分录简化为：

借：年初未分配利润　16 500
　　贷：固定资产　15 000
　　　　应付债券　1 500

因购买日 B 公司资产和负债的公允价值与账面价值之间的差额对 B 公司本年净利润的影响，调整 B 公司的固定资产折旧相关的项目及累计折旧、财务费用项目及应付债券。至于存货公允价值减值，由于在上一年已全部实现，不涉及对本年度实现净利润的影响。在合并工作底稿中，其调整分录如下：

借：管理费用　15 000
　　财务费用　1 500
　　贷：固定资产　15 000

应付债券 1 500

(2)按权益法对A公司财务报表项目进行调整。因购买日B公司资产和负债的公允价值与账面价值之间的差额对B公司上年净利润的影响，而对A公司对B公司长期股权投资权益法核算的影响，调整A公司对B公司长期股权投资及相关项目。在合并工作底稿中，其调整分录如下：

借：长期股权投资 76 500
　　贷：年初未分配利润 76 500

A公司对B公司长期股权投资由成本法核算的结果转换为权益法核算的结果。根据调整后B公司本年实现净利润以及本年分派现金股利中所拥有的份额，调整本年A公司对B公司长期股权投资。在合并工作底稿中，其调整分录如下：

借：长期股权投资 145 500
　　投资收益 48 000
　　贷：投资收益 145 500
　　　　长期股权投资 48 000

(3)长期股权投资与所有者权益的抵销。将A公司对B公司长期股权投资与其在B公司股东权益中拥有的份额予以抵销。在合并工作底稿中，其抵销分录如下：

借：股本 150 000
　　资本公积 252 000
　　盈余公积 463 500
　　年末未分配利润 160 500
　　商誉(新) 36 000
　　贷：长期股权投资 972 000
　　　　商誉(旧) 90 000

(4)投资收益与子公司利润分配等项目的抵销。将A公司对B公司投资收益与B公司本年利润分配有关项目的金额予以抵销。在合并工作底稿中，其抵销分录如下：

借：投资收益 145 500
　　年初未分配利润 79 200
　　贷：提取盈余公积 16 200
　　　　向股东分配利润 48 000
　　　　年末未分配利润 160 500

根据以上调整与抵销分录所编制的合并财务报表工作底稿见表6-7。

表6-7 A公司合并工作底稿

2×14年12月31日　　单位：元

项目	A公司	B公司	合计金额	调整分录		抵消分录		合并金额
				借方	贷方	借方	贷方	
（利润表及所有者权益变动表的利润分配部分）								
营业收入	1 800 000	960 000	2 760 000					2 760 000
营业成本	1 170 000	540 000	1 710 000					1 710 000
营业税金及附加	108 000	57 600	165 600					165 600
销售费用	45 900	35 100	81 000					81 000

续表

项　目	A 公 司	B 公 司	合计金额	调整分录		抵消分录		合并金额
				借　方	贷　方	借　方	贷　方	
管理费用	72 000	69 000	141 000	（1）15 000				156 000
财务费用	13 800	18 600	32 400	（1）1 500				33 900
资产减值损失	7 200	23 100	30 300					30 300
投资收益	48 000	600	48 600	（2）48 000	（2）145 500	（4）145 500		600
营业利润	431 100	217 200	648 300	64 500	145 500	145 500		583 800
营业外支出	1 500	1 200	2 700					2 700
利润总额	429 600	216 000	645 600	64 500	145 500	145 500		581 100
所得税费用	107 400	54 000	161 400					161 400
净利润	322 200	162 000	484 200	64 500	145 500	145 500		419 700
少数股东净利润			0					0
归属于母公司股东的净利润								419 700
年初未分配利润	150 600	65 700	216 300	（1）16 500	（1）30 000 （2）76 500	（4）79 200		227 100
提取盈余公积	32 220	16 200	48 420				（4）16 200	32 220
对股东的分配	186 000	48 000	234 000				（4）48 000	186 000
年末未分配利润（转下）	254 580	163 500	418 080	81 000	252 000	（3）160 500 385 200	（4）160 500 224 700	428 580
（资产负债表项目）								
货币资金	150 000	30 600	180 600					180 600
交易性金融资产	122 400	91 200	213 600					213 600
应收账款	564 000	385 200	949 200					949 200
存货	642 000	558 000	1 200 000					1 200 000
长期股权投资——B公司	798 000		798 000	（2）76 500 （2）145 500	（2）48 000		（3）972 000	0
固定资产	2 213 840	315 700	2 529 540	（1）150 000	（1）15 000 （1）15 000			2 649 540
商誉		90 000	90 000			（3）36 000	（3）90 000	36 000
资产总计	4 490 240	1 470 700	5 960 940	372 000	78 000	36 000	1 062 000	5 228 940
应付账款	410 400	56 700	467 100					467 100
应付票据	116 640	15 000	131 640					131 640
应付职工薪酬	175 000	22 000	197 000					197 000
应付债券		480 000	480 000	（1）12 000	（1）1 500 （1）1 500			471 000
长期借款	373 000		373 000					373 000
股本	600 000	150 000	750 000			（3）150 000		600 000
资本公积	1 800 000	120 000	1 920 000		（1）132 000	（3）252 000		1 800 000
盈余公积	760 620	463 500	1 224 120			（3）463 500		760 620
未分配利润（承上）								
少数股东权益								
负债与股东权益总计	4 490 240	1 470 700	5 960 940					5 228 940

根据以上工作底稿，编制合并资产负债表和合并利润表，见表6-8和表6-9。

表6-8　A公司合并资产负债表

2×14年12月31日　　　　单位：元

资　　产	行次	期末余额	年初余额	负债和所有者权益	行次	期末余额	年初余额
流动资产：				流动负债：			
货币资金		180 600		短期借款			
交易性金融资产		213 600					
				交易性金融负债			
应收票据							
应收账款		949 200		应付票据		131 640	
				应付账款		467 100	
				预收账款			
应收股利							
应收利息				应付职工薪酬		197 000	
预付账款				应付股利			
其他应收款				应付利息			
				应交税费			
存货		1 200 000		其他应付款			
其他流动资产							
流动资产合计		2 543 400					
非流动资产：							
持有至到期投资				预计负债			
可供出售金融资产				递延收益			
长期股权投资				其他流动负债			
投资性房地产				流动负债合计		795 740	
长期应收款				非流动负债：			
				长期借款		373 000	
固定资产		2 649 540		应付债券		471 000	
在建工程				长期应付款			
固定资产清理				专项应付款			
				递延所得税负债			
				其他非流动负债			
无形资产				非流动负债合计		844 000	
开发支出				负债合计		1 639 740	
商誉		36 000		所有者权益			
长期待摊费用				股本		600 000	
递延所得税资产				资本公积		1 800 000	
其他非流动资产				盈余公积		760 620	
非流动资产合计		2 685 540					
				未分配利润		428 580	
				减：库存股			
				外币报表折算差额			
				少数股东权益			
				所有者权益		3 589 200	
资产合计		5 228 940		负债和所有者权益总计		5 228 940	

表 6-9　A 公司合并利润表

2×14 年 12 月 31 日　　　　单位：元

项　　目	行　　次	本年金额	上年金额
一、营业收入		2 760 000	
减：营业成本		1 710 000	
营业税金及附加		165 600	
销售费用		81 000	
管理费用		156 000	
财务费用（收益以“-”号填列）		33 900	
资产减值损失		30 300	
加：公允价值变动损益（损失以“-”号填列）			
投资净收益（损失以“-”号填列）		600	
二、营业利润（亏损以“-”号填列）		583 800	
加：营业外收入			
减：营业外支出		2 700	
其中：非流动资产处置净损失（净收益以“-”号填列）			
三、利润总额（亏损总额以“-”号填列）		581 100	
加：少数股东权益（亏损以“-”号填列）			
减：所得税费用		161 400	
四、净利润（净亏损以“-”号填列）		419 700	
（一）归属于母公司所有者的净利润		419 700	
（二）少数股东权益			
五、每股收益		略	略
（一）基本每股收益		略	略
（二）稀释每股收益		略	略

以上为股权取得日后第二年的合并财务报表编制过程，其余各期合并财务报表的编制与之相同，这里不再叙述。

6.1.2　拥有子公司部分股权

当母公司拥有子公司部分股权时，应当将调整后母公司对子公司的权益性投资的数额与子公司所有者权益中属于母公司的数额抵销，子公司所有者权益中属于少数股东的份额，作为“少数股东权益”单独反映。

1. 首期合并财务报表的编制

【例 6-3】接例 6-1，假设 A 公司在 2×13 年 1 月 1 日以 798 000 元购买了 B 公司 80%的股权(其他资料不变)。

解析:

B 公司在购买日股东权益总额为 720 000 元，其中，股本为 150 000 元，资本公积为 120 000 元，盈余公积为 441 000 元，未分配利润为 9 000 元。B 公司购买日存货账面价值为 390 000 元，公允价值为 360 000 元；固定资产账面价值为 300 000 元，公允价值为 450 000 元；应付债券账面价值为 480 000 元，公允价值为 468 000 元。

B公司2×13年全年实现净利润63 000元，提取盈余公积6 300元，当年没有分配股利，年末未分配利润65 700元。

此外，进一步假设A公司和B公司合并价差的分配与摊销见表6-1（可扫描本处二维码）。

1. A公司2×13年年末编制合并财务报表时相关项目计算如下：

B公司调整后本年净利润＝63 000＋30 000(购买日存货公允价值减值的实现而调减营业成本－15 000(购买日固定资产公允价值增值计算的折旧而调增折旧费用)－1 500(购买日应付债券高估导致净利润多计而调减的金额)＝76 500(元)

B公司调整后本年年末未分配利润＝9 000(年初)＋76 500－6 300(提取盈余公积)＝79 200(元)

权益法下A公司对B公司投资的投资收益＝76 500×80%＝61 200(元)(因为A公司拥有子公司B80%股权)

权益法下A公司长期股权投资本年年末余额＝798 000＋61 200＝859 200(元)

少数股东损益＝76 500×20%＝15 300(元)

购买日B公司可辨认净资产公允价值为762 000元，A公司由于此次合并产生的合并商誉为798 000－762 000×20%＝188 400(元)

少数股东权益的年末余额＝762 000×20% ＋15 300＝167 700(元)

2. A公司2×13年编制合并财务报表时，应进行如下抵销处理的调整：

(1)按公允价值对B公司财务报表项目进行调整。根据购买日B公司资产、负债的公允价值与账面价值之间的差额，调整B公司相关公允价值变动的资产、负债及资本公积项目。在合并工作底稿中，其调整分录如下：

借：固定资产　　150 000
　　应付债券　　12 000
　　贷：存货　　30 000
　　　　资本公积　　132 000

因购买日B公司资产和负债的公允价值与账面价值之间的差额对B公司本年净利润的影响，调整B公司的相关项目。之所以进行这一调整，是因为子公司个别财务报表的编制基础是其资产和负债的原账面价值，其当期的净利润也是以其资产、负债的原账面价值为基础计算的结果，而公允价值与原账面价值存在差额的资产或负债，在经营过程中因使用、销售或偿付而实现其公允价值，其实现的公允价值对子公司当期净利润的影响需要在净利润计算中予以反映。在合并工作底稿中，其调整分录如下：

借：管理费用　　15 000
　　财务费用　　1 500
　　存货　　30 000
　　贷：固定资产　　15 000
　　　　应付债券　　1 500
　　　　营业成本　　30 000

(2)按权益法对 A 公司财务报表项目进行调整。因购买日 B 公司资产和负债的公允价值与账面价值之间的差额对 B 公司本年净利润的影响，而对 A 公司对 B 公司长期股权投资权益法核算的影响，需要对 A 公司对 B 公司长期股权投资及相关项目进行调整；另一方面，A 公司对 B 公司的长期股权投资采用成本法进行核算，需要对成本法核算的结果按权益法核算的要求，对长期股权投资及相关项目进行调整。在合并工作底稿中，其调整分录如下：

借：长期股权投资　　61 200
　贷：投资收益　　61 200

(3)长期股权投资与所有者权益的抵销。将 A 公司对 B 公司长期股权投资与其在 B 公司股东权益中拥有的份额予以抵销。在合并工作底稿中，其抵销分录如下：

借：股本　　150 000
　资本公积　　252 000
　盈余公积　　447 300
　未分配利润　　79 200
　商誉(新)　　188 400
　贷：长期股权投资　　859 200
　　少数股东权益　　167 700
　　商誉(旧)　　90 000

(4)投资收益与子公司利润分配等项目的抵销。将 A 公司对 B 公司投资收益与 B 公司本年利润分配有关项目的金额予以抵销。在合并工作底稿中，其抵销分录如下：

借：投资收益　　61 200
　少数股东损益　　15 300
　年初未分配利润　　9 000
　贷：提取盈余公积　　6 300
　　年末未分配利润　　79 200

本例中未涉及向股东分配利润

相关合并财务报表的编制同前面所示的例子，这里不再叙述。

2．以后各期合并财务报表的编制

【例 6-4】接例 6-3，假设 B 公司于 2×14 年 2 月 28 日发放现金股利 48 000 元，2×14 年实现净利润 162 000 元，提取盈余公积 16 200 元。

解析：

B 公司在购买日股东权益总额为 720 000 元，其中，股本为 150 000 元，资本公积为 120 000 元，盈余公积为 441 000 元，未分配利润为 9 000 元。B 公司购买日存货账面价值为 390 000 元，公允价值为 360 000 元；固定资产账面价值为 300 000 元，公允价值为 450 000 元；应付债券账面价值为 480 000 元，公允价值为 468 000 元。

B 公司 2×14 年全年实现净利润 162 000 元，提取盈余公积 16 200 元，当年发放现金股利 48 000 元，年末未分配利润 163 500 元(65 700＋162 000－16 200－48 000)。

相关项目公允价值与账面价值之间的调整与分配见表 6-6(存货在 2×13 年已全部实现对外销售，在此不会影响 2×14 年的净利润金额。)

1. A 公司 2×14 年年末编制合并财务报表时相关项目计算如下：

B 公司调整后本年净利润＝162 000－15 000(购买日固定资产公允价值增值计算的折旧而

调增折旧费用）－1 500（购买日应付债券高估导致净利润多计而调减的金额）＝145 500（元）

B公司调整后本年年初未分配利润＝65 700＋30 000－15 000－1 500＝79 200（元）

B公司调整后本年年末未分配利润＝79 200（年初）＋145 500－16 200（提取盈余公积）－48 000（发放现金股利）＝160 500（元）

权益法下A公司对B公司投资的投资收益＝145 500×80%＝116 400（元）（因为A公司拥有子公司B80%股权）

权益法下A公司长期股权投资本年年末余额＝859 200(上年年末长期股权投资余额)＋116 400－48 000×80%（分派股利）＝937 200（元）

少数股东损益＝145 500×20%＝29 100（元）

少数股东权益＝167 700＋29 100－48 000×20%＝187 200（元）

2. A公司2×14年编制合并财务报表时，应进行如下的抵销处理的调整：

(1)按公允价值对B公司财务报表项目进行调整。根据购买日B公司资产、负债的公允价值与账面价值之间的差额，调整B公司年初未分配利润及相关项目。在合并工作底稿中，其调整分录如下：

借：固定资产　150 000
　应付债券　12 000
　贷：年初未分配利润　30 000
　　资本公积　132 000

因购买日B公司资产和负债的公允价值与账面价值之间的差额对B公司上年净利润的影响，调整B公司的年初未分配利润及相关项目。在合并工作底稿中，其调整分录如下：

借：年初未分配利润　15 000
年初未分配利润　1 500
年初未分配利润　30 000
　贷：固定资产　15 000
　　应付债券　1 500
　　年初未分配利润　30 000

上述分录简化为：

借：年初未分配利润　16 500
　贷：固定资产　15 000
　　应付债券　1 500

因购买日B公司资产和负债的公允价值与账面价值之间的差额对B公司本年净利润的影响，调整B公司的固定资产折旧相关的项目及累计折旧、财务费用项目及应付债券。至于存货公允价值减值，由于在上一年已全部实现，不涉及对本年度实现净利润的影响。在合并工作底稿中，其调整分录如下：

借：管理费用　15 000
　财务费用　1 500
　贷：固定资产　15 000
　　应付债券　1 500

(2)按权益法对A公司财务报表项目进行调整。因购买日B公司资产和负债的公允价值与账面价值之间的差额对B公司上年净利润的影响，而对A公司对B公司长期股权投资权益法核算的影响，调整A公司对B公司长期股权投资及相关项目。在合并工作底稿中，其调整分录如下：

借：长期股权投资 61 200
　　贷：年初未分配利润 61 200

A 公司对 B 公司长期股权投资由成本法核算的结果转换为权益法核算的结果。即根据调整后 B 公司本年实现净利润以及本年分派现金股利中所拥有的份额，调整本年 A 公司对 B 公司长期股权投资。在合并工作底稿中，其调整分录如下：

借：长期股权投资 116 400
　　投资收益 38 400
　　贷：投资收益 116 400
　　　　长期股权投资 38 400

(3) 长期股权投资与所有者权益的抵销。将 A 公司对 B 公司长期股权投资与其在 B 公司股东权益中拥有的份额予以抵销。在合并工作底稿中，其抵销分录如下：

借：股本 150 000
　　资本公积 252 000
　　盈余公积 463 500
　　年末未分配利润 160 500
　　商誉(新) 188 400
　　贷：长期股权投资 937 200
　　　　少数股东权益 187 200
　　　　商誉(旧) 90 000

(4) 投资收益与子公司利润分配等项目的抵销。将 A 公司对 B 公司投资收益与 B 公司本年利润分配有关的项目的金额予以抵销。在合并工作底稿中，其抵销分录如下：

借：投资收益 116 400
　　少数股东损益 29 100
　　年初未分配利润 79 200
　　贷：提取盈余公积 16 200
　　　　向股东分配利润 48 000
　　　　年末未分配利润 160 500

相关合并财务报表的编制同前面的示例，这里不再叙述。

6.2 权益结合法下的股权取得日后合并财务报表的编制

6.2.1 拥有子公司全部股权

对于权益结合法下的股权取得日后合并财务报表的编制，母子公司的各资产与负债项目继续按原来的账面价值计价，而不必考虑资产与负债的公允价值与账面价值的差异，这样也就不存在商誉的确认与计量问题。在股权取得日，母公司长期股权投资的入账金额代表母公司占子公司净资产账面价值的份额。由于权益结合法将参与合并的企业视为成立时就是一体的，因而在股权取得日以后编制合并财务报表时仍然要尽可能保留母公司所占子公司盈余公积与未分配利润的份额。编制合并日后财务报表时，首先，将母公司对子公司长期股权投资由成本法核算的结果调整为权益法核算的结果，使母公司对子公司长期股权投资项目反映其在子公司所有者权益中所拥有权益的变动情况；其次，将母公司对子公司长期股权投资项目与子公司所有者权益项目等内部交易相关的项目进行抵销，将内部交易对个别财务报表的影响予以抵销；最后，在编制合并日合并工作底稿的基础上，编制合并资产负债表。

1. 首期合并财务报表的编制

【例 6-5】假设该控股合并是同一控制下的企业合并，且 A 公司的资本公积中股本溢价为 1 200 000 元，其他资料同例 6-1。

(1)2×13 年度 A 公司长期股权投资的会计处理

根据企业会计准则的规定，对子公司的长期股权投资应采用成本法核算。2×13 年 B 公司没有发放股利，成本法下 A 公司对 B 公司的投资不作账务处理。

(2)2×13 年度 A 公司合并财务报表编制

解析:

B 公司在购买日股东权益总额为 720 000 元，其中，股本为 150 000 元，资本公积为 120 000 元，盈余公积为 441 000 元，未分配利润为 9 000 元。B 公司 2×13 年全年实现净利润 63 000 元，提取盈余公积 6 300 元，当年没有分配股利，年末未分配利润 65 700 元。

本例中，B 公司当年实现净利润 63 000 元，提取盈余公积 6 300 元，没有向股东分配利润。A 公司对 B 公司长期股权投资取得时的账面价值为其子公司所有者权益账面价值的份额，即 720 000 元，2×13 年年末账面价值仍为 720 000 元。

(1)将成本法转换为权益法的结果相关的调整分录如下:

借：长期股权投资	63 000	
贷：投资收益		63 000

经过上述调整分录后，A 公司对 B 公司长期股权投资的账面价值为 783 000 元(720 000＋63 000)。A 公司对 B 公司长期股权投资的账面价值为 783 000 元，正好与母公司在子公司股东权益中所拥有的份额相等。

(2)长期股权投资与子公司所有者权益相抵销，其抵销分录如下:

借：股本	150 000	
资本公积	120 000	
盈余公积	447 300	
年末未分配利润	65 700	
贷：长期股权投资		783 000

(3)将对子公司的投资收益与子公司当年利润分配相抵销，其抵销分录如下:

借：投资收益	63 000	
年初未分配利润	9 000	
贷：提取盈余公积		6 300
年末未分配利润		65 700

(4)恢复子公司留存收益中属于母公司的份额，按以前年度留存收益中属于母公司的部分，且恢复要以合并方账面资本公积(资本溢价或股本溢价)贷方余额为限:

借：资本公积	450 000	
贷：盈余公积		441 000
未分配利润		9 000

根据以上调整与抵销分录所编制的合并财务报表工作底稿见表 6-10。

表 6-10　A 公司合并工作底稿

2×13 年 12 月 31 日　　　　单位：元

项　目	A 公 司	B 公 司	合计金额	调整分录		抵消分录		合并金额
				借　方	贷　方	借　方	贷　方	
（利润表及所有者权益变动表的利润分配部分）								
营业收入	1 500 000	720 000	2 220 000					2 220 000
营业成本	900 000	490 800	1 390 800					1 390 800
营业税金及附加	90 000	43 200	133 200					133 200
销售费用	66 000	52 500	118 500					118 500
管理费用	105 000	39 600	144 600					144 600
财务费用	21 000	3 300	24 300					24 300
资产减值损失	4 200	6 000	10 200					10 200
投资收益	0	900	900		（1）63 000	（3）63 000		900
营业利润	313 800	85 500	399 300		63 000	63 000		399 300
营业外支出	1 800	1 500	3 300					3 300
利润总额	312 000	84 000	396 000		63 000	63 000		396 000
所得税费用	78 000	21 000	99 000					99 000
净利润	234 000	63 000	297 000		63 000	63 000		297 000
少数股东净利润			0					0
归属于母公司股东的净利润								297 000
年初未分配利润	15 000	9 000	24 000		（4）9 000	（3）9 000		24 000
提取盈余公积	23 400	6 300	29 700				（3）6 300	23 400
对股东的分配	75 000		75 000					75 000
年末未分配利润（转下）	150 600	65 700	216 300		72 000	（2）65 700 137 700	（3）65 700 72 000	222 600
（资产负债表项目）								
货币资金	162 000	55 000	217 000					217 000
交易性金融资产	132 000	156 000	288 000					288 000
应收账款	764 600	294 000	1 058 600					1 058 600
存货	532 000	450 000	982 000					982 000
长期股权投资——B 公司	720 000		720 000	（1）63 000			（2）783 000	0
固定资产	2 112 000	325 000	2 437 000					2 437 000
商誉		90 000	90 000					90 000
资产总计	4 422 600	1 370 000	5 792 600					5 072 600
应付账款	456 000	63 000	519 000					519 000
应付票据	129 600	20 000	149 600					149 600
应付职工薪酬	180 000	24 000	204 000					204 000
应付债券		480 000	480 000					480 000
长期借款	378 000		378 000					378 000
股本	600 000	150 000	750 000			（2）150 000		600 000
资本公积	1 800 000	120 000	1 920 000	（4）450 000		（2）120 000		1 350 000
盈余公积	728 400	447 300	1 175 700		（4）441 000	（2）447 300		1 169 400
未分配利润（承上）								
少数股东权益								
负债与股东权益总计	4 422 600	1 370 000	5 792 600					5 072 600

根据以上合并工作底稿，编制合并资产负债表和合并利润表，见表 6-11 和表 6-12。

表 6-11　A 公司合并资产负债表

2×13 年 12 月 31 日　　单位：元

资　产	行次	期末余额	年初余额	负债和所有者权益	行次	期末余额	年初余额
流动资产：				流动负债：			
货币资金		217 000		短期借款			
交易性金融资产		288 000					
				交易性金融负债			
应收票据							
应收账款		1 058 600		应付票据		149 600	
				应付账款		519 000	
				预收账款			
应收股利							
应收利息				应付职工薪酬		204 000	
预付账款				应付股利			
其他应收款				应付利息			
				应交税费			
存货		982 000		其他应付款			
其他流动资产							
流动资产合计		2 545 600					
非流动资产：							
持有至到期投资				预计负债			
可供出售金融资产				递延收益			
长期股权投资				其他流动负债			
投资性房地产				流动负债合计		872 600	
长期应收款				非流动负债：			
				长期借款		378 000	
固定资产		2 437 000		应付债券		480 000	
在建工程				长期应付款			
固定资产清理				专项应付款			
				递延所得税负债			
				其他非流动负债			
无形资产				非流动负债合计		858 000	
开发支出				负债合计		1 730 600	
商誉		90 000		所有者权益			
长期待摊费用				股本		600 000	
递延所得税资产				资本公积		1 350 000	
其他非流动资产				盈余公积		1 169 400	
非流动资产合计		2 527 000					
				未分配利润		222 600	
				减：库存股			
				外币报表折算差额			
				少数股东权益			
				所有者权益		3 342 000	
资产合计		5 072 600		负债和所有者权益总计		5 072 600	

表 6-12　A 公司合并利润表

2×13 年 12 月 31 日　　　　单位：元

项　目	行　次	本年金额	上年金额
一、营业收入		2 220 000	
减：营业成本		1 390 800	
营业税金及附加		133 200	
销售费用		118 500	
管理费用		144 600	
财务费用（收益以"-"号填列）		24 300	
资产减值损失		10 200	
加：公允价值变动损益（损失以"-"号填列）			
投资净收益（损失以"-"号填列）		900	
二、营业利润（亏损以"-"号填列）		399 300	
加：营业外收入			
减：营业外支出		3 300	
其中：非流动资产处置净损失（净收益以"-"号填列）			
三、利润总额（亏损总额以"-"号填列）		396 000	
加：少数股东权益（亏损以"-"号填列）			
减：所得税费用		99 000	
四、净利润（净亏损以"-"号填列）		297 000	
（一）归属于母公司所有者的净利润		297 000	
（二）少数股东权益			
五、每股收益		略	略
（一）基本每股收益		略	略
（二）稀释每股收益		略	略

2. 以后各期合并财务报表的编制

同一控制下，母公司对子公司长期股权的处理采用成本法，虽然在控制权取得日长期股权的入账金额与母公司占子公司净资产账面价值的份额相一致，但从第二年以后各期间长期股权的余额往往不等于母公司所占子公司净资产价值的份额。因而，需要调整长期股权投资的年初余额，使其与母公司占子公司净资产账面价值的份额相等，这样才能编制抵销分录。

【例 6-6】接例 6-5，假设 A 公司于 2×13 年 1 月 1 日投资 798 000 元取得 B 公司全部股权后，B 公司于 2×14 年 2 月 28 日发放现金股利 48 000 元，2×14 年实现净利润 162 000 元，提取盈余公积 16 200 元，2×14 年 A 公司与 B 公司的个别财务报表数据见表 5-4。

(1)2×14 年度 A 公司长期股权投资的会计处理

① 2×14 年 2 月 28 日，A 公司确认 B 公司发放的现金股利

借：银行存款　　48 000

　　贷：投资收益　　48 000

② 2×14 年年末，成本法下 A 公司对 B 公司实现的净利润不作账务处理。

(2)2×14 年度 A 公司合并财务报表的编制

解析：

B 公司在购买日股东权益总额为 720 000 元，其中，股本为 150 000 元，资本公积为 120 000 元，盈余公积为 441 000 元，未分配利润为 9 000 元。B 公司 2×14 年全年实现净利润 162 000 元，提取盈余公积 16 200 元，当年发放现金股利 48 000 元。

本例中，B 公司当年实现净利润 162 000 元，提取盈余公积 16 200 元，向股东分配利润 48 000

元。A公司对B公司长期股权投资取得时的账面价值为其子公司所有者权益账面价值的份额，即720 000元，2×14年年末账面价值为720 000元。

(1)按权益法对A公司财务报表项目进行调整。

首先调整上期影响。

借：长期股权投资　　63 000
　　贷：年初未分配利润　　63 000

其次调整本期影响。

借：长期股权投资　　162 000
　　投资收益　　48 000
　　贷：投资收益　　162 000
　　　　长期股权投资　　48 000

经过上述调整分录后，A公司对B公司长期股权投资的账面价值为897 000元(720 000+63 000+162 000−48 000)。A公司对B公司长期股权投资的账面价值为897 000元，正好与母公司在子公司股东权益中所拥有的份额相等。

(2)长期股权投资与子公司所有者权益相抵销，其抵销分录如下：

借：股本　　150 000
　　资本公积　　120 000
　　盈余公积　　463 500
　　未分配利润　　163 500
　　贷：长期股权投资　　897 000

(3)将对子公司的投资收益与子公司当年利润分配相抵销，其抵销分录如下：

借：投资收益　　162 000
　　年初未分配利润　　65 700
　　贷：提取盈余公积　　16 200
　　　　向股东分配利润　　48 000
　　　　年末未分配利润　　163 500

(4)恢复以前年度子公司留存收益中属于母公司份额：

借：资本公积　　450 000
　　贷：盈余公积　　441 000
　　　　未分配利润　　9 000

那么，2×14年的合并财务报表工作底稿见表6-13。

表6-13　A公司合并工作底稿

2×14年12月31日　　单位：元

项　目	A公司	B公司	合计金额	调整分录		抵消分录		合并金额
				借方	贷方	借方	贷方	
（利润表及所有者权益变动表的利润分配部分）								
营业收入	1 800 000	960 000	2 760 000					2 760 000
营业成本	1 170 000	540 000	1 710 000					1 710 000

续表

项　目	A 公 司	B 公 司	合计金额	调 整 分 录		抵 消 分 录		合并金额
				借　方	贷　方	借　方	贷　方	
营业税金及附加	108 000	57 600	165 600					165 600
销售费用	45 900	35 100	81 000					81 000
管理费用	72 000	69 000	141 000					141 000
财务费用	13 800	18 600	32 400					32 400
资产减值损失	7 200	23 100	30 300					30 300
投资收益	48 000	600	48 600	（1）48 000	（1）162 000	（3）162 000		600
营业利润	431 100	217 200	648 300	48 000	162 000	162 000		600 300
营业外支出	1 500	1 200	2 700					2 700
利润总额	429 600	216 000	645 600	48 000	162 000	162 000		597 600
所得税费用	107 400	54 000	161 400					161 400
净利润	322 200	162 000	484 200	48 000	162 000	162 000		436 200
少数股东净利润			0					
归属于母公司股东的净利润								436 200
年初未分配利润	150 600	65 700	216 300		（1）63 000 （4）9 000	（3）65 700		222 600
提取盈余公积	32 220	16 200	48 420				（3）16 200	32 220
对股东的分配	186 000	48 000	234 000				（3）48 000	186 000
年末未分配利润（转下）	254 580	163 500	418 080	48 000	234 000	（2）163 500 391 200	（3）163 500 227 700	440 580
（资产负债表项目）								
货币资金	150 000	30 600	180 600					180 600
交易性金融资产	122 400	91 200	213 600					213 600
应收账款	564 000	385 200	949 200					949 200
存货	642 000	558 000	1 200 000					1 200 000
长期股权投资——B 公司	720 000		720 000	（1）63 000 （1）162 000	（1）48 000		（2）897 000	0
固定资产	2 291 840	315 700	2 607 540					2 607 540
商誉		90 000	90 000					90 000
资产总计	4 490 240	1 470 700	5 960 940					5 240 940
应付账款	410 400	56 700	467 100					467 100
应付票据	116 640	15 000	131 640					131 640
应付职工薪酬	175 000	22 000	197 000					197 000
应付债券		480 000	480 000					480 000
长期借款	373 000		373 000					373 000
股本	600 000	150 000	750 000			（2）150 000		600 000
资本公积	1 800 000	120 000	1 920 000	（4）450 000		（2）120 000		1 350 000
盈余公积	760 620	463 500	1 224 120		（4）441 000	（2）463 500		1 201 620
未分配利润（承上）								
少数股东权益								
负债与股东权益总计	4 490 240	1 470 700	5 960 940					5 240 940

根据抵销分录，编制合并资产负债表和合并利润表，见表6-14和表6-15。

表6-14 A公司合并资产负债表

2×14年12月31日　　单位：元

资　产	行　次	期末余额	年初余额	负债和所有者权益	行　次	期末余额	年初余额
流动资产：				流动负债：			
货币资金		180 600		短期借款			
交易性金融资产		213 600					
				交易性金融负债			
应收票据							
应收账款		949 200		应付票据		131 640	
				应付账款		467 100	
				预收账款			
应收股利							
应收利息				应付职工薪酬		197 000	
预付账款				应付股利			
其他应收款				应付利息			
				应交税费			
存货		1 200 000		其他应付款			
其他流动资产							
流动资产合计		2 543 400					
非流动资产：							
持有至到期投资				预计负债			
可供出售金融资产				递延收益			
长期股权投资				其他流动负债			
投资性房地产				流动负债合计		795 740	
长期应收款				非流动负债：			
				长期借款		373 000	
固定资产		2 607 540		应付债券		480 000	
在建工程				长期应付款			
固定资产清理				专项应付款			
				递延所得税负债			
				其他非流动负债			
无形资产				非流动负债合计		853 000	
开发支出				负债合计		1 648 740	
商誉		90 000		所有者权益			
长期待摊费用				股本		600 000	
递延所得税资产				资本公积		1 350 000	
其他非流动资产				盈余公积		1 201 620	
非流动资产合计		2 697 540					
				未分配利润		440 580	
				减：库存股			
				外币报表折算差额			
				少数股东权益			
				所有者权益		3 592 200	
资产合计		5 240 940		负债和所有者权益总计		5 240 940	

表 6-15 A 公司合并利润表

2×14 年 12 月 31 日 单位：元

项 目	行 次	本年金额	上年金额
一、营业收入		2 760 000	
减：营业成本		1 710 000	
营业税金及附加		165 600	
销售费用		81 000	
管理费用		141 000	
财务费用（收益以“-”号填列）		32 400	
资产减值损失		30 300	
加：公允价值变动损益（损失以“-”号填列）			
投资净收益（损失以“-”号填列）		600	
二、营业利润（亏损以“-”号填列）		600 300	
加：营业外收入			
减：营业外支出		2 700	
其中：非流动资产处置净损失（净收益以“-”号填列）			
三、利润总额（亏损总额以“-”号填列）		597 600	
加：少数股东权益（亏损以“-”号填列）			
减：所得税费用		161 400	
四、净利润（净亏损以“-”号填列）		436 200	
（一）归属于母公司所有者的净利润		436 200	
（二）少数股东权益			
五、每股收益		略	略
（一）基本每股收益		略	略
（二）稀释每股收益		略	略

6.2.2 拥有子公司部分股权

1. 首期合并财务报表的编制

对于拥有子公司部分股权的母公司合并财务报表的编制，为了反映子公司盈余公积与未分配利润的对比关系，对子公司当期提取的盈余公积只应冲减属于子公司少数股东的部分。

【例 6-7】A 公司 2×13 年 1 月 1 日以 798 000 元银行存款购买了 B 公司 80%的股权，其他资料同例 6-5。

(1)2×13 年度 A 公司长期股权投资的会计处理

根据企业会计准则的规定，对子公司长期股权投资应采用成本法核算，2×13 年没有发放现金股利，成本法下 A 公司对 B 公司的投资不作账务处理。

(2)2×13 年度 A 公司合并财务报表的编制

解析：

B 公司在购买日股东权益总额为 720 000 元，其中，股本为 150 000 元，资本公积为 120 000 元，盈余公积为 441 000 元，未分配利润为 9 000 元。B 公司 2×13 年全年实现净利润 63 000 元，提取盈余公积 6 300 元，当年没有分配股利，年末未分配利润 65 700 元。

本例中，B 公司当年实现净利润 63 000 元，提取盈余公积 6 300 元，没有向股东分配利润。

A 公司对 B 公司长期股权投资取得时的账面价值为其子公司所有者权益账面价值的份额，即 720 000×80%＝576 000 元，2×13 年年末账面价值仍为 576 000 元。A 公司当年没有确认投资收益。

(1)将成本法转换为权益法的结果相关的调整分录如下：

借：长期股权投资　　(63 000×80%) 50 400
　　贷：投资收益　　50 400

经过上述调整分录后，A 公司对 B 公司长期股权投资的账面价值为 626 400 元(576 000＋50 400)。A 公司对 B 公司长期股权投资的账面价值正好与母公司在子公司股东权益中所拥有的份额相等。

少数股东损益＝63 000×20%＝12 600(元)

少数股东权益＝720 000×20%＋12 600＝156 600(元)

(2)长期股权投资与子公司所有者权益相抵销，其抵销分录如下：

借：股本　　150 000
　　资本公积　　120 000
　　盈余公积　　447 300
　　未分配利润　　65 700
　　贷：长期股权投资　　626 400
　　　　少数股东权益　　156 600

(3)将对子公司的投资收益与子公司当年利润分配相抵销，其抵销分录如下：

借：投资收益　　50 400
　　少数股东损益　　12 600
　　年初未分配利润　　9 000
　　贷：提取盈余公积　　6 300
　　　　年末未分配利润　　65 700

(4)恢复子公司留存收益中属于母公司份额，按以前年度留存收益中属于母公司的部分，且恢复要以合并方账面资本公积(资本溢价或股本溢价)贷方余额为限：

借：资本公积　　360 000
　　贷：盈余公积　　352 800
　　　　未分配利润　　7 200

抵销相关合并财务报表的编制同前面的示例，这里不再叙述。

2. 以后各期合并财务报表的编制

【例 6-8】 接例 6-7，假定 2×13 年 1 月 1 日 A 公司投资取得 B 公司 80%股权后，B 公司于 2×14 年 2 月 28 日发放现金股利 48 000 元，2×14 年实现净利润 162 000 元，提取盈余公积 16 200 元。

(1)2×14 年度 A 公司长期股权投资的会计处理

① A 公司对 B 公司的投资采用成本法核算。2×14 年 2 月 28 日，A 公司记录 B 公司发放的现金股利 38 400 元(48 000×80%)，确认为投资收益。

借：银行存款　　38 400
　　贷：投资收益　　38 400

② 2×14 年年末，成本法下 A 公司对 B 公司实现的净利润不作账务处理。

(2)2×14 年度 A 公司合并财务报表的编制

解析：

B 公司在购买日股东权益总额为 720 000 元，其中，股本为 150 000 元，资本公积为 120 000 元，盈余公积为 441 000 元，未分配利润为 9 000 元。B 公司于 2×14 年 2 月 28 日发放现金股利 48 000 元，2×14 年实现净利润 162 000 元，提取盈余公积 16 200 元。

本例中，B 公司当年实现净利润 162 000 元，提取盈余公积 16 200 元，向股东分配现金股利 48 000 元。A 公司对 B 公司长期股权投资取得时的账面价值为其子公司所有者权益账面价值的份额，即 576 000 元。A 公司当年确认投资收益 48 000×80%＝38 400 元。

(1)将成本法转换为权益法的结果相关的调整分录如下：

首先，抵销上年度方法转换时的影响。

借：长期股权投资	50 400	
贷：年初未分配利润		50 400

其次，抵销本年度方法转换所产生的影响。

借：长期股权投资	129 600	
投资收益	38 400	
贷：投资收益		129 600
长期股权投资		38 400

经过上述调整分录后，A 公司对 B 公司长期股权投资的账面价值为 717 600 元(576 000＋50 400＋129 600－38 400)。A 公司对 B 公司长期股权投资的账面价值正好与母公司在子公司股东权益中所拥有的份额相等。

少数股东损益＝162 000×20%＝32 400(元)

少数股东权益＝156 600＋32 400－48 000×20%＝179 400(元)

(2)长期股权投资与子公司所有者权益相抵销，其抵销分录如下：

借：股本	150 000	
资本公积	120 000	
盈余公积	463 500	
未分配利润	163 500	
贷：长期股权投资		717 600
少数股东权益		179 400

(3)将对子公司的投资收益与子公司当年利润分配相抵销，其抵销分录如下：

借：投资收益	129 600	
少数股东损益	32 400	
年初未分配利润	65 700	
贷：提取盈余公积		16 200
向股东分派股利		48 000
年末未分配利润		163 500

(4)恢复子公司留存收益中属于母公司份额，按以前年度留存收益中属于母公司的部分，且恢复要以合并方账面资本公积(资本溢价或股本溢价)贷方余额为限：

借：资本公积	360 000	
贷：盈余公积		352 800
未分配利润		7 200

相关合并财务报表的编制同前面的示例，这里不再叙述。

6.3 合并现金流量表的编制

合并现金流量表是综合反映母公司及其子公司组成的企业集团在一定会计期间现金流入、现金流出数量及其增减变动情况的会计报表。合并现金流量表的会计主体就是由母公司及其子公司组成的企业集团。对于合并现金流量表的编制，我国《企业会计准则第 33 号——合并财务报表》中规定："合并现金流量表应当以母公司和子公司的现金流量表为基础，在抵销母公司与子公司、子公司相互之间发生的内部交易对合并现金流量表的影响后，由母公司合并编制"。合并现金流量表也可以合并资产负债表和合并利润表为依据进行编制。

6.3.1 合并现金流量表合并范围

合并现金流量表合并范围主要依据是财政部财会字（1995）第 11 号《合并会计报表暂行规定》及财政部财会工字（1996）第 2 号文件。这里应该注意母公司在报告期增减子公司在合并现金流量表的反映的问题。

1. 母公司在报告期内增加子公司在合并现金流量表的反映

母公司因追加投资等原因控制了另一个企业即实现了企业合并。在合并当期编制合并现金流量表时，应当区分同一控制下的企业合并增加的子公司和非同一控制下的企业合并增加的子公司两种情况。

（1）因同一控制下企业合并增加的子公司，在编制合并现金流量表时，应当将该子公司合并当期期初至报告期末的现金流量纳入合并现金流量表。

（2）因非同一控制下企业合并增加的子公司，在编制合并现金流量表时，应当将该子公司购买日至报告期末的现金流量纳入合并现金流量表。

2. 母公司在报告期内处置子公司在合并现金流量表的反映

母公司在报告期内处置子公司，应将该子公司期初至处置日的现金流量纳入合并现金流量表。

6.3.2 合并现金流量表的编制方法

在我国，企业经营活动产生的现金流量的列示方法有直接法和间接法两种，我国企业会计准则要求采用直接法，并在附注中披露将净利润调节为经营活动现金流量的信息。在采用直接法的情况下，以合并利润表有关项目的数据为基础，通过调整，得出本期的现金流入和现金流出数量，把企业在一定期间的现金流量区别为经营活动产生的现金流量、投资活动产生的现金流量、筹资活动产生的现金流量三大类，分别加以反映。

合并现金流量表有两种编制方法：第一种方法是根据合并资产负债表、合并利润表和合并利润分配表及其他有关资料，按个别现金流量表的编制方法编制；第二种方法是根据集团内部成员企业（母公司及纳入合并范围的子公司）的个别现金流量表，通过抵销成员企业之间的现金流入和现金流出，采用合并会计报表的一般编制程序编制。

根据我国《企业会计准则第 33 号——合并财务报表》的规定，编制合并现金流量表时应该抵销以下相关的项目。

（1）母公司与子公司、子公司相互之间当期以现金投资或收购股权增加的投资所产生的现金流量应当抵销。抵销分录为：

借：投资活动现金流量——投资所支付的现金

　　贷：筹资活动现金流量——吸收投资所收到的现金

（2）母公司与子公司、子公司相互之间以现金结算债权与债务所产生的现金流量应当抵销。

在现金结算的债权、债务属于母、子公司或子公司相互之间内部销售商品和提供劳务所产生的情况下，抵销分录为：

借：经营活动现金流量——购买商品、接受劳务支付的现金

　　贷：经营活动现金流量——销售商品、提供劳务收到的现金

（3）母公司与子公司、子公司相互之间当期取得投资收益收到的现金，应当与分配股利、利润或偿付利息支付的现金相互抵销。抵销分录为：

借：筹资活动现金流量——分配股利、利润或偿付利息所支付的现金

　　贷：投资活动现金流量——分得投资收益所收到的现金

（4）母公司与子公司、子公司相互之间当期销售商品所产生的现金流量应当抵销。抵销分录为：

借：经营活动现金流量——购买商品、接受劳务支出的现金

　　贷：经营活动现金流量——销售商品、接受劳务收到的现金

上述业务在交易双方中如果一方涉及经营活动而另一方涉及非经营活动，则抵销分录为：

借：经营活动现金流量——购买商品、接受劳务支出的现金

　　贷：投资活动现金流量——处置固定资产等长期资产收到的现金

或：

借：投资活动现金流量——购建固定资产等长期资产支付的现金

　　贷：经营活动现金流量——销售商品、提供劳务收到的现金

（5）母公司与子公司、子公司相互之间当期发生的其他内部交易所产生的现金流量应当抵销。比如与经营活动有关的内部交易行为所涉及的抵销分录为：

借：经营活动现金流量——支付的其他与经营活动有关的现金

　　贷：经营活动现金流量——收到的其他与经营活动有关的现金

（6）母公司与子公司、子公司相互之间处置固定资产、无形资产和其他长期资产收回的现金净额，应当与构建固定资产、无形资产和其他长期资产支付的现金相互抵销。抵销分录为：

借：投资活动现金流量——处置固定资产等长期资产收到的现金净额

　　贷：投资活动现金流量——购建固定资产等长期资产所支付的现金

6.3.3　少数股东权益在合并现金流量表中的反映

编制合并现金流量表与个别现金流量表相比，一个特殊问题就是如果子公司为非全资子公司时，就涉及子公司与其少数股东之间的现金流入和流出的处理问题。

对于子公司与少数股东之间发生的现金流入和现金流出，从整个企业集团来看，这部分现金流量影响整体的现金流入和现金流出的增减变动；另外，为了便于企业集团合并财务报表使用者了解掌握企业集团现金流量的情况，所以必须在合并现金流量表中将子公司与少数股东之间的现金流入和现金流出的情况加以反映。子公司与少数股东之间发生的现金流入和现金流出

的经济业务主要包括以下三种情况。

1．少数股东对子公司增加权益性投资

对于少数股东增加在子公司中的权益性投资，在合并现金流量表中应当在“筹资活动产生的现金流量”之下的“吸收投资收到的现金”项目下“其中：子公司吸收少数股东投资收到的现金”项目反映。由于这种处理并不影响“吸收投资收到的现金”项目的合并金额，因而不必编制调整与抵销分录。

2．子公司向少数股东支付现金股利或利润

对于子公司向少数股东支付现金股利或利润，在合并现金流量表中应当在“筹资活动产生的现金流量”之下的“分配股利、利润或偿付利息支付的现金”项目下“其中：子公司支付给少数股东的股利、利润”项目反映。

3．少数股东依法从子公司中抽回权益性投资

对于子公司的少数股东依法抽回在子公司中的权益性投资，在合并现金流量表应当在“筹资活动产生的现金流量”之下的“支付其他与筹资活动有关的现金”项目反映。

6.4　合并所有者权益变动表的编制

合并所有者权益变动表是反映构成企业集团所有者权益的各组成部分当期的增减变动情况的财务报表。

合并所有者权益变动表全面反映了企业集团的所有者权益在年度内的变化情况，便于会计信息使用者深入分析企业集团所有者权益的增减变化情况，并进而对企业集团的资本保值增值情况做出正确判断，从而提供对决策有用的信息。

合并所有者权益变动表应当以母公司和子公司的所有者权益变动表为基础，在抵销母公司与子公司、子公司相互之间发生的内部交易对合并所有者权益变动表的影响后，由母公司合并编制。编制合并所有者权益变动表时需要进行抵销处理的项目，主要包括如下项目：① 母公司对子公司的长期股权投资与母公司在子公司所有者权益中所享有的份额，各子公司之间的长期股权投资以及子公司对母公司的长期股权投资与其对应的子公司或母公司所有者权益中所享有的份额；② 母公司对子公司、子公司相互之间持有对方长期股权投资的投资收益；③ 母公司与子公司、子公司相互之间发生的其他内部交易对所有者权益变动的影响。合并所有者权益变动表也可以根据合并资产负债表和合并利润表进行编制。

对于少数股东权益，应当在合并所有者权益变动表中增加“少数股东权益”栏目，反映少数股东权益变动的情况。

扩展内容 5 新旧合并财务会计报表准则的差异比较

1. 合并报表基本理论的变化

与《合并会计报表暂行规定》相比，新的合并财务报表准则所依据的基本合并理论已发生变化，从侧重母公司理论转为侧重实体理论。合并报表范围的确定更关注实质性控制，母公司对所有能控制的子公司均需纳入合并范围，而不一定考虑股权比例。所有者权益为负数的子公司，只要是持续经营的，也应纳入合并范围。这一变革，对上市公司合并报表利润将产生较大影响。

2. 合并报表范围的变化

凡是母公司所能控制的子公司都要纳入合并报表范围，而不以股权比例作为衡量标准。这一规则的变革，遵循了实质性会计原则，阻断了一些企业利用分离若干子公司，缩小持股比例，将经营状况不好的业务从合并范围中剔除，从而粉饰企业集团整体业绩的惯用伎俩。

3. 合并报表编制主体的变化

新准则明确要求母公司应当编制合并财务报表，具体而言，一是取消了旧准则给予某些企业集团在是否编报合并财务报表上的自由裁量权，将符合条件的企业集团编制合并财务报表变成一种强制性规定；二是明确了在多层次控股条件下确定合并财务报表编报主体的原则，即只要拥有一个或一个以上的子公司，母公司在能够对子公司进行控制的情况下均应编制合并财务报表，而不考虑该母公司本身是否为其上一级母公司的子公司。

4. 合并报表的种类的变化

旧准则规定的合并财务报表的范围包括合并资产负债表、合并损益表、合并财务状况变动表和合并利润分配表四个部分，新准则合并财务报表的种类不仅包括合并资产负债表、合并利润表，而且还包括合并现金流量表、合并所有者权益增减变动表和附注三个部分，其中对合并现金流量表编制的规范填补了现行实务中的理论空白。

5. 报告期内增加子公司合并方法的变化

按照《企业会计准则——企业合并》规定，企业合并区分为同一控制下企业合并与非同一控制下企业合并，相应地新准则对企业集团报告期内增加子企业时合并报表的编制采取了不同方法：若为同一控制下子企业，应当调整合并资产负债表的年初数，该子企业当期期初至报告期的收入、费用、利润和现金流量应当纳入合并利润表和合并现金流量表；若为非同一控制下子企业，不调整合并资产负债表年初数，仅将该子企业购买日至报告期末的收入、费用、利润和现金流量纳入合并利润表和合并现金流量表。报告期内处置子企业，与旧准则基本相同，即不应当调整合并资产负债表期初数，处置子企业期初至处置日的收入、费用、利润及现金流量应当纳入合并利润表和合并现金流量表。

6. 合并报表具体编制方法及列报的变化

新准则在合并报表具体编制方法上部分项目与新准则不同，如新准则规定在购买日，母公司对子公司的长期股权投资与母公司在子公司所有者权益中享有的份额之差，应当在商誉项目列示，而旧准则在合并价差中单独反映；母子公司内部债券投资与应付债券抵销后若产生差额应当计入投资收益，而旧准则作为合并价差处理；新准则规定所有者权益及损益中不属于母公司的份额，应分别作为少数股东权益、少数股东损益列示在合并资产负债表所有者权益项目下和合并利润表净利润项目之下，与旧准则相比发生了较大变化。

本章小结

本章主要阐述了股权取得日后合并财务报表的编制原理。股权取得日后需要编制的合并报表包括合并资产负债表、合并利润表、合并现金流量表以及合并所有者权益变动表。按照我国现行会计准则的规定，对于非同一控制下的控股合并，要采用购买法编制合并财务报表；而对于同一控制下的控股合并，则采用权益结合法编制合并财务报表。

购买法下，要对股权取得日子公司的可辨认资产和负债按公允价值计量。由于购买成本可能大于或小于所取得的子公司可辨认净资产的公允价值的份额，因而在购买日就会产生商誉，包括正商誉和负商誉。合并的正商誉在合并资产负债表上作为资产予以确认，在以后的资产负债表日进行减值测试；合并的负商誉在合并资产负债表上要调整未分配利润，在以后则作为营业外收入列入合并利润表。

在权益结合法下，子公司的各项资产和负债都按子公司个别财务报表上的账面价值计价，不存在合并商誉的确认和计量问题。合并资产负债表要尽量保留子公司的盈余公积与未分配利润中属于母公司的份额。

合并现金流量表是综合反映合并主体在一定会计期间内现金及现金等价物流入和流出以及增减变动情况的报表。其编制方法有两种：一种是母公司以母公司和纳入合并范围的子公司提供的个别现金流量表为基础，通过编制抵销分录，将母公司与纳入合并范围的子公司以及子公司相互之间发生的经济业务对个别现金流量表中的现金流量的影响予以抵销；另一种是以合并资产负债表和合并利润表为基础，采用与编制个别现金流量表相同的方法编制合并现金流量表。

合并所有者权益变动表是以母子公司的个别所有者权益变动表为依据编制的，用以反映一定期间内整个企业集团的各个所有者权益项目的变动情况。合并所有者权益变动表也可以根据合并资产负债表和合并利润表进行编制。对于少数股东权益，应当在合并所有者权益变动表中增加“少数股东权益”栏目，反映少数股东权益变动的情况。

思考与练习题

1. 股权取得日与股权取得日后合并财务报表的编制有何区别？
2. 在购买法下股权取得日后合并财务报表编制应该注意哪些问题？
3. 在权益结合法下股权取得日后合并财务报表编制应该注意哪些问题？
4. 在购买法下，母公司拥有子公司全部股权和部分股权在股权取得日后合并财务报表的编制有何区别？
5. 在权益结合法下，母公司拥有子公司全部股权和部分股权在股权取得日后合并财务报表的编制有何区别？

6. 单项选择题

（1）第二期以及以后各期连续编制合并会计报表时，编制基础为（　　）。

A. 上一期编制的合并会计报表

B. 上一期编制合并会计报表的合并工作底稿

C. 企业集团母公司与子公司当年的个别会计报表

D. 企业集团母公司和子公司的账簿记录

（2）M 公司与 N 公司没有关联方关系，M 公司 2×14 年 1 月 1 日投资 500 万元购入 N 公司 100%股权，N 公司可辨认净资产公允价值为 500 万元，账面价值为 400 万元。其差额为应按 5 年摊销的无形资产，2×14 年 N 公司实现净利润 100 万元，2×15 年 N 公司分配现金股利 60 万元，2×15 年 N 公司又实现了净利润 120 万元。所有者权益其他项目不变，在 2×15 年期末 M 公司编制合并抵销分录时，长期股权投资应调整为（　　）万元。

A. 600　　B. 720　　C. 660　　D. 620

（3）以下关于母公司投资收益和子公司利润分配的抵销分录表述不正确的是（　　）。

A. 抵销母公司投资收益和少数股东损益均按照调整后的净利润份额计算

B. 抵销子公司利润分配有关项目按照子公司实际提取和分配数计算

C. 抵销期末未分配利润按照期初和调整后的本期净利润减去实际分配后的余额计算

D. 抵销母公司投资收益按照调整后的净利润份额计算，计算少数股东损益的净利润不需调整

（4）母公司对非同一控制下企业投资，如果需要在股权取得日后编制合并财务报表，则需要编制（　　）。

A. 合并资产负债表

B. 合并资产负债表、合并所有者权益变动表

C. 合并资产负债表、合并所有者权益变动表、合并现金流量表

D. 合并资产负债表、合并所有者权益变动表、合并现金流量表、合并利润表

（5）以下母公司投资收益和子公司利润分配的抵销分录，表述正确的是（　　）。

A. 抵销母公司投资收益按照调整后的净利润份额计算，计算少数股东损益的净利润需要调整

B. 抵销母公司投资收益和少数股东损益均按调整前的净利润份额计算

C. 抵销期末未分配利润按照期初和调整前的净利润减去实际分配后的余额计算

D. 抵销子公司利润分配有关项目不按照子公司实际提取和分配数计算

7. 多项选择题

（1）合并商誉（正商誉）的处理方法有（　　）。

A. 直接冲减所有者权益

B. 将购买商誉资本化为一项资产

C. 作为递延收益处理

D. 冲减所购非流动资产价值

E. 不予承认

（2）股权取得日后编制合并会计报表时，为了如实反映企业集团盈余公积和可分配的利润，需要将合并抵销分录中已抵销子公司盈余公积予以转回，当母公司拥有子公司的部分股权的情况下，应转回的盈余公积包括（　　）。

A. 子公司以前年度提取的盈余公积中母公司拥有的部分

B. 子公司本年计提的全部盈余公积

C. 子公司期初未分配利润及本期提取的盈余公积

D. 子公司已抵销的全部盈余公积

E. 子公司当期提取盈余公积中母公司拥有的部分

（3）关于母公司在报告期增减子公司在合并资产负债表的反映，下列说法中正确的有（　　）。

A. 因非同一控制下企业合并增加的子公司，应当调整合并资产负债表的期初数

B. 母公司在报告期内处置子公司，编制合并资产负债表时，不应当调整合并资产负债表的期初数

C. 因同一控制下企业合并增加的子公司，编制合并资产负债表时，不应当调整合并资产负债表的期初数

D. 因非同一控制下企业合并增加的子公司，不应当调整合并资产负债表的期初数

E. 因同一控制下企业合并增加的子公司，编制合并资产负债表时，应当调整合并资产负债表的期初数

（4）关于母公司在报告期增减子公司在合并利润表的反映，下列说法中错误的有（　　）。

A. 母公司在报告期内处置子公司，应当将该子公司期初至处置日的收入、费用、利润纳入合并利润表

B. 因同一控制下企业合并增加的子公司，在编制合并利润表时，不应当将该子公司合并当期期初至合并日的收入、费用、利润纳入合并利润表

C. 因非同一控制下企业合并增加的子公司，在编制合并利润表时，应当将该子公司合并当期期初至报告期末的收入、费用、利润纳入合并利润表

D. 因同一控制下企业合并增加的子公司，在编制合并利润表时，应当将该子公司合并当期期初至报告期末的收入、费用、利润纳入合并利润表

E. 因非同一控制下企业合并增加的子公司，在编制合并利润表时，应当将该子公司购买日至报告期末的收入、费用、利润纳入合并利润表

（5）关于母公司在报告期增减子公司在合并现金流量表的反映，下列说法中正确的有（　　）。

A. 因非同一控制下企业合并增加的子公司，在编制合并现金流量表时，应当将该子公司购买日至报告期末的现金流量纳入合并现金流量表

B. 因同一控制下企业合并增加的子公司，在编制合并现金流量表时，应当将该子公司合并当期期初至报告期末的现金流量纳入合并现金流量表

C. 母公司在报告期内处置子公司，不应当将该子公司期初至处置日的现金流量纳入合并现金流量表

D. 母公司在报告期内处置子公司，应当将该子公司处置日至期末的现金流量纳入合并现金流量表

E. 因非同一控制下企业合并增加的子公司，在编制合并现金流量表时，应当将该子公司期初至报告期末的现金流量纳入合并现金流量表

第 7 章　集团公司内部交易事项的处理

重要概念

- 集团内部交易事项
- 内部债权债务交易
- 其他内部交易
- 涉及损益的内部交易事项
- 内部存货交易
- 内部固定资产交易
- 内部无形资产交易
- 不涉及损益的内部交易事项

引言 由于合并财务报表的目的是反映母子公司作为整体的财务状况和经营成果，因此集团内部公司间所有交易或往来业务都应抵销，以使合并财务报表只反映集团与其外部有关方面发生的经济活动。这种抵销并非顾及公司间交易是否是公平交易，美国《会计研究公报》第 51 号有如下说明：合并财务报表不应包括集团内部公司之间交易所产生的损益，因此，集团内部公司之间交易损益涉及的资产若仍保留在合并主体内，则应加以抵销，抵销的金额通常是毛利或损失。

7.1　集团内部交易事项概述

7.1.1　集团内部交易事项的含义

集团内部交易事项是指集团公司内部母公司与其所属子公司之间以及各子公司之间发生的除股权投资以外的其他各种往来业务及交易事项。

在实际工作中，母公司与子公司之间除了股权投资及其因投资所引起的利润分配以外，还有可能发生各种各样涉及损益或不涉及损益的内部交易事项，这种事项发生后，会分别反映在母公司或子公司的个别财务报表中。从企业整体角度来看，其会计报表中不应包括此类内部交易事项。因而应将反映在个别会计报表中的内部交易事项对合并财务报表的影响予以抵销，避免虚增资产、负债和虚增利润。

7.1.2 集团内部交易事项的类型

集团内部交易事项按照是否涉及损益分类可分为涉及损益的内部交易事项、不涉及损益的内部交易事项。按内部交易事项的具体内容分类，可分为内部存货交易、内部债权债务交易、内部固定资产交易、内部无形资产交易、其他内部交易。

1. 按内部交易事项是否涉及损益分类

（1）涉及损益的内部交易事项

涉及损益的内部交易事项是指集团内部母子公司之间与子公司之间发生的与损益有关的内部交易事项。如母公司将其生产的产品出售给所属的子公司，导致母公司营业收入和营业成本增加。

涉及损益的内部交易事项按其损益是否实现，又可以分为已实现内部损益的交易事项和未实现内部损益的交易事项。前者是指购货方按照低于或高于成本的价格购货后，于当期将全部购货向集团外销售的集团内部购销业务。比如母公司将其生产的产品出售给其所属子公司后，子公司在当期将其从母公司购进的存货全部出售给集团公司以外的其他公司。后者是指购货方按照高于或低于成本的价格购货之后，所有或部分购货没有在当期向集团外销售的集团内部购销业务。例如母公司向其子公司销售产品后，子公司存放在仓库尚未对集团以外销售，形成期末存货或固定资产等事项。就出售方的个别财务报表来说，已经反映销售收入和销售成本，而且已经形成销售利润，但由于购买方尚未对外销售，在其个别财务报表中表现为存货或固定资产，因此对于企业整体来说，销售利润并未真正实现。

（2）不涉及损益的内部交易事项

不涉及损益的内部交易事项是指集团内部母子公司之间及子公司之间发生的交易只与资产负债表有关，与各公司的损益确定无关的事项。例如集团公司内部的无息贷款、内部债权债务等。

2. 按内部交易事项具体内容分类

（1）内部存货交易。集团公司内部涉及存货的交易实质上只是将存货转移了储存地点，因此需要将内部交易产生的未实现损益进行抵销。包括顺销、逆销、横向销货三种销售方式。

（2）内部债权债务交易。母子公司之间、子公司之间发生的债权债务项目，包括应收票据与应付票据、应收账款与应付账款、预付账款与预收账款、其他应收款与其他应付款等。

（3）内部固定资产交易。内部固定资产交易是指企业集团内部发生交易的某一方发生了与固定资产有关的购销业务。

（4）内部无形资产交易。内部无形资产交易是指企业集团内部发生交易的某一方发生了与无形资产有关的交易。

（5）其他内部交易。

7.2 内部存货的抵销处理

母公司与子公司、子公司相互之间发生的内部存货交易主要是指商品或产品的购销业务。对于发生在企业集团内部的购销业务，购销双方均以独立的会计主体的身份进行了核算。销售单位将其销售收入和销售成本计入当期损益，列示在利润表中。购买单位可能会将购进商品对外销售，也可能留作公司存货或固定资产使用。购买企业将内部购进的商品用于对外销售时，会出现三种情况：第一种是将内部购进的商品本期全部对外销售；第二种情况是购进商品当其全部未对外售出，形成期末存货；第三种情况是购进的商品当期部分对集团外销售，部分形成期末存货从而影响下期合并报表的编制。因此，在编制合并会计报表时，应当区分不同情况，将内部销售收入、内部销售成本及可能存在的未实现内部销售利润予以抵销。

7.2.1　发生当期的抵销处理

1．内部购进的商品当期全部对外销售

当购买企业从集团内部购入的存货当期全部对外出售时，从销售企业来说，销售给集团内部的其他成员商品的会计处理与销售给集团外其他企业的会计处理是相同的，即在销售时确认销售收入，结转销售成本，计算销售损益，并在个别利润表中反映。而对于购买企业来说，从集团内部购入商品再售出时所作的会计处理和从集团外部购入商品的会计处理是一致的，也都要按内部价格确认销售成本，按出售价格确认销售收入，并在自己的利润表中反映出来。但从企业整体来看，这批存货只实现了一次销售，即按购入方出售的价格出售给集团外的其他企业，销售收入只是购货企业对外出售产品所确认的销售收入，销售成本只是集团内生产该产品并出售该产品的企业的销售成本，企业集团内部的购销业务只是让存货的存放地点发生了变动。因此在编制合并财务报表时，就必须将销售企业的内部销售收入与购买企业按内部转让价格结转的销售成本予以抵销。抵销分录如下：

借：营业收入（集团内销售企业的销售收入）

　　贷：营业成本（集团内购买企业的销售成本）

【例 7-1】假设 B 公司为 A 公司的子公司，本期 A 公司将成本 5 000 元的商品销售给 B 公司，售价为 6 000 元，B 公司当年将该批商品全部对外出售，售价为 7 000 元。

该笔业务在 A 公司和 B 公司的个别报表中，分别进行如下反映。

A 公司：营业收入 6 000 元，营业成本 5 000 元；

B 公司：营业收入 7 000 元，营业成本 6 000 元。

从企业整体角度来考虑，该笔业务实际成本只有 5 000 元，实现的销售收入是 7 000 元。在合并财务报表上只能反映营业收入 7 000 元，营业成本 5 000 元. 在合并工作底稿上应编制抵销分录如下：

借：营业收入　　　　6 000 元

　　贷：营业成本　　　　6 000 元

2．内部购进的商品当期全部未对外销售

购进的存货未实现对外销售的情况下，从销售企业来看，将存货销售给集团内成员时，已按一般销售业务确认了销售收入，结转了销售成本，并列示于利润表中，购买企业按内部销售价格记录了存货的成本。这一业务从企业整体来看，实际上只是商品存放地点发生变化，而没有实现真正的对外销售，因此也就不能确认销售收入，结转销售成本。而在编制合并财务报表时，应当将销售企业确认的销售收入和结转的销售成本抵销，同时还要将购买企业资产负债表中的期末存货中包含的销售企业确认的毛利予以抵销，消除虚增的存货价值。在合并工作底稿中编制抵销分录如下：

借：营业收入（集团内销售企业的销售收入）

贷：营业成本（集团内销售企业的销售成本）

存货（购买企业存货中包含的销售企业的毛利）

【例 7-2】 S 公司为 P 公司母公司，S 公司 2×13 年向 P 公司销售商品 1 000 万元，其销售成本为 800 万元，该商品的销售毛利率为 20%。P 公司购进的该商品 2×13 年全部未实现对外销售而形成期末存货。

在编制 2×13 年合并财务报表时，应进行如下抵销处理：

(1) 借：营业收入	10 000 000	
贷：营业成本		10 000 000
(2) 借：营业成本	2 000 000	
贷：存货		2 000 000

抵销分录：

借：营业收入	10 000 000	
贷：营业成本		8 000 000
存货		2 000 000

3. 购进的商品当期部分对集团外销售，部分形成期末存货

【例 7-3】 假设 2×11 年母公司甲将成本为 4 万元的商品销售给子公司乙，售价为 5 万元。乙公司当年对集团外销售 40%，售价为 24 000 元，其余 60%形成存货，成本为 3 万元。2×12 年乙公司将上年从甲公司购入商品的结存部分全部对集团外销售，并又从甲公司购入商品 10 万元，当年销售其中的 70%。甲公司 2×11 年和 2×12 年的销售毛利率均为 20%。

(1) 2×11 年的抵销分录。在这种情况下，可以将乙公司从甲公司购进的商品分为两部分，一部分在本期已经实现对外销售，另一部分没有实现对外销售而形成期末存货。对于已经实现对外销售的部分，应当抵销重复确认的销售收入和销售成本 2 万元(50 000×40%)。因此，在 2×11 年的合并财务报表工作底稿上应编制如下抵销分录：

借：营业收入	20 000	
贷：营业成本		20 000

对于未实现对外销售的部分，应抵销甲公司确认的销售收入 3 万元，销售成本 24 000 元，同时抵销乙公司期末存货上未实现的内部销售利润 6 000 元。在 2×11 年的合并财务报表工作底稿上应编制如下会计分录：

借：营业收入	30 000	
贷：营业成本		24 000
存货		6 000

上述两笔分录可以合并为：

借：营业收入	50 000	
贷：营业成本		44 000
存货		6 000

(2) 2×12 年的抵销分录。由于甲公司 2×11 年确认了 6 000 元未实现的内部销售利润，导致甲公司 2×11 年年初未分配利润多计 6 000 元，由于乙公司 2×11 年年末存货多计 6 000 元，在先进先出法下导致乙公司 2×12 年的销售成本多计 6 000 元。因此在 2×12 年的合并财务报表工作底稿上应编制如下抵销分录：

借：年初未分配利润　　6 000
　　贷：营业成本　　6 000

对于 2×12 年的内部购货，应抵销多计的销售收入 10 万元、销售成本 94 000 元和年末存货 6 000 元。在 2×12 年的合并财务报表工作底稿上应编制如下抵销分录：

借：营业收入　　100 000
　　贷：营业成本　　94 000
　　　　存货　　6 000

7.2.2　以后各期的抵销处理

对于上期内部购进商品全部实现对外销售的情况，在本期连续编制合并财务报表时不需考虑对本期的影响。但在上期内部购进商品当期未全部售出而形成期末存货时，由于本期编制合并会计报表时是以母子公司本期个别会计报表为基础，而母公司和子公司个别财务报表中未实现内部销售利润是作为上期实现利润包括在期初未分配利润之中，因此，上期编制合并会计报表时抵销的内部购进存货中包含的未实现内部销售利润，也对本期的期初未分配利润产生影响。本期编制合并会计报表时必须在合并母子公司期初未分配利润的基础上，将上期抵销的未实现内部销售利润对本期期初未分配利润的影响予以抵销，调整本期期初未分配利润的数额。具体抵销处理程序和方法如下。

（1）将上期抵销的存货价值中包含的未实现内部销售利润对本期期初未分配利润的影响进行抵销。按照上期内部购进期末存货价值中包含的未实现内部销售利润的数额，借记“期初未分配利润”项目，贷记“营业成本”项目。

（2）对于本期发生集团内部购销业务，将内部销售收入、内部销售成本予以抵销。按照销售企业内部销售收入的数额，借记“营业收入”项目，贷记“营业成本”项目。

（3）将期末内部购进存货价值中包含的未实现内部销售利润予以抵销。对于内部购进形成的期末存货（包括上期结转形成的本期期末存货），按照购买企业期末内部交易存货价值中包含的未实现内部销售利润的数额，借记“营业成本”项目，贷记“存货”项目。

【例 7-4】假设甲公司 2×11 年年初以银行存款 816 000 购买了乙公司 80%的普通股股份。当时乙公司有普通股股本 600 000 元，盈余公积 360 000 元，未分配利润 60 000 元。乙公司可辨认净资产的公允市价与账面价值相等。甲公司采用成本法核算对乙公司的投资。

乙公司 2×11 年实现净利润 75 000 元，年末宣告现金股利 12 000 元；2×12 年实现利润 84 000 元，年末宣告现金股利 36 000 元。

乙公司 2×11 年对甲公司销售商品售价 420 000 元，年末甲公司结存 240 000 元未对外销售；2×12 年乙公司对甲公司销售商品售价 600 000 元，年末甲公司共有 300 000 元从乙公司购进的商品未对集团外销售。这两年乙公司的销售毛利率为 25%。假设存货的流转遵循先进先出法。

（一）2×11 年的账务处理①

1. 2×11 年甲公司账上关于投资的分录

① 注：根据企业会计准则第 33 号——合并财务报表（修订）征求意见稿：母公司向子公司出售资产所发生的未实现内部交易损益，应当全额抵销“归属于母公司所有者的净利润”；子公司向母公司出售资产所发生的未实现内部交易损益，应当按照母公司对该子公司的持股比例在“归属于母公司所有者的净利润”和“少数股东损益”之间分配抵销；子公司之间出售资产所发生的未实现内部交易损益，应当按照母公司对出售方子公司的持股比例在“归属于母公司所有者的净利润”和“少数股东损益”之间分配抵销。

(1)借：长期股权投资——乙公司	816 000	
贷：银行存款		816 000

记录对乙公司的投资

(2)借：银行存款	9 600	
贷：投资收益		9 600

记录从乙公司收到的现金股利 9 600 元(12 000×80%)

2. 2×11 年合并工作底稿上的调整与抵销分录

(1)针对内部交易进行的抵销处理：

借：营业收入	420 000	
贷：营业成本		360 000
存货(240 000×25%)		60 000

(2)基于上述分录对其他相关项目金额的调整：

调整后的净利润＝75 000－60 000(内部交易产生的未实现内部损益)＝15 000(元)

投资收益＝15 000×80%＝12 000(元)

长期股权投资＝816 000＋12 000－12 000×80%＝818 400(元)

少数股东损益＝15 000×20%＝3 000(元)

少数股东权益＝1 020 000×20%＋3 000－12 000×20%＝204 600(元)

① 调整长期股权投资

借：长期股权投资	12 000	
投资收益	9 600	
贷：投资收益		12 000
长期股权投资		9 600

② 抵销长期股权投资与子公司所有者权益

借：股本	600 000	
盈余公积	360 000	
未分配利润	63 000	
贷：长期股权投资		818 400
少数股东权益		204 600

③ 抵销投资收益与利润分配项目

借：投资收益	12 000	
少数股东损益	3 000	
年初未分配利润	60 000	
贷：向股东分配利润		12 000
年末未分配利润		63 000

(二)2×12 年的账务处理

1. 2×12 年甲公司账上关于投资的分录

借：银行存款	28 800	
贷：投资收益		28 800

记录从乙公司收到的股利 28 800(36 000×80%)

2. 2×12 年合并工作底稿上的调整与抵销分录。

本例采用先将在成本法下长期股权投资的年初余额调整为在权益法下的年初余额，然后再用抵销的方法。

(1) 借：长期股权投资	2 400	
贷：年初未分配利润		2 400

将长期股权投资的年初余额由成本法下的 816 000 元调整为权益法下的 818 400 元。

(2) 借：年初未分配利润——甲公司	48 000	
——少数股东	12 000	
贷：营业成本		60 000

抵销上年末甲公司存货上为实现利润对本年年初未分配利润的影响，其中属于控股权益的有 48 000 元，属于少数股权的有 12 000 元，并于本年确认该项利润的实现。

(3) 借：营业收入	600 000	
贷：营业成本		525 000
存货(300 000×25%)		75 000

抵销集团内部的本年销货及年末存货上的未实现利润。

(4) 基于上述分录对其他相关项目金额的调整：

调整后的净利润＝84 000－75 000＝9 000(元)

投资收益＝9 000×80%＝7 200(元)

长期股权投资＝818 400＋7 200－36 000×80%＝796 800(元)

少数股东损益＝9 000×20%＝1 800(元)

少数股东权益＝204 600＋1 800－36 000×20%＝199 200(元)

① 调整长期股权投资

借：长期股权投资	7 200	
投资收益	28 800	
贷：投资收益		7 200
长期股权投资		28 800

② 抵销长期股权投资与子公司所有者权益

借：股本	600 000	
盈余公积	360 000	
未分配利润	36 000	
贷：长期股权投资		796 800
少数股东权益		199 200

③ 抵销投资收益与利润分配项目

借：投资收益	7 200	
少数股东损益	1 800	
年初未分配利润	63 000	
贷：向股东分配利润		36 000
年末未分配利润		36 000

7.3 内部固定资产的抵销处理

集团内部的各企业间还会发生非流动资产的交易，如买卖固定资产、无形资产。在资产的转让价格高于或低于账面价值时，出售方便确认了一项出售资产的损益。但从合并主体的角度看，公司间非流动资产销售的损益并未实现，在编制合并财务报表时应该予以抵销。

本节假定母子公司分别申报所得税，因而在抵销集团内部的未实现损益时，要考虑对所得税的影响。

7.3.1 发生当期的抵销处理

1. 非折旧固定资产的销售

集团内部可能会发生不提折旧或不予摊销的长期资产的销售。

【例 7-5】2×11 年年初母公司甲以 6 万元的价格向子公司乙出售一项不提折旧的固定资产，该项固定资产的成本为 4 万元，企业所得税税率为 25%。

由于该项固定资产仍然处于合并主体的控制之内，因而对于合并主体来说，在编制 2×11 年的合并财务报表时，母公司确认的 2 万元(60 000－40 000)收益并未真正实现，必须予以抵销。同时，应将该项固定资产调整至原来的账面价值。在工作底稿上应编制如下调整和抵销分录：

借：营业外收入——出售固定资产收益　　20 000
　　贷：固定资产　　20 000

在考虑所得税的情况下，母公司出售固定资产收益应交所得税应予以递延。因为从合并主体的角度来看，该项出售固定资产收益并未实现，因而与其相关的所得税应视为预付所得税，予以递延。假设所得税税率为 25%，则所得税为 5 000 元(20 000×25%)。在工作底稿上应编制如下调整与抵销分录：

借：递延所得税资产　　5 000
　　贷：所得税费用　　5 000

2. 应计折旧资产的销售

如果集团内部发生应计提折旧资产的购销业务，则在编制合并财务报表时，不但要抵销公司间未实现损益，还要调整购入方多计或少计的折旧。

【例 7-6】假设母公司甲于 2×11 年 1 月 1 日以 7 万元的价格向子公司乙出售一台设备。该设备的原始成本为 20 万元，累计已提折旧 15 万元，剩余使用年限为 4 年，无残值，采用直线法计提折旧。假设该设备用于企业管理部门。企业所得税率为 25%。

与集团内部非折旧长期资产的销售一样，在编制合并报表时，首先应抵销母公司所确认的出售设备收益 2 万元，并调整减少设备的账面价值。

借：营业外收入　　20 000
　　贷：固定资产(原价)　　20 000

其次，应抵销乙公司购入该设备后当年多计的折旧(相对于该设备在母公司的折旧而言)。从整个合并主体的角度看，年初该设备的账面价值只有 50 000 元，年折旧额为 12 500 元，而乙公司按 70 000 元购入后每年的折旧额为 17 500 元，因而多计提折旧 5 000 元，需要同时调整增加“固定资产”、减少“管理费用”。在工作底稿上应编制如下抵销分录：

借：固定资产(累计折旧)　　5 000
　　贷：管理费用　　5 000

此外，还要考虑公司间交易对所得税的影响。上述两笔抵销分录抵销了多计的 20 000 元与多计的 5 000 元费用，即相当于抵销了多计的税前利润 15 000 元。但相应多计的所得税费用并未抵销，按 25%的所得税税率，应抵销多计的所得税费用 3 750 元，并将其予以递延。应在工作底稿上编制如下抵销分录：

借：递延所得税资产　　3 750
　　贷：所得税费用　　3 750

7.3.2　以后各期的抵销处理

1. 非折旧固定资产的存续期处理

【例 7-7】以例 7-5 的资料为例，2×12 年的调整与抵销分录如下：

(1) 2×12 年编制合并财务报表时，母公司出售上项固定资产的收益仍然没有实现，有关的所得税仍然需要递延。由于母公司 2×11 年出售固定资产的收益最终转入未分配利润，使其年末余额增加 20 000 元，因而在编制合并报表时应在调整减少固定资产成本的同时，调整减少相等金额的年初未分配利润：

借：年初未分配利润——甲公司　　20 000
　　贷：固定资产　　20 000

(2) 由于母公司 2×11 年因确认出售固定资产收益 20 000 元而增加的所得税费用 5 000 元最终也转入未分配利润，使其年末余额减少 5 000 元，因而在 2×12 年的合并报表工作底稿上应编制如下的调整与抵销分录：

借：递延所得税资产　　5 000
　　贷：年初未分配利润——甲公司　　5 000

上述两笔分录也可以合并为一笔：

借：年初未分配利润　　15 000
　　递延所得税资产　　5 000
　　贷：固定资产　　20 000

2. 折旧固定资产的存续期处理

【例 7-8】以例 7-6 的资料为例，从整个企业集团的角度来看，2×11 年由于甲公司确认固定资产出售收益而多计税前利润 20 000 元，由于乙公司多计折旧而少计税前利润 5 000 元，两者合计使合并主体的税前利润多计 15 000 元，在不考虑所得税的情况下，导致年末未分配利润多计 15 000 元，同时年末固定资产也多计 15 000 元。因而 2×12 年编制合并财务报表时，要予以抵销，即应在工作底稿上编制如下调整与抵销分录：

借：年初未分配利润　　15 000
　　贷：固定资产　　15 000

然后，与 2×11 年一样，应抵销乙公司 2×12 年多计的折旧 5 000 元。

借：固定资产　　5 000

贷：管理费用　　5 000

最后考虑内部固定资产交易对所得税的影响。

借：递延所得税资产　　2 500
　所得税费用　　1 250
　贷：年初未分配利润　　3 750

7.3.3 清理期间的抵销处理

由于固定资产的折旧年限是估计的使用年限，实际工作中固定资产清理的时间可能出现三种情况：①如期清理；②超期清理；③提前清理。所以需要分别讨论有关的抵销问题。

1. 内部交易固定资产使用期满如期进行清理时的抵销

【例 7-9】以例 7-6 为例，乙公司从甲公司购入的固定资产在第 4 年如期报废，则第 4 年编制合并会计报表时，应编制如下抵销分录。

(1) 将固定资产原价中包含的未实现内部销售利润抵销

借：期初未分配利润　　20 000
　贷：营业外收入　　20 000

(2) 将多计提的折旧予以抵销

借：营业外收入　　20 000
　贷：期初未分配利润　　15 000
　　管理费用　　5 000

随着内部交易固定资产的清理，该固定资产的原价、累计折旧和净值在乙公司个别资产负债表中均无列示，故涉及期初未分配利润项目的抵销处理，均通过营业外收入项目或者营业外支出项目进行。

以上抵销分录，可以合并为以下抵销分录：

借：期初未分配利润　　5 000
　贷：管理费用　　5 000

2. 内部交易固定资产超期使用的抵销处理

内部固定资产超期使用时，该固定资产在其预计的使用期内的最后一个会计期间，仍然要计提折旧，同时，该固定资产的原价及其已经计提的折旧仍然列示在购买企业的资产负债表中。所以，在最后一个会计期间，仍要将固定资产原价中包含的未实现销售利润抵销，以调整期初未分配利润，同时还要将以前各期多计提的折旧予以抵销，并将本期管理费用中多计提的折旧予以抵销。

【例 7-10】以例 7-6 为例，该固定资产在第 6 年报废

(1) 第 4 年编制合并报表时抵销分录：

将固定资产原价中包含的未实现内部销售利润抵销

借：期初未分配利润　　20 000
　贷：固定资产（原价）　　20 000

将以前期间固定资产原价中包含的未实现内部销售利润而多计提的折旧额抵销，调整期初未分配利润：

借：固定资产（累计折旧）　　15 000

贷：期初未分配利润　　15 000

将本期因固定资产原价中包含的未实现内部销售利润而多计提的折旧额抵销：

借：固定资产(累计折旧)　　5 000

贷：管理费用　　5 000

(2) 第 5 年集团公司编制合并报表时

在内部交易的固定资产超期使用的各个会计期间内，虽然购买企业不再计提折旧，但由于固定资产仍在使用，并将其列示在资产负债表中，所以集团公司在编制合并会计报表时，必须将该固定资产原价中包含的未实现利润与多计提的折旧予以抵销。销售企业期初未分配利润包含的未实现的利润与购买企业每年多确认的折旧费对期初未分配利润的累积影响已自然抵销。应编制如下抵销分录：

①将固定资产原价中包含的未实现内部销售利润抵销

借：期初未分配利润　　20 000

贷：固定资产(原价)　　20 000

②将多计提的折旧予以抵销

借：固定资产(累计折旧)　　20 000

贷：期初未分配利润　　20 000

(3) 第 6 年，该固定资产进行清理，因购买企业将固定资产原价与其计提的折旧均已注销，该内部的固定资产对合并会计报表不再产生影响，也不必做任何抵销分录。

7.4　内部债权债务的抵销处理

母公司与子公司之间、子公司相互之间的债权与债务项目，包括母公司与子公司之间、子公司之间的应收票据与应付票据、应收账款与应付账款、预付账款与预收账款、其他应收款与其他应付款等。这些债权债务，在母子公司的个别会计报表中，债权方与债务方分别以资产、负债列示于资产负债表上，但是，从整个企业集团的角度出发，这些债权债务只是内部资金往来，既不会因此而产生额外的资产，也不会产生额外的负债。因此在编制合并会计报表时，应当将内部的债权债务项目相互抵销，同时还应将因这种债权所计提的坏账准备予以抵销。

7.4.1　发生当期的抵销处理

【例 7-11】母公司甲个别资产负债表中应收账款 16 000 元中有 10 000 元为子公司乙的应付账款；预收账款 6 000 元中有 2 000 元是子公司的预付账款；另有母公司甲的其他应收款 40 000 元为子公司乙的其他应付款。年末编制合并会计报表时，集团公司编制抵销分录如下：

(1) 抵销集团内部往来

借：应付账款　　10 000

预收账款　　2 000

其他应付款　　40 000

贷：应收账款　　10 000

预付账款　2 000
其他应收款　40 000

(2)坏账准备与资产减值损失的抵销

在坏账损失采用备抵法进行处理的情况下，债权企业均按应收款项的一定比例计提了坏账准备，并在个别报表中予以列示。在编制合并会计报表时，随着内部往来款项的抵销，相应也要将内部往来所计提的坏账准备予以抵销。

假定该集团公司均按应收款项的5%计提坏账准备，则母公司甲计提的坏账准备为2 500元，乙公司计提的坏账准备为100元。编制合并会计报表时，应编制抵销分录如下：

借：应收账款　500
　　预付账款　100
　　其他应收款　2 000
　　贷：资产减值损失　2 600

7.4.2　以后各期的抵销处理

集团公司在以后各期存在的内部往来可能有三种可能：①本期应收账款、其他应收款余额与上期期末相等；②本期应收款项、其他应收款期末余额大于上期期末余额；③本期应收账款、其他应收款期末余额小于上期期末余额。下面分三种情况介绍坏账准备的抵销处理。

1. 本期应收账款、其他应收款期末余额与上期期末相等

因为本期内部应收账款、其他应收款的余额与上期相等，所以，本期内部应收账款和其他应收款不需补提坏账准备，也没有冲销坏账准备，只需要将上期计提的坏账准备对期初未分配利润的影响予以抵销。

【例7-12】第1年母公司甲个别资产负债表中应收账款16 000元中有10 000元为子公司乙的应付账款；另有母公司甲的其他应收款40 000元为子公司乙的其他应付款。第二年年末集团公司内部的应收账款余额仍为10 000元，其他应收款余额仍为40 000元。上年已按应收款项的5%计提了坏账准备，本年坏账准备提取率不变。

编制合并会计报表时，应编制抵销分录如下。

(1)抵销集团内部往来

借：应付账款　10 000
　　其他应付款　40 000
　　贷：应收账款　10 000
　　　　其他应收款　40 000

(2)坏账准备与期初未分配利润抵销

借：应收账款　500
　　其他应收款　2 000
　　贷：期初未分配利润　2 500

2. 本期应收账款、其他应收款期末余额大于上期期末余额

当本期的应收账款、其他应收款期末余额大于上期期末余额时，债权增加的一方在上年已计提的坏账准备的基础上本期补提了坏账准备。在编制合并会计报表时，一方面要将上期计提的坏账准备抵销，调整期初未分配利润；另一方面要将本期内补提的坏账准备予以抵销。

【例 7-13】以例 7-12 的资料为例，第 2 年年末集团公司内部的应收账款余额为 70 000 元，其他应收款余额为 50 000 元。内部应收款较上年共增加了 70 000 元，补提坏账准备 3 500 元。

编制合并会计报表时，应编制抵销分录如下。

(1) 抵销集团内部往来

借：应付账款　　70 000
　　其他应付款　　50 000
　　贷：应收账款　　70 000
　　　　其他应收款　　50 000

(2) 坏账准备与期初未分配利润的抵销

借：应收账款　　500
　　其他应收款　　2 000
　　贷：期初未分配利润　　2 500

(3) 将本期补提的坏账准备与资产减值损失抵销

借：应收账款　　3 000
　　其他应收款　　500
　　贷：资产减值损失　　3 500

或可以将 (2)、(3) 项合并抵销

借：应收账款　　3 500
　　其他应收款　　2 500
　　贷：期初未分配利润　　2 500
　　　　资产减值损失　　3 500

3. 本期应收账款、其他应收款期末余额小于上期期末余额

当本期内部应收账款、其他应收款期末余额小于上期期末余额时，收回债权的一方在上年已计提的坏账准备的基础上调整减少坏账准备。编制合并会计报表时，一方面要将上期计提的坏账准备抵销，调整期初未分配利润；另一方面要将本期内转销的坏账准备与当期冲销的管理费用予以抵销。

【例 7-14】以例 7-11 的资料为例，第 2 年年末集团公司内部的应收账款余额为 0 元，其他应收款余额为 20 000 元。内部应收款项较上年共减少了 30 000 元，只要求保留坏账准备 1 000 元，个别报表已转销坏账准备 1 500 元。

编制合并会计报表时，应编制抵销分录如下。

(1) 抵销集团内部往来

借：其他应付款　　20 000
　　贷：其他应收款　　20 000

(2) 坏账准备与期初未分配利润抵销

借：应收账款　　500
　　其他应收款　　2 000
　　贷：期初未分配利润　　2 500

(3) 将本期转销的坏账准备与资产减值损失抵销

借：资产减值损失　　1 500
　　贷：应收账款　　500
　　　　其他应收款　　1 000

7.5 合并财务报表应用举例

7.5.1 首期合并会计报表编制举例

甲公司为乙公司的母公司。甲公司以 1 000 万元购买了乙公司 80%的权益性资本，购买时，乙公司的注册资本为 1 000 万元。2×12 年年内，甲公司和乙公司之间发生的经济往来如下。

（1）1 月 1 日，甲公司购买了乙公司当日发行的五年期到期一次还本付息债券 500 万元，年利率为 8%，乙公司共发行债券 1 000 万元。

（2）年末，乙公司集体债券利息 80 万元，均计入财务费用。

（3）9 月 30 日，乙公司购买甲公司生产的 A 产品，作为固定资产使用，共计应支付 585 万元（含增值税，税率为 17%），投入使用，款项尚未支付。甲公司该产品成本为 300 万元，乙公司确定该固定资产使用年限为 5 年，预计残值为零，采用直线法计提折旧。

（4）10 月 15 日，甲公司购买了乙公司一批产品，不含销售价格为 1 000 万元，增值税税率为 17%，账款一部分与乙公司前欠货款抵销；另一部分尚未支付。乙公司该批产品的销售成本为 600 万元，甲公司购入乙公司的产品中，有 60%已作为本企业的产品出售。

（5）甲公司与乙公司均按应收账款年末余额的 10%提取坏账准备。

2×12 年，按权益法调整后甲公司与乙公司个别资产负债表、利润表和股东权益变动表——利润分配相关数据见表 7-1、表 7-2 和表 7-3（为了更清楚地反映内部交易抵销内容，本案例将“坏账准备”和“累计折旧”等调整账户的余额仍保留在资产负债表上）。

甲和乙不属于同一控制下的两个公司。

表 7-1 甲公司与乙公司资产负债表

2×12 年 12 月 31 日　　　　单位：万元

资　产	甲 公 司	乙 公 司	负债和所有者权益（或股东权益）	甲 公 司	乙 公 司
流动资产：			流动负债：		
货币资金	3 080	350	短期借款	100	70
交易性金融资产	200		应付票据	50	
应收票据	100	200	应付账款	1 200	
应收股利	320		预收账款	50	
应收账款	1 000	500	应付职工薪酬	100	
减：坏账准备	100	50			
应收账款净额	900	450	应付股利	1 000	400
其他应收款			其他流动负债		
预付账款	300	250	流动负债合计	2 500	470
存货	1 000	350	长期负债：		
流动资产合计	5 900	1 600	长期借款	480	
长期投资：			应付债券		1 080
长期股权投资	1 000		长期应付款	500	
其中：对子公司投资	1 000				
持有至到期投资	540		长期负债合计	1 500	1 080
长期投资合计	2 060		负债合计	3 480	1 550

续表

资　产	甲 公 司	乙 公 司	负债和所有者权益（或股东权益）	甲 公 司	乙 公 司
固定资产：					
固定资产原价	2 500	1 600	所有者权益		
减：累计折旧	500	400	实收资本（或股本）	4 000	1 000
固定资产净值	2 000	1 200	资本公积	100	
固定资产净额	2 000	1 200	盈余公积	900	200
在建工程		300	未分配利润	1 000	450
固定资产合计	2 000	1 500	所有者权益合计	6 000	1 650
无形资产及其他资产：					
无形资产		100			
长期待摊费用	40				
无形资产及其他资产合计	40	100			
资产总计	9 480	3 200	负债和所有者权益总计	9 480	3 200

表 7-2　甲公司与乙公司利润表

2×12 年　　　　单位：万元

项　目	甲 公 司	乙 公 司
一、营业收入	8 020	3 100
减：营业成本	5 000	1 500
营业税金及附加	100	40
减：营业费用	200	160
管理费用	400	150
财务费用	200	100
资产减值损失	100	50
加：投资收益	880	
二、营业利润	2 900	1 100
加：营业外收入	150	100
减：营业外支出	50	
三、利润总额	3 000	1 200
减：所得税费用	1 000	150
四、净利润	2 000	1 050

表 7-3　股东权益变动表（利润分配项目）

2×12 年　　　　单位：万元

项　目	甲 公 司	乙 公 司
一、净利润	2 000	1 050
加：期初未分配利润	500	
二、可供分配的利润	2 500	1 050
减：提取盈余公积	500	200
应付股利（向股东分配的利润）	1 000	400
三、未分配利润	1 000	450

根据上述资料，按以下程序进行处理。

第一步，将母公司和子公司个别会计报表的数据过入合并工作底稿，合并工作底稿见表4。

第二步，在合并工作底稿中将母公司和子公司会计报表各项目的数据加总，计算得出个别会计报表各项目加总后的合计数（见合并工作底稿）。

第三步，对于上述内部经济往来业务，编制调整与抵销分录如下。

（1）抵销内部交易

① 内部债券利息与投资收益的抵销

借：投资收益　40

　　贷：财务费用　40

② 内部债券投资与应付债券的抵销

借：应付债券　540

　　贷：持有至到期投资　540

③ 内部存货作为固定资产的抵销

借：营业收入　500

　　贷：营业成本　300

　　　　固定资产（原价）　200

④ 内部存货作为固定资产涉及折旧的抵销

借：累计折旧　10

　　贷：管理费用　10

⑤ 内部存货交易的抵销

借：营业收入　1 000

　　贷：营业成本　840

　　　　存货　160

⑥ 内部往来债权债务的抵销

借：应付账款　585

　　贷：应收账款　585

⑦ 坏账准备与资产减值损失的抵销

借：坏账准备　58.5

　　贷：资产减值损失　58.5

⑧ 应收股利与应付股利的抵销

借：应付股利　320

　　贷：应收股利　320

（2）2×12年乙公司调整后的净利润为：1 050＋40－160＋58.5＝988.5万元

甲公司的投资收益＝988.5×80%＝790.8万元

合并财务报表中2×12年12月31日按权益法调整后的长期股权投资抵销前的账面余额为：1 000＋790.8－400×80%＝1 470.8万元

对长期股权投资进行调整

借：长期股权投资　790.8

　　投资收益　320

　　贷：投资收益　790.8

长期股权投资　　320

（3）①对乙公司所有者权益项目的抵销

借：股本　　1 000
　　盈余公积　　200
　　年末未分配利润　　388.5
　　商誉　　200
　　贷：长期股权投资　　1 470.8
　　　　少数股东权益　　317.7

②对甲公司投资收益项目的抵销

借：投资收益　　790.8
　　少数股东损益　　197.7
　　贷：提取盈余公积　　200
　　　　向股东分配利润　　400
　　　　年末未分配利润　　388.5

第四步，将抵销分录过入合并工作底稿，编制的合并工作底稿见表 7-4。

表 7-4　甲公司合并工作底稿

2×12 年 12 月 31 日　　单位：万元

项　　目	甲公司	乙公司	合计数	调整分录		抵消分录		少数股权	合并数
				借　方	贷　方	借　方	贷　方		
（利润表及所有者权益变动表的利润分配部分）									
营业收入	8 020	3 100	11 120			（1）③500 （1）⑤1 000			9 620
营业成本	5 000	1 500	6 500				（1）③300 （1）⑤840		5 360
营业税金及附加	100	40	140						140
销售费用	200	160	360						360
管理费用	400	150	550				（1）④10		540
财务费用	200	100	300				（1）①40		260
资产减值损失	100	50	150				（1）⑦58.5		91.5
投资收益	880		880	（2）320	（2）790.8	（1）①40 （3）②790.8			520
营业利润	2 900	1 100	4 000	320	790.8	2 330.8	1 248.5		3 388.5
营业外收入	150	100	250						250
营业外支出	50		50						50
利润总额	3 000	1 200	4 200	320	790.8	2 330.8	1 248.5		3 588.5
所得税费用	1 000	150	1 150						1 150
净利润	2 000	1 050	3 050	320	790.8	2 330.8	1 248.5		2 438.5
少数股东损益								（3）②197.7	197.7
归属母公司所有者净利润									2 240.8
期初未分配利润	500		500						500
提取盈余公积	500	200	700				（3）②200		500
对股东的分配	1 000	400	1 400				（3）②400		1 000
年末未分配利润（转下）	1 000	450	1 450	320	790.8	（3）①388.5 2 719.3	（3）②388.5 2 237	197.7	1 240.8
（资产负债表项目）									
流动资产：									
货币资金	3 080	350	3 430						3 430

续表

项　目	甲公司	乙公司	合计数	调整分录		抵消分录		少数股权	合并数
				借　方	贷　方	借　方	贷　方		
交易性金融资产	200		200						200
应收票据	100	200	300						300
应收账款	1 000	500	1 500				（1）⑥585		915
减：坏账准备	100	50	150			（1）⑦58.5			91.5
应收账款净额	900	450	1 350						823.5
预付账款	300	250	550						550
应收股利	320		320				（1）⑧320		0
存货	1 000	350	1 350				（1）⑤160		1 190
流动资产合计	5 900	1 600	7 500			58.5	1 065		6 493.5
长期股权投资——对子公司投资	1 000		1 000	（2）790.8	（2）320		（3）①1 470.8		0
持有至到期投资	540		540				（1）②540		0
商誉						（3）①200			200
固定资产									
固定资产原价	2 500	1 600	4 100				（1）③200		3 900
减：累计折旧	500	400	900			（1）④10			890
固定资产净值	2 000	1 200	3 200						3 010
在建工程		300	300						300
无形资产		100	100						100
长期待摊费用	40		40						40
资产总计	9 480	3 200	12 680	790.8	320	268.5	3 275.8		10 143.5
流动负债									
短期借款	100	70	170						170
应付票据	50		50						50
应付账款	1 200		1 200			（1）⑥585			615
预收账款	50		50						50
应付职工薪酬	100		100						100
应付股利	1 000	400	1 400			（1）⑧320			1 080
流动负债合计	2 500	470	2 970			905			2 065
长期负债									
长期借款	480		480						480
应付债券		1 080	1 080			（1）②540			5 400
长期应付款	500		500						500
长期负债合计	980	1 080	2 060			540			1 520
负债合计	3 480	1 550	5 030			1 445			3 585
股本	4 000	1 000	5 000			（3）①1 000			4 000
资本公积	100		100						100
盈余公积	900	200	1 100			（3）①200			900
未分配利润（承上）									
少数股东权益								（3）①317.7	317.7
负债与所有者权益合计	10 000	3 200	13 200						10 143.5

第五步，编制合并会计报表。

根据以上合并工作底稿的资料，编制合并资产负债表、利润表及股东权益变动表（利润分配项目）见表 7-5、表 7-6 和表 7-7。

表 7-5　合并资产负债表

编制单位：甲公司　　　　2×12 年 12 月 31 日　　　　单位：万元

资　产	年 初 数	年 末 数	负债和所有者权益（或股东权益）	年 初 数	年 末 数
流动资产：			流动负债：		
货币资金		3 430	短期借款		170
交易性金融资产		200	应付票据		50
应收票据		300	应付账款		615
应收股利			预收账款		50
应收账款		915	应付职工薪酬		100
减：坏账准备		91.5	应付利润		1 080
应收账款净额		823.5			
其他应收款			其他流动负债		
预付账款		550	流动负债合计		2 065
存货		1 190	长期负债：		
流动资产合计		6 493.5	长期借款		480
长期投资：			应付债券		5 400
长期股权投资			长期应付款		500
其中：对子公司投资					
持有至到期投资			长期负债合计		2 040
商誉		200	负债合计		3 585
固定资产：					
固定资产原价		3 900	所有者权益		
减：累计折旧		890	实收资本（或股本）		4 000
固定资产净值		3 010	资本公积		100
在建工程		300	盈余公积		900
固定资产合计		3 310	未分配利润		1 240.8
无形资产及其他资产：			归属母公司所有者权益		6 240.8
无形资产		100	少数股东权益		317.7
长期待摊费用		40			
无形资产及其他资产合计		140	所有者权益合计		6 558.5
资产总计		1 043.5	负债与所有者权益合计		10 143.5

表 7-6　合并利润表与股东权益变动表（利润分配项目）

编制单位：甲公司　　　　2×12 年　　　　单位：万元

项　目	上年累计数	本年累计数
一、营业收入		9 620
减：营业成本		5 360
营业税金及附加		140
减：营业费用		360
管理费用		540
财务费用		260
资产减值损失		91.5

续表

项　目	上年累计数	本年累计数
加：投资收益		520
二、营业利润		3 388.5
加：营业外收入		250
减：营业外支出		50
三、利润总额		3 588.5
减：所得税费用		1 150
四、净利润		2 438.5
少数股东收益		197.7
五、归属母公司所有者净利润		2 240.8

表 7-7　股东权益变动表（利润分配项目）

编制单位：甲公司　　2×12 年　　单位：万元

项　目	上年累计数	本年累计数
一、归属于母公司所有者净利润		2 240.8
加：期初未分配利润		500
二、可供分配的利润		2 740.8
减：提取盈余公积		500
应付股利（向股东分配的利润）		1 000
三、未分配利润		1 240.8

7.5.2　连续各期合并会计报表编制举例

仍采用 2×12 年的资料，继续编制由甲公司和乙公司组成的企业集团 2×13 年合并会计报表。2×13 年甲公司和乙公司个别资产负债表、利润表和利润分配表数据见表 7-6 和表 7-7。2×13 年内，甲公司和乙公司发生如下经济业务。

（1）乙公司购入甲公司一批产品，售价 600 万元，增值税 102 万元，尚有 300 万元货款未付。甲公司该批产品成本为 360 万元，乙公司年内已对集团外销售 50%，其余部分未销售。

（2）乙公司计提债券利息 80 万元，计入财务费用，甲公司应得利息收入 40 万，计入投资收益。

（3）乙公司上年从甲公司购进的固定资产，本期继续提取折旧。

（4）甲公司欠乙公司的货款 585 万已经付清，甲公司上年从乙公司购入的产品本年已全部售出。

2×13 年，甲公司调整后与乙公司个别资产负债表、利润表和利润分配表的数据见表 7-8、表 7-9 和表 7-10。

表 7-8　甲公司和乙公司资产负债表

2×13 年 12 月 31 日　　单位：万元

资　产	甲 公 司	乙 公 司	负债和所有者权益（或股东权益）	甲 公 司	乙 公 司
流动资产：			流动负债：		
货币资金	4 967.6	500	短期借款	750	60
交易性金融资产	250		应付票据	150	
应收票据	50	70	应付账款	430	200
应收股利	542.4		预收账款	250	
应收账款	1 200	400	应付职工薪酬	420	20

续表

资　　产	甲　公　司	乙　公　司	负债和所有者权益（或股东权益）	甲　公　司	乙　公　司
减：坏账准备	120	40	应付股利	1 240	678
应收账款净额	1 080	360			
其他应收款			其他流动负债		
预付账款	120	270	流动负债合计	3 240	958
存货	2 000	800	长期负债：		
流动资产合计	9 000	2 000	长期借款	1 100	
长期投资：			应付债券		1 160
长期股权投资	1 705.6		长期应付款	15 000 000	1 500
其中：对子公司投资					
持有至到期投资	580		长期负债合计	3 600	1 160
长期投资合计	2 285.6		负债合计	6 840	2 118
固定资产：					
固定资产原价	3 000	2 000	所有者权益		
减：累计折旧	700	480	实收资本（或股本）	4 000	1 000
固定资产净值	2 300	1 520	资本公积	100	
在建工程	700	330	盈余公积	1 460	382
固定资产合计	3 000	1 850	未分配利润	2 000	500
无形资产及其他资产：					
无形资产	100	80			
长期待摊费用	14.4	70			
无形资产及其他资产合计	114.4	150	所有者权益合计	7 560	1 882
资产总计	14 400	4 000	负债和所有者权益总计	14 400	4 000

表 7-9　甲公司与乙公司利润表

2×13 年　　单位：万元

项　　目	甲　公　司	乙　公　司
一、营业收入	10 500	3 400
减：营业成本	6 000	1 800
营业税金及附加	150	40
减：营业费用	200	60
管理费用	980	280
财务费用	200	90
资产减值损失	20	－100 000
加：投资收益	1 000	10
二、营业利润	3 950	1 150
加：营业外收入	200	200
减：营业外支出	150	50
三、利润总额	4 000	1 300
减：所得税费用	1 200	390
四、净利润	2 800	910

表 7-10　股东权益变动表（利润分配项目）

2×13 年　　单位：万元

项　　目	甲　公　司	乙　公　司
一、净利润	2 800	910
加：期初未分配利润	1 000	450
二、可供分配的利润	380	1 360
减：提取盈余公积	560	182
应付利润	1 240	678
三、未分配利润	2 000	500

根据以上资料，按下列程序进行处理。

第一步，将甲公司与乙公司的个别会计报表的数据过入合并工作底稿。合并工作底稿见表7-11。

第二步，在工作底稿中，将甲公司与乙公司会计报表各项目的数据加总，计算出个别财务报表各项目的合计数。

第三步，对上述内部往来业务，编制抵销分录如下。

针对上期发生的内部交易事项对本期的影响进行调整与抵销处理

（1）借：应付债券　540

　　贷：持有至到期投资　540

（2）借：年初未分配利润　200

　　贷：固定资产（原价）　200

（3）借：累计折旧　10

　　贷：年初未分配利润　10

（4）借：年初未分配利润　160

　　贷：营业成本　160

（5）借：坏账准备　58.5

　　贷：年初未分配利润　58.5

针对本期发生的内部交易事项进行调整与抵销处理

（6）借：营业收入　600

　　贷：营业成本　480

　　　　存货　120

（7）借：应付账款　300

　　贷：应收账款　300

（8）借：资产减值损失　28.5

　　贷：坏账准备　28.5

（9）借：投资收益　40

　　贷：财务费用　40

（10）借：应付债券　40

　　贷：持有至到期投资　40

（11）借：累计折旧　40

　　贷：管理费用　40

（12）借：应付股利　542.4

　　贷：应收股利　542.4

按照权益法对长期股权投资进行调整

（13）借：长期股权投资　470.8

　　贷：年初未分配利润　470.8

经过调整后的本年净利润＝910＋40＋40＝990（万元）

投资收益＝990×80%＝792（万元）

合并财务报表中2×13年12月31日按权益法调整后的长期股权投资抵销前的账面余额＝1 000＋470.8＋792－542.4＝1 720.4（万元）

（14）借：长期股权投资　　792
　　　　投资收益　　542.4
　　　　贷：投资收益　　792
　　　　　　长期股权投资　　542.4

抵销乙公司所有者权益项目

（15）借：股本　　1 000
　　　　盈余公积　　382
　　　　年末未分配利润　　518.5
　　　　商誉　　200
　　　　贷：长期股权投资　　1 720.4
　　　　　　少数股东权益　　380.1

抵销投资收益与利润分配项目

（16）借：投资收益　　792
　　　　少数股东损益　　198
　　　　年初未分配利润　　388.5
　　　　贷：向股东分配利润　　678
　　　　　　提取盈余公积　　182
　　　　　　年末未分配利润　　518.5

表 7-11　甲公司合并工作底稿

2×13 年 12 月 31 日　　单位：元

项　目	甲公司	乙公司	合计数	调整分录		抵消分录		少数股权	合并数
				借　方	贷　方	借　方	贷　方		
（利润表及所有者权益变动表的利润分配部分）									
营业收入	10 500	3 400	13 900			（6）600			13 300
营业成本	6 000	1 800	7 800				（4）160 （6）480		7 160
营业税金及附加	150	40	190						190
销售费用	200	60	260						260
管理费用	980	280	1 260				（11）40		1 220
财务费用	200	90	290				（9）40		250
资产减值损失	20	−10	10			（8）28.5			38.5
投资收益	1 000	10	1 010	（14）542.4	（14）792	（9）40 （16）792			427.6
营业利润	3 950	1 150	5 100	542.4	792	1 460.5	720		4 609.1
营业外收入	200	200	400						400
营业外支出	150	50	200						200
利润总额	4 000	1 300	5 300	542.4	792	1 460.5	720		4 809.1
所得税费用	1 200	390	1 590						1 590
净利润	2 800	910	3 710	542.4	792	1 460.5	720		3 219.1
少数股东损益								（16）198	198
归属母公司所有者净利润									3 021.1

续表

项目	甲公司	乙公司	合计数	调整分录		抵消分录		少数股权	合并数
				借方	贷方	借方	贷方		
期初未分配利润	1 000	450	1 450		（13）470.8	（2）200 （4）160 （16）388.5	（3）10 （5）58.5		1 240.8
可供分配利润									4 261.9
提取盈余公积	560	182	742				（16）182		560
对股东的分配	1 240	678	1 918				（16）678		1 240
年末未分配利润（转下）	2 000	500	2 500	542.4	1 262.8	（15）518.5 2 727.5	（16）518.5 2 167	198	2 461.9
资产负债表项目									
流动资产：									
货币资金	4 957.6	500	5 457.6						5 457.6
交易性金融资产	250		250						250
应收票据	50	70	120						120
应收账款	1 200	400	1 600				（7）300		1 300
减：坏账准备	120	40	160			（5）58.5	（8）28.5		130
应收账款净额	1 080	360	1 440						1 170
预付账款	120	270	390						390
应收股利	542.4		542.4				（12）542.4		0
存货	2 000	800	2 800				（6）120		2 680
流动资产合计	9 000	2 000	11 000			58.5	990.9		10 067.6
长期股权投资——对子公司投资	1 000		1 000	（13）470.8 （14）792	（14）542.4		（15） 1 720.4		0
持有至到期投资	580		580				（1）540 （10）40		0
商誉						（15）200			200
固定资产									
固定资产原价	3 000	2 000	5 000				（2）200		4 800
减：累计折旧	700	480	1 180			（3）10 （11）40			1 130
固定资产净值	2 300	1 520	3 820						3 670
在建工程	700	330	1 030						1 030
无形资产	100	80	180						180
长期待摊费用	14.4	70	84.4						84.4
资产总计	13 694.4	4 000	17 694.4	1 262.8	542.4	308.5	3 491.3		15 232
流动负债									
短期借款	750	60	810						810
应付票据	150		150						150
应付账款	430	200	630			（7）300			330
预收账款	250		250						250
应付职工薪酬	420	20 000	440						440
应付股利	1 240	678	1 918			（12）542.4			1 375.6
流动负债合计	3 240	958	4 198			842.4			3 355.6
长期负债									
长期借款	394.4		394.4						394.4
应付债券	1 000	1 160	2 160			（1）540 （10）40			1 580

续表

项　目	甲公司	乙公司	合计数	调整分录		抵消分录		少数股权	合并数
				借　方	贷　方	借　方	贷　方		
长期应付款	1 500		1 500						1 500
长期负债合计	2 894.4	1 160	4 054.4			580			3 474.4
负债合计	6 134.4	2 118	8 252.4			1 422.4			6 830
所有者权益									
股本	4 000	1 000	5 000			（15）1 000			4 000
资本公积	100		100						100
盈余公积	1 460	382	1 842			（15）382			1 460
未分配利润（承上）									
少数股东权益								（15）380.1	380.1
负债与所有者权益合计	13 694.4	4 000	17 694.4						15 232

第五步，编制合并会计报表。

根据以上合并工作底稿的资料，编制合并资产负债表、合并利润表及股东权益变动表（利润分配项目），见表 7-12、表 7-13 和表 7-14。

表 7-12　合并资产负债表

编制单位：甲公司　　　　2×12 年 12 月 31 日　　　　单位：万元

资　　产	年　初　数	年　末　数	负债和所有者权益（或股东权益）	年　初　数	年　末　数
流动资产：			流动负债：		
货币资金	3 430	5 457.6	短期借款	170	810
交易性金融资产	200	250	应付票据	50	150
应收票据	300	120	应付账款	615	330
应收股利			预收账款	50	250
应收账款	915	1 300	应付职工薪酬	100	440
减：坏账准备	91.5	130	应付利润	1 080	1 375.6
应收账款净额	823.5	1 170			
其他应收款			其他流动负债		
预付账款	550	390	流动负债合计	2 065	3 355.6
存货	1 190	2 680	长期负债：		
流动资产合计	6 493.5	10 067.6	长期借款	480	394.4
长期投资：			应付债券	5 400	1 580
长期股权投资			长期应付款	500	1 500
其中：对子公司投资					
持有至到期投资			长期负债合计	2 040	3 474.4
商誉	200	200	负债合计	3 585	6 830
固定资产：					
固定资产原价	3 900	4 800	所有者权益		
减：累计折旧	890	1 130	实收资本（或股本）	4 000	4 000
固定资产净值	3 010	3 670	资本公积	100	100
在建工程	300	1 030	盈余公积	900	1 460
固定资产合计	3 310	4 700	未分配利润	1 240.8	2 461.9
无形资产及其他资产：			归属母公司所有者权益	6 240.8	8 021.9
无形资产	100	180	少数股东权益	317.7	380.1
长期待摊费用	40	84.4			
无形资产及其他资产合计	140	264.4	所有者权益合计	6 558.5	8 402
资产总计	1 043.5	15 232	负债与所有者权益合计	10 143.5	15 232

表 7-13　合并利润表与股东权益变动表（利润分配项目）

编制单位：甲公司　　2×12 年　　单位：万元

项　　目	上年累计数	本年累计数
一、营业收入	9 620	13 300
减：营业成本	5 360	7 160
营业税金及附加	140	190
减：营业费用	360	260
管理费用	540	1 220
财务费用	260	250
资产减值损失	91.5	38.5
加：投资收益	520	427.6
二、营业利润	3 388.5	4 609.1
加：营业外收入	250	400
减：营业外支出	50	200
三、利润总额	3 588.5	4 809.1
减：所得税费用	1 150	1 590
四、净利润	2 438.5	3 219.1
少数股东收益	197.7	198
五、归属母公司所有者净利润	2 240.8	3 021.1

表 7-14　股东权益变动表（利润分配项目）

编制单位：甲公司　　2×13 年　　单位：万元

项　　目	上年累计数	本年累计数
一、归属于母公司所有者净利润	2 240.8	3 021.1
加：期初未分配利润	500	1 240.8
二、可供分配的利润	2 740.8	4 261.9
减：提取盈余公积	500	560
应付利润	1 000	1 240
三、未分配利润	1 240.8	2 461.9

扩展内容 6　集团内部交易新旧会计准则的变化内容

一、原准则：母公司与子公司、子公司相互之间的债券投资与应付债券互相抵销后，产生的差额应作为合并价差处理。

新准则：母公司与子公司、子公司相互之间的债券投资与应付债券互相抵销后，产生的差额应当计入投资收益项目。

二、原准则：只提及母公司与子公司、子公司相互之间发生的存货、固定资产的交易所产生的未实现内部销售利润的抵销。

新准则：母公司与子公司、子公司相互之间销售商品（或提供劳务）或其他方式形成的存货、固定资产、工程物资、在建工程、无形资产等所包含的未实现内部销售损益应当抵销。

三、原准则：子公司所有者权益各项目中不属于母公司拥有的数额，应当作为少数股东权益，在合并资产负债表中所有者权益类项目之前，单列一类，以总额反映。

新准则：子公司所有者权益中不属于母公司的份额，应当作为少数股东权益，在合并资产负债表中所有者权益项目下以“少数股东权益”项目列示。

四、未实现内部销售损益应当抵销的范围

原准则：只提及母公司与子公司、子公司相互之间发生的存货、固定资产的交易所产生的未实现内部销售利润的抵销。

新准则：母公司与子公司、子公司相互之间销售商品（或提供劳务）或其他方式形成的存货、固定资产、工程物资、在建工程、无形资产等所包含的未实现内部销售损益应当抵销。

扩展内容 7　企业合并中的所得税问题

随着新会计准则的颁布与实施，企业所得税的处理方法从之前的损益表观转变为资产负债表观。该变化不仅对企业日常交易或事项中所涉及的所得税核算有所影响，而且对一些诸如直接计入所有者权益的交易或事项、企业合并等特殊的交易或事项有所影响。根据《企业会计准则 18 号——所得税》，本书以同一控制下的企业合并为例分析其涉及的所得税问题。

一、同一控制下吸收合并中的所得税问题[①]

1. 以转让非现金资产作为合并对价的所得税问题。对于转让给被合并方控股股东的非现金资产，会计上不确认资产的处置损益。而税法规定，企业发生非货币性资产交换应视同销售货物、转让财产处理。因此，该交易形成永久性差异，只影响合并当期的所得税调整，其纳税调整金额按非现金资产的公允价值减账面价值的差额确定。

2. 合并中取得的非现金资产对所得税的影响。从会计角度看，资产的账面价值代表企业在持续持有及最终处置的一定期间内该资产为企业带来的未来经济利益。从所得税角度看，资产的计税基础是未来可税前扣除的金额。对于同一控制下吸收合并取得的非现金资产，企业会计准则规定按被合并方原账面价值或被合并方调整后的账面价值（合并方与被合并方合并前会计政策不一致的情况下需调整）入账，而税法规定按合并日公允价值加相关直接费用确定计税基础。因会计上将相关直接费用计入当期损益，因而应分拆为公允价值和相关直接费用两个部分分别进行纳税调整。当非现金资产的账面价值大于计税基础（即公允价值）形成应纳税暂时性差异时，应确认递延所得税负债，当非现金资产的账面价值小于计税基础形成可抵扣暂时性差异时，应确认递延所得税资产。

3. 合并方为进行企业合并发生的相关直接费用对所得税的影响。同一控制下吸收合并进行过程中发生的各项相关直接费用，会计上应于发生时计入当期损益。而税法规定应于发生时计入相关非现金资产的计税基础。由于税法规定对相关直接费用按资产的变现程度逐步从未来税前会计利润中扣除，而企业会计准则规定应一次性从合并当期税前会计利润中扣除，因而形成不影响资产负债表项目的可抵扣暂时性差异，在未来应纳税所得额能补足该差异的情况下，应确认为递延所得税资产。

4. 合并差额对所得税的影响。合并对价大于净资产的账面价值（合并成本大于被合并企业价值）的，会计上应减少资本公积，不足部分相应减少盈余公积和未分配利润，不形成资产和负债项目，也不确认商誉。而税法规定，将其作为外购商誉处理，在企业整体转让或清算时

① 摘自 尹芳，《同一控制下企业合并的所得税问题探讨》，发表在《财会月刊》2008 年 8 月。

准予扣除，因而该差异形成可抵扣暂时性差异，在未来应纳税所得额可补足该差异的情况下，确认为递延所得税资产。在确定可抵扣暂时性差异金额时，应考虑以转让非现金资产作为合并对价涉及的相关流转税。

合并对价小于净资产的账面价值的，会计上不形成资产和负债项目，而是调增资本公积。但税法规定，应将其差额确认为应税收益。因此该交易形成永久性差异，其纳税调整的金额不应按资本公积的账面价值确定，而应按取得被合并方净资产的公允价值减支付的合并对价的公允价值及以转让非货币性资产作为合并对价涉及的相关流转税金确定。

二、同一控制下控股合并中的所得税问题[①]

1. 长期股权投资初始投资成本、相关直接费用的所得税问题。企业会计准则规定，无论采用何种合并对价方式，同一控制下控股合并形成的长期股权投资，其初始投资成本均为合并日取得被合并方所有者权益账面价值的份额。而税法规定，以支付现金方式进行合并的，长期股权投资的计税基础为购买价款；以支付现金以外的方式进行合并的，长期股权投资的计税基础为该资产的公允价值和支付的相关税费。由于会计上将相关直接费用在发生时计入管理费用，故其纳税调整应分拆为两部分。一是长期股权投资的账面价值与其计税基础中的资产公允价值或支付的现金的差异形成暂时性差异，在转让股权时转回。当长期股权投资的账面价值大于计税基础，形成应纳税暂时性差异时，应确认递延所得税负债；当长期股权投资的账面价值小于计税基础，形成可抵扣暂时性差异，在未来应纳税所得额能补足该差异时，应确认递延所得税资产。二是相关直接费用与其计税基础中的相关税费之间的差异形成可抵扣暂时性差异，在未来应纳税所得额能补足该差异的情况下，应确认递延所得税资产。

2. 长期股权投资后续计量的所得税问题。现金股利直接计入当期损益，允许在税前扣除，不涉及所得税的纳税调整问题。而对于减值准备，根据税法规定，财产净值是指有关资产、财产的计税基础扣除已经按照规定扣除的折旧、折耗、摊销、准备金后的余额，故企业计提的减值准备在经过税务机关审核确认后可在税前列支。因此，长期股权投资的期末计量对所得税无影响，无须进行纳税调整。

3. 合并对价方式的所得税问题。当合并企业以非现金资产作为合并对价方式控股合并被合并方，会计上对于转让的非现金资产不确认资产的处置损益，而税法规定应视同销售货物、转让财产处理。控股合并后，由于转让的非现金资产已按账面价值冲抵账面记录，资产负债表和利润表均无相关财务信息，因此，应将非现金资产的公允价值与账面价值的差额确认为永久性差异，调整应纳税所得额。

本章小结

本章阐述在合并财务报表的编制过程中，集团内部往来业务的处理。

由于编制合并财务报表的目的在于反映由母公司组成的企业集团作为一个统一的经济实体的财务状况、经营成果与现金流量情况，因而集团内部公司间发生的所有交易或往来业务都应该抵销。集团内部的往来业务主要包括内部存货交易、内部固定资产或无形资产交易以及内部债券投资。

① 同上页①。

1. 内部存货交易。是指集团内部一方将其所拥有的产品或商品出售给另一方作为存货（材料存货或商品存货），也就是从存货到存货的内部销售业务。为了区分不同的合并理论，内部存货交易又可以分为顺流销货、逆流销货和水平销货。依据实体理论，所有内部销售的未实现损益都应全部抵销；按照母公司理论，顺流销货的未实现损益应全部抵销，而对于逆流销货的未实现损益则只抵销属于母公司的份额。

2. 内部固定资产或无形资产的交易。是指集团内部一方将其所有的固定资产（或无形资产），也就是从固定资产到固定资产的内部交易。在这种情况下，要抵销出售方确认的营业外收入或营业外支出，调整购买方多计或少计的固定资产，并调整购买方多计或少计的折旧费用。

3. 内部债券投资。是指集团内部一家公司直接认购另一家公司发行的债券作为债券投资，或者在债券发行之后从证券市场上的第三方购进。在后一种情况下，在将一方的应付债券与另一方的债券投资相抵触时，会产生差额。在少数股东的情况下，该差额的归属有不同的处理方法。实际上就是在确定少数股东净利润时，是否应该考虑该差额的影响问题。我国现行会计准则规定，该差额作为投资收益或财务费用在合并利润内表上反映，也就是说不影响少数股东净利润。

此外，还有存货与固定资产之间的交易，主要是指销货方将存货出售给购货方作为固定资产使用。在这种情况下，调整与抵销的方法取决于会计准则的规定：对于企业将自己的产品或商品的账面价值计价，还是按照产品或商品的公允价值计价。

思考与练习题

1. 在编制合并财务报表时集团内部的存货交易、固定资产交易、债券投资业务应当如何抵销？

2. 在编制合并会计报表时为什么要抵销集团公司内部交易事项？

3. 当年合并会计报表与以后连续各期合并报表的编制不同点主要有哪些？

4. 选择题

（1）对于上一年度抵销的内部应收账款计提的坏账准备的金额，在本年度编制合并抵销分录时，应当（　　）。

A. 借：应收账款——坏账准备，贷：资产减值损失

B. 借：资产减值损失，贷：应收账款——坏账准备

C. 借：未分配利润——年初，贷：资产减值损失

D. 借：应收账款——坏账准备，贷：未分配利润——年初

（2）集团内部交易形成固定资产编制合并抵销分录时与“固定资产原价”相互抵销项目可能有（　　）。

A. 营业外收入　　　　B. 营业收入

C. 营业成本　　　　D. 期初未分配利润

（3）在连续编制合并会计报表的情况下，对子公司以前年度提取的盈余公积应当（　　）。

A. 视为整个企业集团提取盈余公积与子公司当年提取盈余公积的抵销处理相同，减少盈余公积的合并数

B. 视为子公司的以前年度利润分配，因此应调整本年度的期初未分配利润，减少盈余公积的合并数

C. 视为整个企业集团提取盈余公积，调整本年度的期初未分配利润，增加盈余公积的合并数

D. 视为子公司当年度的利润分配，调整期末未分配利润，增加盈余公积的合并数

（4）在连续编制合并会计报表的情况下，上期期末存货中有内部购进存货，在本期已经对外销售，应当进行的抵销处理为（　　）。

A. 借：期初未分配利润，贷：营业成本

B. 借：期初未分配利润，贷：存货

C. 借：营业收入，贷：营业成本

D. 借：营业收入，贷：存货

（5）集团内部交易形成的固定资产原价中有未实现的内部销售利润 40 万元，该固定资产预计使用年限为 8 年，集团公司在交易形成的第 2 年编制合并会计报表时，编制折旧的抵销分录为（　　）。

A. 借：累计折旧	100 000	
贷：期初未分配利润		100 000
B. 借：累计折旧	100 000	
贷：管理费用		100 000
C. 借：累计折旧	100 000	
贷：期初未分配利润		50 000
管理费用		50 000
D. 借：累计折旧	50 000	
贷：期初未分配利润		50 000

5. 计算题

（1）2×13 年 6 月 30 日，大海公司向长江公司的股东定向增发 100 万股普通股（每股面值 1 元）对长江公司进行合并，并于当日取得对长江公司 100%的股权。参与合并企业在 2×13 年 6 月 30 日企业合并前，有关资产、负债情况见题表 7-1。

题表 7-1　参与合并企业在企业合并前，有关资产负债情况

项　目	大海公司		长江公司	
	账面价值		账面价值	公允价值
资产：				
货币资金	200		20	20
应收账款	800		80	80
存货	1 000		400	500
长期股权投资	600		100	150
固定资产	1 500		800	950
无形资产	400		100	200
商誉				
资产总计	4 500		1 500	1 900
负债和所有者权益：				
短期借款	500		200	200
应付账款	300		100	100

续表

其他负债	200		100	100
负债合计	1 000		400	400
实收资本	2 000		600	
资本公积	500		200	
盈余公积	100		30	
未分配利润	900		270	
所有者权益合计	3 500		1 100	1 500
负债和所有者权益合计	4 500		1 500	1 900

假定：① 大海公司和长江公司为同一级内两个全资子公司，合并其共同控制的母公司为天山公司。该项合并中参与合并的企业在合并前及合并后均为天山公司最终控制。

② 大海公司与天山公司在合并前未发生任何交易。

要求：① 编制大海公司对长江公司控股合并的会计分录。

② 编制合并日的合并资产负债表。

（2）A 股份有限公司（以下简称 A 公司）于 2×13 年 1 月 1 日以货币资金投资 710 万元，取得 B 公司 90%的股权。A 公司和 B 公司所得税均采用债务法核算，使用的所得税税率均为 33%。A 公司和 B 公司属于同一控制下的两个公司，均按净利润的 10%提取法定盈余公积。有关资料如下。

① 2×13 年 1 月 1 日，B 公司的账面股东权益为 800 万元，其中股本为 500 万元，资本公积为 100 万元，盈余公积 20 万元，未分配利润 180 万元。2×13 年 1 月 1 日 A 公司中的资本溢价为 500 万元。

2×13 年 1 月 1 日，B 公司除一台固定资产和一项无形资产的公允价值和账面价值不同外，其他资产和负债的公允价值不同外，其他资产和负债的公允价值与账面价值相同。该项固定资产的公允价值为 500 万元，账面价值为 300 万元，预计尚可使用年限为 5 年，采用直线法摊销，无残值。2×13 年 1 月 1 日，B 公司可辨认净资产的公允价值为 830 万元。

② 2×13 年和 2×14 年 B 公司的有关资料如下：2×13 年实现净利润 30 万元，分派 2×12 年现金股利 10 万元；2×14 年实现净利润 40 万元，分派 2×13 年现金股利 20 万元，2×14 年 12 月 1 日出租的一项投资性房地产采用公允价值进行后续计量，其公允价值大于账面价值的差额为 10 万元。除上述事项外，B 公司的所有权益未发生其他增减变化。

要求：① 分别编制 2×13 年和 2×14 年母公司按权益法进行调整的会计分录。

② 分别编制 2×13 年和 2×14 年与合并财务报表有关的抵销分录。

6. 案例题

2×13 年 1 月 1 日，甲公司以 82 万元收购了乙公司 80%的股权，收购日乙公司资产账面价值 20 万元，公允价值 150 万元，负债 60 万元。股权取得日，乙公司的会计师将本公司的资产按公允价值调整了账面价值，同时也将乙公司资本公允价值与原账面价值的差异记入了营业外收入。年末注册会计师对乙公司进行审计后指出乙公司所做的会计处理与现行会计制度的要求不符。要求乙公司予以调整。

假设你是乙公司的会计，你会接受注册会计师的意见吗？你认为乙公司应如何处理才符合现行会计制度？

第4篇

国际会计

- 外币业务会计
- 外币报表折算
- 物价变动会计

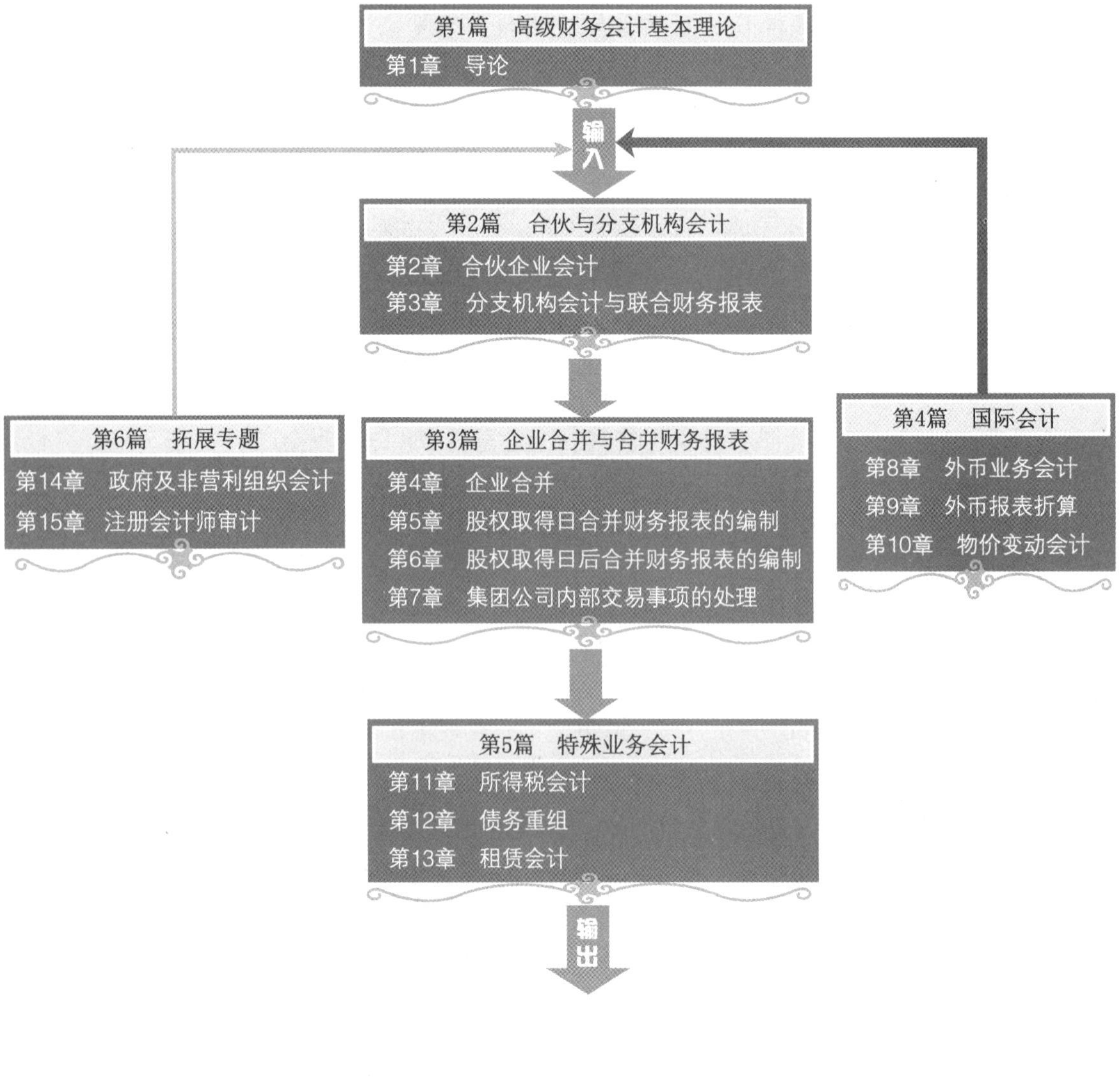

第 8 章　外币业务会计

重要概念

- 外币交易
- 即期汇率
- 远期汇率
- 汇兑损益

引言 在许多国家，外币被看成一种商品或一种货币市场工具，买卖外币会使两国货币之间的汇率发生变动。随着经济的全球化，外币交易业务逐渐频繁。本国企业必须把外币计价的交易折算为本国货币来记账，此时涉及相应的折算汇率的选择和汇兑损益的处理问题。本章主要分类阐述三种常见的外币交易及相关会计事项发生时会计期末的确认与计量。

8.1　外币交易的概念、种类及记账方法

8.1.1　外币交易的概念和种类

外币交易，是指以外币计价或者结算的交易。外币是企业记账本位币以外的货币。

外币折算准则规范的外币交易包括如下项目。

1. 买入或者卖出以外币计价的商品或者劳务

一般包括以外币买卖商品及以外币结算劳务。上述的商品可以是有实物形态（如存货、固定资产），也可以是无实物形态（如无形资产、债权、股权）。如以人民币为记账本位币的国内 A 公司向国外 B 公司买入原材料，以美元结算货款；A 公司购买 S 公司发行的 H 股股票。企业与银行发生货币兑换业务，也属外币交易。

2. 借入或借出外币资金

企业向银行或非银行金融机构借入以记账本位币以外的货币表示的资金，或者银行或非银

行机构向人民银行、其他银行或非银行金融机构借贷以记账本位币以外的货币表示的资金，以及发行以外币计价或结算的债券等。如以人民币为记账本位币的A公司从中国银行借入美元。

3. 其他以外币计价或结算的交易

如接受外币现金的捐赠。

8.1.2 外币交易的记账方法

外币交易的记账方法有外币统账制和外币分账制两种。

外币统账制是指企业在发生外币交易时，即折算为记账本位币入账。

外币分账制是指企业在日常核算时分别币种记账，资产负债表日，分别货币性项目和非货币性项目进行调整：货币性项目按资产负债表日即期汇率折算，非货币性项目按交易日即期汇率折算；产生的汇兑差额计入当期损益。

在我国，大多数企业采用外币统账制，少数金融企业（如银行）外币交易频繁，涉及外币币种较多，则采用外币分账制记账方法进行日常核算。

本章主要介绍使用于多数企业外币交易的外币统账制。

8.2 外币统账制下外币账户的设置及外币交易业务核算程序

8.2.1 外币统账制下外币账户的设置

对外币交易的核算不单独设置科目，外币业务涉及账户的核算如图8-1所示。

银行存款

银行存款增加 银行存款增加（美元）	银行存款减少 银行存款减少（美元）
期末银行存款余额	

图8-1 外币业务涉及账户的核算

货币性项目即企业持有的货币和将以固定或可确定金额的货币收取的资产或者偿付的负债，因汇率变动而产生的外币交易金额的差额在“财务费用”科目下二级科目“汇兑差额”反映。该科目借方反映因汇率变动而产生的汇兑损失，贷方反映因汇率变动而产生的汇兑收益，期末余额结转入“本年利润”科目。相关的汇兑差额的核算如图8-2所示。

财务费用——汇兑差额

汇兑损失	汇兑收益
期末余额转入本年利润	期末余额转入本年利润

图8-2 相关的汇兑差额的核算

8.2.2　外币统账制下外币交易业务的会计核算程序

首先，将外币金额按照交易日的即期汇率或即期汇率的近似汇率折算为记账本位币金额，按照折算后的记账本位币金额登记有关账户；同时按照外币金额登记相应的外币账户。

期末，将所有外币货币性项目的外币余额，按照期末即期汇率折算为记账本位币金额，并与原记账本位币金额相比较，其差额记入“财务费用——汇兑差额”科目。

最后，结算外币货币性项目时，将其外币结算金额按照当日即期汇率折算为记账本位币金额，并与原记账本位币金额相比较，其差额记入“财务费用——汇兑差额”科目。

8.2.3　汇兑损益的计算和处理

期末汇兑损益的计算可以用如下公式来表示：

汇兑损益＝期末汇率折合的记账本位币余额－账面记账本位币余额

＝期末外币账户外币余额×期末汇率－账面记账本位币金额

汇兑损益属于生产经营期间的，计入当期损益；属于筹建期间的，计入长期待摊费用；属于与购建固定资产有关的借款产生的汇兑损益，按照借款费用资本化的原则进行处理。

8.3　即期汇率和即期汇率的近似汇率

8.3.1　即期汇率的选择

汇率是指两种货币相兑换的比率，是一种货币用另一种货币单位所表示的价格。银行给出的汇率有三种表示方式：买入价、卖出价和中间价。买入价指银行买入其他货币的价格，卖出价指银行出售其他货币的价格，中间价是银行买入价与卖出价的平均价。

无论买入价还是卖出价，均是立即交付的结算价格，都是即期汇率，即期汇率是相对于远期汇率而言的，远期汇率是在未来某一日交付时的结算价格。为方便核算，准则中企业用于记账的即期汇率一般指当日中国人民银行公布的人民币汇率的中间价。但是，在企业发生单纯的货币兑换交易或涉及货币兑换的交易时，仅用中间价不能反映货币买卖的损益，需要使用买入价或卖出价折算。

8.3.2　即期汇率的近似汇率

在汇率变动不大时，为简化核算，企业也可以选择即期汇率的近似汇率折算。即期汇率的近似汇率是“按照系统合理的方法确定的、与交易发生日即期汇率近似的汇率”，通常是指当期平均汇率或加权平均汇率等。加权平均汇率需要采用外币交易的外币金额作为权重进行计算。

确定即期汇率的近似汇率的方法应在前后各期保持一致。如果汇率波动使得采用即期汇率的近似汇率折算不适当时，应当采用交易发生日的即期汇率折算。

8.4 外币交易的会计处理

8.4.1 交易日的会计处理

企业发生外币交易的，应在初始确认时采用交易日的即期汇率或即期汇率的近似汇率将外币金额折算为记账本位币金额。这里的即期汇率可以是外汇牌价的买入价或卖出价，也可以是中间价，在与银行不进行货币兑换的情况下，一般以中间价作为即期汇率。

1. 买入或者卖出以外币计价的商品或者劳务

【例 8-1】 A 股份有限公司外币业务采用业务发生时的市场汇率折算。2×14 年 6 月 12 日本公司从境外购入一台机器设备，价款为 100 000 美元，购入该设备时的市场汇率为 1 美元＝7.60 元人民币，款项尚未支付。

有关分录如下：

借：固定资产——机器设备　　(100 000×7.60) 760 000
　　贷：应付账款——美元户　　(100 000 美元×7.60) 760 000

2. 借入或借出外币资金。

企业借入外币时：

一方面，按照借入外币时的市场汇率折算为记账本位币入账；另一方面，按照借入外币的金额登记相关的外币账户。

【例 8-2】 A 股份有限公司外币业务采用业务发生时的市场汇率折算。2×14 年 7 月 1 日从中国银行借入 1 500 000 美元，期限为 9 个月，借入的外币暂存银行。借入时的市场汇率为 1 美元＝7.40 元人民币。

有关分录如下：

借：银行存款——美元户　　(1 500 000 美元×7.40) 11 100 000
　　贷：短期借款——美元户　　(1 500 000 美元 ×7.40) 11 100 000

3. 其他以外币计价或结算的交易

（1）外币兑换业务

①企业卖出外币

一方面，将实际收取的记账本位币（按照外币买入价折算的记账本位币金额）登记入账；另一方面，按照当日市场汇率将卖出的外币实际收入的记账本位币金额，与付出的外币按当日市场汇率折算为记账本位币之间的差额，作为汇兑损益。

【例 8-3】 乙公司外币业务采用业务发生时的市场汇率折算。本期将 50 000 美元到银行兑换为人民币，银行当日的美元买入价为 1 美元＝7.55 元人民币，当日市场汇率为 1 美元＝7.60 元人民币。

有关分录如下：

借：银行存款(人民币户)　　(50 000×7.55) 377 500
　　财务费用　　2 500

贷：银行存款——美元户　　50 000美元
(50 000×7.60) 380 000

②企业买入外币

一方面，将实际支付的记账本位币（按照外币卖出价折算的记账本位币金额）登记入账；另一方面，按照当日市场汇率将买入的外币实际收入的记账本位币金额，与付出的外币按当日市场汇率折算为记账本位币之间的差额，作为汇兑损益。

【例8-4】 乙公司外币业务采用业务发生时的市场汇率折算。本期将向银行买入50 000美元，银行当日的美元卖出价为1美元=7.65元人民币，当日市场汇率为1美元=7.60元人民币。

有关分录如下：

借：银行存款(美元户)　　(50 000×7.65) 382 500
　　贷：银行存款——人民币户(50 000×7.60)　　380 000
　　　　财务费用　　2 500

（2）收到外币投资

企业收到投资者以外币投入的资本，无论是否有合同约定汇率，均不采用合同约定汇率和即期汇率的近似汇率折算，而是采用交易日即期汇率折算，这样，外币投入资本与相应的货币性项目的记账本位币金额相等，不产生外币资本折算差额。

【例8-5】 A股份公司与外商签订的投资合同，外商注入资本3 000 000美元，投资合同约定的汇率是1美元=7.7元人民币。2×14年7月1日，A股份有限公司收到外商投入资本3 000 000美元，当日即期汇率为1美元=7.8元人民币。

有关分录如下：

2×14年7月1日，收到外币资本时：

借：银行存款——美元　　(3 000 000×7.8) 23 400 000
　　贷：股本　　23 400 000

8.4.2 期末调整或结算

期末，企业应当分别外币货币性项目和外币非货币性项目进行处理。

1. 货币性项目

货币性项目是企业持有的货币和将以固定或可确定金额的货币收取的资产或者偿付的负债。例如现金、银行存款、应收账款、其他应收款、长期应收款、应付账款、其他应付款、短期借款、应付债券、长期借款、长期应付款等。

期末或结算货币性项目时，应以当日即期汇率折算外币货币性项目，该项目因当日即期汇率不同于该项目初始入账时或前一期末即期汇率而产生的汇率差额计入当期损益。

【例8-6】 沿用例8-1，2×14年6月30日，A股份有限公司尚未支付所欠固定资产款项。当日即期汇率为1美元=7.55元人民币。应付款按期末即期汇率折算为755 000元人民币(100 000×7.55)，与该款项原记账本位币之差5 000元人民币冲减当期损益。

有关分录如下：

借：应付账款——乙公司(美元)　　5 000
　　贷：财务费用——汇兑差额　　5 000

【例8-7】 沿用例8-2，9个月后，A股份有限公司归还全部借款，此时的即期汇率为1美元=7.45元人民币。

有关分录如下：

借：短期借款——美元户　　(1 500 000美元×7.45) 11 175 000

　贷：银行存款——美元户　　(1 500 000美元×7.45) 11 175 000

借：财务费用——汇兑差额　　75 000

　贷：短期借款——美元户　　75 000

2. 非货币性项目

非货币性项目是货币性项目以外的项目，如存货、预付账款、长期股权投资、固定资产、无形资产等。

（1）对于以历史成本计量的外币非货币性项目，已在交易发生日按当日即期汇率折算，资产负债表日不应改变其原记账本位币金额，不产生汇兑差额。

【例8-8】 外商投入A股份有限公司的外币资本3 000 000美元已按当日即期汇率折算为人民币并记入“股本”账户，属于非货币性项目。期末不需要按照当日即期汇率进行调整。

（2）对于以成本与可变现净值孰低计量的存货，如果其可变现净值以外币确定，则在确定存货的期末价值时，应先将可变现净值折算为记账本位币，再与以记账本位币反映的存货成本进行比较。

【例8-9】 A股份有限公司外币业务采用业务发生时的市场汇率折算。2×14年7月5日，从境外购入甲商品1 000件，单价5美元，当日的即期汇率为1美元=7.30元人民币，货款已付。2×14年7月31日，甲商品由于环境变动单价下降为4.5美元，当日的即期汇率为1美元=7.25元人民币。假设不考虑相关税费的影响。

2×14年7月5日，有关分录如下：

借：库存商品　　(5×1 000×7.30) 36 500

　贷：银行存款——美元　　(5×1 000×7.30) 36 500

2×14年7月31日，有关分录如下：

借：资产减值损失　　3 875

　贷：存货跌价准备　　3 875

（3）对于以公允价值计量的股票、基金等非货币性项目，如果期末的公允价值以外币反映，则应当先将该外币按照公允价值确定当日的即期汇率折算为记账本位币金额，再与原记账本位币金额进行比较，其差额作为公允价值变动损益，记入当期损益。

【例8-10】 A股份有限公司外币业务采用业务发生时的市场汇率折算。2×14年7月5日以每股7港元的价格购入B公司的H股10 000股作为交易性金融资产，当日汇率为1港元=1元人民币，款项已支付。2×14年7月31日，当月购入的乙公司H股的市价变为每股8元，当日汇率为1港元=0.9元人民币。假设不考虑相关税费的影响。

2×14年7月5日，有关分录如下：

借：交易性金融资产　　(7×10 000×1) 70 000

　贷：银行存款——港币户　　(7×10 000×1) 70 000

2×14年7月31日，有关分录如下：

借：交易性金融资产　　2 000

　贷：公允价值变动损益　　2 000

本章小结

外币折算准则规范的外币交易包括①买入或者卖出以外币计价的商品或者劳务；②借入或借出外币资金；③其他以外币计价或结算的交易。外币交易的记账方法有外币统账制和外币分账制两种。从我国目前的情况看，绝大多数企业采用外币统账制，只有银行等少数金融企业由于外币交易频繁，涉及外币币种较多，可以采用分账制记账方法进行日常核算。本章主要介绍外币统账制。

外币统账制下外币交易业务的会计核算程序如下。

（1）将外币金额按照交易日的即期汇率或即期汇率的近似汇率折算为记账本位币金额，按照折算后的记账本位币金额登记有关账户；同时按照外币金额登记相应的外币账户。

（2）期末，将所有外币货币性项目的外币余额，按照期末即期汇率折算为记账本位币金额，并与原记账本位币金额相比较，其差额记入“财务费用——汇兑差额”科目。

（3）结算外币货币性项目时，将其外币结算金额按照当日即期汇率折算为记账本位币金额，并与原记账本位币金额相比较，其差额记入“财务费用——汇兑差额”科目。

思考与练习题

1. 外币的“买入价”和“卖出价”的含意是什么？什么是“中间价”？

2. 在哪些情况下将发生外币交易？

3. A 股份有限公司以人民币作为记账本位币，外币业务采用发生时的市场汇率折算，按季计算外币账户的汇兑差额。

（1）A 公司 2×14 年第三季度发生以下交易或事项。

a）7 月 6 日，收到国外 B 公司追加的外币资本投资 1 000 万美元，款项于当日存入银行，当日市场汇率为 1 美元＝7.24 元人民币。

A 公司与 B 公司的投资合同于 2×14 年 4 月 10 日签订。投资合同中对外币资本投资的约定汇率为 1 美元＝7.20 元人民币。签约当日市场汇率为 1 美元＝7.18 元人民币。

b）8 月 8 日，出口销售商品一批，售价为 120 万美元。该商品销售已符合收入的确认条件，但款项还没收到。当日市场汇率为 1 美元＝7.24 元人民币。

c）8 月 12 日，偿还应付国外 C 公司的货款 80 万美元，款项已通过美元账户划转。当日市场汇率为 1 美元＝7.23 元人民币。

d）8 月 28 日，收到应收国外 D 公司的货款 60 万美元，款项于当日存入银行，当日的市场汇率为 1 美元＝7.26 元人民币。

e）9 月 2 日，自国外进口原材料一批，材料价款 100 万美元，货款尚未支付，进口关税为 72.4 万人民币，支付进口增值税为 135.95 万人民币。当日市场汇率为 1 美元＝7.24 元人民币。

（2）其他相关资料如下。

a）2×14 年第三季度期初甲公司有关外币账户的余额见题表 8-1。

题表 8-1　甲公司有关外币账户的余额

项　目	美元金额	汇率（美元:人民币）	折合人民币金额
银行存款（美元户）	400（借方）	1:7.22	2 888（借方）
应收账款（美元户）	150（借方）	1:7.22	1 083（借方）
应付账款（美元户）	110（贷方）	1:7.22	794.2（贷方）

b）2×14 年 9 月 30 日，当日的市场汇率为 1 美元=7.25 元人民币。

c）假设不考虑上述交易过程中的相关税费。

要求：

（1）根据上述经济业务编制会计分录;

（2）根据上述资料，填写所列账户 2×14 年第三季度发生额和经调整汇兑差额后的期末余额;

（3）对 A 公司 2×14 年第三季度外币账户汇兑差额汇总进行账务处理。

（答案中的单位以万元表示）。

第9章　外币报表折算

重要概念

- 现行汇率
- 现行汇率法
- 流动性与非流动性项目法
- 历史汇率
- 货币性与非货币型项目法
- 时态法

引言 外币报表折算问题从它产生之日起就被列为财务会计的难题之一。即使是在世界经济不断发展、全球资本市场更加成熟、会计实务界出现许多新的事物和现象的今日，外币报表折算问题仍是会计理论界与实务界关注的焦点之一。这不仅仅是因为外币报表折算问题本身的复杂性，而且更在于它与合并财务报表、物价变动会计之间相互关联的复杂性。本章主要介绍外币报表折算的意义与外币报表折算的各种方法，重点与难点是外币报表折算方法与比较。

9.1　外币报表折算概述

9.1.1　外币报表折算的目的与意义

外币报表折算，是指为了特定的目的，将以外币表示的报表折算为以记账本位币（功能性货币）或者另一种特定的货币表示的财务报表的特定的会计处理程序。其实质是对报表的重新表述，而不涉及不同货币的实际交换。因此从理论上来讲，外币报表折算不应该影响资产、负债的计量基础，或者影响收入与费用的确认时间，以及改变计量项目的属性。

外币报表折算都是为了特定的目的而进行，一般来讲，其主要有以下几个目的。

（1）为不同信息使用者提供特定的会计报表

在当今世界，无论是发达国家还是发展中国家，均不同程度地吸引外国投资者对本国企业的投资，为了使不同货币观念的报表使用者便于理解与阅读，必须将以本国货币作为记账本位币的财务报表折算成以外币表达的财务报表。

（2）向外国证券市场提供会计报表，便于国际市场融资

随着国际资本市场的不断发展，到国际资本市场融资以满足本国对资金的需求，已成为企业发展的必要。为了在外国证券市场上发行股票和债券，就必须提供本企业的会计报表，这就需要在文字翻译的同时，再将以本国货币作为记账本位币的财务报表折算成以外币表达的财务报表。

（3）为了编制跨国公司的合并会计报表

随着全球经济一体化的发展，跨国公司不断涌现，产生了大量的母公司和子公司，他们分别是独立的法律主体和会计主体，在一般情况下，分别以公司所在国的货币为记账本位币编制财务报表。但是母子公司同时又组成了一个经济实体，为了反映跨国公司作为一个整体的财务状况、经营成果以及现金流动情况，需要编制合并会计报表，以满足跨国公司的股东和债权人等的决策需要。虽然合并会计报表一般是把母公司和子公司的相关项目相加并采用调整、抵销内部交易、合并的程序，但是处理这些项目时，必须先按同一货币单位折算，这就需要对子公司用外币表示的报表进行折算。

如果外币报表折算的目的是为了编制合并报表，则应特别注意两点。

第一，在折算之前，应当统一母公司与国外子公司的会计报表决算日和会计期间，使两者保持一致。若两者不一致时，应当按照母公司本身会计报表决算日和会计期间，对子公司会计报表进行调整，根据调整后的会计报表进行折算，或者要求国外子公司按照母公司的要求编报相同会计期间的会计报表。

第二，母公司应当尽可能统一母公司与国外子公司所采用的会计政策和会计处理方法，使两者保持一致。当两者不一致时，母公司应当按照本身规定的会计政策和会计处理方法对子公司的会计报表进行必要的调整，根据调整后的会计报表进行折算。依据重要性原则，如果国外子公司所采用的会计政策和会计处理方法与母公司的要求差异不大，母公司也可直接根据该会计报表进行折算。

9.1.2 外币报表折算的会计问题

外币报表折算问题作为财务会计难题之一，其困难源于汇率的变动。如果汇率固定不变，则外币报表的折算就是轻而易举的事情。在浮动汇率制度下，由于汇率经常变动，外币报表的折算面临以下两个问题。

1. 折算汇率与方法的选择

外币报表各个项目的折算，可供选择的汇率有三种：

（1）现行汇率；

（2）历史汇率；

（3）平均汇率。

对于不同的报表项目是采用不同的汇率来折算还是将所有的报表项目均按照统一的汇率进行折算。若采用不同的汇率折算，各项目应该选择何种汇率，选择的依据是什么，这是外币报表折算所面临的第一个难题。

2. 折算损益（折算差额）的处理

在报表折算中，各项目采用不同的汇率折算会产生外币报表折算差额，这是一种未实现损

益，对于这部分外币报表折算汇兑损益如何处理成为了外币报表折算的第二个难题。

9.2　外币报表折算方法

外币报表折算的方法是指企业财务报表所列示的资产、负债、收入以及费用按照何种汇率折算以及产生的外币折算汇兑损益如何处理。国际上常用的折算方法主要有两类：单一汇率法、多种汇率法。多种汇率法是指以不同的汇率折算财务报表的有关项目，具体又可分为流动与非流动项目法、货币-非货币项目法、时态法。相关分类见表 9-1。

表 9-1　外币报表的折算方法

选用的汇率	折 算 方 法
单一汇率法	现行汇率法
多种汇率法	流动与非流动项目法
	货币-非货币项目法
	时态法

9.2.1　现行汇率法

1．方法

现行汇率法（current rate method），又称单一汇率法，在这种方法下：

（1）资产负债表中的所有资产、负债项目都按照编报表日的现行汇率（期末汇率）进行折算，所有者权益项目中除“未分配利润”以外，按照收到时的历史汇率进行折算；

（2）损益表中的收入、费用项目采用现行汇率或平均汇率（简化起见）进行折算。

【例 9-1】国内甲公司的记账本位币为人民币，该公司在境外有一家 100%控股的子公司乙，乙公司确定的记账本位币为美元。假定有关资料如下。

期初汇率为 1 美元＝7.6 元人民币，期末汇率为 1 美元＝7.2 元人民币，本期平均汇率为 1 美元＝7.4 元人民币，实收资本、资本公积发生日的即期汇率为 1 美元＝7.5 元人民币。甲公司采用现行汇率法进行折算。为简化起见，利润表项目根据本期平均汇率进行折算，乙公司折算前后的财务报表见表 9-2 和表 9-3。

表 9-2　已折算利润表及利润分配表　　单位：万元

项　目	美 元 金 额	折 算 汇 率	人民币金额
一、营业收入	20 000	7.4	148 000
减：营业成本	11 000	7.4	81 400
营业税金及附加	1 000	7.4	7 400
管理费用（除折旧）	1 000	7.4	7 400
折旧费用	1 000	7.4	7 400
销售费用	1 500	7.4	11 100
财务费用	300	7.4	2 220

续表

项　目	美元金额	折算汇率	人民币金额
加：投资收益	1 300	7.4	9 620
二、营业利润	5 500		40 700
加：营业外收入	1 600	7.4	11 840
减：营业外支出	200	7.4	1 480
三、利润总额	6 900		51 060
减：所得税费用	1 725	7.4	12 765
四、净利润	5 175		38 295
加：年初未分配利润	488		3 806
五、可供分配利润	5 663		42 101
减：利润分配	2 450	7.4	18 130
六、未分配利润	3 213		23 971

表 9-3　已折算资产负债表

单位：万元

资　产	美元金额	折算汇率	人民币金额	负债及所有者权益	美元金额	折算汇率	人民币金额
货币资金	1 000	7.2	7 200	流动负债	25 000	7.2	180 000
应收账款	32 000	7.2	230 400	长期负债	59 187	7.2	426 146
存货	63 000	7.2	453 600	实收资本	160 000	7.5	1 200 000
长期投资	83 000	7.2	597 600	未分配利润	3 213		23 971
固定资产	68 400	7.2	492 480	外币报表折算差额			−48 837
合计	247 400		1 781 280	合计	247 400		1 781 280

未分配利润项目 23 971 万元是根据利润分配表中的“未分配利润”项目的金额列示。

外币报表折算差额＝1 781 280−(180 000＋426 146＋1 200 000＋23 971)＝−48 837(万元)

2. 现行汇率法的优缺点

（1）优点。该方法简便易行，折算后资产负债表各项目仍能保持原外币报表中各项目之间的比例关系。

（2）缺点。首先，该种方法下被折算的外币报表各项目都承受着相同的汇率风险，这显然是不合理的；其次，在历史成本计量模式下，采用现行汇率折算以历史成本计价的项目，使得折算后的金额既不是母公司所在国货币表示的历史成本，也不是外币的历史成本，既不是现行市价，也不是可变现净值。因此这种方法在理论上缺乏依据，导致折算报表的某些项目的实际价值被歪曲，影响了报表的真实性。该种方法适用于国外独立经营的经营实体及国内以某种外币作为记账本位币的企业外币报表折算。

9.2.2　流动与非流动项目法

1. 方法

流动与非流动项目法（current-noncurrent method）是将资产与负债项目区分为流动性项目与非流动性项目两大类，将流动性项目按现行汇率折算，非流动性项目按历史汇率折算的一种外币报表折算方法。在这种方法下：

（1）对于流动资产与流动负债各项目按编表日现行汇率折算，其他资产负债表项目，除未分配利润项目之外，均按历史汇率折算；

（2）利润表上的折旧费用、摊销费用项目，按有关资产取得时的历史汇率折算，其他收入或费用项目均按编表期的平均汇率折算。

【例 9-2】根据例 9-1 有关资料，假定期初汇率为 1 美元=7.6 元人民币，期末汇率为 1 美元=7.2 元人民币，本期平均汇率为 1 美元=7.4 元人民币，实收资本、资本公积发生日的即期汇率为 1 美元=7.5 元人民币，固定资产取得日的汇率为 1 美元=7.5 元人民币，子公司进行长期股权投资时的汇率为 1 美元=7.3 元人民币，长期负债发生日的汇率为 1 美元=7.6 元人民币。甲公司采用流动-非流动项目法对子公司的报表进行折算，乙公司折算前后的财务报表见表 9-4 和表 9-5。

表 9-4　已折算资产负债表　　单位：万元

资　产	美元金额	折算汇率	人民币金额	负债及所有者权益	美元金额	折算汇率	人民币金额
货币资金	1 000	7.2	7 200	流动负债	25 000	7.2	180 000
应收账款	32 000	7.2	230 400	长期负债	59 187	7.6	449 821
存货	63 000	7.2	453 600	实收资本	160 000	7.5	1 200 000
长期投资	83 000	7.3	605 900	未分配利润	3 213		−19 721
固定资产	68 400	7.5	513 000	外币报表折算差额			
合计	247 400		1 810 100	合计	247 400		1 810 100

表 9-5　已折算利润表及利润分配表　　单位：万元

项　目	美元金额	折算汇率	人民币金额
一、营业收入	20 000	7.4	148 000
减：营业成本	11 000	7.4	81 400
营业税金及附加	1 000	7.4	7 400
管理费用（除折旧）	1 000	7.4	7 400
折旧费用	1 000	7.5	7 500
销售费用	1 500	7.4	11 100
财务费用	300	7.4	2 220
加：投资收益	1 300	7.4	9 620
二、营业利润	5 500		40 600
加：营业外收入	1 600	7.4	11 840
减：营业外支出	200	7.4	1 480
三、利润总额	6 900		50 960
减：所得税费用	1 725	7.4	12 765
四、净利润	5 175		38 195
加：年初未分配利润	488		3 806
五、可供分配利润	5 663		42 001
减：利润分配	2 450	7.4	18 130
六、调整前未分配利润	3 213		23 871
加：外币报表折算损益			−43 592
七、调整后未分配利润			−19 721

2．流动与非流动项目法优缺点

（1）优点。流动与非流动项目法对流动资产和流动负债均按照现行汇率法折算，有利于对公司营运资金进行分析。

（2）缺点。在折算汇率的选用标准方面缺乏足够的理论依据；对长期应收款、长期应付款、长期银行借款和应付债券等项目采用历史汇率折算，没有反映这些项目承受了汇率风险这一事实；对流动资产按照现行汇率进行折算，意味着存货、应收账款等都应该承受汇率变动风险，这对以历史成本计价的存货是不恰当的，因此该方法在一定程度上歪曲了企业的经营业绩。

9.2.3 货币-非货币项目法

1. 方法

货币-非货币项目法（monetary-nonmonetary method）是将资产与负债项目分为货币性项目与非货币性项目，将货币性项目按现行汇率折算，非货币性项目按历史汇率折算的一种外币报表折算方法。

货币性项目是指企业所持有的货币以及将以固定金额或可确定金额收回的资产和付出的负债，包括现金、应收账款、应收票据等金额固定的长短期债券等；除此之外则属于非货币性项目。这种方法和流动与非流动法的区别在于对存货项目、投资项目的处理上有差异。在这种方法下：

（1）货币性项目采用资产负债表的现行汇率进行折算，非货币性项目和所有者权益项目采用历史汇率进行折算；

（2）利润表项目中，折旧及摊销费用按照有关资产的历史汇率折算。销货成本则是在对期初存货、期末存货、当期存货分别进行折算的基础上，按照“期初存货＋本期购货－期末存货＝当期销货”的公式来确定的。其中期初和期末存货以历史汇率折算，当期购货以当期平均汇率折算。其他收入和费用项目按当期平均汇率折算。

【例 9-3】 根据例 9-1 和例 9-2 的有关资料，假定期初汇率为 1 美元＝7.6 元人民币，期末汇率为 1 美元＝7.2 元人民币，本期平均汇率为 1 美元＝7.4 元人民币，实收资本、资本公积发生日的即期汇率为 1 美元＝7.5 元人民币，固定资产取得日的汇率为 1 美元＝7.5 元人民币，存货取得时的汇率为 1 美元＝7.45 元人民币，子公司进行长期股权投资时的汇率为 1 美元＝7.3 元人民币，长期负债发生日的汇率为 1 美元＝7.6 元人民币，利润支付日的汇率为 1 美元＝7.5 元人民币。甲公司采用货币-非货币项目法对子公司的报表进行折算，乙公司折算前后的财务报表见表 9-6 和表 9-7。

表 9-6　已折算资产负债表　　单位：万元

资产	美元金额	折算汇率	人民币金额	负债及所有者权益	美元金额	折算汇率	人民币金额
货币资金	1 000	7.2	7 200	流动负债	25 000	7.2	180 000
应收账款	32 000	7.2	230 400	长期负债	59 187	7.2	426 146
存货	63 000	7.45	469 350	实收资本	160 000	7.5	1 200 000
长期投资	83 000	7.3	605 900	未分配利润	3 213		19 704
固定资产	68 400	7.5	513 000	外币报表折算差额			
合计	247 400		1 825 850	合计	247 400		1 825 850

表 9-7　已折算利润表及利润分配表　　单位：万元

项目	美元金额	折算汇率	人民币金额
一、营业收入	20 000	7.4	148 000
减：营业成本	11 000	7.4	81 400
营业税金及附加	1 000	7.4	7 400
管理费用（除折旧）	1 000	7.4	7 400
折旧费用	1 000	7.5	7 500
销售费用	1 500	7.4	11 100

续表

项　目	美元金额	折算汇率	人民币金额
财务费用	300	7.4	2 220
加：投资收益	1 300	7.4	9 620
二、营业利润	5 500		40 600
加：营业外收入	1 600	7.4	11 840
减：营业外支出	200	7.4	1 480
三、利润总额	6 900		50 960
减：所得税费用	1 725	7.4	12 765
四、净利润	5 175		38 195
加：年初未分配利润	488		3 806
五、可供分配利润	5 663		42 001
减：利润分配	2 450	7.5	18 375
六、调整前未分配利润	3 213		23 626
加：外币报表折算损益			−3 922
七、调整后未分配利润			19 704

2．货币－非货币项目法优缺点

（1）优点。较流动－非流动项目法有较大改进，能够反映汇率变动对不同资产和负债项目的影响，体现了货币性项目承受汇率风险这一事实，也避免了历史成本计价的存货在前一种方法中的折算问题。

（2）缺点。在确定各项目的折算汇率时所依据的依然是对报表项目的分类，并没有充分的依据说明这种分类和不同汇率之间的直接联系，例如，有些非货币性项目如果按市价进行计价的话，采用历史汇率折算与市价计量基础相矛盾。

9.2.4　时态法

1．方法

时态法（temporal method）又称时间量度法，是指对现金、应收及应付项目按现行汇率折算，对其他的资产和负债项目则根据其性质分别按历史汇率或现行汇率折算。该方法下的汇率选择只能改变计量单位，不能改变原有的计量属性。采用时态法折算时，分别按照其计量所属日期的汇率进行折算。具体来讲，在这种方法下：

（1）对现金、应收及应付项目按现行汇率折算，对其他的资产和负债项目则根据其性质分别按历史汇率或现行汇率折算，按历史成本反映的非货币性资产采用历史汇率折算，按现行汇率反映的非货币性资产采用现行汇率进行折算；对所有者权益中除未分配利润以外的项目均采用历史汇率，未分配利润为轧算的平衡数；

（2）利润表中的收入和费用等的处理与货币-非货币项目法下的处理基本相同。

【例 9-4】仍沿用例 9-1、例 9-2 和例 9-3，假定期初汇率为 1 美元＝7.6 元人民币，期末汇率为 1 美元＝7.2 元人民币，本期平均汇率为 1 美元＝7.4 元人民币，实收资本、资本公积发生日的即期汇率为 1 美元＝7.5 元人民币，固定资产取得日的汇率为 1 美元＝7.5 元人民币，并假设存货和长期股权投资均按照市价计量。甲公司采用时态法对子公司的报表进行折算，则乙公司折算前后的财务报表见表 9-8 和表 9-9。

表 9-8 已折算资产负债表 单位：万元

资产	美元金额	折算汇率	人民币金额	负债及所有者权益	美元金额	折算汇率	人民币金额
货币资金	1 000	7.2	7 200	流动负债	25 000	7.2	180 000
应收账款	32 000	7.2	230 400	长期负债	59 187	7.2	426 146
存货	63 000	7.2	453 600	实收资本	160 000	7.5	1 200 000
长期投资	83 000	7.2	597 600	未分配利润	3 213		−4 346
固定资产	68 400	7.5	513 000	外币报表折算差额			
合计	247 400		1 801 800	合计	247 400		1 801 800

表 9-9 已折算利润表及利润分配表 单位：万元

项目	美元金额	折算汇率	人民币金额
一、营业收入	20 000	7.4	148 000
减：营业成本	11 000	7.4	81 400
营业税金及附加	1 000	7.4	7 400
管理费用（除折旧）	1 000	7.4	7 400
折旧费用	1 000	7.5	7 500
销售费用	1 500	7.4	11 100
财务费用	300	7.4	2 220
加：投资收益	1 300	7.4	9 620
二、营业利润	5 500		40 600
加：营业外收入	1 600	7.4	11 840
减：营业外支出	200	7.4	1 480
三、利润总额	6 900		50 960
减：所得税费用	1 725	7.4	12 765
四、净利润	5 175		38 195
加：年初未分配利润	488		3 806
五、可供分配利润	5 663		42 001
减：利润分配	2 450	7.5	18 375
六、调整前未分配利润	3 213		23 626
加：外币报表折算损益			−27 972
七、调整后未分配利润			−4 346

2. 时态法的优缺点

（1）优点。只改变了外币报表各项目的计量单位，而没有改变其计量属性。它是以各项目的计量属性作为选择折算汇率的依据，具有较强的理论依据。可以说是对货币-非货币项目法的进一步改善。

（2）缺点。该种方法把折算损益包括在当期损益中，一旦汇率发生变动，可能导致收益的变动，甚至可能使得原来报表的利润经折算后变为亏损，或者亏损折算后变为利润；对负债率较高的企业，在汇率波动较大时，会导致折算损益发生重大变化，不利于利润的平稳；这种方法改变了原来报表项目的比例关系，据此计算的财务比率不符合实际情况。

9.2.5　四种方法的比较

1. 不同折算方法的折算汇率比较

在不同折算方法下的财务报表各项目的折算汇率比较见表 9-10。

表 9-10　不同折算方法的折算汇率比较

项　目		现行汇率法	流动-非流动项目法	货币-非货币项目法	时　态　法
现金		C	C	C	C
应收账款		C	C	C	C
存货	按成本计价	C	C	H	H
	按市价计价	C	C	H	C
投资	按成本计价	C	H	H	H
	按市价计价	C	H	H	C
固定资产		C	H	H	H
无形资产		C	H	H	H
应付账款		C	C	C	C
长期负债		C	H	C	C
实收资本		H	H	H	H
留存收益		B	B	B	B
收入和费用		A	A	A	A
折旧和摊销费用		A	H	H	H

C：现行汇率，H：历史汇率，B：轧算平衡数，A：平均汇率

2. 不同折算方法折算结果比较

不同折算方法折算结果比较见表 9-11。

表 9-11　不同折算方法折算结果比较表

项　目	现行汇率法	流动与非流动项目法	货币性与非货币性项目法	时　态　法
资产	1 781 280	1 810 100	1 825 850	1 801 800
负债	606 146	629 821	606 146	606 146
所有者权益	1 223 971	1 180 279	1 219 704	1 195 654
净利润	38 295	38 195	38 195	38 195
外币报表汇兑损益	−48 837	−43 592	−3 922	−27 972
折算汇兑损益列示	资产负债表	利润分配表	利润分配表	利润分配表

9.3　外币报表折算差额的会计处理

在报表折算中，各项目采用不同的汇率折算会产生外币报表折算差额，对于该差额的处理，国际上主要有几种处理方法。

9.3.1　当期确认法

该方法认为汇率变动对损益的影响是客观存在的，只有将折算损益计入当期损益才能给报表使用者提供真实的信息。

9.3.2 递延法

该方法认为折算损益只是将外币表示的资产和负债以母公司货币的重新表述才产生的调整数，不是已经实现的损益，计入当期损益会导致信息使用者对企业盈利能力产生误解。

9.3.3 其他方法

该方法认为将折算损失计入当期损益，折算利得递延。这是一种介于前两种方法之间的方法。采用这种方法主要是基于稳健性的考虑。

9.4 我国外币报表折算

我国外币报表折算，包括境外子公司以外币表示的财务报表的折算，以及境内子公司采用与母公司记账本位币不同的外币编报的财务报表折算。

9.4.1 境外经营财务报表的折算

1. 折算方法

在对企业境外经营财务报表进行折算前，应当调整境外经营的会计期间和会计政策，使之与企业会计期间和会计政策相一致，根据调整后会计政策及会计期间编制相应货币（记账本位币以外的货币）的财务报表，再按照以下方法对境外经营财务报表进行折算。

（1）资产负债表中的资产和负债项目，采用资产负债表日的即期汇率折算，所有者权益项目除“未分配利润”项目外，其他项目采用发生时的即期汇率折算。

（2）利润表中的收入和费用项目，采用交易发生日的即期汇率或即期汇率的近似汇率折算。

（3）产生的外币财务报表折算差额，在编制合并会计报表时，应在合并资产负债表中所有者权益项目下单独作为“外币报表折算差额”项目列示。

2. 特殊项目的处理

（1）少数股东应分担的外币报表折算差额。在企业境外经营为其子公司的情况下，企业在编制合并财务报表时，应按少数股东在境外经营所有者权益中所享有的份额计算少数股东应分担的外币报表折算差额，并入少数股东权益列示于合并资产负债表。

（2）实质上构成对境外经营净投资的外币货币性项目产生的汇兑差额的处理。母公司含有实质上构成对子公司（境外经营）净投资的外币货币性项目的情况下，在编制合并财务报表时，应分别以下两种情况编制抵销分录：

① 实质上构成对子公司净投资的外币货币性项目以母公司或子公司的记账本位币反映，则应在抵销长期应收应付项目的同时，将其产生的汇兑差额转入“外币报表折算差额”项目。即借记或贷记“财务费用——汇兑差额”科目，贷记或借记“外币报表折算差额”；

② 实质上构成对子公司净投资的外币货币性项目以母、子公司的记账本位币以外的货币反映，则应将母、子公司此项外币货币性项目产生的汇兑差额相互抵销，差额转入“外币报表

折算差额”。

如果合并财务报表中各子公司之间也存在实质上构成对另一子公司（境外经营）净投资的外币货币性项目，在编制合并财务报表时应比照上述编制相应的抵销分录。

9.4.2 恶性通货膨胀经济情况下外币财务报表的折算

1. 恶性通货膨胀经济的判定

当一个国家经济环境显示出（但不局限于）以下特征时，应当判断该国处于恶性通货膨胀经济中：

（1）三年累计通货膨胀率接近或超过 100%；

（2）利率、工资和物价与物价指数挂钩；物价指数是物价变动趋势和幅度的相对数；

（3）一般公众不是以当地货币，而是以相对稳定的外币为单位作为衡量货币金额的基础；

（4）一般公众倾向于以非货币性资产或相对稳定的外币来保存自己的财富，持有的当地货币立即用于投资以保持购买力；

（5）即使信用期限很短，赊销、赊购交易仍按补偿信用期预计购买力损失的价格成交。

2. 处于恶性通货膨胀经济中境外经营财务报表的折算

企业在通过合并或权益法核算将处于恶性通货膨胀经济中境外经营的财务报表纳入本企业财务报表时，需要先对其财务报表进行重述：对资产负债表项目运用一般物价指数予以重述，对利润表项目运用一般物价指数变动予以重述。然后，按照重述后的财务报表进行折算。在境外经营不再处于恶性通货膨胀经济中时，应当停止重述，按照停止之日的价格水平重述的财务报表进行折算。

（1）资产负债表项目的重述。在对资产负债表项目进行重述时，由于现金、应收账款、其他应收款等货币性项目已经以资产负债表日的计量单位表述，因此不需要对其进行重述；通过协议与物价变动挂钩的资产和负债，应根据协议约定进行调整；非货币性项目中，有些是以资产负债表日的计量单位列示的，如存货如果已经以可变现净值列示，资产负债表日就不需要进行重述。其他非货币性项目，如固定资产、投资、无形资产等，应自购置日起以一般物价指数变动予以重述。

（2）利润表项目的重述。在对利润表项目进行重述时，所有项目金额都需要自其初始确认之日起，以一般物价指数变动进行重述，以使利润表的所有项目都以资产负债表日的计量单位表述。由于上述重述而产生的差额计入当期净利润。

对资产负债表和利润表项目进行重述后，再按资产负债表日的即期汇率对资产负债表项目和利润表项目进行折算。

9.4.3 境外经营的处置

企业可能通过出售、清算、返还股本或放弃全部或部分权益等方式处置其在境外经营中的利益。在包含境外经营的财务报表中，将已列入所有者权益的外币报表折算差额中与该境外经营相关部分，自所有者权益项目中转入处置当期损益；如果是部分处置境外经营，应当按处置的比例计算处置部分的外币报表折算差额，转入处置当期损益。

扩展内容8　FASB和IASB就外币报表折算方法的规定

当今世界上关于外币报表折算方法的争论主要在时态法和现行汇率法之间展开，其选择模式分为三种：采用现行汇率法，采用时态法，或两者兼用。下面主要介绍美国财务会计准则委员会（FASB）和国际会计准则委员会（IASB）对外币报表折算的相关规定。

一、美国第52号财务会计准则公告《外币折算》与“功能货币”概念

美国财务会计准则委员会（FASB）的第52号财务会计准则公告《外币折算》（SFAS NO.52）规定外币折算应达到以下两项目标：①在合并报表中反映按照每一个被合并的主体从事经营的主要通货（它的功能货币）所计量的财务结果和财务关系；②提供与汇率变动对企业的现金流影响和业主权益的预期经营影响相一致的信息。

功能货币是指国外主体从事经营活动的主要经济环境中的货币。上述两项目标无疑是以功能货币的择定为前提的，它反映被合并的子公司在经营管理上所持的货币观念。

（一）功能货币择定中的“母公司货币观点”与“子公司货币观点”

1. 母公司货币观点

在该观点下，子公司的经营活动不过是母公司经营活动的延伸，是国内公司经营的有机组成部分，从编制合并报表的要求来看，母公司的报告货币美元（本国货币）将被认为是该子公司的功能货币。采用时态法对外币报表进行重新计量。

2. 子公司货币观点

在该观点下，子公司是在生产经营和财务决策上有较大的自主权，并与国外经济环境融为一体的经济实体，从编制合并报表的要求来看，母公司的报告货币美元（本国货币）不再是该子公司的功能货币，而是子公司所在国的当地货币或者是第三货币，折算只是货币计量单位的换算，因此采用现行汇率法进行折算。

（二）选择功能货币的标准

在功能货币的选择上，第52号财务会计准则就现金流量、销售价格、销售市场等方面列举了各项选择标准，具体见表9-12。

表9-12　选择功能货币的标准

经济因素	功能货币为母公司报告货币	功能货币为子公司当地货币
现金流量	直接影响母公司的现金流量，经常汇回母公司	主要是当地货币，不影响或很少影响母公司的现金流量
销售价格	对汇率变动有反应，由世界范围内的竞争决定	对汇率变动基本无反应，主要由当地竞争支配
销售市场	主要是母公司所在国，以母公司通货标价	主要是在子公司所在东道国，以当地通货标价
费用	主要与从母公司进口生产要素有关	主要在当地环境中发生
理财	财源主要来自母公司或者依靠母公司偿付债务	主要通过当地经营活动来偿付与债务有关的支出
公司间交易	经常、大量	既不经常也不大量

二、第21号国际会计准则公告《汇率变动的影响》及国外主体的分类

第21号国际会计准则公告《汇率变动的影响》与SFAS NO.52的见解十分类似，它从国外经营与报告企业之间的融资和经营关系上的特点出发，把国外经营分为“母公司经营整体组成

部分”和“国外实体”两种，并且认为，对它们的外币报表所采用的折算方法，应该适合它们的不同特征。

（一）国外主体的分类

1. 国外实体选用现时汇率法

在第一类国外经营单位中，积聚的现金和货币性项目、发生的成本和费用、实现的收入等主要都是使用其所在国的当地货币。汇率变动时，母子公司的经营活动及其当前或者未来的现金流量都很好或者不会受到直接的影响。汇率变动对母公司的含义，不是以汇率变动时该国外子公司所持有的货币性和非货币性项目的特定构成为依据，而应以母公司在该国的投资净额为依据。第 21 号国际会计准则把这类国外经营单位称为“国外实体”，对他们以当地货币表述的财务报表的折算采用现行汇率法。

2. 母公司经营整体组成部分选用时态法

第 21 号国际会计准则把另一类国外经营单位称为“母公司经营整体组成部分”，在该种情况下，外汇汇率变动的影响会直接影响母公司的经营现金流量，这种影响就像母公司本身从事该项经营活动一样。因此汇率变动所涉及的是国外子公司所持有的货币性和以当地现行市价计量的非货币性项目，而不是母公司在该国的投资净额。对该类国外子公司应该选用时态法。

以上的介绍表明，第 21 号国际会计准则公告和美国第 52 号财务会计准则公告得出了相同结论。

（二）判断国外主体是国外实体而不是母公司经营整体组成部分

第 21 号国际会计准则还列举了判断某一国外经营单位是国外实体而不是母公司经营整体组成部分的六项条件：

1. 虽然报告企业（母公司）可以控制国外经营，但其所从事的活动相对于报告企业的活动有极大的自主性；
2. 国外经营活动所需要的资金主要依靠自身经营来提供或者是在当地借款筹措，而不是向报告企业筹措；
3. 与报告企业的交易占国外经营业务的比例不高；
4. 国外经营的生产要素和其他费用的支付主要以当地货币结算或支付；
5. 国外经营的销售以报告货币以外的货币进行；
6. 报告企业的现金流量与国外经营的日常活动相脱节，不直接受其影响。

本章小结

外币报表折算，是指为了特定的目的，将以外币表示的报表折算为以记账本位币（功能性货币）或者另一种特定的货币表示的财务报表的特定的会计处理程序。在浮动汇率制度下，由于汇率经常变动，外币报表的折算面临以下两个问题：①折算汇率与方法的选择；②折算损益（折算差额）的处理。

外币报表折算的方法就是指企业财务报表所列示的资产、负债、收入以及费用按照何种汇率折算以及产生的外币折算汇兑损益如何处理。国际上常用的折算方法主要有两类：单一汇率法、多种汇率法。其中单一汇率法又称现行汇率法，多种汇率法分为货币-非货币项目法、流动-非流动项目法和时态法。

在现行汇率法下，资产负债表中的所有资产、负债项目都按照编报表日的现行汇率（期末汇率）进行折算，所有者权益项目中除“未分配利润”以外，按照收到时的历史汇率进行折算；损益表中的收入、费用项目采用现行汇率或平均汇率（简化起见）进行折算；该种方法适用于国外独立经营的经营实体及国内以某种外币作为记账本位币的企业外币报表折算。

流动-非流动项目法是将资产与负债项目区分为流动性项目与非流动性项目两大类，将流动性项目按现行汇率折算，非流动性项目按历史汇率折算的一种外币报表折算方法。

货币-非货币项目法是将资产与负债项目分为货币性项目与非货币性项目，将货币性项目按现行汇率折算，非货币性项目按历史汇率折算的一种外币报表折算方法。

时态法又称时间量度法，是指对现金、应收及应付项目按现行汇率折算，对其他的资产和负债项目则根据其性质分别按历史汇率或现行汇率折算。该方法下的汇率选择只能改变计量单位，不能改变原有的计量属性。采用时态法折算时，分别按照其计量所属日期的汇率进行折算。以上四种方法在折算汇率的选择和折算结果上都存在着差异。

在报表折算中，各项目采用不同的汇率折算会产生外币报表折算差额，对于该差额的处理，国际上主要有几种处理方法：①当期确认法；②递延法；③其他方法。

我国外币报表折算，包括境外子公司以外币表示的财务报表的折算，以及境内子公司采用与母公司记账本位币不同的外币编报的财务报表折算。企业对境外经营的财务报表进行折算时采用现行汇率法。

思考与练习题

1. 外币报表折算的目的是什么？折算过程中需要解决的主要问题是什么？
2. 试说明时态法的基本内容和与货币-非货币项目法的关系和区别。
3. 试述现行汇率法的优缺点及其适用范围。
4. 有一个境外子公司，编报货币为美元，该子公司当年报表及有关汇率如下：

（1）期初汇率 1 美元＝7.2 元人民币；

（2）期末汇率 1 美元＝7.6 元人民币；

（3）对子公司投资时汇率为 1 美元＝7.4 元人民币；

（4）期初盈余公积和资本公积项目形成时的汇率为 1 美元＝7.45 元人民币，实收资本形成时的汇率为 1 美元＝7.45 元人民币，存货形成时的汇率为 1 美元＝7.6 元人民币，固定资产形成时的汇率为 1 美元＝7.2 元人民币。

另外，假定期初未分配利润为 300 美元，上期利润分配表折算后的未分配利润人民币金额为 2 550 元。本期提取公积金 200 美元，应付利润 2 000 美元，确定利润分配方案时的汇率为 1 美元＝7.5 元人民币，损益项目以平均利润折算。该公司的资产负债表、利润表及利润分配表见题表 9-1 和表 9-2。

要求：按现行汇率法和货币-非货币性项目法对该公司的外币报表折算，并比较两种方法下的差额处理。

题表 9-1　资产负债表

200×年 12 月 31 日　　　　单位：美元

资　　产	美 元 金 额	负债及所有者权益	美 元 金 额
货币资金	1 250	流动负债	4 750
应收账款	2 300	长期负债	3 500
存　货	4 000	实收资本	4 500
长期投资	2 800	资本公积	900
固定资产	8 500	盈余公积	1 200
		未分配利润	4 000
合计	18 850	合计	18 850

题表 9-2　利润表及利润分配表　　　　单位：美元

项　　目	美 元 金 额
一、营业收入	25 000
减：营业成本	14 300
营业税金及附加	750
管理费用（除折旧）	1 000
折旧费用	680
销售费用	3 100
财务费用	880
加：投资收益	1 150
二、营业利润	5 440
加：营业外收入	1 050
减：营业外支出	120
三、利润总额	6 370
减：所得税费用	470
四、净利润	5 900
加：年初未分配利润	300
五、可供分配利润	6 200
减：提取盈余公积	200
应付利润	2 000
未分配利润	4 000

第 10 章　物价变动会计

重要概念

- 货币性项目
- 非货币性项目
- 购买力损益
- 持有损益
- 现行成本会计
- 一般物价水平会计

引言 物价变动即商品价格的上涨和下跌，是商品经济的普遍现象。自从纸币进入流通之后，物价变动在程度和频率方面都得以发展。近一个多世纪以来，发达资本主义国家首先经历了较为频繁的物价变动的折磨。特别是在拉美、东欧和东南亚的一些发展中国家，通货膨胀率经常有相当大的变动。物价的轻微变动本来是不足为奇的，会计也不因为此进行改革，但是如果出现物价持续剧烈变动的情况，就应该考虑会计的相应改革。

10.1　物价变动会计概述

物价变动会计就是利用有关物价变动的资料，对企业按原有会计方式提供的会计信息进行改动和调整，或对会计的计量方式进行改进，从而揭示或消除物价变动对财务报告的影响的会计程序和方法。

持续剧烈的物价变动，对会计造成严重的影响。它动摇了历史成本这一会计基本原则，否定了货币计量基本假设的附带假设——币值不变假设，使历史成本、名义货币会计模式下的资产计价和收益计量结果严重脱离实际。物价持续上涨，使历史成本财务报表显示虚计的利润、掩饰所蚀的资本；物价持续下跌，导致历史成本会计程序多摊成本、少计利润，致使企业形成秘密准备。物价持续变动严重地降低了历史成本财务信息的相关性、可靠性和可比性，严重地降低了历史成本会计模式所提供的财务信息的质量。

从各国对物价变动采取的方法来看，有的是只着眼于某类资产的价格变动，以改变资产计价的方式来抵消物价变动对会计信息的影响；有的则是改变计量单位或计量基础，以消除物价变动对会计信息的影响。前者包括的内容有：按成本与市价孰低法计算存货成本，或用后进先出法计算存货成本；对固定资产进行重新估价并按重估后的价格提取折旧。这样的方法习惯上成为部分调整法。后者则主要表现为以下两种方式：①改变会计计量单位，以固定购买力来代替名义货币；②改变会计计量基础，以现行成本全部取代历史成本。

之所以产生不同的方法处理物价变动的影响，是基于不同的资本保持观念。财务资本保持观念认为资本是业主投入企业的货币购买力，是企业净资产的代名词，因此，企业所要保持的资本，就是企业原有的净资产额；实物资本保持观念认为，资本是企业的实物生产能力或经营能力或取得这种能力所需的资源或资金，因此是企业生产能力或经营能力的代名词。因此，企业所要保持的资本，就是企业原有的生产能力或经营能力。

物价变动会计模式分为①一般物价水平会计；②现行成本会计和；③现行成本与一般物价水平相结合会计三种模式。

10.2 一般物价水平会计

10.2.1 一般物价水平会计概述

一般物价水平会计亦称不变币值会计、现行购买力会计、币值稳定会计、不变购买力会计。一般物价水平会计，就是用价值稳定，即购买力一定的货币单位作为会计计量单位进行会计计量，揭示一般物价水平变动影响的会计模式。一般物价水平会计的显著特点在于用不变币值货币单位取代名义货币单位进行会计计量。物价指数就作为这样一个中介来转换企业财务报表原来所显示的数据。

从本质上看，一般物价水平会计没有改变历史成本基础，它只是改变了会计计量单位，即只是将按历史成本编制的财务报表的各项数据按照货币购买力的变化进行换算和调整，因此，这种方式的调整事项只是企业的财务报表，而与企业的日常会计处理无关。

由于一般物价水平会计以历史成本为计量基础，为改变原有的会计程序和方法，有着简便实用的优点，而在此基础上用一般物价指数对相关项目进行调整，又可保证收入与费用的合理配比，使按此方法计算的净收益额真实可靠；所以，这种方法能够更真实地反映企业在现阶段的获利水平。但也应注意，由于一般物价指数与个别物价指数存在区别，在进行报表项目调整时若所使用的一般物价指数与本企业资产价格指数变动水平不一致，一般物价水平会计的作用就难以真正发挥。

10.2.2 一般物价水平会计的处理程序

一般物价水平会计的基本程序：①划分货币性项目（包括按公允价值计量的非货币性项目，以下称货币性项目）和非货币性项目（即非以公允价值计量的项目，以下称非货币性项目）；

②按一般物价指数对非货币性项目进行调整；③计算持有货币性项目所发生的损益；④按照调整后的数据编制消除物价变动影响的财务报表。

1. 划分货币性项目与非货币性项目

货币性项目在物价变动时期的特点：账面金额不随物价变动而改变，其购买力会随物价变动而变化。由此可以看出，虽然货币性项目为账面金额不变的固定账项，但在物价变动时期长期持有货币性资产，会因物价上涨而降低购买力，从而使企业遭受损失；若企业在物价变动时期长期持有货币性负债，又会因物价上涨而获得利益。

非货币性项目划分为非货币性资产和非货币性负债，前者包括存货、厂房设备等固定资产，无形资产和递延资产；后者主要是企业的股本，包括普通股股本和未规定固定兑回价格的优先股股本。

非货币性项目在物价变动时期的特点与货币性项目在物价变动时期的特点相反：账面金额随物价变动而改变，不会发生购买力损益。由于物价变动已在购买力变化方面得以表现，非货币性资产价格变动的比例成了衡量物价变动水平的标志，所以，持有非货币性资产与货币购买力损益无关。这样，在物价上升时期，企业会因持有某种类型或数量的非货币性资产而获得收益，而在物价下降时期，则会因持有非货币性资产而发生损失；在物价变动时期持有非货币性负债，也要发生与非货币性资产相反的变化。

划分货币性项目与非货币性项目具有重要意义，从现实角度看，若在物价变动时期未能制定对货币性项目中资产和负债的正确处理方针，企业就可能遭受损失，这要求企业在物价上升期间缩减货币性资产，而在物价下降期间缩减货币性负债，从而避免发生损失；从物价变动会计的角度看，对货币性项目不作数据调整，但要计算由于持有货币性项目而影响的本期购买力损益，对非货币性项目要随物价变动水平而调整数据，以最终对外报出消除物价变动影响的财务报告。

2. 非货币性项目的调整

一般物价水平会计要求将按历史成本反映的非货币性项目的金额，按一般物价指数进行调整。但是，在一个会计年度中，物价指数常有年初的物价指数、年末的物价指数和全年平均的物价指数三种。通常的做法是：由于年末的物价指数可以确切地反映企业年末资产的价值，一般用来调整资产负债表内的各个项目，而年度内平均的物价指数对全年有着综合性影响，一般用来调整利润表内的各项目。在进行调整的实际工作中，包括以下三个步骤：确定某一非货币性项目形成时的物价指数；确定编制财务报表时的物价指数；确定换算公式，对各项目进行调整。

（1）对固定资产项目的调整

由于固定资产购置的时间不同，其账面记录的原值、累计折旧等，应按其购入时的物价指数进行调整，使用的计算公式一般为：

$$\begin{matrix}\text{某非货币项目}\\\text{的调整后金额}\end{matrix}=\begin{matrix}\text{该项目的历}\\\text{史成本金额}\end{matrix}\times\frac{\text{年末的物价指数}}{\text{该项目取得时的物价指数}}$$

【例 10-1】某企业于 2×14 年 1 月入账的机器设备总值为 600 元，当时的物价指数为 120，该企业的机器设备按 10 年计提折旧；2×14 年年末编制财务报表时的物价指数为 144。

对该资产的调整计算过程见表 10-1。

表 10-1　固定资产账面金额调整表

2×14 年 12 月 31 日　　　　单位：万元

项　目	调整前金额	调 整 过 程	调整后金额
机器设备总值	600	$600\times\frac{144}{120}$	720
累计折旧	120	$120\times\frac{144}{120}$	144
设备净值	480	$480\times\frac{144}{120}$	576

（2）对存货项目的调整

对存货项目的调整也应考虑其购入时间，但这不仅与存货具体的购入时间相关，还会涉及存货的计价方式，所以，在实际工作中要有一定的前提条件。例如，使用先进先出法计算发出存货成本时，应假定年末存货的进货日期是最近月份；若使用加权平均法计算发出存货的成本，则应将年末存货的进货日期确定为购买日。在进行调整时，使用的计算公式与固定资产的情况相同。

【例 10-2】某企业按先进先出法计算存货成本，期末存货的成本为 50 万元，最近月份进货的物价指数为 110，年末的物价指数为 132。

对该企业存货的调整结果为：

$$\text{调整后的金额}=50\times\frac{132}{110}=60\ \text{（万元）}$$

（3）对利润表项目的调整

企业利润表上所列的项目，主要有营业收入、营业成本和营业费用。其中，由于营业收入和营业费用（设不包括折旧费用）的汇总数额为年度内的总发生额。所以，在进行上述调整时，应采用年度平均物价指数，以清除全年的营业收入中物价变动的因素。营业成本部分则要考虑期初存货成本、本期购货成本和期末存货成本。按签署物价变动指数选用的要求，年初存货成本可据上年末时的物价指数进行调整；本期期末的存货按年末的物价指数调整；而本年购货成本则可考虑为平均进货成本，采用年内的平均物价指数调整。企业本年净收益的数额，应根据上述的计算结果列示。

（4）对留存收益项目的调整

一般来说，对于留存收益表中项目进行调整，应先按一般物价指数对上年末留存收益进行调整，然后再与本年度已调整过的净收益相加而求得。在实际工作中，留存收益项目多采用“余额法”计算求得。计算公式为：

$$\begin{array}{c}\text{本年度按一般物价}\\\text{水平计算的留存收益}\end{array}=\begin{array}{c}\text{按一般物价水平}\\\text{计算的资产数额}\end{array}-\begin{array}{c}\text{按一般物价水平}\\\text{计算的负债数额}\end{array}-\begin{array}{c}\text{按一般物价水平}\\\text{计算的股本数额}\end{array}$$

3. 货币项目购买力损益的计算

货币项目购买力损益是期末按一般物价水平调整过的货币型项目金额与其期初名义货币金额之间的差额，更具体地说，是物价上升时期因持有货币性资产而损失的购买力与持有货币性负债而获得的购买力之差。进行调整时，应按货币性项目的发生日期与当期的物价指数相配合而计算得出。在实际计算中，一般做法是先将货币性资产与货币性负债的余额相互抵销以求得货币性项目的净额，再按净额计算购买力损益。

【例 10-3】设某公司本期持有货币性项目的情况如下：期初的货币性资产为 10 万元，货币性负债为 8 万元，该公司全年取得的营业收入为 50 万元，系均匀取得；全年发生的存货购买成本和营业费用 30 万元，也系均匀发生；期末的货币性资产为 31 万元，货币负债为 9 万元。该年度的物价指数为：年初 110，年度内平均 150，年末 165。

调整计算的基本过程如下：

（1）计算期初持有货币性资产净额，并按期末的物价指数进行调整。

$$期初的货币性资产净额=10-8=2（万元）$$

$$调整后货币性资产净额=2\times\frac{165}{110}=3（万元）$$

（2）对货币性收入进行调整，并计算本期的货币性项目增加的净额。

$$本期货币性收入的调整后数额=50\times\frac{165}{150}=55（万元）$$

$$本期货币性费用的调整后数额=30\times\frac{165}{150}=33（万元）$$

$$本期货币性收入与费用调整后差额=50-33=22（万元）$$

（3）计算期末持有的货币性资产净额(期末的货币性项目不用调账，直接使用账面数额)。

$$期末的货币性资产净额=31-9=22（万元）$$

（4）计算本期的货币购买力损益。

$$本期货币购买力损益=3+22-22=3（万元）$$

根据计算结果可知，本年因物价变动损失的货币购买力为 3 万元。以上计算过程及结果见表 10-2。

表 10-2　货币购买力损益计算表　　单位：万元

项　目	调整前数额	调 整 系 数	调整后数额
期初货币性资产	10	$\frac{165}{110}$	15
期初货币性负债	8	$\frac{165}{110}$	12
期初货币性资产净额	2	$\frac{165}{110}$	3
加：本期货币性收入	50	$\frac{165}{150}$	55
减：本期活性费用	30	$\frac{165}{150}$	33
期末货币性资产净额	22		25
货币购买力损益=25−22=3			

4．编制调整后的财务报表

通常的做法是直接对按历史成本资料编制的报表进行调整，再按调整后的数额编制消除了物价变动影响的财务报表。

【例 10-4】设 2×14 年全年度的物价变动指数为：年初 100、年末 154、年平均 140，某公司在按历史成本资料编制出资产负债表、利润表之后，要按上述的物价变动水平对其报表进行调整。该公司的资产负债表和利润表详见表 10-3 和表 10-4。

表 10-3 资产负债表（按历史成本编制）

2×14 年 12 月 31 日　　单位：元

项　目	2×14 年 1 月 1 日	2×14 年 12 月 31 日
货币性资产	180 000	210 000
存货	390 000	451 000
固定资产原值	430 000	430 000
减：累计折旧		86 000
固定资产净值	430 000	344 000
资产合计	1 000 000	1 005 000
流动负债	250 000	222 500
长期负债	150 000	150 000
实收资本	500 000	500 000
盈余公积	80 000	100 000
未分配利润	20 000	32 500
负债与所有者权益合计	1 000 000	1 005 000

说明：

1. 期初存货按每件 100 元计价，共计 3 900 件；本期存货按每件 110 元购入，共购入 6 500 件，该公司按先进先出法核算存货成本；购进存货最近月份的物价指数是 123.2。

2. 期初固定资产为全新购入，尚未提取折旧。

3. 流动负债和长期负债均为货币性资产。

表 10-4 利润表（含利润分配部分）（按历史成本编制）

2×14 年度　　单位：元

项　目	金　额
营业收入（按每件商品 175 元）	1 102 500
减：营业成本（按先进先出法计算）	654 000
折旧费用	86 000
营业费用	70 000
利润总额	292 500
减：所得税	90 000
净利润	202 500
加：前期未分配利润	20 000
可供分配利润	222 500
减：提取公积金	20 000
分出利润	170 000
未分配利润	32 500

说明：

1. 本年销售商品 6 300 件，系在年内均匀发生。

2. 本期的折旧费用在年末一次性计提，营业费用在年末均匀发生。

3. 所得税在年内分月预测，系均匀发生，提取公积金和分出利润系年内一次性结转与支付。

根据上述资料，可按不同报表，将表中数据进行调整。

该企业的会计处理如下。

（1）资产负债表项目的调整

货币性资产：

$$2\times14\text{年1月1日：}18\times\frac{154}{100}=27.72\text{（万元）}$$

$$2\times14\text{年12月31日：}21\times\frac{154}{154}=21\text{（万元）}$$

货币性负债：

$$2\times14\text{年1月1日：}(25+15)\times\frac{154}{100}=61.6\text{（万元）}$$

$$2\times14\text{年12月31日：}(22.25+15)\times\frac{154}{154}=37.25\text{（万元）}$$

存货：

$$2\times14\text{年1月1日：}39\times\frac{154}{100}=60.06\text{（万元）}$$

$$2\times14\text{年12月31日：}45.1\times\frac{154}{123.2}=56.375\text{（万元）}$$

固定资产净值：

$$2\times14\text{年1月1日：}43\times\frac{154}{100}=66.22\text{（万元）}$$

$$2\times14\text{年12月31日：}34.4\times\frac{154}{100}=52.976\text{（万元）}$$

调整后本年应计的累计折旧额为13.244万元（66.22－52.976）。

实收资本：

$$2\times14\text{年1月1日：}50\times\frac{154}{100}=77\text{（万元）}$$

$$2\times14\text{年12月31日：}50\times\frac{154}{100}=77\text{（万元）}$$

盈余公积与未分配利润：

$$2\times14\text{年1月1日：}(27.72+60.06+66.22)-61.6-77=15.4\text{（万元）}$$

$$2\times14\text{年12月31日：}(21+56.375+52.976)-37.25-77=16.101\text{（万元）}$$

设盈余公积与未分配利润按其期末发生数额再做内部调整。

盈余公积：

$$2\times14\text{年1月1日：}8\times\frac{154}{100}=12.32\text{（万元）}$$

$$2\times14\text{年12月31日：}12.32+2=14.32\text{（万元）}$$

未分配利润：

$$2\times14\text{年1月1日：}2\times\frac{154}{100}=30.8\text{（万元）}$$

$$2\times14\text{年12月31日：}16.101-14.32=1.781\text{（万元）}$$

（2）利润表（含利润分配部分）项目的调整

营业收入：$110.25\times\frac{154}{140}=121.275$（万元）

营业成本：

其中：年初存货成本$=39\times\frac{154}{100}=60.06$（万元）

本期购入存货成本$=110\times6\,500\times\frac{154}{140}=78.65$（万元）

期末存货成本$=45.1\times\frac{154}{123.2}=56.375$（万元）

本期营业成本$=60.06+78.65-56.375=82.335$（万元）

折旧费用：$8.6\times\frac{154}{100}=13.244$（万元）

营业费用：$7\times\frac{154}{140}=7.7$（万元）

所得税：$9\times\frac{154}{140}=9.9$（万元）

盈余公积：$2\times\frac{154}{154}=2$（万元）

分出利润：$17\times\frac{154}{154}=17$（万元）

（3）货币购买力损益的计算

货币购买力的计算详见表 10-5。

表 10-5　货币购买力损益计算表　　单位：元

项　目	未调整前数额	调整系数	调整后数额
期初货币性资产	180 000	$\frac{154}{100}$	277 200
期初货币性负债	400 000	$\frac{154}{100}$	616 000
期初货币性资产净额	（220 000）	$\frac{154}{100}$	（338 800）
加：本期货币性收入	1 102 500	$\frac{154}{140}$	1 212 750
减：购入存货	715 000	$\frac{154}{140}$	786 500
营业费用	70 000	$\frac{154}{140}$	77 000
所得税	90 000	$\frac{154}{140}$	99 000
分出利润	170 000	$\frac{154}{154}$	170 000
货币性项目净额	（162 500）		（258 550）
货币性项目购买力净损益	258 550－162 500＝96 050		

（4）调整后的财务报表

根据上述计算结果，重新编制该公司的财务报表，详见表 10-6 和表 10-7。

表 10-6　调整后的资产负债表（按一般物价水平编制）

2×14 年 12 月 31 日　　单位：元

项　　目	2×14 年 1 月 1 日	2×14 年 12 月 31 日
货币性资产	277 200	210 000
存货	600 600	563 750
固定资产原值	662 200	662 200
减：累计折旧		132 440
固定资产净值	662 200	529 760
资产合计	1 540 000	1 303 510
流动负债	385 000	222 500
长期负债	231 000	150 000
实收资本	770 000	770 000
盈余公积	123 200	143 200
未分配利润	30 800	17 810
负债与所有者权益合计	1 540 000	1 303 510

表 10-7　调整后的利润表（含利润分配部分，按一般物价水平编制）

2×14 年度　　单位：元

项　　目	金　　额
营业收入	1 211 750
减：营业成本（按先进先出法计算）	823 350
折旧费用	132 440
营业费用	70 000
利润总额	179 960
减：所得税	99 000
净利润	80 960
加：前期未分配利润	30 800
可供分配利润	111 760
减：提取公积金	20 000
分出利润	170 000
未调整购买力损益的未分配利润	（78 240）
加：货币性项目购买力损益	96 050
未分配利润	17 810

10.3　现行成本会计

10.3.1　现行成本会计概述

现行成本会计是指以现行成本为基础，通过对各项资产价格的确切反映，以消除物价变动对财务报告影响的会计程序和方法。与一般物价水平会计相比，现行成本会计虽未改变会计的计量单位，但却改变了以历史成本表现的会计计量基础。按这种方法，企业编制财务报表需将记录的资产等，用重置成本或可变现净值与现值两者之间的较高者表示，因此，其调整的范围要更大一些。

由于现行成本会计根据资产的重置成本或个别物价指数进行调整，它可以反映企业的实际经营能力，更合理地衡量企业的资本保全程度及获得的收益，但是，这种方法实施起来有时会由于难以获得各类资产的物价资料而显得费时费力；另外它不考虑一般物价水平的变化情况，难以对货币性资产的持有损益进行考核。

10.3.2　现行成本会计的处理程序

在现行成本法下，会计人员要根据资产等的现行成本对资产的计价基础进行调整，在调整的基础上，确定对资产等的持有损益，最终再以财务报表中的现行收入与产生收入所耗的现行成本相比，确定本期损益。但也有观点认为，持有损益应作为所有者权益的项目计入资产负债表，构成“资本保全调整”项目，而不计入损益。但无论怎样对持有损益进行处理，现行成本会计的处理一般都表现为①按现行成本确定流动资产、固定资产的价值及持有损益；②按现行成本编制利润表及资产负债表等几个步骤。

1. 按现行成本确定流动资产、固定资产的价值及持有损益

持有损益可分为已实现持有损益和未实现持有损益。前者指已被消耗资产的现行成本与历史成本之差，后者则指企业期末按现行成本计量的仍持有资产与其历史成本之差。持有资产的计算，应按流动资产、固定资产等项目分别进行。

（1）流动资产持有损益的确定

【例 10-5】某公司期初购入存货 2 000 件，每件 15 元；该公司于年中按每件 20 元售出该种存货 1 500 件，当时该种商品的重置成本为每件 17 元；期末公司仍持有存货 500 件，重置成本为每件 18 元。

根据以上资料，该公司应进行的会计处理如下。

① 期初按实际支付价格记录购入存货

借：存货	30 000	
贷：现金		30 000

② 期中按重置成本记录销出存货

借：现金	30 000	
贷：营业收入		30 000
借：营业成本	25 500	
贷：存货		25 500

③ 计算本期的已实现和未实现持有损益

已实现存货持有损益＝1 500×（17－15）＝3 000（元）

未实现存货持有损益＝500×（18－15）＝1 500（元）

会计分录为：

借：存货	4 500	
贷：已实现持有损益		3 000
未实现持有损益		1 500

（2）固定资产持有损益的确定

某公司年初按100 000元价格，购入一成套项目的固定资产，该资产预计可使用5年，本年度按直线法提取的折旧额为20 000元。年末时该资产的重置成本为120 000元。

该公司应编制的会计处理为两部分，记载物价变动后调整资产价值，使其与现行成本相一致；调整已提取的折旧额，并按已提折旧的情况确定资产的已实现、未实现持有损益。

根据固定资产的特点，应将固定资产价格上升的部分视为持有损益，将其中已补提折旧部分视为已实现持有损益，未提折旧部分视为未实现持有损益。

$$\text{固定资产持有损益}=120\ 000-100\ 000=20\ 000\text{（元）}$$

$$\text{固定资产已实现持有损益}=\frac{120\ 000}{5}-\frac{100\ 000}{5}=4\ 000\text{（元）}$$

$$\text{固定资产未实现持有损益}=96\ 000-80\ 000=16\ 000\text{（元）}$$

会计分录为：

借：固定资产——成套项目　　20 000
　　贷：已实现持有损益　　4 000
　　　　未实现持有损益　　16 000
借：营业费用——增补折旧费　　4 000
　　贷：累计折旧　　4 000

（3）资产持有损益的其他处理

如果在会计处理中将物价变动影响的数额不视为本期损益，而视为所有者权益部分，则应将调整的数额计入"资本保全调整"项目。上述举例的分录应分别改为：

借：存货　　4 500
　　贷：资本保全调整　　4 500
借：固定资产　　20 000
　　贷：资本保全调整　　20 000

2. 按现行成本编制利润表及资产负债表

（1）按现行成本编制调整报表

按现行成本调整报表的编制与前述一般物价水平会计的区别在于：它要先按现行成本对报表内的资产项目进行调整，使其账面价值与现行成本趋于一致，然后再按调整后各账户的余额编制资产负债表，按计算过的资产持有损益编制利润表和利润分配表。

【例10-6】某公司未进行调整前的财务表同表10-4，改其补充资料为：

① 2×14年1月1日的固定资产原值为新购入不含折旧的价值，物价指数为100，2×14年12月31日该项固定资产的分类物价指数为150，该设备预计使用5年。

② 期初存货的成本按期初的现行成本编制，期末存货按现行成本每件140元计价，现行总成本为574 000元。

③ 销售成本按现行成本计价，年应计的销售成本为882 000元(6 300×140)。

在本期利润表和利润分配表中，除销货成本和折旧费用外，以历史成本为基础的金额与现行成本所计算的金额相同。

（2）资产负债表项目的调整

资产负债表的调整应将各项目按货币性项目与非货币性项目分别调整。由于货币性项目体现的都是现行成本，即年初的历史成本就是当时的现行成本，而年末的账面数额也就是即期的现行成本，所以均不需再做调整。非货币性项目要按期末的现行成本进行各项目调整，即以会计分录的方式将账面上按历史成本记录的数额调整成现行成本，并正式计入账中。

这样，本例中资产负债表的各项分别如下。

① 存货按期末现行成本列出，余额为 574 000 元，计入本期持有损益的数额为 123 000 元（574 000－451 000）。会计分录为：

借：存货　　123 000

　　贷：未实现持有损益　　123 000

② 固定资产按期末重置成本计算，余额为 645 000 元，高于前期数额的 215 000 元（645 000－430 000）应计入未实现固定资产持有损益。

借：固定资产　　215 000

　　贷：未实现持有损益　　215 000

资产负债表中所有者权益部分的余额应保持原有数额，并随资产调整结果及利润表的调整结果而变动。

（3）利润表项目的调整

① 营业收入应按实际取得收入额计算。例中数据为 1 102 500 元。

② 营业成本应按现行成本计算。例中数据为 882 000 元（6 300×140），现行成本高于原记账部分的 228 000 元（882 000－654 000）应计入本期已实现损益。会计分录为：

借：营业成本　　228 000

　　贷：已实现持有损益　　228 000

③ 折旧费用应按资产负债表中的数据列示。例中计入本期成本 129 000 元（430 000×150/100×20%）；由于按历史成本已计入账中的数额为 86 000 元，因此，应再补提 43 000 元（129 000－86 000），并相应结转本期已实现固定资产持有损益。会计分录为：

借：折旧费用　　43 000

　　贷：累计折旧　　43 000

借：未实现持有损益　　43 000

　　贷：已实现持有损益　　43 000

④ 营业费用应按实际发生的费用额计算，例中的数据为 70 000 元。

⑤ 所得税应按实际发生的费用额计算，例中的数据为 90 000 元。

⑥ 其他项目（前期未分配利润、本期提取盈余公积和分出利润）应按实际发生的费用额计算。

（4）汇总持有损益数额

本期已实现持有损益＝43 000（补贴折旧）＋22 800（增计营业成本）＝27 100（元）

本期已实现持有损益＝172 000（固定资产部分）＋123 000（存货部分）＝295 000（元）

（5）编制按现行成本调整的财务报表

该公司根据前述调整后资料应编制的财务报表详见表 10-8 和表 10-9。

表 10-8　利润表（含利润分配部分，按现行成本编制）

2×14 年度　　单位：元

项　目	金　额
营业收入（按 175 元/件）	1 102 500
减：营业成本（按 140 元/件）	882 000

续表

项　目	金　额
折旧费用	129 000
营业费用	70 000
利润总额	21 500
减：所得税	90 000
净利润	（68 500）
加：前期未分配利润	20 000
可供分配利润	（48 500）
减：提取公积金	20 000
分出利润	170 000
期末应计未分配利润	（238 500）
加：已实现持有损益	271 000
未实现持有损益	295 000
未分配利润	327 500

表 10-9　资产负债表（按现行成本编制）

2×14 年 12 月 31 日　　单位：元

项　目	2×14 年 1 月 1 日	2×14 年 12 月 31 日
货币性资产	180 000	210 000
存货	390 000	574 000
固定资产原计	430 000	645 000
减：累计折旧		129 000
固定资产净值	430 000	516 000
资产合计	1 000 000	1 300 000
流动负债	250 000	222 500
长期负债	150 000	150 000
实收资本	500 000	500 000
盈余公积	80 000	100 000
未分配利润	20 000	327 500
负债与所有者权益合计	1 000 000	1 300 000

10.4　现行成本与一般物价水平相结合的会计

10.4.1　现行成本与一般物价水平相结合的会计概述

在一般物价水平会计模式下，由于忽略了个别（特定）物价变动对企业非货币性资产的影响，因而使重编的一般物价水平财务报表所反映的信息与企业的实际财务状况和经营成果差别较大，容易导致误解；在现行成本会计模式下，由于忽略了货币性项目净额上的购买力损益，因而使得所揭示的物价变动影响不够完全。而现行成本与一般物价水平相结合的会计模式将一般物价水平会计与现行成本会计的特点结合起来，同时改变会计的计量单位和计量基础，以消除物价变动对财务报告影响的会计程序和方法。它的内容基本可以概括为：先按现行成本会计的方法对历史成本法提供的信息进行调整，编制以现行成本为基础的财务报告，再按一般物价指数对此报表进行换算，从而全面消除物价变动对财务报告的影响。

10.4.2 现行成本与一般物价水平相结合的会计处理

1. 资产负债表的调整与编制

这里的调整指用一般物价指数对已编制出的现行成本法报表的再调整。依前例，用本章例 10-4 的数据对表进行再调整。

资产负债表项目的调整包括对年初资产负债表中各项目按年末物价指数的调整，核对本期所有者权益数额的调整。前者的调整按本年末的一般物价指数，后者的调整则要通过换算而得出。由于例 4 中年初资产负债表中数额的物价指数均为 100，因此在年末应该按年末物价指数 154 调整；上例中年末的实收资本和盈余公积则应通过计算得出。计算如下：

按一般物价水平表示的实收资本＝500 000×$\frac{154}{100}$＝770 000（元）

按一般物价水平表示的留存收益＝按现行成本调整后的资产总额－按现行成本调整后的负债总额－按一般物价指数调整后的实收资本

＝1 300 000－（222 500＋150 000）－770 000＝157 500（元）

留存收益中盈余公积为 143 200 元，未分配利润为 14 300 元。

按此计算结果，可编制按现行成本与一般物价水平结合方法下的资产负债表，见表 10-10。

表 10-10 调整资产负债表（按现行成本与一般物价水平结合编制）

2×14 年 12 月 31 日　　单位：元

项　目	2×14 年 1 月 1 日	2×14 年 12 月 31 日
货币性资产	277 200	210 000
存货	600 600	574 000
固定资产原值	662 200	645 000
减：累计折旧		129 000
固定资产净值	662 200	516 000
资产合计	1 540 000	1 300 000
流动负债	385 000	222 500
长期负债	231 000	150 000
实收资本	770 000	770 000
盈余公积	123 200	143 200
未分配利润	30 800	14 300
负债与所有者权益合计	1 540 000	1 300 000

2. 资产持有损益的计算

在现行成本与一般物价水平结合的会计中，资产的持有损益应为年末一般物价水平的基础上的现行成本与历史成本的差异。这样，按现行成本法确定的有关项目的持有损益必须再扣除因一般物价水平变动的资产持有损益。

依前例，存货、固定资产项目的数额应进行下述调整。

（1）年初年末的存货都按年末一般物价指数进行换算。

$$年初存货=390\ 000\times\frac{154}{100}=600\ 600（元）$$

$$年末存货=451\ 000\times\frac{154}{123.2}=563\ 750（元）$$

$$存货未实现持有损益=年末存货现行成本-年末存货历史成本\times物价指数$$
$$=574\ 000-563\ 750=10\ 250（元）$$

$$存货已实现持有损益=现行销货成本\times物价指数-历史销货成本\times物价指数$$
$$=882\ 000\times\frac{154}{140}-823\ 350=146\ 850（元）$$

（2）固定资产的计算过程同存货，但在计算固定资产已实现持有损益时，应以按现行成本计提的折旧减去按历史成本计提的折旧得出。

$$年初固定资产净值=430\ 000\times\frac{154}{140}=662\ 200（元）$$

$$年末固定资产净值=344\ 000\times\frac{154}{140}=529\ 760（元）$$

$$年末固定资产未实现持有损益=516\ 000-529\ 760=-13\ 760（元）$$

$$年末固定资产已实现持有损益=129\ 000\times\frac{154}{154}-132\ 440=-3\ 440（元）$$

（3）汇总持有损益。

$$本期已实现持有损益=146\ 850-3\ 440=143\ 410（元）$$

$$本期未实现持有损益=10\ 250-13\ 760=-3\ 510（元）$$

3. 货币购买力损益与利润表其他项目数额的确定

由于按现行成本与一般物价水平相结合会计计算的持有损益还包括物价水平变动的影响，这种方法尚需进行货币购买力损益的计算，但应说明，这种购买力损益是按一般物价水平方式对现行成本的调整，且现行成本法将期初期末的货币性项目都视为现行成本，因此，这种方法下货币购买力损益的计算与一般物价水平方法下的计算完全相同，其购买力损益额也应为96 050元，具体计算过程参见表10-5。

利润表中其他项目数额的调整涉及营业收入、折旧费用、营业费用和所得税等，这些项目都是在年内均匀发生，但在现行成本法下未作调整的项目只是年末一次性支付的费用，如例中提取的公积金和未分配利润，仍同一般物价水平会计，按实际发生的数额确定，不作调整。调整如下：

$$营业收入=1\ 102\ 000\times\frac{154}{140}=1\ 212\ 750（元）$$

$$营业成本=882\ 000\times\frac{154}{140}=970\ 200（元）$$

$$折旧费用=129\ 000\times\frac{154}{154}=129\ 000（元）$$

$$营业费用=70\ 000\times\frac{154}{140}=77\ 000（元）$$

$$所得税=90\ 000\times\frac{154}{140}=99\ 000（元）$$

$$前期未分配利润=20\ 000\times\frac{154}{100}=30\ 800（元）$$

提取盈余公积＝20 000（元）

分出利润＝170 000（元）

4．利润表的编制与调整

按现行成本与一般物价水平结合的会计的要求，该公司期末利润表的调整表详见表 10-11。

表 10-11 利润表（含利润分配部分，按现行成本编制）

2×14 年度 单位：元

项 目	金 额
营业收入	1 212 750
减：营业成本	970 200
折旧费用	129 000
营业费用	77 000
利润总额	36 500
减：所得税	99 000
净利润	（62 450）
加：前期未分配利润	30 800
可供分配利润	（31 650）
减：提取公积金	20 000
分出利润	170 000
未考虑调整损益的分配利润	（221 650）
加：已实现持有损益	143 410
未实现持有损益	（3 510）
货币购买力损益	（96 050）
未分配利润	（177 800）

本章小结

传统会计是以币值稳定为基础的，物价变动会计给传统会计带来了一个普遍性的会计难题。为了克服物价变动带来的难题，会计上出现了多种不同的物价变动会计模式，比较典型的为一般购买力会计模式和现行成本会计模式。

一般购买力会计模式计量的是历史成本，但以一般购买力货币单位作为计量单位，对现行会计模式的会计报告进行调整。其目的是消除一般物价变动对会计的影响。现行成本会计以名义货币为计量单位，计量的不再是历史成本，而是现行成本。其目的是反映各资产的价格变化。

思考题

1. 通货膨胀对企业的财务状况和经营成果有什么影响？

2. 一般购买力会计和现行成本会计模式有什么异同？

3. 有人认为“物价变动会计的目标是保证企业能够维持持续经营能力”，此观点是否正确？

第5篇

特殊业务会计

- 所得税会计
- 债务重组
- 租赁会计

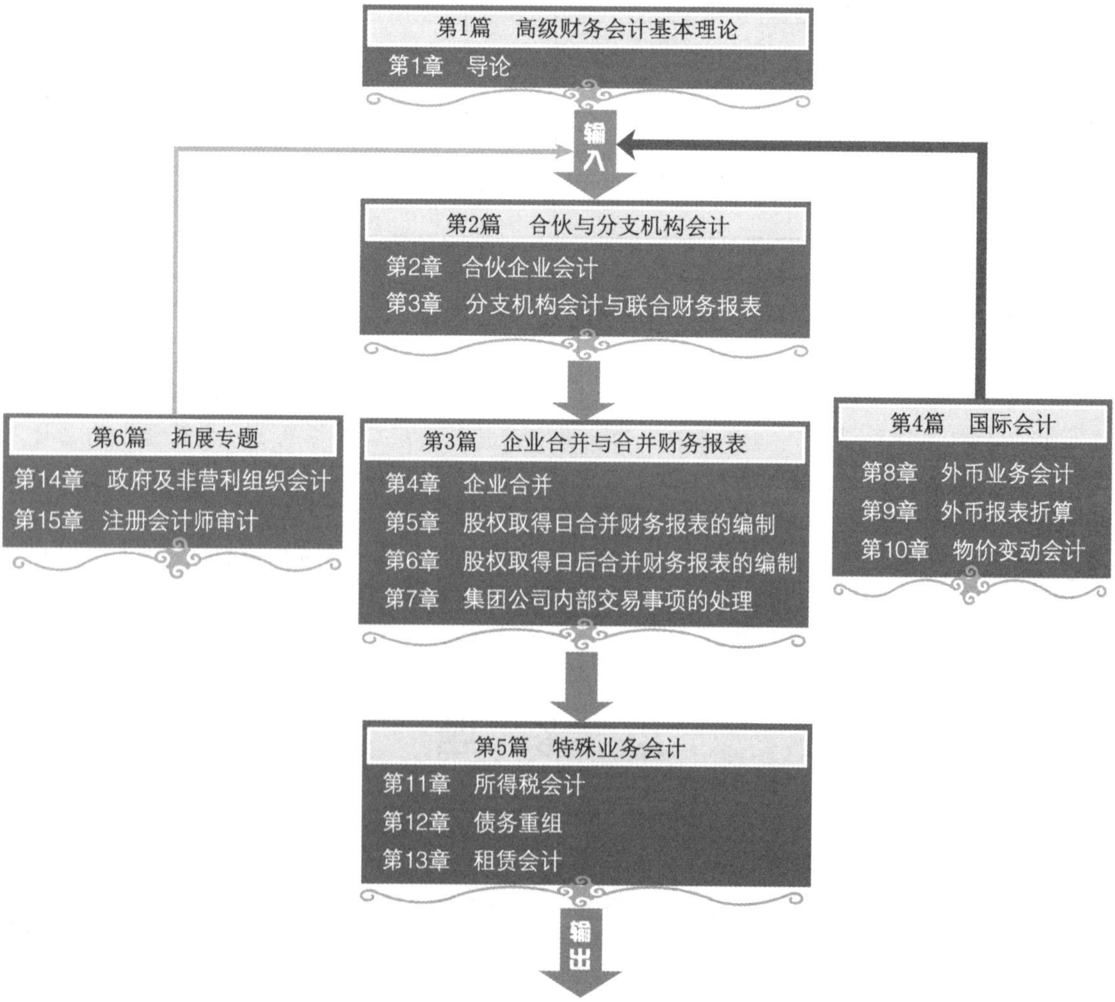

第 11 章　所得税会计

引言 所得税主要是在国民收入形成后，对生产经营者的利润和个人的纯收入发挥调节作用。国家可以通过对所得税的征收，调节各方利益分配。目前在我国，所得税收入约占全部税收收入的 25%左右，也只有企业所得税和个人所得税是以国家法律的形式发布实施。可见，所得税对国家、企业或个人都起着至关重要的作用。本章主要对所得税会计相关概念以及现行所得税会计处理方法进行叙述。

11.1　所得税会计概述

11.1.1　所得税概述

所得税（income tax）1799 年创始于英国。由于这种税以所得的多少为负担能力的标准，比较符合公平、普遍的原则，并具有经济调节功能，所以被大多数西方经济学家视为良税，得以在世界各国迅速推广。到 19 世纪初，战争导致了现代所得税的产生。

在我国，按照征收对象不同，所得税可以分为企业所得税以及个人所得税。

企业所得税（corporate/enterprise income tax）是对我国境内企业和其他取得收入的组织的生产经营所得和其他所得所征收的一种税收。它是所有税种中计算最复杂的税种，它涉及企业一个纳税年度内的所有收入、成本和费用，以及除企业缴纳的企业所得税和准许抵扣的增值税以外的所有税金的扣除。个人所得税（personal/individual income tax）是对个人（自然人）取得的各项应税所得征收的一种税。目前世界上已有 140 多个国家开征了这一税种。

需要说明的是，下文提及的所得税，如无特殊说明即指企业所得税。

11.1.2　所得税会计的概念

所得税会计（income tax accounting）是会计学科的一个分支。它不仅是税务会计的重要组成部分，也是财务会计的重要组成部分。所得税会计是以现行所得税法为准，在按会计准则和会计制度确定、计量和记录涉税会计要素的基础上，进行纳税调整，反映计税差异，并按一定会计方法计算纳税人在一定时期应交所得税额、应计所得税费，编制并报送所得税会计报表的专业会计。

企业的会计核算和税收处理服务目的的不同，导致了两者遵循不同的处理原则。会计的确认、计量和报告目的在于真实、完整地反映企业财务状况、经营成果和现金流量等有关的会计信息，以此帮助财务会计报告使用者做出经济决策；而税法的目的是对企业的经营所得征税。所以，会计核算遵从企业会计准则的规定；所得税处理依据的是国家相关税收法律法规。因此，会计准则和所得税法规相互分离促使了所得税会计的形成和发展。所得税会计和所得税法律的关系如图 11-1 所示。

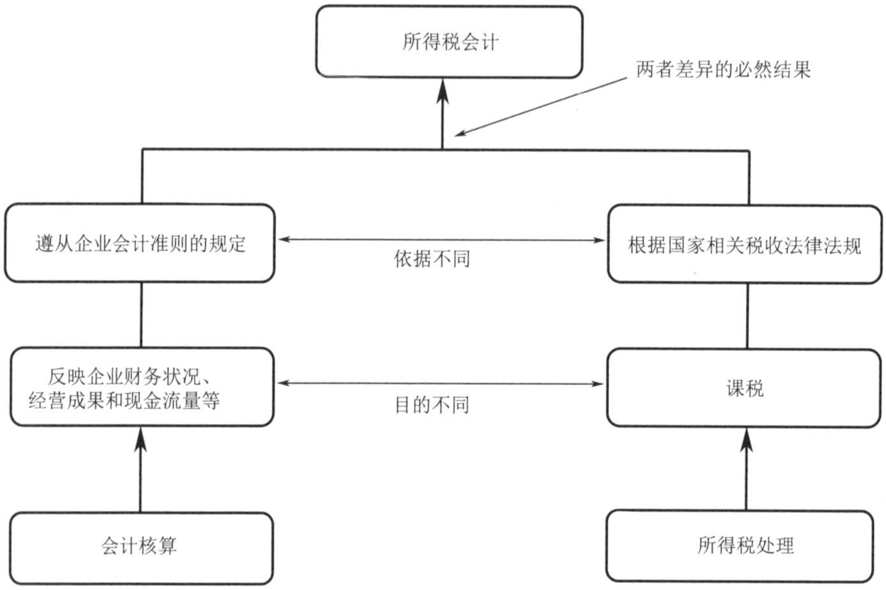

图11-1　所得税会计和所得税法律的关系图

所得税会计最初只有现金收付制。之后随着越来越多的企业广泛采用权责发生制用于财务报告，为了简化账簿记录转换的过程，税务当局也接受了权责发生制。

我国所得税会计经历了应付税款法、纳税影响会计法和资产负债表债务法三个阶段。现行的企业会计准则规定，企业采用资产负债表债务法核算所得税。

11.1.3　资产负债表法

所谓资产负债表法（the balance sheet liability method），是从资产负债表出发，通过比较资产负债表上列示的资产、负债，按照会计准则规定确定的账面价值与按照税法规定确定的计税基础，对于两者之间的差异分为应纳税暂时性差异与可抵扣暂时性差异，确认相关的递延所得税负债与递延所得税资产，并在此基础上确定每个会计期间利润表中的所得税费用。

可以看到，资产负债表法在所得税的会计核算方面贯彻了资产、负债的界定，较为完全地体现了资产负债观。该方法更适应“企业可持续发展、投资者可持续投资”的会计准则新理念，可以增强企业间会计信息的可比性，进一步与国际接轨。

11.1.4　所得税的计算

在所得税的会计核算中，所使用的账户主要有 4 个。

1. 所得税费用

用来核算企业按规定缴纳的所得税，反映本期计入利润表的所得税费用。借方放映按规定从当期损益中扣除的所得税费用，贷方反映期末转入“本年利润”账户的金额，结转后无余额。有关计算公式：

本期所得税费用＝应交所得税＋(递延所得税资产年初余额－递延所得税资产年末余额)＋(递延所得税负债年末余额－递延所得税负债年初余额)

2. 应交税费——应交所得税

反映按照税法规定计算的应交所得税（income tax payable）。贷方发生额记录企业按应纳税所得额计算的当期应缴纳的所得税，借方发生额记录缴纳的所得税。期末余额在贷方，表示期末尚未支付的所得税。有关计算公式如下。

应交所得税＝应纳税所得额×所得税率　　（公式 1）

其中，所得税税率（rate of income tax）是体现国家与企业分配关系的核心要素。税率设计的原则是兼顾国家、企业、职工个人三者利益，在保证财政收入稳定增长的同时，也要考虑企业的实际情况和负担能力。目前我国采取比例税率。比例税率简便易行，透明度高，不会因征税而改变企业间收入分配比例，有利于促进效率的提高。

应纳税所得额（taxable income）：应纳税所得额是企业所得税的计税依据，基本公式为：

应纳税所得额＝收入总额－不征税收入－免税收入－各项扣除－以前年度亏损[①]　（公式 2）

企业应纳税所得额的计算以权责发生制为原则，属于当期的收入和费用，不论款项是否收付，均作为当期的收入和费用；不属于当期的收入和费用，即使款项已经在当期收付，均不作为当期的收入和费用。应纳税所得额的正确计算直接关系国家财政收入和企业的税收负担，并且同成本、费用核算关系密切。

3. 递延所得税资产

借方登记“递延所得税资产”增加额，贷方登记“递延所得税资产”减少额。“递延所得税资产”借方余额为资产，表示将来可以少交的所得税金额。有关计算公式如下。

递延所得税资产期末余额＝可抵扣暂时性差异期末余额×所得税税率　（公式 3）

本期递延所得税资产发生额＝递延所得税资产期初余额－递延所得税资产期末余额（公式 4）

4. 递延所得税负债

贷方登记“递延所得税负债”增加额，借方登记“递延所得税负债”减少额。“递延所得税负债”贷方余额为负债，表示将来应交所得税金额。有关计算公式如下。

递延所得税负债期末余额＝应纳税暂时性差异期末余额×所得税税率　（公式 5）

本期所得税负债发生额＝递延所得税负债期末余额－递延所得税负债期初余额　（公式 6）

① 详见本章扩展内容。

11.2 资产、负债的计税基础

所得税会计的关键在于确定资产、负债的计税基础。在确定资产、负债的计税基础时，应严格遵循税收法规中对于资产的税务处理以及可税前扣除的费用等的规定进行。

11.2.1 资产的计税基础

1. 资产计税基础概述

资产的计税基础（the tax base of assets），是指企业收回资产账面价值过程中，计算应纳税所得额时按照税法规定可以自应税经济利益中抵扣的金额。[①]

我们知道，资产的主要特征之一是预期会给企业带来经济利益。因此，在确定资产的计税基础时，首先应该明确各资产项目的未来经济利益流入时是否需要纳税，即该经济利益是否计入该未来期间的应纳税所得额。对于未来经济利益需要纳税的资产，其计税基础等于未来经济利益流入时按税法规定可从税前扣除的数额，如固定资产。而对于未来经济利益不需纳税的资产，其计税基础等于其账面价值，如应收账款类资产。

资产的计税基础＝未来可税前列支的金额

某一资产负债表日的计税基础＝成本－以前期间已税前列支的金额

资产账面价值与计税基础差异主要来源于三个方面：

（1）税法的折旧（摊销）方法、年限、净残值等与会计不同；

（2）资产计提了减值准备后，其账面价值会随之下降，而税法规定资产在发生实质性损失之前，不允许税前扣除，造成在计提资产减值准备以后，资产的账面价值与计税基础之间的差异；

（3）税法不认可公允价值的变动。

2. 各资产项目计税基础的确定

（1）未来经济利益需要纳税的资产

该类资产项目在初始确认时，其计税基础一般为取得成本；在资产持有过程中，其计税基础为其取得成本减去以前期间按照税法规定已经税前扣除的金额后的差额。

以无形资产为例。除内部研究开发形成的无形资产以外，其他方式取得的无形资产，初始确认时按照会计准则规定确定的入账价值与按照税法规定确定的计税成本之间一般不存在差异。但是在持有期间，由于下列原因可能使账面价值和计税基础产生差异。

①内部研究开发形成的无形资产

一般情况下，初始确认时按照会计准则规定确定的成本与计税基础应当是相同的。成本为开发阶段符合资本化条件以后至达到预定用途前发生的支出，研究开发过程中发生的其他支出应予费用化计入损益。税法规定，自行开发的无形资产，以开发过程中该资产符合资本化条件后至达到预定用途前发生的支出为计税基础，同时研究开发费用未形成无形资产计入当期损益的，按照研究开发费用的50%加以扣除；形成无形资产的，按照无形资产成本的150%摊销。

---

① 《企业会计准则第18号——所得税》第五条。

需要说明的是，如该无形资产的确认不是产生于合并交易、同时在确认时既不影响会计利润也不影响应纳税所得额，则按照所得税会计准则的规定，不确认有关暂时性差异的所得税影响。

【例 11-1】某企业当期为开发新技术发生研究开发支出计 200 万元，其中研究阶段支出 40 万元，开发阶段符合资本化条件前发生的支出为 20 万元，符合资本化条件后至达到预定用途前发生的支出为 140 万元。假定开发形成的无形资产在当期期末已达到预定用途。

该企业当期发生的研究开发支出中，按照会计准则规定应予费用化的金额为 60 万元，形成无形资产的成本为 140 万元，即期末无形资产的账面价值为 1 200 万元；按照税法规定可在当期税前扣除的金额为 140 万元，所形成无形资产在未来期间可予税前扣除的金额为 140×150%万元，即计税基础为 210 万元。

②无形资产是否需要摊销

会计准则规定，使用寿命不确定的无形资产不进行摊销，但持有期间每年应进行减值测试。而税法规定应在一定期限内摊销，摊销金额允许税前扣除。

③无形资产减值准备的提取

税法规定计提的无形资产减值准备在转变为实质性损失前不允许税前扣除，即无形资产的计税基础不会随减值准备的提取发生变化。

综上所述，我们可以列出下表来比较一下固定资产的账面价值和计税基础，见表 11-1。

表 11-1 固定资产账面价值和计税基础的比较表

	账面价值	计税基础
初始确认	取得时账面价值	取得时账面价值（除内部研究开发形成的无形资产）
后续计量	使用寿命确定的无形资产： 实际成本－会计累计摊销－无形资产减值准备 使用寿命不确定的无形资产： 实际成本－无形资产减值准备	实际成本－税收累计摊销
差异原因	1. 内部研究开发形成的无形资产 2. 累计摊销及是否摊销 3. 无形资产减值准备	

（2）未来经济利益不需要纳税的资产

该类资产的未来经济利益流入时，按税法规定不应计入流入期的应纳税所得额，计税基础等于其账面价值。以应收账款为例。

【例 11-2】甲公司 2×14 年年末应收账款账面余额 500 万元，已提坏账准备 100 万元，则应收账款账面价值为 400 万元；因在确认应收账款时已作为收入缴纳所得税，在收回应收账款时不用再交税，即可抵扣 500 万元，其计税基础为 500 万元。

11.2.2 负债的计税基础

1. 负债计税基础概述

负债的计税基础（the tax base of liabilities），是指负债的账面价值减去未来期间计算应纳税所得额时按照税法规定可予抵扣的金额。① 用公式表示即为：

负债的计税基础＝账面价值－未来期间按照税法规定可予税前扣除的金额

为了帮助理解，我们将负债分为两类，一类在清偿时表现为现金或者现金等价物的流出，

① 《企业会计准则第 18 号——所得税》第六条

如短期借款、应付账款等；另一类则是由于企业预先收取了相关款项而产生，需要以交付商品、提供劳务或者让渡资产使用权的方式清偿，清偿后企业确认收入，如预收账款、递延收益等。

大多数负债属于前者。当会计上确认该类负债时，会有以下几种情形：

（1）如果税法允许其从当期应纳税所得额中扣除，则以后清偿时不能再进行扣除，即未来扣除数为零，其计税基础等于其账面价值；

（2）如果按税法规定在未来清偿时才允许扣除，则未来扣除数等于其账面价值，计税基础等于零；

（3）如果无论是负债发生时还是未来清偿时，税法规定均不允许扣除，则其计税基础也等于账面价值。

对于后者，收款时会计上确认负债，未来清偿时会计上确认收入实现。在收款时，会有以下几种情形：

（1）如果按税法规定已计入当期应纳税所得额，则未来会计上的收入实现时不需再缴纳所得税，即未来期间可以抵扣的金额等于其账面价值，其计税基础等于零；

（2）如果在收款时按税法规定没有计入当期应纳税所得额，则在未来清偿时该部分收入要计入清偿期的应纳税所得额，即未来期间免予缴纳所得税的数额为零，其计税基础等于其账面价值。

因此，大部分情况下，负债确认和清偿不会影响其应纳税所得额，其计税基础等于账面价值。但是，当以会计和税法角度对企业损益产生影响的期间不同时，计税基础与账面价值就会产生差异。

2. 各主要负债项目计税基础的确定

（1）预计负债

按照或有事项准则规定，企业对于预计提供售后服务将发生的支出在满足有关确认条件时，销售当期即应确认为费用，同时确认预计负债。如果税法规定，与销售产品相关的支出应于发生时税前扣除，即未来期间可税前扣除的金额等于账面价值，则其在期末的计税基础为0；如果税法规定对于费用支出按照权责发生制原则确定税前扣除时点，则所形成负债的计税基础等于账面价值。

其他交易或事项中确认的预计负债，应按照税法规定的计税原则确定其计税基础。某些情况下，税法规定其支出无论是否实际发生均不允许税前扣除，即未来期间按照税法规定可予抵扣的金额为零，账面价值等于计税基础。

【例 11-3】企业因销售商品提供售后服务等原因于当期确认了100万元的预计负债。税法规定，有关产品售后服务等与取得经营收入直接相关的费用于实际发生时允许税前列支。假定企业在确认预计负债的当期未发生售后服务费用。

该项预计负债账面价值＝100万元，计税基础＝账面价值－未来期间计算应纳税所得额时按照税法规定可予抵扣的金额＝100万元－100万元＝0元。

假如企业因债务担保确认了预计负债1 000万元，但担保发生在关联方之间，担保方并未就该项担保收取与相应责任相关的费用。税法规定，与该预计负债相关的费用不允许税前扣除。

该预计负债账面价值＝1 000万元，计税基础＝账面价值1 000万元－可从未来经济利益中扣除的金额0元＝1 000万元。

（2）预收账款

企业在收到客户预付的款项时，因不符合收入确认条件，会计上将其确认为负债。税法中对于收入的确认原则一般与会计规定相同，即会计上未确认收入时，计税时一般亦不计入应纳税所得额，该部分经济利益在未来期间计税时可予税前扣除的金额为 0 元，计税基础等于账面价值。

某些情况下，因不符合会计准则规定的收入确认条件，未确认为收入的预收款项，按照税法规定应计入当期应纳税所得额，所以在以后年度减少预收账款确认收入时，由税前会计利润计算应纳税所得额时应将其扣除，有关预收账款的计税基础为 0 元。相关分析如图 11-2 所示。

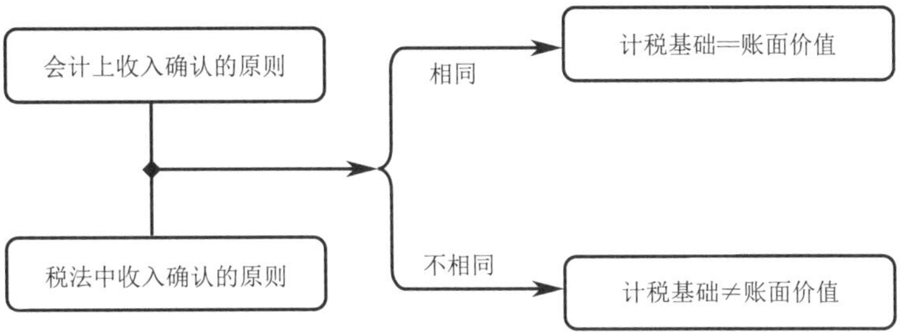

图11-2 计税基础和账面价值的关系

【例 11-4】某公司 2×14 年 12 月 31 日收到客户预付的款项 100 万元。

(1) 若预收时不计入应纳税所得额

2×14 年 12 月 31 日该预收账款的账面价值=100 万元，计税基础=账面价值 100 万元－可从未来经济利益中扣除的金额 0 元=100 万元。

(2) 若预收的款项计入当期应纳税所得额

2×14 年 12 月 31 日预收账款的账面价值=100 万元，计税基础=账面价值 100 万元－可从未来经济利益中扣除的金额 100 万元=0 元。

11.2.3 特殊交易或事项中产生的资产、负债计税基础的确定

除企业在正常生产经营活动过程中取得的资产和负债以外，对于某些特殊交易中产生的资产、负债，其计税基础的确定应遵从税法规定，如企业合并过程中取得资产、负债计税基础的确定。

对于企业合并的税务处理，通常情况下被合并企业应视为按公允价值转让、处置全部资产，计算资产的转让所得、依法缴纳所得税。合并企业接受被合并企业的有关资产，计税时可以按经评估确认的价值确定计税成本。另外，在考虑有关企业合并是应税合并还是免税合并时，某些情况下还需要考虑在合并中涉及的非股权支付额的比例，具体划分标准和条件应遵从税法规定。

由于会计与税收法规对企业合并的划分标准不同，处理原则不同，某些情况下，会造成企业合并中取得的有关资产、负债的入账价值与其计税基础的差异。

11.2.4 暂时性差异

暂时性差异（temporary differences），是指资产或负债的账面价值与其计税基础之间的差额。未作为资产和负债确认的项目，按照税法规定可以确定其计税基础的，该计税基础与其账面价值之间的差额也属于暂时性差异。

根据暂时性差异对未来期间应纳税所得额的影响，分为应纳税暂时性差异和可抵扣暂时性差异①。在计算确定了应纳税暂时性差异与可抵扣暂时性差异后，应当按照所得税会计准则规定的原则确认相关的递延所得税负债以及递延所得税资产。

---

① 相关概念将在本章第 3 节、第 4 节细述。

这里需要注意的是一些特殊项目产生的暂时性差异。

1．未作为资产、负债确认的项目产生的暂时性差异。某些交易或事项发生以后，因为不符合资产、负债确认条件而未体现为资产负债表中的资产或负债，但按照税法规定能够确定其计税基础的，其账面价值与计税基础之间的差异也构成暂时性差异。

如企业发生的符合条件的广告费和业务宣传费支出，除另有规定外，不超过当年销售收入15%的部分，准予扣除；超过部分准予在以后纳税年度结转扣除①。该类费用在发生时按照会计准则规定计入当期损益，不形成资产负债表中的资产，但按照税法规定可以确定其计税基础，两者之间的差异也形成暂时性差异。

2．可抵扣亏损及税款抵减产生的暂时性差异。按照税法规定可以结转以后年度的未弥补亏损及税款抵减，虽不是因资产、负债的账面价值与计税基础不同产生的，但与可抵扣暂时性差异具有同样的作用，均能够减少未来期间的应纳税所得额，进而减少未来期间的应交所得税，会计处理上视同可抵扣暂时性差异，符合条件的情况下，应确认与其相关的递延所得税资产。

11.3 应纳税暂时性差异和递延所得税负债

11.3.1 应纳税暂时性差异

应纳税暂时性差异（taxable temporary differences），是指在确定未来收回资产或清偿负债期间的应纳税所得额时，将导致产生应税金额的暂时性差异。

应纳税暂时性差异通常产生于以下情况。

1．资产的账面价值大于其计税基础

资产的账面价值大于其计税基础，该项资产未来期间产生的经济利益不能全部税前抵扣，两者之间的差额需要缴税，产生应纳税暂时性差异。例如，一项无形资产账面价值为500万元，计税基础如为375万元，两者之间的差额会造成未来期间应纳税所得额和应交所得税的增加，在其产生当期，应确认相关的递延所得税负债。

2．负债的账面价值小于其计税基础

负债的账面价值与其计税基础不同产生的时间性差异，实质上是税法规定就该项负债在未来期间可以税前扣除的金额。负债的账面价值小于其计税基础，则意味着就该项负债在未来期间可以税前抵扣的金额为负数，即应在未来期间应纳税所得额的基础上调增，增加应纳税所得额和应交所得税金额，产生应纳税暂时性差异，应确认相关的递延所得税负债。

在应纳税暂时性差异产生当期，符合确认条件时，应当确认相关的递延所得税负债。

11.3.2 递延所得税负债

除明确规定可不确认递延所得税负债的情况以外，企业对于所有的应纳税暂时性差异均应确认相关的递延所得税负债。

与直接计入所有者权益的交易或事项相关的应纳税暂时性差异，相应的递延所得税负债

① 《中华人民共和国企业所得税法实施条例》第四十四条。

（deferred income tax liabilities）应计入所有者权益，如因可供出售金融资产公允价值上升而应确认的递延所得税负债。

非同一控制下的企业合并中，按照会计规定确定的合并中取得各项可辨认资产、负债的公允价值与其计税基础之间形成应纳税暂时性差异的，应确认相应的递延所得税负债，同时应调整合并中应予确认的商誉。

除上述情况以外，确认递延所得税负债的同时，应增加利润表中的所得税费用。基本处理是：

借：所得税费用

　　贷：递延所得税负债

【例 11-5】 A 企业于 2×12 年 12 月 6 日购入某项环保设备，取得成本为 500 万元，会计上采用年限平均法计提折旧，使用年限为 10 年，净残值为零，计税时按双倍余额递减法计提折旧，使用年限及净残值与会计相同。A 企业适用的所得税税率为 25%。

2×13 年 12 月 31 日

资产账面价值＝500－500÷10＝450（万元）

资产计税基础＝500－500×20%＝400（万元）

递延所得税负债余额＝（450－400）×25%＝12.5（万元）

借：所得税费用　　12.5

　　贷：递延所得税负债　　12.5

2×14 年 12 月 31 日

资产账面价值＝500－500÷10×2＝400（万元）

资产计税基础＝500－500×20%－400×20%＝320（万元）

递延所得税负债余额＝（400－320）×25%＝20（万元）

借：所得税费用　　7.5

　　贷：递延所得税负债　　7.5

11.3.3　不确认递延所得税的特殊情况

有些情况下，虽然产生了应纳税暂时性差异，但出于各方面考虑，并不确认相应的递延所得税负债，主要包括如下情况。

（1）商誉的初始确认。在非同一控制下的企业合并中，企业合并成本大于合并中取得的被购买方可辨认净资产公允价值份额的差额即为商誉。由于会计与税收的划分标准不同，当会计上作为非同一控制下的企业合并，但计税时作为免税合并的情况下，商誉的账面价值与其计税基础形成应纳税暂时性差异，但不确认与其相关的递延所得税负债。

需要说明的是，非同一控制下的企业合并形成的商誉，若将被购买方出售时，商誉的价值可计入应纳税所得额，则初始确认商誉时，商誉的账面价值与计税基础相等。继后期间商誉计提减值准备，使得商誉的账面价值小于计税基础，会产生可抵扣暂时性差异。

（2）除企业合并以外的其他交易或事项中，如果该项交易或事项发生时既不影响会计利润，也不影响应纳税所得额，则所产生的资产、负债的初始确认金额与其计税基础不同，形成应纳税暂时性差异的，交易或事项发生时不确认相应的递延所得税负债。该规定主要是考虑到由于交易发生时既不影响会计利润，也不影响应纳税所得额，确认递延所得税负债的直接结果是增加有关资产的账面价值或是降低所确认负债的账面价值，使得资产、负债在初始确认时，违背历史成本原则，影响会计信息的可靠性。

（3）与子公司、联营企业、合营企业投资等相关的应纳税暂时性差异，且同时满足以下两个条件的不确认递延所得税负债：一是投资企业能够控制暂时性差异转回的时间；二是该暂时性差异在可预见的未来很可能不会转回。这种做法的原因是，当满足上述条件时，投资企业可以运用自身的影响力决定暂时性差异的转回，如果不希望其转回，则在可预见的未来该项暂时性差异即不会转回，从而无须确认相应的递延所得税负债。

综上所述，递延所得税负债的计量如图 11-3 所示。

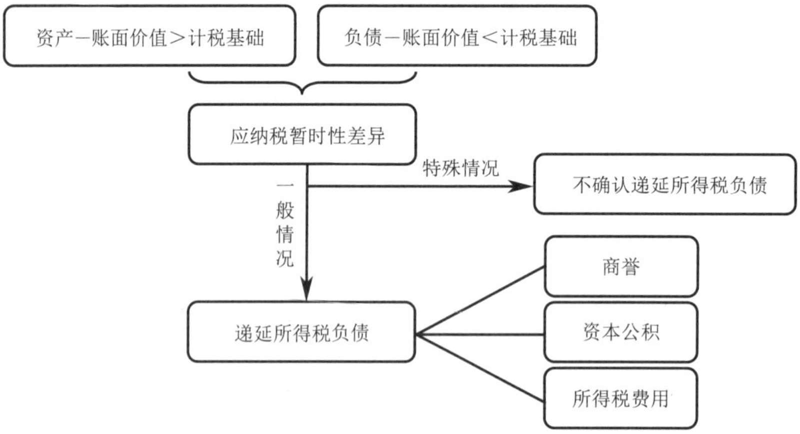

图11-3　递延所得税负债的计量

11.4　可抵扣暂时性差异和递延所得税资产

11.4.1　可抵扣暂时性差异

可抵扣暂时性差异（deductible temporary differences），是指在确定未来收回资产或清偿负债期间的应纳税所得额时，将导致产生可抵扣金额的暂时性差异。

可抵扣暂时性差异一般产生于以下情况。

（1）资产的账面价值小于其计税基础，意味着资产在未来期间产生的经济利益少，按照税法规定允许税前扣除的金额多，两者之间的差额可以减少企业在未来期间的应纳税所得额并减少应交所得税，符合有关条件时，应当确认相关的递延所得税资产。例如，一项资产的账面价值为 500 万元，计税基础为 650 万元，则企业在未来期间就该项资产可以在其自身取得经济利益的基础上多扣除 150 万元，未来期间应纳税所得额会减少，应交所得税也会减少，形成可抵扣暂时性差异。

（2）负债的账面价值大于其计税基础，负债产生的暂时性差异实质上是税法规定就该项负债可以在未来期间税前扣除的金额，即：

负债产生的暂时性差异

＝账面价值－计税基础

＝账面价值－（账面价值－未来期间计税时按照税法规定可予税前扣除的金额）

＝未来期间计税时按照税法规定可予税前扣除的金额　　（公式 7）

负债的账面价值大于其计税基础，意味着未来期间按照税法规定与负债相关的全部或部分支出可以自未来应税经济利益中扣除，减少未来期间的应纳税所得额和应交所得税。符合有关确认条件时，应确认相关的递延所得税资产。

该差异在未来期间转回时会减少转回期间的应纳税所得额，减少未来期间的应交所得税。在可抵扣暂时性差异产生当期，符合确认条件时，应当确认相关的递延所得税资产。

11.4.2　递延所得税资产

资产、负债的账面价值与其计税基础不同产生可抵扣暂时性差异的，在预计可利用可弥补亏损或税款抵减的未来期间内能够取得足够的应纳税所得额时，应当以很可能取得的应纳税所得额为限，确认相应的递延所得税资产（deferred tax asset），同时减少确认当期的所得税费用，即递延所得税资产的确认应以未来期间可能取得的应纳税所得额为限。

在可抵扣暂时性差异转回的未来期间内，企业无法产生足够的应纳税所得额用以利用可抵扣暂时性差异的影响，使得与可抵扣暂时性差异相关的经济利益无法实现的，不应确认递延所得税资产；企业有明确的证据表明其于可抵扣暂时性差异转回的未来期间能够产生足够的应纳税所得额，进而利用可抵扣暂时性差异的，则应以可能取得的应纳税所得额为限，确认相关的递延所得税资产，基本处理是：

借：递延所得税资产

　　贷：所得税费用

同样，在企业合并中，按照会计规定确定的合并中取得各项可辨认资产、负债的入账价值与其计税基础之间形成可抵扣暂时性差异的，应确认相应的递延所得税资产，并调整合并中应予确认的商誉等；与直接计入所有者权益的交易或事项相关的可抵扣暂时性差异，相应的递延所得税资产应计入所有者权益，如因可供出售金融资产公允价值下降而应确认的递延所得税资产。

11.4.3　不确认递延所得税资产的特殊情况

某些情况下，企业发生的某项交易或事项不属于企业合并，并且交易发生时既不影响会计利润也不影响应纳税所得额，且该项交易中产生的资产、负债的初始确认金额与其计税基础不同，产生可抵扣暂时性差异的，在交易或事项发生时不确认相应的递延所得税资产。例如内部研究开发的无形资产。

综上所述，递延所得税资产的计量如图 11-4 所示。

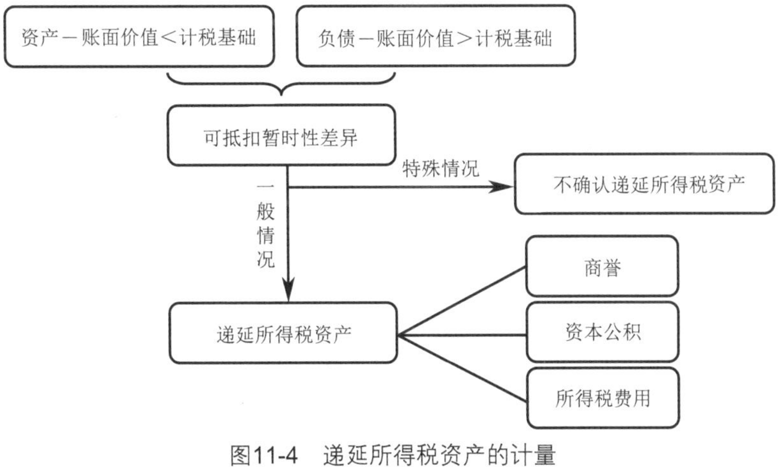

图11-4　递延所得税资产的计量

11.5 特殊情况下产生的递延所得税资产（负债）

11.5.1 适用税率变化对已确认递延所得税资产和递延所得税负债的影响

因税收法规的变化，导致企业在某一会计期间适用的所得税税率发生变化的，企业应对已确认的递延所得税资产和递延所得税负债按照新的税率重新进行计量。递延所得税资产和递延所得税负债的金额代表的是有关可抵扣暂时性差异或应纳税暂时性差异于未来期间转回时导致企业应交所得税金额的减少或增加的情况。适用税率变动的情况下，应对原已确认的递延所得税资产及递延所得税负债的金额进行调整。

除直接计入所有者权益的交易或事项产生的递延所得税资产及递延所得税负债，相关的调整金额应计入所有者权益以外，其他情况下产生的调整金额应确认为税率变化当期的所得税费用（或收益）。

11.5.2 合并财务报表中因抵销未实现内部销售损益产生的影响

企业在编制合并财务报表时，因抵销未实现内部销售损益导致合并资产负债表中资产、负债的账面价值与其在纳入合并范围的企业按照适用税法规定确定的计税基础之间产生暂时性差异的，在合并资产负债表中应当确认递延所得税资产或递延所得税负债，同时调整合并利润表中的所得税费用，但与直接计入所有者权益的交易或事项及企业合并相关的递延所得税除外。

【例 11-6】甲公司与乙公司属于同一集团内部的两个公司。甲公司销售一批产品给乙公司，销售价格为 100 万元，产品成本为 80 万元，对于乙公司来说，产品的账面价值为 100 万元，计税基础也是 100 万元。在合并财务报表中，集团角度结存存货的账面价值为 80 万元，计税基础为 100 万元，产生可抵扣暂时性差异。抵销分录为：

借：营业收入	100	
贷：营业成本		80
存货		20
借：递延所得税资产	(20×25%) 5	
贷：所得税费用		(20×25%) 5

11.6 所得税费用的确认和计量

所得税会计的主要目的之一是为了确定当期应交所得税以及利润表中的所得税费用。在按照资产负债表债务法核算所得税的情况下，利润表中的所得税费用包括当期所得税和递延所得税两个部分。

11.6.1　当期所得税

当期所得税是指企业按照税法规定计算确定的针对当期发生的交易和事项，应交纳给税务部门的所得税金额，即当期应交所得税。当期所得税以适用的税收法规为基础计算确定。即：

应交所得税＝应纳税所得额×所得税税率

应纳税所得额＝税前会计利润＋纳税调整增加额－纳税调整减少额

1．纳税调整增加额

（1）按会计准则规定核算时不作为收益计入会计报表，但在计算应纳税所得额时作为收益需要缴纳所得税。

如发出商品时会计上不符合收入确认条件，但按税法规定应确认收入。

（2）按会计准则规定核算时确认为费用或损失计入会计报表，但在计算应纳税所得额时则不允许扣减。

如发生的赞助费支出、计提的各种资产减值准备、或有事项确认的负债等。

2．纳税调整减少额

（1）按会计准则规定核算时作为收益计入会计报表，但在计算应纳税所得额时不确认为收益。

如国债利息收入、权益法核算按被投资单位实现的净利润和投资持股比例计算的投资收益等。

（2）按会计准则规定核算时不确认为费用或损失，但在计算应纳税所得额时则允许扣减。

如企业研究开发新产品、新技术、新工艺所发生的各项费用，可再按实际发生额的 50%抵扣费用等。

因此，上述公式可具体表示为：

应纳税所得额＝会计利润＋按照会计准则规定计入利润表但计税时不允许税前扣除的费用

± 计入利润表的费用与按照税法规定可予税前抵扣的金额之间的差额

± 计入利润表的收入与按照税法规定应计入应纳税所得的收入之间的差额　　（公式 8）

－ 税法规定的不征税收入

± 其他需要调整的因素

11.6.2　递延所得税

递延所得税（deferred income taxes），是指企业在某一会计期间确认的递延所得税资产及递延所得税负债的综合结果，即按照企业会计准则规定应予确认的递延所得税资产和递延所得税负债在期末应有的金额相对于原已确认金额之间的差额，即递延所得税资产及递延所得税负债的当期发生额，但不包括计入所有者权益的交易或事项及企业合并所得税影响。用公式表示即为：

递延所得税＝（递延所得税负债的期末余额－递延所得税负债的期初余额）

－（递延所得税资产的期末余额－递延所得税资产的期初余额）　　（公式 9）

根据资产负债观的思想，确认递延所得税资产和递延所得税负债，应当按照预期收回该资产或清偿该负债期间的适用税率计量，即采用该暂时性差异转回期间适用的所得税税率为基础计算确定。适用税率发生变化的，应对已确认的递延所得税资产和递延所得税负债进行重新计量，不管相关的可抵扣暂时性差异和应纳税暂时性差异的转回期间如何，相关的递延所得税资产和递延所得税负债均不要求折现。

同时，无论是递延所得税资产还是递延所得税负债的计量，均应考虑资产负债表日企业预期收回资产或清偿负债方式的所得税影响。即在计量递延所得税资产和递延所得税负债时，应当采用与收回资产或清偿债务的预期方式相一致的税率和计税基础。例如，企业持有的某项固定资产，一般情况下是为企业的正常生产经营活动提供必要的生产条件，但在某一时点上，企业决定将该固定资产对外出售，实现其为企业带来的未来经济利益，且假定税法规定长期资产处置时适用的所得税税率与一般情况有所不同，则企业在计量因该资产产生的应纳税暂时性差异或可抵扣暂时性差异的所得税影响时，应考虑该资产带来的经济利益预期实现方式的影响。

特别需要注意的是，企业应当在各资产负债表日对递延所得税资产的账面价值进行复核。如果未来期间很可能无法取得足够的应纳税所得额用以利用递延所得税资产的利益，应当减记递延所得税资产的账面价值。递延所得税资产的账面价值减记以后，以后期间根据新的环境和情况判断能够产生足够的应纳税所得额利用可抵扣暂时性差异，使得递延所得税资产包含的经济利益能够实现的，应相应恢复递延所得税资产的账面价值。

11.6.3 所得税费用

企业当期所得税和递延所得税应当作为所得税费用（income tax expenses）或收益计入当期损益，但不包括企业合并和直接在所有者权益中确认的交易或者事项产生的所得税。

所得税费用＝当期所得税＋递延所得税 （公式 10）

11.6.4 资产负债表债务法的基本程序

采用资产负债表债务法核算所得税的情况下，企业一般应于每一资产负债表日进行所得税的核算。所得税核算一般应遵循以下程序，如图 11-5 所示。

（1）按照相关会计准则规定确定资产负债表中除递延所得税资产和递延所得税负债以外的其他资产和负债项目的账面价值。其中，资产、负债的账面价值，是指企业按照相关会计准则的规定进行核算后在资产负债表中列示的金额。

（2）按照会计准则中对于资产和负债计税基础的确定方法，以适用的税收法规为基础，确定资产负债表中有关资产、负债项目的计税基础。

（3）比较资产、负债的账面价值与其计税基础，对于两者之间存在差异的，分析其性质，除准则中规定的特殊情况外，分别应纳税暂时性差异与可抵扣暂时性差异，确定资产负债表日递延所得税负债和递延所得税资产的应有金额，并与期初递延所得税资产和递延所得税负债的余额相比，确定当期应予进一步确认的递延所得税资产和递延所得税负债金额或应予转销的金额，作为递延所得税。

（4）就企业当期发生的交易或事项，按照适用的税法规定计算确定当期应纳税所得额，将应纳税所得额与适用的所得税税率计算的结果确认为当期应交所得税。

（5）确定利润表中的所得税费用。利润表中的所得税费用包括当期所得税（当期应交所得税）和递延所得税两个组成部分，企业在计算确定了当期所得税和递延所得税后，两者之和（或之差），是利润表中的所得税费用。

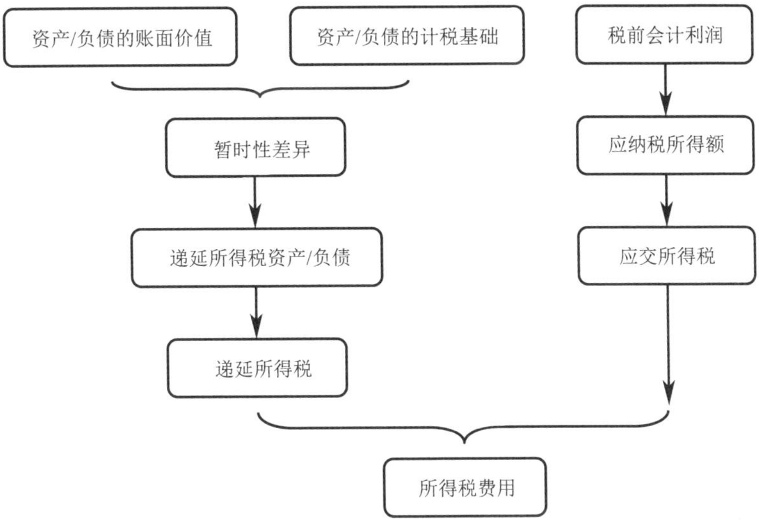

图11-5　资产负债表债务法的基本程序

11.6.5　所得税的列报

（1）所得税费用在利润表中以增加和减少后的净额单独列示。

（2）递延所得税资产和递延所得税负债一般分别作为资产负债表中的非流动资产和非流动负债列示。

一般情况下，在个别财务报表中，当期所得税资产与负债及递延所得税资产与递延所得税负债可以抵销后的净额列示。在合并财务报表中，纳入合并范围的企业中，一方的当期所得税资产或递延所得税资产与另一方的当期所得税负债或递延所得税负债一般不能予以抵销，除非所涉及的企业具有以净额结算的法定权利并且意图以净额结算。

（3）在报表附注中，企业应当披露：

① 所得税费用（收益）的主要组成部分；

② 所得税费用（收益）与会计利润关系的说明；

③ 未确认递延所得税资产的可抵扣暂时性差异、可抵扣亏损的金额（如果存在到期日，还应披露到期日）；

④ 对每一类暂时性差异和可抵扣亏损，在列报期间确认的递延所得税资产或递延所得税负债的金额，确认递延所得税资产的依据；

⑤ 未确认递延所得税负债的，与对子公司、联营企业及合营企业投资相关的暂时性差异金额。

11.7　综合例题

【例 11-7】南方公司 2×14 年度利润表中利润总额为 3 000 万元，该公司适用的所得税税率为 25%。递延所得税资产及递延所得税负债不存在期初余额。与所得税核算有关的情况如下。

2×14年发生的有关交易和事项中，会计处理与税收处理存在差别的有：

(1)2×14年1月开始计提折旧的一项固定资产，成本为1 500万元，使用年限为10年，净残值为0。会计处理按双倍余额递减法计提折旧，税收处理按直线法计提折旧。假定税法规定的使用年限及净残值与会计规定相同；

(2)向关联企业捐赠现金 1 500万元。假定按照税法规定，企业向关联方的捐赠不允许税前扣除；

(3)当期取得作为交易性金融资产核算的股票投资成本为800万元，2×14年12月31日的公允价值为1 000万元。税法规定，以公允价值计量的金融资产持有期间市价变动不计入应纳税所得额；

(4)违反环保法规定应支付罚款410万元；

(5)期末对持有的存货计提了100万元的存货跌价准备。

则：

(1)2×14年度当期应交所得税

应纳税所得额＝3 000＋150＋1 500－200＋410＋100＝4 960（万元）

应交所得税＝4 960×25%＝1 240（万元）

(2)2×14年度递延所得税

递延所得税资产＝（150＋100）×25%＝62.5（万元）

递延所得税负债＝410×25%＝102.5（万元）

递延所得税＝102.5－62.5＝40（万元）

(3)利润表中应确认的所得税费用

所得税费用＝1 240＋40＝1 280（万元）

账务处理如下：

借：所得税费用	12 800 000	
递延所得税资产	625 000	
贷：应交税费——应交所得税		12 400 000
递延所得税负债		1 025 000

扩展内容9　不征税收入和免税收入

国家为了扶持和鼓励某些特殊的纳税人和特定的项目，或者避免因证税影响企业的正常经营，对企业取得的某些收入予以不证税或免税的特殊政策，以减轻企业的负担，促进经济的协调发展。或准予抵扣应纳税所得额，或者是对专项用途的资金作为非税收入处理，减轻企业的税负，增加企业可用资金。

（一）不证税收入

1. 财政拨款，是指各级人民政府对纳入预算管理的事业单位、社会团体等组织拨付的财政资金，但国务院和国务院财政、税务主管部门另有规定的除外。

2. 依法收取并纳入财政管理的行政事业性收费、政府性基金，是指依照法律法规等有关规定，按照国务院规定程序批准，在实施社会公共管理，以及在向公民、法人或者其他组织提供特定公共服务过程中，向特定对象收取并纳入财政管理的费用。政府性基金，是指企业依照法律、行政法规等有关规定，代政府收取的具有专项用途的财政资金。

3. 国务院规定的其他不征税收入，是指企业取得的，由国务院财政、税务主管部门规定专项用途并经国务院批准的财政性资金。

（二）免税收入

1. 国债利息收入。为鼓励企业积极购买国债，支援国家建设项目，税法规定，企业因购买国债所得的利息收入，免征企业所得税。

2. 符合条件的居民企业之间的股息、红利等权益性收益。这类收入是指居民企业直接投资于其他居民企业取得的投资收益。

3. 在中国境内设立机构、场所的非居民企业从居民企业取得与该机构、场所有实际联系的股息、红利等权益性投资收益。该收益都不包括连续持有居民企业公开发行并上市流通的股票不足 12 个月取得的投资收益。

4. 符合条件的非营利组织的收入。符合条件的非营利组织是指：

（1）依法履行非营利组织登记手续；

（2）从事公益性或者非营利性活动；

（3）取得的收入除用于与该组织有关的、合理的支出外，全部用于登记核定或者章程规定的公益性或者非营利性事业；

（4）财产及其孳息不用于分配；

（5）按照登记核定或者章程规定，该组织注销后的剩余财产用于公益性或者非营利性目的，或者由登记管理机关转赠给予该组织性质、宗旨相同的组织，并向社会公告；

（6）投入人对投入该组织的财产不保留或者享有任何财产权利；

（7）工作人员工资福利开支控制在规定的比例内，不变相分配该组织的财产；

（8）国务院财政、税务主管部门规定的其他条件。

企业所得税法第二十六条第四项所称符合条件的非营利组织的收入，不包括非营利组织从事营利性活动取得的收入，但国务院财政、税务主管部门另有规定的除外。

扩展内容 10　所得税会计处理新旧比较

新的所得税准则是在财政部 2006 年发布的《企业会计准则第 18 号——所得税》等会计准则和会计制度有关规定的基础上修订完成的，原会计制度规定，企业可以选择采用应付税款法或以利润表为基础的纳税影响会计法核算所得税。新准则规定，企业所得税会计应采用资产负债表债务法计算所得税费用。两种方法下的差异可以从以下几个方面来比较。

一、相关概念的比较

在新会计准则当中使用了暂时性差异的概念，而原先的制度中则主要使用了时间性和永久性差异的概念。下面对这三个概念的差别做一个辨析。

1. 永久性差异（permanent difference）

永久性差异是指某一会计期间，由于会计制度和税法在计算收益、费用或损失时的口径不同，所产生的税前会计利润与应纳税所得额之间的差异。这种差异在本期发生，不会在以后各期转回。

2. 时间性差异（timing difference）

时间性差异是指由于税法与会计制度在确定收益、费用或损失时的时间不同而产生的税前会计利润与应纳税所得额的差异。时间性差异发生于某一会计期间。但在以后一期或者若干期间内能够转回。

3. 暂时性差异（temporary difference）

暂时性差异是指资产或负债的账面价值与其计税基础之间的差异额，包括可在损益表前后期间转回的时间性差异和不可在损益表前后期间转回的其他暂时性差异。

三种差异的关系如图 11-6 所示。

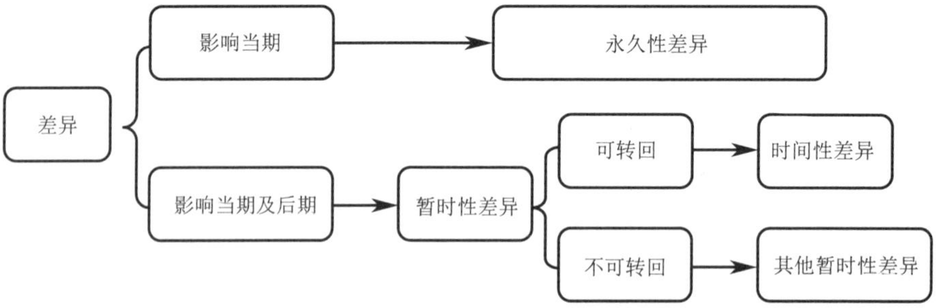

图11-6　三种差异的关系

二、处理方法的比较

在会计处理上，原会计制度的应付税款法和基于损益表的纳税影响会计法和基于资产负债表的资产负债表债务法也是不同的。

（一）应付税款法（taxes payable method）

应付税款法是指本期税前会计利润与应纳税所得额之间的差异造成的影响纳税的金额直接计入当期损益，而不递延到以后各期的会计处理方法。在应付税款法下，不需要确认税前会计利润与应纳税所得额之间的差异造成的影响纳税的金额，因此当期计入损益的所得税费用等于当期按应纳税所得额计算的应交所得税。

在这种方法下，本期的所得税费用等于应付所得税金额，将暂时性差异等同于永久性差异处理。不确认其对未来所得税的影响。会计处理方法虽然简单但不符合会计配比等原则。

（二）纳税影响会计法（tax effect accounting method）

纳税影响会计法是将本期税前会计利润与纳税所得之间的时间性差异造成的影响纳税的金额，递延和分配到以后各期，即将本期产生的时间性差异对所得税的影响，采取跨期分摊的办法。

在采用纳税影响会计法时，所得税被视为企业在获得收益时发生的一种费用，并应随同有关的收入费用计入同一期内，以达到收入和费用的配比。

在采用纳税影响会计法时，企业要设置“所得税”、“应交税金——应交所得税”账户，还要设置“递延税款”账户。

在具体运用纳税影响会计法进行会计处理时，有递延法和债务法两种方法可供选择。

1. 递延法（deferred method）

递延法是将本期由于时间性差异而产生的影响纳税的金额，保留到这一差异发生相反变化的以后期间予以转销。当税率变更或开征新税时，不需要调整由于税率的变更或新税的征收对“递延税款”余额的影响。发生在本期的时间性差异影响纳税的金额，按现行税率计算，以前各期发生而在本期转销的时间性差异影响纳税的金额，按原发生时的税率计算转销。

2. 债务法（liability method）

债务法是将本期由于时间性差异而产生的影响纳税的金额，保留到这一差额发生相反变化时转销。在税率变更或开征新税时，递延税款的余额要按照税率的变动或新征税款进行调整。发生在本期的时间性差异影响纳税的金额，按现行税率计算；以前各期发生而在本期转销的时间性差异影响纳税的金额，也按现行税率计算。“递延税款”余额也可按预期今后税率的变更进行调整。

纳税影响会计法中的债务法，又称收益表债务法，是原制度中相对科学、也最接近资产负债表债务法的方法。资产负债表债务法在收益表债务法的基础上，对差异的处理更符合资产和负债的定义。另外资产负债表债务法能够提供更多决策有用的会计信息，因为资产负债表债务法侧重于暂时性差异，内容更为广泛。

它和资产负债表债务法的异同表现见表 11-2。

表 11-2 收益表债务法与资产负债表债务法的异同

		收益表债务法	资产负债表债务法
相同点		认为所得税的属性是费用而非利益分配； 都符合权责发生制原则及配比原则； 递延所得税款都代表未来应收或应付的所得税	
不同点	核算基础	从收入费用观出发	从资产负债观出发
	核算范围	永久性差异与时间性差异	暂时性差异
	科目设置	递延税款	递延所得税资产、递延所得税负债
		反映当期差额	反映累计差额
	核算方法	税率变动时对已入账的时间性差异进行调整	按照新税率计算
			在期末复核所确认的递延所得税资产的账面价值
	核算程序	当期所得税费用→递延所得税	期末递延所得税→本期所得税费用

【例 11-8】 某公司于 2×10 年 12 月 20 日购入一台设备，原值 622 万元，净残值 22 万元。税法规定采用年限平均法计提折旧，年限为 5 年；会计规定采用年数总和法计提折旧，年限与税法规定相同。会计税前利润各年均为 1 500 万元，2×11 年和 2×12 年所得税税率均为 33%，2×13 年及以后所得税税率为 30%。根据新旧准则分别计算差异见表 11-3 和表 11-4。

表 11-3 利润表债务法计算表 单位：万元

	2005	2006	2007	2008	2009
会计折旧	200	160	120	80	40
税法折旧	120	120	120	120	120
利润总额	1 500	1 500	1 500	1 500	1 500
时间性差异	80	40	0	−40	−80
应税所得	1 580	1 540	1 500	1 460	1 420
应交所得税	521.4	508.2	450	438	426
时间性差异纳税影响额	26.4	13.2	−3.6	−12	−24
所得税费用	495.0	495.0	453.6	450.0	450.0

表 11-4　资产负债表债务法计算表

单位：万元

	2005	2006	2007	2008	2009
账面价值	422	262	142	62	22
计税基础	502	382	262	142	22
暂时性差异	80	120	120	80	0
差异时点值	26.4	39.6	36	24	0
应交所得税	521.4	508.2	450	438	426
递延所得税资产（或负债）	26.4	13.2	−3.6	−12	−24
所得税费用	495	495	453.6	450	450

本章小结

现行的企业会计准则规定，企业采用资产债务表债务法核算所得税。资产负债表债务法的主要特点在于计税基础与递延所得税。

资产的计税基础，是指企业收回资产账面价值过程中，计算应纳税所得额时按照税法规定可以自应税经济利益中抵扣的金额。

资产的计税基础＝未来可税前列支的金额

某一资产负债表日的计税基础＝成本－以前期间已税前列支的金额

负债的计税基础，是指负债的账面价值减去未来期间计算应纳税所得额时按照税法规定可予抵扣的金额。

负债的计税基础＝账面价值－未来期间按照税法规定可予税前扣除的金额

暂时性差异，是指资产或负债的账面价值与其计税基础之间的差额；未作为资产和负债确认的项目，按照税法规定可以确定其计税基础的，该计税基础与其账面价值之间的差额也属于暂时性差异。暂时性差异可以分为应纳税暂时性差异和可抵扣暂时性差异。

应纳税暂时性差异，是指在确定未来收回资产或清偿负债期间的应纳税所得额时，将导致产生应税金额的暂时性差异。除明确规定可不确认递延所得税负债的情况以外，企业对于所有的应纳税暂时性差异均应确认相关的递延所得税负债。除直接计入所有者权益的交易或事项以及企业合并外，在确认递延所得税负债的同时，应增加利润表中的所得税费用。不确认相应的递延所得税负债的情况主要有 3 种。

可抵扣暂时性差异，是指在确定未来收回资产或清偿负债期间的应纳税所得额时，将导致产生可抵扣金额的暂时性差异。企业应当以很可能取得用来抵扣可抵扣暂时性差异的应纳税所得额为限，确认相关的递延所得税资产。资产负债表日，企业应当对递延所得税资产的账面价值进行复核。

递延所得税负债和递延所得税资产应以相关应纳税暂时性差异转回期间适用的所得税税率计量。递延所得税负债和递延所得税资产的确认均不要求折现。如果使用的所得税税率发生变化，企业应对已确认的递延所得税资产和递延所得税负债按照新的税率重新计量。

当期所得税，是指企业按照税法规定计算确定的针对当期发生的交易和事项，应交纳给税务部门的所得税金额，即应交所得税，应以适用的税收法规为基础计算确定。

应交所得税＝应纳税所得额×所得税税率

应纳税所得额＝税前会计利润＋纳税调整增加额－纳税调整减少额

递延所得税，是指企业在某一会计期间确认的递延所得税资产及递延所得税负债的综合结果，即按照企业会计准则规定应予确认的递延所得税资产和递延所得税负债的当期发生额，但不包括计入所有者权益的交易或事项及企业合并所得税影响。

所得税费用＝当期所得税＋递延所得税

所得税费用应当在利润表中单独列示。

思考与练习题

1. 试说明资产负债表债务法的基本原理。
2. 什么是资产、负债的计税基础？举例说明。
3. 什么是暂时性差异？简述确认可抵扣暂时性差异和应纳税暂时性差异的情况。
4. 什么情况下，暂时性差异不确认相应的递延所得税资产或递延所得税负债？
5. 试述核算所得税费用的一般程序。
6. 某公司 2×15 年实现利润总额 600 万元，从 2×14 年起适用的所得税税率为 25%，甲公司当年因发生违法经营被罚款 25 万元，业务招待费超支 15 万元，国债利息收入 20 万元，甲公司年初“预计负债——应付产品质量担保费”余额为 20 万元，当年提取了产品质量担保费 15 万元，当年支付了 10 万元的产品质量担保费。求该公司 2×15 年净利润。
7. 南东股份有限公司（本题下称“南东公司”）为上市公司，2×14 年 1 月 1 日递延所得税资产为 132 万元，递延所得税负债为 330 万元，适用的所得税税率为 33%。根据 2×14 年颁布的新税法规定，自 2×14 年 1 月 1 日起，该公司适用的所得税税率变更为 25%。

该公司 2×14 年利润总额为 2 000 万元，涉及所得税会计的交易或事项如下。

（1）2×12 年 12 月 15 日，南东公司购入一项管理设备，支付购买价款、运输费、安装费等共计 800 万元。12 月 26 日，该设备经安装达到预定可使用状态。南东公司预计该设备使用年限为 5 年，预计净残值为零，采用年限平均法计提折旧。

税法规定，该类固定资产的折旧年限为 10 年。假定南东公司该设备预计净残值和采用的折旧方法符合税法规定。

（2）2×14 年 6 月 25 日，南东公司因废水超标排放被环保部门处以 100 万元罚款，罚款已以银行存款支付。

税法规定，企业违反国家法规所支付的罚款不允许在税前扣除。

（3）2×14 年 9 月 10 日，南东公司自证券市场购入某股票，支付价款 200 万元（假定不考虑交易费用）。南东公司将该股票作为交易性金融资产核算。12 月 31 日，该股票的公允价值为 350 万元。

假定税法规定，交易性金融资产持有期间公允价值变动金额不计入应纳税所得额，待出售时一并计入应纳税所得额。

（4）其他有关资料如下：

①南东公司预计 2×14 年 1 月 1 日存在的暂时性差异将在 2×14 年 1 月 1 日以后转回；

②南东公司预计在未来期间有足够的应纳税所得额用于抵扣可抵扣暂时性差异；

要求：计算南东公司 2×14 年应确认的递延所得税和所得税费用并编制相关会计分录。

第 12 章　债务重组

重要概念

- 债务重组
- 债务重组收益
- 债务转为资本
- 修改其他债务条件
- 债务重组损失
- 债务重组方式
- 以资产清偿债务

引言 激烈的市场竞争中，一些企业因为经营管理不善，或受外部不利因素的影响，导致经营困难，现金流转不畅，出现暂时性的资金紧缺，难以按期偿还债务。在此情况下，作为债权人，一种方式是可以通过法律程序要求债务人破产，以清偿债务。但如果一味地进行起诉和拍卖，作为债务人的企业的变现损失将会十分巨大，同时也很难有效地解决债务的问题，难以保证债权人的债权如数收回。于是就有了另外一种解决债务纠纷的方法，即债务重组。

12.1　债务重组概述

12.1.1　债务重组准则的历史沿革

1998 年 6 月，财政部发布了《企业会计准则第 12 号——债务重组》，并与 1999 年 1 月 1 日起实施。该准则较多地运用了公允价值，认可的一个重要会计政策就是允许债务人将重组债务账面价值与转让的非现金资产的公允价值或股权的公允价值之间的差额确认为债务重组收益，并在利润中反应。但在实施过程中，债务人，特别是一些上市公司借债务重组操纵利润，粉饰会计报表，且当时的市场环境也不是很成熟，采用公允价值的计量存在太多的人为因素，公允价值是否真的“公允”令人怀疑。基于这种情况，2001 年 1 月财政部对《企业会计准则——债务重组》进行了大幅修订，修订后的准则将债务重组定义为“债权人按照其与债务人达成的协议或法院的裁决同意债务人修改债务条件的事项”。这样就拓展了债务重组的概念，不仅包括原准则所规范的债务重组交易，还将那些根据原准则判断债务人未做出让步，从而未在原准则中涉及的债务重组也概括了。这样虽然极大地规范了上市公司利用债务重组操纵利润的行为，但是该准则由于不确认债务重组收益、舍弃公允价值进行计量，因此与现行的国际会计准则存在实质性的偏差，并且在实际运用过程中存在两大瑕疵：①在债务重组时至在产负债表日这段期间，债权人如果接受清偿的债务为非现金资产，则可能存在虚增资产、使会计报表不真实的情况；②债权人将债务重组损失计入营业外支出，即确认成一项损益，而债务人将债务重组收益计入资本公积，即确认为一项权益，账务处理不符合一致性原则。2×12 年 2 月，我国新会计准则体系颁布，其中对债务重组事项做了较大修改，形成《企业会计准则第 12 号——债务重组》，该准则最大的变化是确认：“一旦债权人让步，企业获得的利益将直接计入当期收益，进入利润表”。这一规定从逻辑上体现了债务人与债权人之间会计处理的对称性，实现了与国际会计准则的趋同。

12.1.2　债务重组概念

债务重组，是指债务人在发生财务困难的情况下，债权人按照其余债务人达成的协议或者法院的裁定做出让步的事项。债务重组对债权人而言是“债权重组”，对债务人而言是“债务重组”，统称为“债务重组”是为了便于表述。

债务人发生财务困难、债权人做出让步是《企业会计准则第 12 号——债务重组》所定义的债务重组的基本特征。“债权人发生财务困难”是指因债务人出现资金周转困难、经营陷入困境或者其他原因，导致其无法或者没有能力按照原定条件偿还债务。

“债权人做出让步”，是指债权人同意发生财务困难的债务人现在或者将来以低于重组债务账面价值的金额或者价值偿还债务。债权人做出让步的情形包括债权人减免债务人部分债务本金或者利息、降低债务人应付债务的利率等。在认定债务重组的时候，应当遵循实质重于形式的原则，综合考虑债权人和债务人时候相互独立、是否构成关联方关系或者关联方关系是否对债务重组产生实质影响等情形加以判断。

12.1.3　债务重组方式

债务重组的方式主要包括：以资产清偿债务、将债务转为资本、修改其他债务条件和以上三种方式的组合。

以资产清偿债务，是指债务人转让其资产给债权人以清偿债务。资产包括现金资产和非现金资产。现金是指货币资金，即库存现金、银行存款和其他货币资金，非现金资产有存货、各种投资（包括股票投资、债券投资、基金投资、权证投资）、固定资产、无形资产等。在债务重组的情况下，以现金清偿债务，一般是指以低于债务的账面价值的现金清偿债务，如以等量的现金偿还所欠债务，则不属于本章所指的债务重组。

债务转为资本，是指债务人将债务转为资本，同时，债权人将债权转为股权的债务重组方式。债务转为资本，对股份公司而言，是将债务转为股本，对其他企业而言，是将债务转为实收资本。其结果是，债务人因为此而增加股本（或实收资本），债权人因此而增加长期股权投资。债务人根据转换协议将应付可转换债券转为资本，属于正常情况下的转换，不能作为债务重组处理。

修改其他债务条件，是指不包括上述两种方式在内的修改其他债务条件进行的债务重组方式，如减少债务本金、减少或免去债务利息等。

以上三种方式的组合，是指采用以上三种方式共同清偿债务的债务重组方式。

12.2 会计处理

12.2.1 债务重组涉及的主要会计科目

1．债务人

（1）应付账款：记录债务重组前债务人应偿还的债务金额，即重组债务的账面价值。

（2）应付账款——债务重组：记录债务重组以后债务人应偿还的债务金额，即重组后债务的入账价值。

（3）营业外收入——债务重组收益：重组债务的账面价值与重组后债务的入账价值之间的差额。

2．债权人

（1）应收账款：记录债务重组前债权人应收回的债权金额，即重组债权的账面价值。

（2）应收账款——债务重组：记录债务重组以后债权人应收回的债权金额，即重组后债权的入账价值。

（3）营业外支出——债务重组损失：重组债权的账面价值与重组后债权的入账价值之间的差额。

12.2.2 以资产清偿债务的会计处理

1．以现金清偿债务的会计处理

债务人应当将重组债务的账面价值与实际支付现金之间的差额，确认为债务重组利得，计入营业外收入。

重组债务的账面价值，一般为债务的面值或本金、原值，如应付账款；如有利息的，还应加上应计未付利息，如长期借款。

债权人应当将重组债务的账面价值与实际支付现金之间的差额，确认为债务重组损失，计入营业外支出。债权人已对债权计提减值准备的，应当先将该差额冲减减值准备，冲减后尚有余额的，计入营业外支出；冲减后减值准备仍有余额的，应予转回并抵减当期资产减值损失。

【例 12-1】甲公司从乙公司购入原材料 1 000 000 元（含税），由于财务困难无法归还，2×11 年 10 月 1 日进行债务重组，甲公司用银行存款支付 600 000 元后，余款不再偿还。乙公司对应收账款已计提坏账准备 100 000 元。

甲公司（债务人）会计处理：

借：应付账款——乙公司	1 000 000	
贷：银行存款		600 000

营业外收入——债务重组收益　400 000

乙公司(债权人)会计处理:

借: 银行存款　600 000

坏账准备　100 000

营业外支出——债务重组损失　300 000

贷: 应收账款——甲公司　1 000 000

2. 以非现金资产清偿债务的会计处理

企业非现金资产清偿债务的会计处理，非现金资产类别不同，其会计处理也略有不同。

债务人应分清债务重组利得与资产转让损益。债务人应将重组债务的账面价值超过非现金资产（即抵债资产）的公允价值之间的差额，确认为债务重组利得，计入营业外收入。同时，债务人应将转让的非现金资产的公允价值与其账面价值之间的差额，确认为资产转让损益，计入当期损益。

债权人应当对受让的非现金资产按其公允价值入账，重组债权的账面余额与受让的非现金资产公允价值之间的差额确认为债务重组损失，计入营业外支出。重组债权已经计提了减值准备的，应先冲减减值准备，冲减后仍有损失的，计入当期损益（营业外支出）；冲减后减值准备仍有余额的，应予以转回并递减当期资产减值损失，不再确认债务重组损失。

【例 12-2】甲公司从乙公司购入原材料 1 000 000 元(含税)，由于财务困难无法归还，2×11 年 10 月 1 日进行债务重组。甲公司以一台设备抵偿债务。该设备账面原值为 1 300 000 元，已提折旧 500 000 元，未计提减值准备；债务重组日该设备的公允价值为 750 000 元。假设不考虑相关税费。乙公司对应收账款已计提坏账准备 100 000 元。

甲公司(债务人)的会计处理:

借: 固定资产清理　800 000

累计折旧　500 000

贷: 固定资产　1 300 000

借: 应付账款　1 000 000

营业外支出——资产转让损失　(800 000－750 000) 50 000

贷: 固定资产清理　800 000

营业外收入——债务重组收益　(1 000 000－750 000) 250 000

乙公司(债权人)的会计处理:

借: 固定资产　750 000

坏账准备　100 000

营业外支出——债务重组损失　150 000

贷: 应收账款　1 000 000

12.2.3　以债务转为资本的会计处理

1. 债务人的处理

债务人应当将债权人放弃债权而享有的股票面值总额（或者股票份额）确认为股本（或实收资本），股份的公允价值总额与股本（或者实收资本）之间的差额确认为股本溢价（或者资本溢价）计入资本公积。

重组债务账面价值超过股份的公允价值总额（或者股权的公允价值）的差额，确认为债务重组利得，计入当期营业外收入。

对于上市公司，其发行的股票有市价，因此，应以市价作为股份或者股权的公允价值；对于其他企业，债权人因放弃债权而享有的股份或者股权可能没有市价，因此，应当采用恰当的估值技术确定其公允价值。

债务转为资本，债务人发生的与股票发行直接相关的手续费等，可以做抵减资本公积，其他税费如印花税，可以直接计入当期损益。

2．债权人的处理

债权人应当将其放弃债权而享有的股权的公允价值确认为对债务人的投资，重组债权的账面余额与股份的公允价值之间的差额，确认为债务重组损失，计入营业外支出。债权人已对债权计提减值准备的，应当先将该差额冲减减值准备，减值准备不足以冲减的部分，确认为债务重组损失计入营业外支出。发生的相关税费，分别按照长期股权投资或者金融工具确认和计量等准则的规定进行处理。

【例 12-3】甲公司从乙公司购入原材料 1 000 000 元（含税），由于财务困难无法归还，2×11 年 10 月 1 日进行债务重组。甲公司将债务转为资本，债务转为资本后，乙公司所占份额为甲公司注册资本 2 000 000 元的 40%，该份额的公允价值为 830 000 元。乙公司对应收账款已计提坏账准备 100 000 元。

甲公司（债务人）的会计处理：

借：应付账款	1 000 000	
贷：实收资本（200×40%）		800 000
资本公积——资本溢价		（830 000－800 000）30 000
营业外收入——债务重组收益		（1 000 000－830 000）170 000

乙公司（债权人）的会计处理：

借：长期股权投资——甲公司（投资成本）	830 000	
坏账准备	100 000	
营业外支出——债务重组损失	70 000	
贷：应收账款		1 000 000

12.2.4 以修改其他债务条件清偿债务的会计处理

企业应当区分是否涉及或有应付（或应收）金额进行会计处理。

或有应付（或应收）金额，是指需要根据未来某种事项出现而发生的应付（或应收）金额，而且该未来事项的出现具有不确定性。

1．不涉及或有应付金额的债务重组

（1）债务人的会计处理

对于债务人来说，以修改其他债务条件清偿债务，如修改后的债务条款中不涉及或有应付金额，则重组债务的账面价值大于重组后债务的入账价值（即修改其他债务条件后债务的公允价值）的差额为债务重组利得，计入营业外收入。

（2）债权人的会计处理

对于债权人来说，以修改其他债务条件清偿债务，如修改后的债务条款中不涉及或有应付金额，则债权人应当将修改其他债权条件后债务的公允价值作为重组后债权的入账价值，重组债权的账面余额与重组后债权的账面价值之间的差额为债务重组损失，计入营业外支出。如债权人已对该债权计提减值准备的，应当先将该差额冲减减值准备，减值准备不足以冲减的部分，作为债务重组损失，计入营业外支出。

【例 12-4】甲公司从乙公司购入原材料 1 000 000 元(含税)，由于财务困难无法归还，2×11 年 10 月 1 日进行债务重组。经双方协商，甲公司在一年后支付 920 000 元。乙公司对应收账款已计提坏账准备 100 000 元。

甲公司(债务人)的会计处理：

借：应付账款	1 000 000	
贷：应付账款——债务重组		920 000
营业外收入——债务重组收益		80 000

乙公司(债权人)的会计处理：

借：应收账款——债务重组	920 000	
坏账准备	80 000	
贷：应收账款		1 000 000

2．涉及或有应付金额的债务重组

（1）债务人的会计处理

以修改其他债务条件进行的债务重组，修改后的债务条款如涉及或有应付金额，且该或有应付金额符合或有事项准则中有关预计负债确认条件的，债务人应当将该或有应付金额确认为预计负债。重组债务的账面价值与重组后债务的公允价值（重组后债务的入账价值）和预计负债金额之和的差额，作为债务重组利得，计入营业外收入。例如债务重组协议规定，债务人在债务重组后一定期间内，其业绩改善到一定程度或者符合一定要求（如扭亏为盈、摆脱财务困境等），应向债权人额外支付一定款项，当债务人承担的或有应付金额符合预计负债确认条件时，应当将该或有应付金额确认为预计负债。

上述或有应付金额在随后会计期间没有发生的，企业应当冲销已确认的预计负债，同时确认营业外收入。

（2）债权人的会计处理

对债权人而言，以修改其他债务条件进行的债务重组，修改后的债务条款如涉及或有应付金额的，不应当确认或有应收金额，不得将其计入重组后债权的账面价值。根据谨慎性原则，或有应收金额属于或有资产，或有资产不予确认。只有在或有应收金额发生时，才计入当期损益。

【例 12-5】甲公司从乙公司购入原材料 1 000 000 元(含税)，由于财务困难无法归还，2×11 年 12 月 31 日进行债务重组。经协商，甲公司在 2 年后支付本金 800 000 元，利息按 5%计算；同时规定，如果 2×12 年甲公司有盈利，从 2×13 年起则按 8%计息。

根据 2×11 年年末债务重组时甲企业的生产经营情况判断，2×12 年甲公司很可能实现盈利；2×12 年年末甲公司编制的利润表表明已经实现盈利。假设利息按年支付。乙公司计提坏账准备 100 000 元。

甲公司(债务人)的会计处理：

将来确定的应付金额＝800 000＋800 000×5%×2＝800 000＋80 000＝880 000(万元)

预计负债＝800 000×3%＝24 000(万元)

借：应付账款　1 000 000
　贷：应付账款——债务重组　880 000
　　预计负债——债务重组　24 000
　　营业外收入——债务重组收益　96 000

2×12 年 12 月 31 日支付利息

借：应付账款——债务重组　40 000
　贷：银行存款　40 000

2×13 年 12 月 31 日，还清债务

借：应付账款——债务重组　840 000
　预计负债——债务重组　24 000
　贷：银行存款　864 000

乙公司（债权人）的会计处理：

将来应收金额＝800 000＋800 000×5%×2＝800 000＋80 000＝880 000（万元）

借：应收账款——债务重组　880 000
　坏账准备　100 000
　营业外支出——债务重组损失　20 000
　贷：应收账款　1 000 000

2×12 年 12 月 31 日收到利息

借：银行存款　40 000
　贷：应收账款　40 000

2×13 年 12 月 31 日，收回欠款

借：银行存款（800 000＋40 000＋24 000）　864 000
　贷：应收账款　840 000
　　财务费用（营业外收入）　24 000

12.2.5　以组合方式清偿债务的会计处理

1. 债务人的会计处理

债务重组以现金、非现金资产、债务转为资本、修改其他债务条件等方式组合进行的，对债务人来说，应当依次以支付的现金、转让的非现金资产公允价值、债权人享有股份的公允价值冲减重组债务的账面价值，修改其他债务条件的，应当将修改其他债务条件后债务的公允价值作为重组后债务的入账价值。重组债务的账面价值与重组后债务的入账价值之间的差额，作为债务重组利得，计入营业外收入。修改后的债务条款如果涉及或有应付金额，且该或有应付金额符合预计负债确认条件的，债务人应当将该或有应付金额确认为预计负债。重组债务的账面价值，与重组后债务的入账价值和预计负债金额之和的差额，计入营业外收入。以上产生的债务重组利得、资产转让损益等均于债务重组当期确认。

2. 债权人的会计处理

债务重组以现金、非现金资产、债务转为资本、修改其他债务条件等方式组合进行的，对债权人来说，应当依次以支付的现金、转让的非现金资产公允价值、因放弃债权而享有的股权的公允价值冲减重组债权的账面余额，差额与将来应收金额进行比较，据此计算债务重组损失。

债权人已对债权计提减值损失的，应当先将该差额冲减减值准备，减值准备不足以冲减的部分，作为债务重组损失，计入营业外支出。以上产生的债务重组损失与债务重组当期确认。

【例 12-6】 甲公司由于购入原材料欠乙公司 1 000 000 元无法归还，2×13 年 12 月 31 日进行债务重组，甲公司用库存商品、短期股票投资抵偿债务的一部分，在一年后再支付未偿还部分。已知库存商品账面余额为 200 000 元(未计提存货跌价准备)，市价为 300 000 元；短期股票投资账面余额为 400 000 元(未计提跌价准备)，市价为 500 000 元。甲、乙公司均为一般纳税人，增值税率为 17%。协议规定，库存商品按含税公允价值抵债，股票按市价抵债。股票交易中，交易双方按市价 0.2%计征印花税。乙公司对应收账款已计提坏账准备 20 000 元。

甲公司(债务人)债务重组的账务处理：

方法一：

将来应付金额＝1 000 000－存货抵债(300 000×1.17)－股票抵债 500 000＝149 000(元)

借：应付账款　　1 000 000
　贷：库存商品　　200 000
　　应交税金——应交增值税(销项税额)　　(300 000×17%) 51 000
　　短期投资——股票投资　　400 000
　　银行存款　　(500 000×0.2%) 1 000
　　应付账款——债务重组　　149 000
　　营业外收入——债务重组收益　　199 000

方法二：

借：应付账款　　1 000 000
　营业外收入——债务重组支出　　1 000
　贷：主营业务收入　　300 000
　　应交税金——应交增值税(销项税额)　　(300 000×17%) 51 000
　　短期投资——股票投资　　400 000
　　银行存款　　(500 000×0.2%) 1 000
　　应付账款——债务重组　　149 000
　　投资收益　　100 000
借：主营业务成本　　200 000
　贷：库存商品　　200 000

乙公司(债权人)债务重组的账务处理：

借：库存商品　　300 000
　应交税金——应交增值税(进项税额)　　51 000
　短期投资——股票投资　　(500 000＋1 000) 501 000
　应收账款　　149 000
　贷：应收账款　　1 000 000
　　银行存款　　(500 000×0.2%) 1 000

本章小结

债务重组，是指债务人在发生财务困难的情况下，债权人按照其余债务人达成的协议或者法院的裁定做出让步的事项。债务人发生财务困难、债权人做出让步是债务重组的基本特征。债务重组的方式主要包括：以资产清偿债务、将债务转为资本、修改其他债务条件和以上三种方式的组合。

以现金清偿债务的，债务人应当将重组债务的账面价值与实际支付现金之间的差额，确认为债务重组利得，计入营业外收入。债权人应当将重组债务的账面价值与实际支付现金之间的差额，确认为债务重组损失，计入营业外支出。债权人已对债权计提减值准备的，应当先将该差额冲减减值准备，冲减后尚有余额的，计入营业外支出；冲减后减值准备仍有余额的，应予转回并抵减当期资产减值损失。

以非现金资产清偿债务的，债务人应将重组债务的账面价值超过非现金资产的公允价值之间的差额，确认为债务重组利得，计入营业外收入，同时，债务人应将转让的非现金资产的公允价值与其账面价值之间的差额，确认为资产转让损益，计入当期损益。债权人应当对受让的非现金资产按其公允价值入账，重组债权的账面余额与受让的非现金资产公允价值之间的差额确认为债务重组损失，计入营业外支出。重组债权已经计提了减值准备的处理同以现金清偿债务。

以债务转为资本的，债务人应当将债权人放弃债权而享的股票面值总额（或者股票份额）确认为股本（或实收资本），股份的公允价值总额与股本（或者实收资本）之间的差额确认为股本溢价（或者资本溢价）计入资本公积。重组债务账面价值超过股份的公允价值总额（或者股权的公允价值）的差额，确认为债务重组利得，计入当期营业外收入。债务人发生的与股票发行直接相关的手续费等，可以做抵减资本公积，其他税费如印花税，可以直接计入当期损益。债权人应当将其放弃债权而享有的股权的公允价值确认为对债务人的投资，重组债权的账面余额与股份的公允价值之间的差额，确认为债务重组损失，计入营业外支出。债权人已对债权计提减值准备的处理同以现金清偿债务。

以修改其他债务条件清偿债务，如修改后的债务条款中不涉及或有应付金额，债务人应当将重组债务的账面价值大于重组后债务的入账价值（修改其他债务条件后债务的公允价值）的差额确认为债务重组利得，计入营业外收入。债权人应当将修改其他债权条件后债务的公允价值作为重组后债权的入账价值，重组债权的账面余额与重组后债权的账面价值之间的差额为债务重组损失，计入营业外支出。重组债权已经计提了减值准备的处理同以现金清偿债务。以修改其他债务条件进行的债务重组，修改后的债务条款如涉及或有应付金额，且该或有应付金额符合或有事项准则中有关预计负债确认条件的，债务人应当将该或有应付金额确认为预计负债。重组债务的账面价值与重组后债务的公允价值和预计负债金额之和的差额，作为债务重组利得，计入营业外收入。上述或有应付金额在随后会计期间没有发生的，企业应当冲销已确认的预计负债，同时确认营业外收入。债权人不应当将该或有应收金额计入重组后债权的账面价值。只有在或有应收金额实际发生时，才计入当期损益。

以现金、非现金资产、债务转为资本、修改其他债务条件等方式组合进行的，对债务人来说，应当依次以支付的现金、转让的非现金资产公允价值、债权人享有股份的公允价值冲减重组债务的账面价值，修改其他债务条件的，应当将修改其他债务条件后债务的公允价值作为重组后债务的入账价值。重组债务的账面价值与重组后债务的入账价值之间的差额，作为债务重组利得，计入营业外收入。修改后的债务条款如果涉及或有应付金额，且该或有应付金额符合预计负债确认条件的，债务人应当将该或有应付金额确认为预计负债。重组债务的账面价值，与重组后债务的入账价值和预计负债金额之和的差额，计入营业外收入。债权人应当依次以支付的现金、转让的非现金资产公允价值、因放弃债权而享有的股权的公允价值冲减重组债权的账面余额，差额与将来应收金额进行比较，据此计算债务重组损失。重组债权已经计提了减值准备的处理同以现金清偿债务。

思考与练习题

1.《企业会计准则第 12 号——债务重组》对债务重组是如何定义的？这与旧准则的定义有何不同？请对这种不同做出简要评价。

2. 对于非现金资产抵债业务，新旧准则的规定会计处理有何不同？谈谈你对这种不同的认识。

3. 对于债务重组损益的确认方法，新旧准则规定的会计处理有何不同？你认为新准则的规定有何意义，可能产生哪些问题？

4. 甲公司为上市公司，于 2×14 年 2 月 10 日销售一批商品给乙股份有限公司，同时也收到乙公司签发并承兑的一张面值 200 000 元、年利率 7%、6 个月期、到期还本付息的票据。2×14 年 8 月 10 日，乙公司发生财务困难，无法兑现票据，双方协议如下。

1）甲公司同意以公司用其发行的普通股抵偿该票据。乙公司用于抵债的普通股为 20 000 股，股票市价为每股 9.6 元，面值为每股 1 元。假定印花税税率为 0.4%。甲公司未对债权计提坏账准备，假定不考虑其他税费。

2）甲公司同意乙公司用一台设备抵偿该应收票据。这台设备历史成本为 240 000 元，累计折旧为 60 000 元，评估确认净价为 190 000 元，乙公司发生的评估费为 2 000 元，对此固定资产提取减值准备 18 000 元。甲公司未对债权计提坏账准备，假定不考虑其他税费。

要求编制甲公司和乙公司的与该债务重组有关的会计分录。

5. 乙公司于 2×14 年 2 月 10 日从甲公司购入的一批产品价值 400 000 元（含应付的增值税），至 2×15 年 1 月尚未支付货款。经与甲公司协商，甲公司同意乙公司以一项专利技术偿还债务。该项专利技术的账面价值为 390 000 元，评估确认价值为 260 000 元，应交营业税为 13 000 元。乙公司未对转让的专利技术计提减值准备，甲公司也未对该债权计提坏账准备。假定不考虑其他税费，要求编制甲公司和乙公司的与该债务重组有关的会计分录。

第 13 章　租赁会计

重要概念

- 租赁
- 经营租赁
- 融资租赁
- 租赁期
- 售后租回
- 租赁开始日
- 租赁期开始日
- 资产余值
- 担保余值
- 或有租金
- 最低融资租赁付款额
- 最低融资租赁收款额

引言 20 世纪 80 年代以来，伴随着改革开放和金融体制的改革，我国的租赁业务迅速发展。开展租赁业务，对于支持企业技术进步、缓解流动资金短缺起着重要的作用。租赁作为一项新的融资和投资方式，越来越受到企业的重视。本章将以《企业会计准则第 21 号——租赁》为基准，主要介绍经营租赁、融资租赁和售后租回业务的相关会计处理，以及会计报表的披露。

13.1　租赁会计概述

13.1.1　租赁的定义

租赁（lease），是指在约定的期间内，出租人（lesser）将资产使用权让与承租人（lessee），以获取租金（rent）的协议。

租赁会计是一门对融资租赁业务、经营租赁业务和售后租回业务进行核算的专门会计。

13.1.2 租赁的特点

1. 转移资产使用权

这一特征使租赁有别于不转让资产使用权的服务性合同。在服务性合同，如运输合同中，提供运输方只要按合同条件将物品运输转移至约定地点，运输工具的使用权仍归提供运输方。而任何租赁业务，承租人在租赁期内拥有租赁资产的使用权。因此，转移资产使用权，这是租赁业务的主要特征。

2. 不转移资产所有权

这一特征使得租赁交易有别于资产购置。在一般的资产买卖交易中，购买方只要按照条件支付有关价款，就可以获得资产的所有权和使用权。租赁业务，租赁期内，出租人出让或承租人取得的只是资产的使用权而非所有权。不转移资产的所有权，这是租赁业务的主要特征。

3. 转移是有偿的

租赁交易中，对于承租方而言，要支付租金，对于出租方而言，要收取租金。租赁本质是为了融通资金，租金是融通资金的代价，具有贷款本息的性质。

13.1.3 与租赁相关的重要概念

1. 租赁期（less term）、租赁开始日（inception of lease）和租赁期开始日

（1）租赁期，是指租赁协议规定的不可撤销的租赁期间。如果承租人有权选择续租该资产，并且在租赁开始日就可以合法确定承租人将会行使这种选择权，不论是否再支付租金，续租期也包括在租赁期之内。

（2）租赁开始日，是指租赁协议日与租赁各方就主要条款做出承诺中的较早者。承租人和出租人应当在租赁开始日将租赁分为融资租赁和经营租赁，并确定在租赁期开始日应确认的金额。

（3）租赁期开始日，是指承租人有权行使其使用租赁资产权利的日期，表明租赁行为的开始。在租赁期开始日，承租人应当对租入资产、最低租赁付款额和未确认融资费用进行初始确认；出租人应当对应收融资租赁款、未担保余值和未实现融资收益进行初始确认。

2. 资产余值、担保余值（guaranteed residual value）和未担保余值（unguaranteed residual value）

（1）资产余值，是指在租赁开始日估计的租赁期届满时租赁资产的公允价值。

有可能对租赁资产余值进行担保的主要可能有：①承租人；②与承租人有关的第三方：指在业务经营或财务上与承租人有关的各方，如母公司、子公司、联营企业、合营企业、主要原料供应商、主要产品承销商、租赁资产的出售方；③独立的第三方：指独立于承租人和出租人，但在财务上有能力担保的第三方，如担保公司、保险公司等。

（2）担保余值，就承租人而言，是指由承租人或与其有关的第三方担保的资产余值；就出租人而言，是指就承租人而言的担保余值加上独立于承租人和出租人，但在财务上有能力担保的第三方担保的资产余值。

（3）未担保余值，是指租赁资产余值中扣除就出租人而言的担保余值以后的资产余值。

（4）对出租人而言的资产余值、担保余值和未担保余值的关系：

$$资产余值=担保余值+未担保余值$$

担保余值＝承租人的担保余值＋与承租人有关的第三方的担保余值＋独立于承租和出租人，但在财务上有能力担保的第三方担保的资产余值

3．最低租赁付款额（minimum lease payments）与最低租赁收款额（minimum lease receivments）

（1）最低租赁付款额，是指在租赁期内，承租人应支付或可能被要求支付（应支付的款项如租金，可能被要求支付的款项如购价）的各种款项，加上由承租人或与其有关的第三方担保的资产余值。最低租赁付款额中的“最低”是指在整个租赁期内，可确定的、基本的付款额，在做账时应计入“长期应付款”中。

（2）在租赁期内，承租人可能支付的款项如下。

①租金。这是确定的，应作为最低租赁付款额，计入长期应付款。

②购价。如果购价仅相当于资产价值的5%及以下，作为理智的经济人，一定会购买，因此，购价也应作为最低租赁付款额，计入长期应付款中。

③或有租金（contingent rent），指金额不固定、以时间长短以外的其他因素（如销售百分比、使用量、物价指数等）为依据计算的租金。因其不确定性，或有租金不能作为最低租赁付款额。或有租金有与物价指数相联系或与营业收入相联系两种形式，在发生时直接计入当期费用。

④履约成本（execution costs），是指租赁期内为租赁资产制度的各种费用，如保证设备正常使用支付的维修费、保险费等。这些支出，在租入资产时也是不能确定的，不能计入最低租赁付款额中，只能在实际支付时，直接计入当期损益。

⑤初始直接费用（initial direct costs），是指租赁双方在租赁谈判和签订租赁合同过程中发生的、可归属于租赁项目的相关费用，主要包括手续费、律师费、差旅费、印花税等。在经营租赁下，承租人和出租人发生的初始直接费用，应当确认为管理费用，计入当期损益；在融资租赁下，承租人发生的初始直接费用，应当计入租入资产价值；出租人发生的初始直接费用应计入应收融资租赁款的入账价值。

⑥由承租人或与其有关的第三方担保的资产余值。按规定作为最低租赁付款额，计入长期应付款中。

不同情况下的最低租赁付款额见表13-1。

表13-1 不同情况下的最低租赁付款额的确定

租赁类型		最低租赁付款额
经营租赁		各期租金＋担保余值
融资租赁	到期返还	
	优惠购买	各期租金＋优惠购买价格＋担保余值
	优惠续租	各期租金＋优惠续租期间租金＋担保余值

（3）最低租赁收款额，指最低租赁付款额加上独立于承租人和出租人，但在财务上有能力担保的第三方对出租人担保的资产余值。

【例13-1】某项融资租赁合同，租赁期为8年，每年年末支付租金100万元，承租人担保的资产余值为70万元，与承租人有关的A公司担保余值为10万元，财产保险公司担保的资产余值为30万元，租赁期间，履约成本共30万元，或有租金20万元。

就承租人而言，最低租赁付款额为100×8＋70＋10＝880万元；就出租人而言，最低租赁

收款额为 880＋30＝910 万元。

13.1.4 租赁的分类

租赁按照不同的分类标准可以有多种分类，《国际会计准则》和我国的《企业会计准则》，都是按租赁双方对租赁物所承担的风险和报酬为标准，将租赁分为融资租赁（finance lease）和经营租赁（operating lease）。

《国际会计准则》中对于此处的风险和报酬的说明如下：风险包括由于生产能力的闲置或工艺的陈旧可能造成的损失，以及由于经济状况的改变所可能造成的收益变动；报酬是指在资产的经济年限内对盈利活动的预期，以及因资产增值或残值变现可能产生的利得。

融资租赁，是指实质上转移了与资产所有权有关的全部风险和报酬的一种租赁；经营租赁，是指除融资租赁以外的其他租赁，在经营租赁下，与所有权有关的风险和报酬由出租人承担。

下面介绍融资租赁与经营租赁的分类标准。

1. 国际会计准则确认融资租赁的标准

《国际会计准则第 17 号——租赁会计》规定，如果一项租赁实质上转移了与资产所有权有关的全部风险和报酬，那么该项租赁应归类为融资租赁。如果一项租赁实质上没有转移与资产所有权有关的全部风险和报酬，那么该项租赁应归类为经营租赁。

一项租赁是归类为融资租赁还是经营租赁，依赖于交易的实质而不是合同的形式。通常，导致一项租赁归类为融资租赁的情况如下：

（1）租赁期结束时，资产的所有权转让给承租人；

（2）承租人有购买租赁资产的选择权，所订立的购价预计足够低于行使选择权时的公允价值，因而在租赁开始时就可合理确定承租人将会行使这项选择权；

（3）即使资产的所有权不转让，但是租赁期占资产使用年限的大部分；

（4）租赁开始时，最低租赁付款额的现值几乎相当于租赁资产的公允价值；

（5）租赁资产性质特殊，以至于如果不做较大调整，只有承租人才能使用。

以下某一情形或几种情形一起，也能导致一项租赁归类为融资租赁：

（1）如果承租人撤销该租赁，而撤销所导致的出租人的损失由承租人承担；

（2）残值的公允价值波动形成的利得或损失归于承租人（例如以相当于租赁结束时转让价额的绝大部分的金额返还租金）；

（3）承租人能够以大大低于市场租价的租金继续该租赁至第二个期间。

2. 我国会计准则确认融资租赁的标准

我国《企业会计准则第 21 号——租赁》规定，承租人应当在租赁开始日将租赁分为融资租赁和经营租赁。符合下列一项或数项标准的，应当认定为融资租赁：

（1）在租赁期届满时，租赁资产的所有权转移给承租人；

（2）承租人有购买租赁资产的选择权，所订立的购买价款预计将远低于行使选择权时租赁资产的公允价值，因而在租赁开始日就可以合理确定承租人将会行使这种选择权；

（3）即使资产的所有权不转移，但租赁期占租赁资产使用寿命的大部分（大于等于 75%）；

（4）承租人在租赁开始日的最低租赁付款额现值，几乎相当于租赁开始日租赁资产公允价值（大于等于 90%），出租人在租赁开始日的最低租赁收款额现值，几乎相当于租赁开始日租赁资产公允价值（大于等于 90%）；

（5）租赁资产性质特殊，如果不做较大改造，只有承租人才能使用。

【例 13-2】2×14 年 1 月 1 日 A 公司从 B 公司租入一台全新设备，设备的可使用年限为 10 年，设备的原账面价值(等于公允价值)为 1 000 万元。双方协商，租期 8 年，每年在年末支付租金 200 万元。到期时，预计设备的公允价值为 60 万元，A 公司担保的资产余值为 60 万元。双方约定的合同利率为 10%，到期时，设备归还出租方。本租赁合同属于不可撤消合同。请问该租赁属于融资租赁还是经营租赁？

分析：A 公司租入设备后，每年支付租金 200 万元，如果本项目效益特别好，则除支付租金外，其余所得都归承租方所有，因此，与设备所有权有关的报酬转移到了承租方；如果效益很差，则每年必须支付 200 万元固定租金，可见，与设备所有权有关的风险也转移到了承租方。这种转移了与资产所有权有关的风险和报酬的租赁，属于融资租赁。

13.2 经营租赁的会计处理

13.2.1 承租人对经营租赁的会计处理

经营租赁下，承租人不需确认资产和负债，只需将应付或支付的租金按一定的方法确认为费用。其主要问题是解决应支付的租金与计入当期费用的关系。

1．租金的分摊

承租人在经营租赁下发生的租金应当在租赁期内的各个安装期间按直线法确认为费用；如果其他方法更合理，也可以采用其他方法，如按工作小时等进行分摊。

某些情况下，出租人可能对经营租赁提供激励措施，如免租期、承担某些费用等。在提供了免租期的情况下，应将租金总额在整个租赁期而不是扣除免租期后的期间进行分摊；出租人承担了承租人的某些费用的情况下，出租人承担的费用应从租金总额中扣除。

会计处理为：确认各期租金费用时借记“营业费用”、“管理费用”或“制造费用”等科目，贷记“其他应付款”（后付租金）或“长期待摊费用”（预付租金）。实际支付租金时借记“其他应付款”（长期待摊费用），贷记“银行存款”、“现金”等科目。

【例 13-3】2×14 年 1 月 1 日，A 公司向 B 公司租入办公设备一台，租期为 3 年，设备价值为 200 万元，预计使用年限为 10 年，租赁合同规定，租赁开始日 A 公司向 B 公司一次性预付租金 30 万元，第一年年末支付租金 30 万元，第二年年末支付租金 40 万元，第三年年末支付租金 50 万元。租赁期届满后 B 公司收回设备。

问：A 公司应如何进行会计处理？

(1)2×14 年 1 月 1 日

借：长期待摊费用	300 000	
贷：银行存款		300 000

(2)2×14 年 12 月 31 日

借：管理费用	500 000	
贷：长期待摊费用		200 000

银行存款　　300 000

(3)2×15 年 12 月 31 日

借：管理费用　　500 000

　贷：长期待摊费用　　100 000

　　　银行存款　　400 000

(4)2×16 年 12 月 31 日

借：管理费用　　500 000

　贷：银行存款　　500 000

【例 13-4】2×14 年 1 月 1 日，甲公司从丁公司经营租入办公室一套。租赁合同规定：租赁期为 5 年，第 1 年免租金；第 2 年和第 3 年各支付租金 5 万元；第 4 年和第 5 年各支付租金 10 万元，租金总额共计 30 万元。

问：甲公司在租赁期第 1 年和第 2 年应确认的租金费用分别为多少？甲公司应如何进行会计处理？

解：6 万元、6 万元，会计分录如下：

(1)2×14 年 12 月 31 日

借：管理费用　　60 000

　贷：其他应付款　　60 000

(2)2×15、2×16 年 12 月 31 日

借：管理费用　　60 000

　贷：银行存款　　50 000

　　　其他应付款　　10 000

(3)2×17、2×18 年 12 月 31 日

借：管理费用　　60 000

　　其他应付款　　40 000

　贷：银行存款　　100 000

例 13-4 中如果丁公司同意在租赁期内承担租赁设备的修理费 5 万元，则甲公司每年应确认的租金费用为多少？

解：(30－5)/5＝5(万元)

2. 初始直接费用的会计处理

对于承租人在经营租赁中发生的初始直接费用，应当计入当期损益。其会计处理为：借记“管理费用”科目，贷记“银行存款”等科目。

3. 或有租金的会计处理

在经营租赁下，承租人对或有租金的处理与融资租赁下的处理相同，即在实际发生时计入当期损益。其会计处理为：借记“财务费用”等科目，贷记“银行存款”等科目。

4. 披露

为了加强对经营租入资产的管理，承租人应设置“经营租赁资产”备查账作备查登记。

13.2.2　出租人对经营租赁的会计处理

在经营租赁下，租赁资产的所有权始终归出租人所有，与租赁资产所有权有关的风险和报

酬并没有实质上转移给承租人，因此出租人仍应按自有资产的处理方法，将租赁资产反映在资产负债表。出租人对经营租赁的会计处理也比较简单，主要问题是解决应收的租金与确认为当期收入之间的关系、经营租赁资产折旧的计提。

如果经营租赁资产属于固定资产，应当采用出租人对类似应折旧资产通常所采用的折旧政策计提折旧；否则，应当采用合理的方法进行摊销。

1．租金的分摊

出租人在经营租赁下收取的租金应在租赁期内的各期间按直线法确认为收入；如果其他方法更合理，也可以采用其他方法，如按工作小时等进行分摊。

对于出租人提供免租期或承担某些费用的情况：提供了免租期的，应将租金总额在整个租赁期而不是扣除免租期后的期间进行分摊；承担某些费用的，出租人承担的费用应从租金总额中扣除。

会计处理为：确认租金收入时，借记“应收经营租赁款”或“其他应收款”，贷记“主营业务收入”或“其他业务收入”。收到租金时，借记“银行存款”，贷记“应收经营租赁款”或“其他应收款”。其中，专门从事经营租赁业务的企业用“应收经营租赁款”和“主营业务收入”科目。非专门从事经营租赁业务的企业用“其他应收款”和“其他业务收入”科目。

【例13-5】接例13-4，丁公司的会计处理如下(假设丁公司是非专业从事租赁业务的企业)。

(1)2×14年12月31日

借：其他应收款	60 000	
贷：其他业务收入——经营租赁收入		60 000

(2)2×15、2×16年12月31日

借：银行存款	50 000	
其他应收款	10 000	
贷：其他业务收入——经营租赁收入		60 000

(3)2×17、2×18年12月31日

借：银行存款	100 000	
贷：其他业务收入——经营租赁收入		60 000
其他应收款		40 000

2．初始直接费用的会计处理

对于承租人在经营租赁中发生的初始直接费用，应当计入当期损益。其会计处理为：借记“管理费用”等科目，贷记“银行存款”等科目。

3．或有租金的会计处理

在经营租赁下，承租人对或有租金的处理与融资租赁下相同，即在实际发生时计入当期损益。其会计处理为：借记“财务费用”等科目，贷记“银行存款”等科目。

4．折旧的会计处理

如果经营租赁资产属于固定资产，应当采用出租人对类似应折旧资产通常所采用的折旧政策计提折旧，借记“主营业务成本”或“其他业务支出”科目，贷记“累计折旧”。

13.3　融资租赁的会计处理

13.3.1　租赁内含利率

租赁内含利率，是指在租赁开始日，使最低租赁收款额的现值与未担保余值的现值之和等于租赁资产公允价值与出租人的初始直接费用之和的折现率。租赁内含利率一般是从出租方角度而言的投资内含报酬率。

计算公式如下：

每期租金×PA（n，i）＋其他款项×PV（n，i）＋独立第三方担保的余值×PV（n，i）＋未担保的余值×PV（n，i）＝租赁资产的公允价值＋出租人的初始直接费用

根据以上等式，用插值法计算出租赁内含利率。

【例 13-6】2×13 年 12 月 1 日，A 公司与 B 公司签订了一份租赁合同，A 公司以融资租赁方式向 B 公司租入一台设备，合同主要条款如下：

(1) 租赁期开始日：2×14 年 1 月 1 日。

(2) 租赁期：2×14 年 1 月 1 日—2011 年 12 月 31 日，共 4 年。

(3) 租金支付：自租赁开始期日每年年末支付租金 30 万元。

(4) 该机器在 2×13 年 12 月 1 日的公允价值为 100 万元。

(5) 租赁合同规定的利率为 7%(年利率)。

(6) 承租人与出租人的初始直接费用均为 2 000 元。

(7) 租赁期届满时，A 公司享有优惠购买该机器的选择权，购买价为 200 元，估计该日租赁资产的公允价值为 16 万元。

在本例中，最低租赁收款额＝租金×期数＋优惠购买价格＝300 000×4＋200＝1 200 200(元)

因此有，300 000×PA(4，r)＋200×PV(4，r)＝1 002 000(租赁资产的公允价值＋初始直接费用)

根据这一等式，可在多次测试的基础上，用插值法计算租赁内含利率。

当 r＝7%时，300 000×3.387＋200×0.763＝1 016 100＋152.6＝1 016 252.6(元)＞1 002 000(元)

当 r＝8%时，300 000×3.312＋200×0.735＝993 600＋147＝993 747(元)＜1 002 000(元)

因此，7%＜r＜8%。用插值法计算 r＝7.63%，即租赁内含利率为 7.63%。

13.3.2　承租人对融资租赁的会计处理

1. 租赁资产入账价值的确定

租赁期开始日，是指承租人有权行使其使用租赁资产权利的开始日期，表明了租赁行为的开始。承租人应在当日对租入资产、最低租赁付款额和未确认融资费用进行初始确认。

其中，租入资产的入账价值应为其公允价值与最低租赁付款额现值两者中较低者加上初始直接费用，借记“固定资产——融资租入固定资产”。长期应付款的入账价值为最低租赁付款额，贷记“长期应付款——应付融资租赁款”，两者的差额作为未确认融资费用，借记“未确认融资费用”。

【例 13-7】接例 13-6，假设承租人不知道出租人的内含报酬率，计算租赁开始日最低租赁付款额的现值，确定租赁资产入账价值。

最低租赁付款额＝300 000×4＋200＝1 200 200（元）

现值计算过程如下：

每期租金 300 000 元的年金现值＝300 000×PA（4 期，7%）

行使优惠购买选择权的购买价 200 元的复利现值＝200×PV（4 期，7%）

查表得知：

PA（4 期，7%）＝3.387 2

PV（4 期，7%）＝0.762 9

现值合计＝300 000×3.387 2＋200×0.762 9＝1 016 160＋152.58

＝1 016 312.58（元）＞1 000 000（元）

根据本准则规定的孰低原则，租赁资产的入账价值应为公允价值 1 000 000 元。

未确认融资费用＝1 200 200－1 000 000＝200 200（元）

2．未确认融资费用（unearned interest costs）的分摊

每期期末，未确认融资费用分摊时，借记“财务费用”科目，贷记“未确认融资费用”科目。我国会计准则规定，未确认融资费用应当在租赁期内各期间采用实际利率法进行分摊。承租人应当采用实际利率法计算确认当期的融资费用。

承租人采用实际利率法分摊未确认融资费用，应当根据租赁期开始日租入资产入账价值的不同情况，对未确认融资费用采用不同的分摊率。

（1）以出租人的租赁内含利率为折现率将最低租赁付款额折现、且以该现值作为租入资产入账价值的，应当将租赁内含利率作为未确认融资费用的分摊率；

（2）以合同规定利率为折现率将最低租赁付款额折现、且以该现值作为租入资产入账价值的，应当将合同规定利率作为未确认融资费用的分摊率；

（3）以银行同期贷款利率为折现率将最低租赁付款额折现、且以该现值作为租入资产入账价值的，应当将银行同期贷款利率作为未确认融资费用的分摊率；

（4）以租赁资产公允价值为入账价值的，应当重新计算分摊率。该分摊率是使最低租赁付款额的现值等于租赁资产公允价值的折现率。

【例 13-8】接例 13-7，确定融资费用分摊率。

计算过程如下：

租赁开始日最低租赁付款的现值＝租赁资产公允价值

当 r＝7%时，300 000×3.387 2＋200×0.762 9＝1 016 312.58＞1 000 000(元)

当 r＝8%时，300 000×3.312 1＋200×0.735 0＝993 777＜1 000 000(元)

因此，7%＜r＜8%。

用插值法计算得 r＝7.72%。

在租赁期内采用实际利率法分摊融资费用，见表 13-2。

表 13-2　未确认融资费用分摊表

2×11 年 1 月 1 日　　单位：元

日　期	租　金	确认的融资费用	应付本金减少额	应付本金余额
	②	③＝期初⑤	④＝②－③	期末⑤
①		×7.72%		＝⑤－④
				1 000 000

续表

日　期	租　金	确认的融资费用	应付本金减少额	应付本金余额
（1）2008.12.31	300 000	77 200	222 800	777 200
（2）2009.12.31	300 000	59 999.84	240 000.16	537 199.84
（3）2010.12.31	300 000	41 471.82	258 528.18	278 671.66
（4）2011.12.31	300 000	21 528.34	278 471.66	200
（5）2012.1.1	200		200	0
合计	1 200 200	200 200	1 000 000	

3．支付租金

每期期末，承租人按协议规定支付租金时，借记“长期应付款——应付融资租赁款”科目，贷记“银行存款”科目。

4．租赁资产折旧的计提

承租人对融资租入的固定资产计提折旧，应当采用与自有固定资产相一致的折旧政策。折旧期间的确定则取决于是否能够合理确定租赁期届满时承租人将取得租赁资产所有权，能够合理确定的，应当在租赁资产使用寿命内计提折旧，否则应当在租赁期与租赁资产使用寿命两者中较短的期间内计提折旧。

按照固定资产的用途不同，分别借记“制造费用”、“管理费用”和“营业费用”等科目，贷记“累计折旧”。

5．履约成本的会计处理

融资租赁中，承租人发生的履约成本应计入当期损益。借记“制造费用”、“管理费用”和“营业费用”等科目，贷记“现金”、“银行存款”等科目。

6．或有租金的会计处理

由于或有租金的金额不固定，无法采用系统合理的方法对其进行分摊，因此在或有租金实际发生时，计入当期损益。会计分录中的借方科目，如果是以销售百分比、使用量等为计算依据的，记“销售费用”，如果是以物价指数为依据计算的，记“财务费用”；贷方科目记“银行存款”、“现金”等。

7．租赁期届满时的会计处理

租赁期届满时，承租人对于租赁资产的处理通常有三种情况：续租、留购和返还。

（1）续租

如果承租人存在优惠续租选择权，承租人行使该权利，则应视同该项租赁一直存在而做出相应会计处理，如继续支付租金、计提折旧等；如果租赁期届满时没有续租，根据租赁协议规定须向出租人支付违约金时，借记“营业外支出”科目，贷记“银行存款”等科目。

如果承租人不存在优惠续租选择权时续租，则按照返还做会计处理后，视同开始一项新的租赁交易进行处理。

（2）留购

承租人存在优惠购买选择权时，借记“长期应付款”，贷记“银行存款”或“现金”等科目；同时，将融资租入固定资产转为自有固定资产，借记“固定资产——生产经营用固定资产”科目，贷记“固定资产——融资租入固定资产”科目。

承租人不存在优惠购买选择权时购买，则按照返还做会计处理后再做购入固定资产的会计处理，即借记“固定资产”科目，贷记“银行存款”、“现金”等科目。

（3）返还

承租人返还租赁资产时，如果不存在承租人担保的余值，借记“累计折旧”科目，贷记“固定资产——融资租入固定资产”科目。

如果存在承租人担保余值，借记“长期应付款”、“累计折旧”科目，贷记“固定资产——融资租入固定资产”科目；若实际支付了担保余值，还应借记“营业外支出——融资租入固定资产损失”科目，贷记“银行存款”、“现金”等科目。

13.3.3 出租人对融资租赁的会计处理

1. 租赁开始日租赁债权的确认

在租赁期开始日，出租人应当将租赁开始日最低租赁收款额与初始直接费用之和作为应收融资租赁款的入账价值，借记“长期应收款——应收融资租赁款”科目，按租赁资产的原账面价值，贷记“融资租赁资产”科目，按初始直接费用，贷记“银行存款”、“现金”等科目，同时记录未担保余值，借记“未担保余值”；将最低租赁收款额、初始直接费用及未担保余值之和与其现值之和的差额确认为未实现融资收益，贷记“未实现融资收益”。

租赁资产公允价值与账面价值的差额，应计入当期损益。

2. 未实现融资收益（unearned interest income）的分配

出租人的未实现融资收益应当在租赁期间内各期间进行分配，并采用实际利率法计算确认当期的融资收入。确认收益时，借记“未实现融资收益”，贷记“租赁收入”。

出租人收到租金时，借记“银行存款”科目，贷记“长期应付款”科目。

【例 13-9】接例 13-8，出租人的未实现融资收益分配。

在租赁期内采用实际利率法分配未实现融资收益，见表 13-3。

表 13-3 未实现融资收益分配表

2×11 年 1 月 1 日　　单位：元

日　期	租　金	确认的融资收入	租赁投资净额减少额	租赁投资净额余额
	②	③＝期初⑤	④＝②－③	期末⑤
①		×7.63%		＝⑤－④
				1 000 000
（1）2008.12.31	300 000	76 300	223 700	776 300
（2）2009.12.31	300 000	59 231.7	240 768.3	535 531.7
（3）2010.12.31	300 000	40 861.06	259 138.94	276 392.76
（4）2011.12.31	300 000	23 807.22	276 192.76	200
（5）2012.1.1	200		200	0
合 计	1 200 200	200 200	1 000 000	

3. 计提坏账准备

对应收融资租赁款减去未实现融资收益的差额部分（在金额上等于本金）合理计提坏账准备，计提方法和计提比例由企业自行决定，但一经确定，不得随意变更。会计处理如下。

（1）计提坏账准备时，借记“资产减值损失”科目，贷记“坏账准备”科目。

（2）确定无法收回的应收融资租赁款，经批准作为坏账损失，冲销计提的坏账准备，借记“坏账准备”科目，贷记“长期应收款——应收融资租赁款”科目。

（3）已确认并转销的坏账损失，如果以后又收回，按实际收回的金额，借记“长期应收款——应收融资租赁款”科目，贷记“坏账准备”科目；同时，借记“银行存款”科目，贷记“长期应收款——应收融资租赁款”科目。

【例13-10】某公司坏账准备采用应收账款余额百分比法，提取比例为5‰。2×14年年初，该公司应收融资租赁款科目为借方余额100万元，递延收益——未实现融资收益科目为贷方余额20万元。年末按合同规定，收到当年租金30万元，分配未实现融资收益10万元。计算年末应收融资租赁款应计提的坏账准备。

解：年末应收融资租赁款应计提的坏账准备＝[（100－30）－（20－10）]×5‰－（100－20）×5‰＝－0.1（万元）

4．未担保余值发生变动

出租人至少应当于每年年度终了，对未担保余值进行复核。

未担保余值增加的，不做调整。有证据表明未担保余值已经减少的，对已确认的融资收入无须做追溯调整，只对未担保余值发生减少的当期和以后各期，根据修正后的租赁投资净额和重新计算的租赁内含利率计算应确认的融资收入。

会计处理为：①根据减少的未担保余值，借记“资产减值损失”科目，贷记“未担保余值减值准备”科目，同时将上述减值金额与由此所产生的租赁投资净额减少额之间的差额，借记“未实现融资收益”科目，贷记“资产减值损失科目”；②如果已减少的未担保余值得以恢复，应按未担保余值恢复的金额，借记“未担保余值减值准备”科目，贷记“资产减值损失”科目。同时，按原减值额与由此产生的租赁投资净额的增加额之间的差额，借记“资产减值损失”科目，贷记“未实现融资收益”科目。

5．收到或有租金

或有租金应当在实际发生时计入当期损益。其会计处理为：借记“应收账款”、“银行存款”等科目，贷记“租赁收入”科目。

6．租赁期届满

租赁期届满时，出租人应当区别不同情况进行会计处理。

（1）优惠续租

如果承租人行使优惠续租选择权，视同该项租赁一直存在而做出相应的会计处理。

（2）留购

租赁期满时，承租人行使了优惠购买选择权，出租人收到价款时，借记“银行存款”等科目，贷记“长期应收款——应收融资租赁款”科目。如果存在未担保余值，借记“营业外支出——处置固定资产净损失”，贷记“未担保余值”。

（3）收回

通常可能出现以下四种情况。

①存在担保余值（包括由承租人担保的余值和独立的第三方担保的余值），不存在未担保余值。借记“融资租赁资产”，贷记“长期应收款——应收融资租赁款”。如果收回租赁资产的价值低于担保余值，应向担保人收取补偿金，借记“其他应收款”，贷记“营业外收入”。

②同时存在担保余值和未担保余值。借记“融资租赁资产”，贷记“长期应收款——应收融资租赁款”、“担保余值”等科目。如果收回租赁资产的价值扣除未担保余值后的余值低于担保余值，应向担保人收取补偿金，借记“其他应收款”，贷记“营业外收入”。

③存在未担保余值，不存在担保余值。借记“融资租赁资产”，贷记“长期应收款——应收融资租赁款”。

④担保余值和未担保余值均不存在。出租人不需要进行会计处理，在备查账上做相应的登记即可。

13.4 售后租回交易

13.4.1 售后租回交易的性质和特点

售后租回交易是指卖主将资产出售后，又将该项资产从买主租回的经济业务。所以该种交易下：卖主＝承租人，买主＝出租人。

从卖方的角度来看，售后租回交易实际上是一种融资方式，通过售后租回，资产的所有者（即承租人）既保留了资产的使用权和控制权，又获得了所需的流动资金。

从买方的角度来看，售后租回交易实际上是一种投资方式，该交易为他们提供了一个风险小、回报有保障的投资机会。

13.4.2 售后租回交易的会计处理

对于承租人和出租人，在租赁开始日，均应按前面的有关标准将售后租回交易认定为融资租赁或经营租赁。

对于出租人（买主）来讲，售后租回交易同其他租赁的会计处理没什么不同。而承租人（卖主）因为多了一步出售的过程，与其他租赁业务的会计处理则有所不同。

1. 售后租回交易形成融资租赁承租方的会计处理

如果售后租回交易形成一项融资租赁，售价与资产账面价值之间的差额应予递延，并按该项租赁资产的折旧进度进行分摊，作为折旧费用的调整。

（1）出售资产时

会计处理：按固定资产账面净值，借记“固定资产清理”科目，按已计提折旧借记“累计折旧”、“固定资产减值准备”科目，贷记“固定资产”科目。

（2）收到价款时

分两种情况：①租赁资产按高于资产的账面价值出售时，借记“银行存款”等科目，贷记“固定资产清理”、“递延收益——未实现售后租回损益（融资租赁）”科目；②租赁资产按低于资产的账面价值出售时，借记“银行存款”、“递延收益——未实现售后租回损益（融资租赁）”科目，贷记“固定资产清理”科目。

（3）分摊未实现售后租回损益时

会计处理：①如果租赁资产按高于资产的账面价值出售的，借记“递延收益——未实现售后租回损益（融资租赁）”，贷记“制造费用”、“管理费用”、“营业费用”等科目；②租赁资产按低于资产的账面价值出售的，借记“制造费用等——折旧费”，贷记“递延收益——未实现售后租回损益（融资租赁）”。

【例 13-11】2×14 年 1 月 1 日甲公司将一台账面价值为 405 万元的全新设备出售给乙公司，取得收入 500 万元，存入银行。同时，甲公司又从乙公司中租回该设备。已知设备的可使用年限为 10 年，设备在乙公司的原账面价值为 500 万元。双方协商，租期 8 年，每年在年末支付租金 100 万元。到期时，预计设备的公允价值为 30 万元，甲企业担保的资产余值为 30 万元。双方约定的合同利率为 10%，到期时，设备归还出租方。本租赁合同属于不可撤消合同。假设甲公司对该设备采用直线法计提折旧，按直线法分摊未确认融资费用，不考虑交易中的相关税费。

问：甲公司的账务处理。

①2×14 年 1 月 1 日，出售设备时

借：固定资产清理	4 050 000	
贷：固定资产		4 050 000
借：银行存款	5 000 000	
贷：固定资产清理		4 050 000
递延收益——未实现售后租回损益		950 000

②2×14—2×22 年每月月末分摊递延收益时

借：递延收益——未实现售后租回损益(95 万/95×11)	1 000	
贷：制造费用(管理费用)		1 000

（注：其他同融资租赁中的会计处理，略）

2. 售后租回交易形成经营租赁承租方的会计处理

售后租回交易认定为经营租赁的，售价与资产账面价值之间的差额应当予以递延，并在租赁期内按照与确认租金费用相一致的方法进行分摊，作为租金费用的调整。但是，有确凿证据表明售后租回交易是按照公允价值达成的，售价与资产账面价值之间的差额应当计入当期损益。

（1）出售资产时

会计处理：按固定资产账面净值，借记“固定资产清理”科目，按已计提折旧借记“累计折旧”、“固定资产减值准备”科目，贷记“固定资产”科目。

（2）收到价款时

分两种情况：①租赁资产按高于资产的账面价值出售时，借记“银行存款”等科目，贷记“固定资产清理”、“递延收益——未实现售后租回损益（经营租赁）”或“营业外收入”（有确凿证据表明售后租回交易是按照公允价值达成的）科目；②租赁资产按低于资产的账面价值出售时，借记“银行存款”、“递延收益——未实现售后租回损益（经营租赁）”或“营业外支出”（有确凿证据表明售后租回交易是按照公允价值达成的）科目，贷记“固定资产清理”科目。

（3）租回资产时，无须做会计处理，只在备查账中登记即可。

（4）分摊递延收益时，在出售该资产时存在递延收益的：①如果租赁资产按高于资产的账面价值出售的，借记“递延收益——未实现售后租回损益（融资租赁）”，贷记“制造费用”、“管理费用”、“营业费用”等科目；②租赁资产按低于资产的账面价值出售的，借记“制造费用等——折旧费”，贷记“递延收益——未实现售后租回损益（融资租赁）”。

13.5 租赁在财务报告中的列示

13.5.1 国际会计准则关于租赁在财务报告中的列示

1. 融资租赁在财务报告中的列示

承租人：除按《国际会计准则第 32 号——金融工具：披露和列报》的要求外。承租人应对融资租赁做如下披露。

（1）每类资产在资产负债表日的账面净额。

（2）资产负债表日最低租赁付款额总额与其现值之间进行的调节。此外，企业应于以下期间披露对资产负债表日最低租赁付款总额及其现值：①不迟于一年；②迟于一年但不迟于五年；③迟于五年。

（3）在当期收益中确认的或有租金。

（4）资产负债表日根据不可撤销转租赁合约预期将收到的未来最低转租赁付款总额。

（5）包括（但不限于）以下方面的承租人重大租赁条款的一般说明：①确定或有租金付款额的基础；②续租或购买选择权及调整租金条款的存在及其期限；③租赁协议规定的限制，如对股利、新的债务和新的承租的限制。

此外，《国际会计准则第 16 号——固定资产》中的披露要求，应运用于承租人作为购置资产进行核算的融资租入资产的金额。

出租人：除按《国际会计准则第 32 号——金融工具：披露和列报》的要求外，出租人应对融资租赁做如下披露。

（1）在资产负债表日租赁投资总额与应收最低租赁付款的现值之间进行调节。此外，企业应于以下期间披露资产负债表日租赁投资总额和应收租赁付款额的现值：①不迟于一年；②迟于一年但不迟于五年；③迟于五年。

（2）未实现的财务收益。

（3）应计作出租人收益的未经担保的残值。

（4）不可收回的应收最低租赁付款的累计准备。

（5）在收益中确认的或有租金。

（6）出租人重大租赁条款的一般说明。

作为增长的标志，披露扣除会计期间增加的新业务方面的未实现收益以及已撤销租赁的相关金额后的总投资额，也常常是有用的。

2. 经营租赁在财务报告中的列示

承租人：除按《国际会计准则第 32 号——金融工具：披露和列报》的要求外，承租人应对经营租赁做如下披露。

（1）就以下每个期间，披露不可撤销经营租赁下未来最低租赁付款总额：①不迟于一年；②迟于一年但不迟于五年；③迟于五年。

（2）资产负债表日根据不可撤销转租赁合约预期将收到的未来最低转租赁付款总额。

（3）确认在当期收益中的租赁和转租赁付款。按最低租赁付款额、或有租金额和转租赁付款额单独反映。

（4）包括（但不限于）以下方面的承租人重大租赁条款的一般说明：①确定或有租金付款额的基础；②续租或购买选择权及调整租金条款的存在及其期限；③租赁协议做出的限制，如对股利、新的债务和新的承租的限制。

出租人：除按《国际会计准则第 32 号——金融工具：披露和列报》的要求外，出租人应对融资租赁做如下披露。

（1）每类资产在资产负债表日的账面总金额、累积折旧额、累计减值损失：①当期在收益中确认的折旧费；②当期在收益确认的减值损失；③当期转记收益的减值损失。

（2）在以下期间，以总额披露不可撤销经营租赁下的未来最低租赁付款：①不迟于一年；②迟于一年但不迟于五年；③迟于五年。

（3）在收益中确认的或有租金总额。

（4）出租人重大租赁条款的一般说明。

13.5.2　我国会计准则关于租赁在财务报告中的列示

1. 融资租赁在财务报告中的列示

承租人应当在资产负债表中，将与融资租赁相关的长期应付款减去未确认融资费用的差额，分别长期负债和一年内到期的长期负债列示。承租人应当在附注中披露与融资租赁有关的下列信息：①各类租入固定资产的期初和期末原价、累计折旧额。②资产负债表日后连续三个会计年度每年将支付的最低租赁付款额，以及以后年度将支付的最低租赁付款额总额。③未确认融资费用的余额，以及分摊未确认融资费用所采用的方法。

出租人应当在资产负债表中，将应收融资租赁款减去未实现融资收益的差额，作为长期债权列示。出租人应当在附注中披露与融资租赁有关的下列信息：①资产负债表日后连续三个会计年度每年将收到的最低租赁收款额，以及以后年度将收到的最低租赁收款额总额。②未实现融资收益的余额，以及分配未实现融资收益所采用的方法。

2. 经营租赁在财务报告中的列示

承租人对于重大的经营租赁，应当在附注中披露下列信息：①资产负债表日后连续三个会计年度每年将支付的不可撤销经营租赁的最低租赁付款额。②以后年度将支付的不可撤销经营租赁的最低租赁付款额总额。

3. 售后租回交易在财务报告中的列示

承租人和出租人应当披露各售后租回交易以及售后租回合同中的重要条款。

扩展内容 11　中国与国际准则中租赁会计的差异比较

1. 租赁的其他分类

按出租人取得租赁物的来源和方式为标准，分为直接融资租赁、销售方式租赁、杠杆租赁、售后回租和转租租赁。

按租赁是否附带服务，分为附带服务租赁和不附带服务租赁。

按租赁开展的业务范围，分为国内租赁和国际租赁。

2. 国际与国内会计准则相关规定对比

《国际会计准则》与我国《企业会计准则》关于经营租赁中承租人会计处理的比较见表13-4。

表13-4 经营租赁中承租人会计处理的比较

	企业会计准则	国际会计准则
租金	一般按照直线法计入相关资产成本或当期损益	一般按直线法确认为利润表中的一项费用
初始直接费用与或有租金	计入当期损益	一般按直线法确认为收益表中的一项费用，即使实际支付并不按这个基础

《国际会计准则》与我国《企业会计准则》关于经营租赁中出租人会计处理的比较见表13-5。

表13-5 经营租赁中出租人会计处理的比较

	企业会计准则	国际会计准则
对资产负债表影响	按资产的性质，在其资产负债表上列示经营租赁资产	
租金处理	在租赁期内各个期间按照直线法确认为当期损益；其他方法更为系统合理的，也可以采用其他方法	
固定资产折旧	采用类似资产的折旧政策计提折旧	
初始直接费用	计入当期损益	可以递延，按租金收益的确认比例，在整个租赁期内加以分摊；也可以在发生当期确认为费用
或有租金	或有租金应当在实际发生时计入当期损益	一般在租赁期内按直线法确认，即使收入的实际收取方式不是这样
资产减值	未提及	运用有关资产减值的国际会计准则

《国际会计准则》与我国《企业会计准则》关于融资租赁中承租人会计处理的比较见表13-6。

表13-6 融资租赁中承租人会计处理的比较

	企业会计准则	国际会计准则
租入资产的入账价值	租赁资产公允价值与最低租赁付款额现值两者中较低者作为租入资产的入账价值，将最低租赁付款额作为长期应付款的入账价值，其差额作为未确认融资费用	
初始直接费用	应当计入租入资产价值	
融资费用分摊	采用实际利率法计算确认当期的融资费用	
固定资产折旧	采用与自有固定资产相一致的折旧政策计提租赁资产折旧。能够合理确定租赁期届满时取得租赁资产所有权的，应当在租赁资产使用寿命内计提折旧。否则在租赁期与租赁资产使用寿命两者中较短的期间内计提折旧	
或有租金	在实际发生时计入当期损益	
最低租赁付款额现值	确定折现率的先后顺序为：出租人租赁内含利率，租赁合同规定的利率，同期银行贷款利率	确定折现率的先后顺序为：出租人租赁内含利率，承租人另行借款的利率
资产减值	未提及	运用有关资产减值的国际会计准则

《国际会计准则》与我国《企业会计准则》关于融资租赁中出租人会计处理的比较见表13-7。

表 13-7 融资租赁中出租人会计处理的比较

	企业会计准则	国际会计准则
租赁债权的确认	最低租赁收款额与初始直接费用之和作为应收融资租赁款的入账价值，记录未担保余值	以相当于租赁投资净额将其列作应收款
未实现融资收益分配	采用实际利率法确认当期的融资收入	按系统而合理的基础将财务收益分摊于租赁期
未担保余值发生变动	未担保余值增加的，不作调整。减少的，重新计算租赁内含利率，引起的租赁投资净额的减少计入当期损益；已确认损失的未担保余值得以恢复的，在原已确认的损失金额内转回，并重新计算租赁内含利率	未担保余值减少，修正租赁期内的收益分摊方式，立即确认已入账金额的减少
或有租金	实际发生时计入当期损益	
初始直接费用	包含在未确认融资收益中	实际发生时计入当期损益

本章小结

租赁是指在约定的期间内，出租人将资产使用权让与承租人，以获取租金的协议。租赁交易中，按租赁双方对租赁物所承担的风险和报酬为标准，可将租赁分为融资租赁和经营租赁。判断一项是否为融资租赁有五项标准，只要满足其中一条就属于融资租赁，余下为经营租赁。

经营租赁和融资租赁的会计处理有明显区别。经营租赁中，承租人只需对租金、初始直接费用做会计处理，而租赁资产在备查账上登记即可；出租人不仅核算租金、初始直接费用，还应核算经营租赁资产的维修、折旧等业务。融资租赁中，核算融资租赁资产及其维修、折旧等业务由承租人处理，出租人无须核算。

售后租回交易对于卖方来说是一项融资业务，因此售价与出售资产账面价值之间的差额应计入递延收益。如果售后租回交易形成一项融资租赁，售价与资产账面价值之间的差额应予递延，并按该项租赁资产的折旧进度进行分摊，作为折旧费用的调整；售后租回交易认定为经营租赁的，售价与资产账面价值之间的差额应当予以递延，并在租赁期内按照与确认租金费用相一致的方法进行分摊，作为租金费用的调整。但是，有确凿证据表明售后租回交易是按照公允价值达成的，售价与资产账面价值之间的差额应当计入当期损益。

思考与练习题

1. 如何判断一项租赁是经营租赁还是融资租赁？

2. 计算最低租赁付款额现值时如何确定折现率？

3. A 公司于 2×14 年 12 月 10 日与 B 租赁公司签订了一份设备租赁合同。合同主要条款如下。

（1）租赁标的物：甲生产设备。

（2）起租日：2×14 年 12 月 31 日。

（3）租赁期：2×14年12月31日至2×16年12月31日。

（4）租金支付方式：2×15年和2×16年每年末支付租金200万元。

（5）租赁期满时，甲生产设备的估计余值为20万元，其中A公司担保的余值为20万元。

（6）甲生产设备为全新设备，2×14年12月31日的公允价值为384.48万元，预计使用年限为3年。

（7）租赁年内含利率为6%。

（8）2×16年12月31日，A公司将甲生产设备归还给B租赁公司。

甲生产设备于2×14年12月31日运抵A公司，当日投入使用。其固定资产均采用平均年限法计提折旧，与租赁有关的未确认融资费用均采用实际利率法摊销，并假定未确认融资费用在相关资产的折旧期限内摊销。

要求：

（1）判断该租赁的类型，并说明理由；

（2）编制A公司在起租日的有关会计分录；

（3）编制A公司在2×15年年末和2×16年年末与租金支付以及其他与租赁事项有关的会计分录（假定相关事项均在年末进行账务处理）。（金额单位用万元表示）

第6篇

拓展专题

- 政府及非营利组织会计
- 注册会计师审计

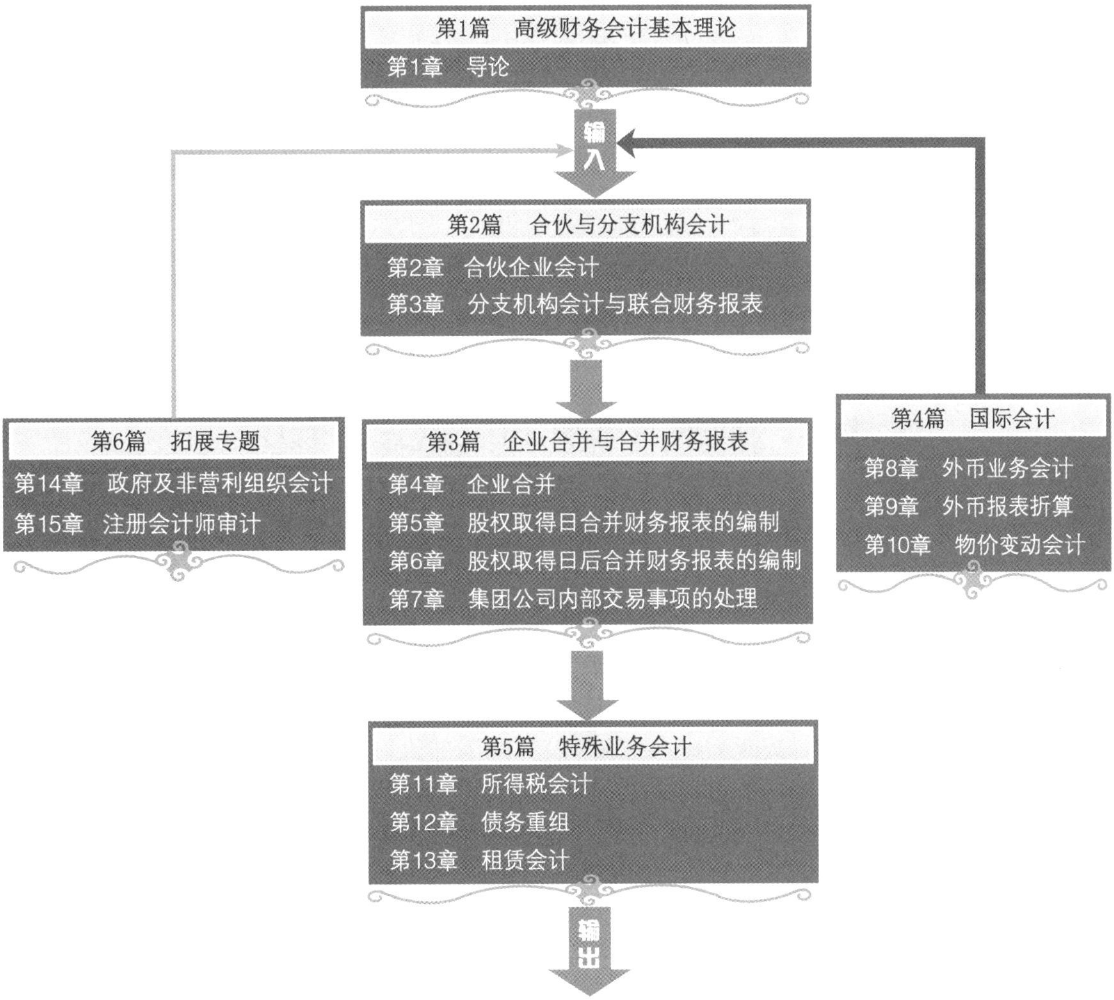

第 14 章　政府及非营利组织会计

重要概念

- 非营利组织
- 财政总预算会计
- 有偿性负债
- 无偿性负债

引言 随着科技的高速发展，社会需求的日益多元化，政府与非营利组织在国民经济中的作用越来越重要，而其受到的关注也日益增多。虽然政府与非营利组织在运营时耗费了大量的资财，但同时也间接创造了社会财富。那么，在本章中将介绍政府及非营利组织会计的相关理论与实务。

14.1　政府及非营利组织会计概述

14.1.1　政府及非营利组织的定义及类型

政府以国家的存在为前提，是一个与国家密切联系在一起的政治学概念。在本章中，“政府”的含义有两层：一是指为辖区公民承担广泛受托责任的一级政权的政府，包括中央（联邦）政府、省（市、区及特别行政区）政府、地方政府、县（市、区）政府及乡镇政府；二是具体为辖区公民履行受托责任的政府机构或政府单位，即管理国家事务、组织社会经济和文化建设、维护社会公共秩序的国家机关及其派出机构，包括国家立法机关、行政机关、审判机关、检察机关等。所谓非营利组织，是指为社会而非为某个人或组织谋取利益的法律或会计个体。非营利组织在我国国民经济发展中占有十分重要的地位。常见的非营利组织有：高等院校、公立医院、文化事业单位、福利机构、慈善机构、基金代理机构等。

14.1.2　政府及非营利组织的重要性

政府与非营利组织在社会政治和经济生活中发挥着重要的作用。公民和各种经济组织每时每刻都在消费各种各样的物品和服务，如食品、住房、服装、交通、安全、健康、文化、环境等。在这些物品和服务中，有不少是由政府与非营利组织提供的。例如，公共道路、绿化和水环境、公安巡逻、基础教育乃至高等教育、健康保健和文化娱乐、水电和煤气等，都主要是由政府与非营利组织提供的。每时每刻，公民和各种经济组织都离不开政府与非营利组织向其提供的公共产品。相比较而言，营利性企业向公民提供的物品可称为私人产品。政府与非营利组织之所以重要，就是因为由它们所提供的公共产品，是为社会公众所普遍需要的，是不可缺少的。

14.1.3　政府及非营利组织会计的组成体系

根据国家预算组成体系和民办事业单位的非营利性质，我国政府与非营利组织会计也相应由政府会计和非营利组织会计组成。其中，政府会计分为财政总预算会计和政府行政单位会计。总预算会计是各级政府财政部门核算和监督政府预算执行和财政周转金等各项财政性资金活动的专业会计。

行政单位会计是以国家各级权力机关、行政机关、审判机关和检察机关以及党派、政协机关等行政单位实际发生的各项经济业务为对象，核算和监督行政单位预算（财务收支计划）执行过程及其结果的专业会计。

非营利组织会计是以非营利组织实际发生的各项经济业务为对象，核算和监督非营利组织预算（财务收支计划）执行业务活动过程及其结果的专业会计。公办事业单位与民办事业单位性质不同，有无政府拨款不同，财务管理要求不同，对市场的依赖程度不同，需要实行不同的会计政策和核算办法。

根据国家机构建制和经费领报关系，行政单位会计和公办事业单位会计分为主管会计单位、二级会计单位和基层会计单位。向同级财政部门领报经费的为主管会计单位（又称一级单位）；向主管会计单位领报经费，下面又有所属会计单位的为二级会计单位（又称二级单位）；

向主管会计单位或二级会计单位领报经费，下面没有所属会计单位的称为基层会计单位。以上三级会计单位都要成立单位预算，实行独立的会计核算。有些人数较少、经费不多的单位可以不成立单位预算，不进行独立的会计核算，其经费开支可凭单据向基层会计单位报销，这些单位叫报销单位。

14.2　政府及非营利组织财务报告目标

政府与非营利组织会计的目标不同于企业会计的目标，其目标强调的是满足社会公众及其代表对会计信息的需求，其目的是为了帮助社会公众及其代表理解和评价政府与非营利组织的财务活动和财务管理情况。

政府与非营利组织会计信息的使用者需要对政府与非营利组织的履行受托情况做出合理的评价，并在此基础上综合地做出政治的、经济的和社会的决策，其决策的最终目的是为了社会公众的公共利益，而不是有关决策者如立法和监督机构人员本身的利益。

14.2.1 政府财务报告目标

政府会计与财务报告的目标可以区分为总体目标和具体目标两个层次。总体目标是具体目标的概括和总结，具体目标是总体目标的细化和展开。

美国政府会计准则委员会在其 1987 年 5 月发布的《概念公告第一号——财务报告的目标》的公告中，对政府会计和财务报告的总目标做了归纳：政府会计报告应该提供信息以帮助使用者评价受托责任，做出经济的、社会的和政治的决策。

而在概念公告中对具体目标的描述如下。

（1）财务报告应当帮助实现政府的公共受托责任，并且能够使使用者评价这种公共受托责任。

（2）财务报告应当帮助使用者评价政府主体当年的业务活动成果。

（3）财务报告应当帮助使用者评价那些可以由政府主体提供服务的服务水平，并帮助使用者评价政府履行到期责任的能力。

14.2.2 非营利组织财务报告目标

非营利组织会计与财务报告的目标也可以区分为总体目标和具体目标两个层次。

总体目标：向其资源提供者以及其他信息使用者提供信息，以帮助他们评价非营利组织受托责任的履行情况，并做出资源分配等的决策。

1980 年 12 月财务会计准则委员会发布的《概念公告第 4 辑——非营利组织编制财务报告的目的》中指出其具体目标如下。

（1）应当向现在和潜在的资源提供者和其他用户，在分配资源给非营利组织、做出合理决策时提供有用信息。

（2）编制财务报告应当向现在和潜在的资源提供者以及其他用户提供有助于他们评估某一非营利组织提供劳务及其持续经营这些劳务能力的有用信息。

（3）编制财务报告，应向现在和潜在的资源提供者以及其他用户提供为评估某一非营利组织经理人员履行其操持经营管理责任和其他各方面业绩有用的信息。

（4）编制财务报告应提供关于某一非营利组织资源、债务和净资源的信息，并提供各种交易、事项和情况的发生对这些资源在权利变动方面影响的信息。

（5）编制财务报告，应而当提供某一组织报告期内的业绩的信息。

（6）编制财务报告，应当提供某一非营利组织是如何获取和使用现金和其他流动资源的，它的借款和偿还借款的情况如何，以及可能影响其资源流动性的其他因素的信息。

（7）编制财务报告，应当举例提供有助于用户理解其财务信息的说明和解释。

14.2.3 我国政府及非营利组织财务报告目标的现状

我国政府会计方面没有关于会计目标的陈述，而《事业单位会计准则》第十一条规定，会计信息应当符合国家宏观经济管理的要求，适应预算管理和有关方面了解事业单位财务状况和收支情况的需要，并有利于加强事业单位的内部经营管理。

学术界对政府与非营利组织的会计目标也多有讨论，具体情况各异，但是总结起来无外乎这样一些观点。

（1）我国的非营利组织应为各级人民代表大会及其代表、国家各级审计机关、服务对象、纳税人、资源捐赠者、财政部门和上级单位提供财务信息。

（2）我国非营利组织财务信息使用者需要的主要信息包括资财分配使用的信息、估价劳务和评价劳务能力的信息、评估管理当局业绩和经营责任的信息以及关于经济资源、债务、净资产及其变动的信息等。

（3）我国非营利组织的财务报告应包括资产负债表、收入支出表、基建投资表、附表及会计报表附注和收支情况说明书等。资产负债表反映非营利组织某一时日拥有的资产和承担债务的情况；收入支出表反映非营利组织在某一时期的收入和支出以及收支相抵后结余的情况；基建投资表反映各方面投入资金的使用情况及其效益；附表及会计报表附注和收支情况说明书是对上述报表的补充和说明。

14.3　政府及非营利组织会计的基本理论

14.3.1　政府及非营利组织会计的基本前提与会计原则

1. 政府及非营利组织会计的基本前提

会计的基本前提也称会计的基本假设，它是组织会计核算工作必须具备的前提条件。政府与非营利组织会计核算的前提条件有：会计主体、持续经营、会计分期和货币计量。

（1）会计主体

会计主体指政府与非营利组织会计工作特定的工作范围。由于政府与非营利组织会计主要由财政总预算会计、行政单位会计、事业单位会计和民间非营利组织会计构成，所以从会计主体来说主要由各级政府、各类行政事业单位以及各类民间非营利组织构成。需要注意的是，政府财政总预算会计的主体是各级政府，而不是各级政府的财政部门。因为财政总预算的各项收支的收取和分配是各级政府的职权范围，财政部门只是代表政府执行预算，充当经办人的角色。

（2）持续经营

持续经营指假设一个会计主体将在可能预期的未来持续有各种活动发生。虽然政府及行政单位主要不以营利为目的，但其开展各项公共活动不仅不能带来盈利，还要耗费一定的资源。如果不做这样的假设，我们很难想象一个社会能够持续下去。在这个前提下，会计主体将按照既定用途使用资产，按照既定的合约条件清偿债务，并且在此基础上选择会计原则和会计政策。如果非营利组织不能持续下去，则必须改变会计核算的原则和方法，并在财务报告中做出相应披露。

（3）会计分期

会计分期是指将政府与非营利组织会计主体持续运行的时间人为地划分成时间阶段，以便分阶段结算账目、编制会计报表。实行会计分期的作用在于能够对连续、相等的会计期间中会计主体的财务状况及其变动以及经营成果进行核算，并据以编制会计报告。会计期间分为年度、季度和月份，并都采用公历日期。

（4）货币计量

货币计量指政府与非营利组织会计的核算对象能够以货币方式加以度量，在实际操作中以人民币作为记账本位币。如果发生外币收支，应当在发生收支时按照中国人民银行公布的当日人民币外汇汇率折算为人民币核算。对于业务收支以外币为主的行政事业单位和民间非营利组织，也可以选定某种外币作为记账本位币；但在编制会计报表时应当按照编报日期的人民币外汇汇率折算为人民币反映。

2. 政府与非营利组织会计核算的一般原则

会计核算的一般原则是对会计核算提供信息的基本要求，是处理具体会计实务的基本依据。主要包括如下原则。

（1）真实性原则

真实性原则亦称客观性原则。这项原则要求：首先，会计核算应当以实际发生的经济业务为依据，每一项经济业务必须取得或填制合法的书面凭证，做到明了可靠、内容真实、数字准确、手续完备，如实反映预算执行情况、财务收支状况和事业成果；其次，会计核算过程应当是真实客观的，对同一会计核算业务，分别由两位或两位以上的会计人员同时进行会计处理，应得出相同的会计核算结果；最后，作为反映会计核算成果的会计报表应是真实的，做到账表、账账、账实之间的相互一致。

（2）相关性原则

相关性原则又称有用性原则，是指会计核算所提供的经济信息应当有助于信息使用者正确做出经济决策，会计提供的信息要同经济决策相关联。会计信息要满足以下三个方面的需要：一是要符合国家宏观经济管理的要求；二是要满足预算管理和有关方面了解单位财务状况和收支情况的需要；三是要满足单位内部加强管理的需要。

（3）可比性原则

可比性原则是指会计处理的方法和指标口径，必须有利于会计期间以及相同行业之间的比较分析。对这些指标和信息进行比较、分析和汇总，便于正确考核总预算和单位预算的执行情况和结果，满足使用省和国家宏观管理的需要。可比性原则表现为会计报表指标口径的一致和所选择的会计处理方法的可比。

（4）一贯性原则

一贯性原则，亦称一致性原则，是指政府与非营利组织会计处理会计业务的方法和程序在不同的会计期间要保持前后一致，不能随意变更，以便对前后各期的会计资料进行纵向比较。如确有必要变更，应将变更的情况、原因和对会计信息的影响在会计报告中加以说明。

（5）及时性原则

及时性原则是指对会计事项的处理必须在经济业务发生时及时进行、及时核算、及时反映，以发挥会计信息的效应。及时性包含两个要求：一是经济业务的会计处理应在当期内进行，不得跨期；二是会计报表应在会计期间结束后按规定的日期报告，不得拖延。

（6）明晰性原则

明晰性原则，亦称清晰性原则，是指会计记录和会计报表应当清晰明了，便于理解和运用，数字记录和文字说明要能一目了然地反映经济活动的来龙去脉，对有些不易理解的问题，应在财务情况说明书中加以说明。

（7）实际成本原则

实际成本原则又称历史成本原则，是指各项财产物资应当按照取得或购进时的实际成本计价，当市场价格发生变动时，除国家另有规定外，不得自行调整账面价值。

（8）配比原则

配比原则是指从事经营活动的非营利组织，其经营支出与相关的经营收入应当配比。配比原则要求有经营收支业务活动的单位，对一个会计期间的经营收入与其相关的费用支出应当配合起来进行比较，在同一会计期间登记入账，以计算收支结余，考核经济效益。应计入本期的收入和费用支出，不能脱节．也不能任意提前或错后。

（9）全面性与重要性相结合原则

全面性与重要性相结合原则，是指会计报表应当全面反映预算执行情况和财务收支状况，对重要的经济业务要单独反映。重要性业务的标志，一是看发生的余额的大小；二是看它对经济决策的影响程度。会计报表要充分反映一切重要的经济信息，以利决策。

总体上讲，政府及非营利组织会计的基本前提与企业财务会计的基本前提是完全相同的，政府及非营利组织会计的会计原则与企业财务会计的会计原则（现称为会计信息质量特征）也是基本相同的，仅在一些表述和归类上有所区别。

14.3.2 政府及非营利组织会计的基本要素

会计要素就是会计对象的构成要素，是对会计对象的基本分类。会计核算对象的内容多种多样，为了对有关核算内容进行确认、计量、记录、报告，就需要对会计对象进行分类，把会计对象分解成若干基本的要素，这样就形成了会计要素。科学地确定会计要素，有助于设置会计科目，有助于设计会计报表的种类、格式和列示方式。政府与非营利组织会计的会计要素为资产、负债、净资产、收入和支出（费用）五个要素。

1. 资产

资产是一级政府掌管或控制的、一个单位占有或使用的能以货币计量的经济资源。资产具有以下特征：其一，资产必须是一种经济资源；其二，资产必须能用货币来计量；其三，资产为一级政府掌管或控制，为一个单位占有或使用；其四，资产的形态可以是有形的，可以是无形的，还可以是其他权利。

财政总预算会计核算的资产，包括一级政府的财政性存款、有价证券、暂付及应收款项、预拨款项、财政周转金放款、借出财政周转金以及待处理财政周转金等。

行政事业单位和民间非营利组织会计核算的资产，包括单位和组织的各种财产和债权以及其他权利。

2. 负债

负债是指一级政府或一个单位承担的能以货币计量，需要以资产偿付的债务。政府财政部门虽然是分配资金的部门，但在预算执行中，与上下级财政之间、与预算单位之间也存在着人欠、欠人事项，加上发行公债，这就形成了财政的负债事项。

财政总预算会计核算的负债，包括应付及暂收款项、按法定程序及核定的预算举借的债务、借入财政周转金等。

行政事业单位和民间非营利组织会计核算的负债，包括单位和组织的借入款项、应付和预收款项以及各种应缴款项等。

3. 净资产

净资产是指资产减去负债的差额，是属于一级政府、一个单位或组织所有的资产净值。

财政总预算会计核算的净资产是一级政府财政所掌管的资产净值，它包括各项结余、预算周转金及财政周转基金等。

行政单位和公办事业单位会计核算的净资产反映国家和单位对资产的所有权，它包括各项基金和各项结余。如行政单位的固定基金和结余；公办事业单位的事业基金、固定基金、专用基金和结余等。

民间非营利组织的净资产包括限定性净资产和非限定性净资产。如果资产或者资产所产生的经济利益（如资产的投资收益和利息等）的使用受到资产提供者或者国家有关法律法规所设置的时间限制或（和）用途限制，则由此形成的净资产即为限定性净资产；除此之外的其他净资产，即为非限定性净资产。

4. 收入

收入是指国家或单位依法取得的非偿还性资金；或者开展业务活动取得的、导致本期净资产增加的经济利益或者服务潜力的流入。

财政收入是国家为实现其职能，根据法令和法规所取得的非偿还性资金，是一级财政的资金来源。财政总预算会计核算的收入包括一般预算收入、基金预算收入、专用基金收入、资金调拨收入和财政周转金收入等。

行政单位的收入是单位为开展公务或业务活动，依法取得的非偿还性资金。行政单位的收入包括投入经费、预算外收入和其他收入等。

公办事业单位的收入包括财政补助收入、上级补助收入、事业收入、经营收入、附属单位缴款、其他收入等。

民间非营利组织的收入是单位开展业务活动取得的、导致本期净资产增加的经济利益或者服务潜力的流入。具体包括：捐赠收入、会费收入、提供服务收入、政府补助收入、投资收益、商品销售收入等主要业务活动收入和其他收入等。

5. 支出

支出是指执行预算会计的一级政府或单位按照批准的预算所发生的资金耗费和损失。如各级政府的财政支出、各行政机关的经费支出、各公办事业单位事业支出等；费用是指民间非营利组织为开展业务活动所发生的、导致本期净资产减少的经济利益或者服务潜力的流出，包括业务活动成本、管理费用、筹资费用和其他费用等。

14.4 财政总预算会计

14.4.1 财政总预算会计概述

1. 财政总预算会计的概念

财政总预算会计，又称财政总会计、总预算会计，指各级政府财政部门核算、反映、监督政府预算执行和各项财政性资金活动的专业会计，是国家预算管理体系中的一项基础工作，为国家进行宏观管理提供依据。

根据《中华人民共和国预算法》的规定，根据一级政府一级预算的原则，我国的预算体系总共分为五级，即中央，省、自治区、直辖市，设区的市、自治州，县、自治县、不设区的市、市辖区，乡、民族乡、镇等五级预算。与之相应，我国的财政总预算体系也分为五级，每一级独立的预算都设立一级财政总预算会计，负责核算、反映和监督本级政府预算的执行。

2. 财政总预算会计的特点

（1）政策性和计划性

财政总预算会计在核算、反映和监督国家财政预算执行过程中，始终围绕国家财政预算进行，增收节支，保证财政预算收支平衡，并记录和反映贯彻国家法律、法规的情况和问题，政策性非常强；财政总预算会计以收入、支出核算为主，一般不进行成本核算，也没有相应的实物资产及保管、使用方面的核算，其主要依靠计划管理提高经济效益和社会效益。

（2）统一性和广泛性

国家财政预算是全国统一的预算，财政总预算会计必须以国家财政预算执行为中心，组织一个全国集中统一的会计核算体系，否则，就无法定期、及时反映整个国家财政预算执行情况和报告年度国家决算与各级地方决算；财政总预算会计分录核算体系涉及的范围很广，凡是编制和执行国家财政预算的地区、部门和单位，其预算收支活动都受到该核算体系的约束。

（3）宏观性和社会性

财政总预算会计在执行国家财政预算的收支分配中，通过大量、连续的账务核算和情况反映，对国家财政预算的执行和国民经济活动情况起着宏观监督作用；财政总预算会计具有操作主体的政府性、核算范围的宏观性和核算内容的综合性特点，从总体意义上讲，它具有社会总会计的特点，社会性特点明显。

3. 财政总预算会计的任务

（1）正确及时地办理各项核算工作

财政总预算会计要对各项预算收支、资金调拨和往来款项进行核算和记载，做到及时、正确、日清月结。每年年度末了，要进行年度财政决算的审核和汇编工作，同时，根据财政体制的有关规定，进行年度上下级财政之间的结算和办理上下级财政之间往来款项的清理工作。

（2）调度好各项财政资金

财政总预算会计为了保证按照核定的预算及时供应资金，要合理调度好各项财政资金，妥善解决财政资金库存和用款单位资金需求的矛盾，提高财政资金的使用效益。

（3）实行会计监督，参与预算管理

由于财政的收支都要通过总预算会计，因而财政总预算会计应通过收支核算和反映，加强预算执行情况分析，并对总预算、部门预算和单位预算的执行实施会计监督。财政总预算会计也要参与预算的管理，对预算执行过程中出现的问题要及时提出意见和建议，供有关人员参考。

（4）组织和指导预算会计工作

各级财政总预算会计要知道和组织核查本行政区域内所属财政总预算会计和同级事业、行政单位的预算会计工作，发现问题及时改进；要组织预算会计人员进行业务培训，不断提高预算会计人员的政策水平和业务素质。

（5）做好预算会计的有关管理工作

省、自治区、直辖市总预算会计在与《财政总预算会计制度》不相违背的前提下，要制定或审定本行政区域内预算会计的有关具体核算办法的补充规定；要根据不同的具体情况参与对预算会计人员的专业技术资格考试、评定及核发会计证的工作；负责对预算会计基础工作的管理。

4．财政总预算会计的一般原则

（1）真实性原则。财政总预算会计应该以实际发生的经济业务为依据，如实反映财政收支执行情况和结果。

（2）相关性原则。财政总预算会计信息应该符合相关法律法规的要求，适应国家宏观经济管理和上级财政部门及本级政府对财政管理的需要。

（3）可比性原则。财政总预算会计核算应该按照规定的会计处理方法进行。

（4）全面性原则。财政部门管理的各项财政资金（包括一般预算资金、纳入预算管理的政府性基金、专用基金、财政周转金等）都应当纳入总预算会计核算管理。

（5）一贯性原则。财政总预算会计处理方法前后各期应当一致，不得随意变更。如必须要变更，应将相关情况在预算执行报告中说明。

（6）及时性原则。财政总预算会计核算，应当及时进行。

（7）明晰性和重要性原则。财政总预算会计记录和报表应当清晰明了，便于理解；对于重要的经济业务，应当单独反映。

（8）收付实现原则。财政总预算会计核算以收付实现制为基础。

（9）专款专用原则。凡有指定用途的资金，必须按规定用途使用。

14.4.2 财政总预算会计科目

1．财政总预算会计科目的使用

会计科目是各级总预算会计设置账户、确定核算内容的依据。各级总预算会计必须按以下要求使用会计科目。

（1）各级总预算会计应按规定设置会计科目，按本科目使用说明使用。不需要的可以不用，不得擅自更改科目名称。

（2）明细科目的设置，除《财政总预算制度》已有规定者外，各级总预算会计可根据需要，自行设置。

（3）为便于编制会计凭证、登记账簿、查阅账目和实行会计电算化，《财政总预算制度》统一规定了会计科目编码。各级总预算会计不得随意变更或打乱科目编码。

（4）总预算会计在填制会计凭证、登记账簿时，应填列会计科目的名称或者同时填列名称和编码，不得只填编码，不填名称。

（5）有关财政周转金的会计核算，可由各级财政的预算部门或专门管理机构按本制度规定的科目办理。

2．财政总预算会计科目

财政总预算会计科目表见表14-1。

表 14-1　财政总预算会计科目表

序　号	科 目 名 称	序　号	科 目 名 称
	一、资产类	19	基金预算结余
1	国库存款	20	专用基金结余
2	其他财政存款	21	预算周转金
3	财政零余额账户存款	22	财政周转基金
4	有价证券		四、收入类
5	在途款	23	一般预算收入
6	暂付款	24	基金预算收入
7	与下级往来	25	专用基金收入
8	预拨经费	26	补助收入
9	基建拨款	27	上解收入
10	财政周转金放款	28	调入资金
11	借出财政周转金	29	财政周转金收入
12	待处理财政周转金		五、支出类
	二、负债类	30	一般预算支出
13	暂存款	31	基金预算支出
14	与上级往来	32	专用基金支出
15	已结报支出	33	补助支出
16	借入款	34	上解支出
17	借入财政周转金	35	调出资金
	三、净资产	36	财政周转金支出
18	预算结余		

14.4.3　财政总预算会计核算

1. 财政总预算资产

（1）货币资金的会计核算

财政总预算会计所核算的货币资金主要包括：财政性存款、有价证券和在途款。为了核算各级总预算会计的财政性存款，总预算会计设置了“国库存款”、“其他财政存款”和“财政零余额账户存款”科目。

①“国库存款”科目。该科目核算各级总预算会计在国库的预算资金（包括一般预算和基金预算）存款，借方登记国库存款增加数，贷方登记减少数，借方余额反映国库存款的结存数。本科目可以按一般预算存款和基金预算存款进行明细核算。

【例 14-1】某市财政收到国库报来的“预算收入日报表”，当日收到一般预算收入为 100 万元。

借：国库存款——一般预算存款　　1 000 000

　　贷：一般预算收入　　1 000 000

【例 14-2】某市财政收到国库报来的“基金预算收入日报表”，列基金预算收入为 50 万元。

借：国库存款——基金预算存款　　500 000

　　贷：基金预算收入　　500 000

②“其他财政存款”科目。该科目用于核算各级总预算会计未列入“国库存款”科目反映

的财政性存款。具体包括财政周转金、未设国库的乡（镇）财政在专业银行的财政资金存款、部分由财政部指定存入专业银行的专用基金存款、基金存款以及财政总预算会计将预算资金划入政府采购资金专户的款项等。其借方登记其他财政存款增加数，贷方登记减少数，借方余额反映其他财政存款的实际结存数，年终余额结转下年。该科目按交存地和资金性质分设明细账。

【例 14-3】收到农业银行报来的收款通知，收回小型技措借款 50 万元。

借：其他财政存款——财政周转金存款　　500 000

　　贷：财政周转金放款　　500 000

【例 14-4】收到上级安排的粮食风险基金 70 万元，根据银行报来的收账通知入账。

借：其他财政存款——专用基金存款　　800 000

　　贷：专用基金收入　　800 000

③“财政零余额账户存款”科目。该科目属于新增科目，用于核算财政国库支付执行机构在银行办理财政直接支付的业务，其借方登记当天国库单一账户存款划入冲销数，贷方登记财政国库支付执行机构当天发生直接支付的资金数，当日资金结算后，余额为零。

【例 14-5】某市财政国库支付执行机构为某预算单位直接支付以一般预算安排的 42 000 元款项。

借：一般预算支出——财政直接支付　　42 000

　　贷：财政零余额账户存款　　42 000

④“有价证券”科目。有价证券是中央财政以信用方式发行的国家公债。各级财政只能用各项财政结余购买国家制定由地方各级政府购买的有价证券。该科目借方登记有价证券的增加数，贷方登记有价证券的减少数，期末借方余额反映有价证券实际库存数。该科目按有价证券类别设置明细账。

【例 14-6】某市政府用一般预算结余 20 万元和基金预算结余 10 万元购买有价证券。

借：有价证券——一般预算结余购入　　200 000

　　　　　　——基金预算结余购入　　100 000

　　贷：国库存款——一般预算存款　　200 000

　　　　　　　　——基金预算存款　　100 000

【例 14-7】接例 14-6，购入的有价证券到期兑付，收到利息收入 6 万元，其中一般预算结余购入有价证券利息收入 4 万元，基金预算结余购买有价证券利息收入 2 万元。

收到本金时：

借：国库存款——一般预算存款　　200 000

　　　　　　——基金预算存款　　100 000

　　贷：有价证券——一般预算结余购入　　200 000

　　　　　　　　——基金预算结余购入　　100 000

收到利息时：

借：国库存款——一般预算存款　　40 000

　　　　　　——基金预算存款　　20 000

　　贷：一般预算收入　　40 000

　　　　基金预算收入　　20 000

⑤“在途款”科目。由于库存的报解需要一定的邮递时间，年终就会存在国库已经收入或各级国库已经在年前收纳，以及在清理期缴纳应属于本年收入的款项，但尚未转到支库或尚未

报解到各该上级国库的各种收入，这些款项为在途款。为了在年终决算中全面反映各级实际收入总额，解决上下年度间的库款结算问题，各级总预算会计要设置“在途款”科目，用于核算决算清理期和库款报解整理期内发生的上下年度收入、支出业务以及需要过渡处理的资金数额。在年终清理库款时，应在上一年度的账上借记“在途款”，贷记“一般预算收入”；在下一年度的账上则借记“国库存款”，贷记“在途款”。

【例 14-8】决算清理期间，某市收到国库报来的属于上年度的一般预算收入 3 000 000 元。

在上年度账上应该记录：

借：在途款　　3 000 000

　　贷：一般预算收入　　3 000 000

在本年度新账上应该记录：

借：国库存款——一般预算存款　　3 000 000

　　贷：在途款　　3 000 000

（2）其他资产的会计核算

财政总预算会计核算的债权主要有三类：一是暂付应收的往来款项，二是预拨款项，三是财政周转金借出所形成的债权。

与财政总预算会计发生暂收应付往来款项的单位分为财政系统内上下级财政机关之间和财政机关系统外的预算单位之间两类，因此在会计核算上将与预算单位间的暂付应收款项纳入“暂付款”科目核算，将与下级财政间的往来款项纳入“与下级往来”科目核算。

对于预拨款项，目前主要分为预拨的预算经费和预拨的用于基本建设项目的款项。预拨经费是由于特殊情况预拨给行政事业单位，不在当期内列支的经费。在以下两种情况中发生预拨经费：一是交通不便的边远地区，当期汇款不能及时到达，影响单位按时支付，需要上级单位提前在上一个月拨付下一个月的经费；二是上年预拨属于下年预算的经费。但在此情况下，往往需要提前拨付，但却不能在本年度列为支出。基建拨款是指财政按基本建设计划预拨给受托经办基本建设支出的专业银行或拨付基本建设财务管理部门的基本建设款项。

财政周转金是指财政部门以信用方式有偿周转使用的资金，包括财政周转金放款、借出财政周转金和待处理财政周转金。财政周转金放款是地方财政周转金管理机构直接贷放给用款单位的财政有偿资金。借出财政周转金是指上级财政部门借给下级财政部门用于周转使用的有偿资金。如果财政周转金放款超过约定的还款期限，经审核已成为呆账，但尚未按规定程序报批核销的，则该财政周转金成为待处理财政周转金。

①“暂付款”科目。该科目用来核算各级财政临时发生的应付、暂收和收到不明性质的款项，经确认后，须支付、归还或转账，因此具有债务性质。借方登记冲转退还或转作收入的款项，贷方登记收到的款项，贷方的余额反映尚未结清的暂存款数额。该科目可按资金性质、债权单位或款项来源设置明细账。

【例 14-9】某财政总预算会计将预算资金划入政府采购资金专户用于 A 部门采购设备，金额 300 000 元。

借：暂付款——政府采购款　　300 000

　　贷：国库存款　　300 000

同时记录：

借：其他财政存款　　300 000

　　贷：暂存款——政府采购款　　300 000

【例 14-10】某教委因维修危险校舍，向市财政紧急借款 50 万元。后经批准，该借款转作经费拨款。

借：暂付款——市教委　500 000
　贷：国库存款　500 000
借：一般预算支出　500 000
　贷：暂付款——市教委　500 000

②“与下级往来”科目。该科目用于核算上级财政与下级财政之间的往来结算款。各级财政机关借给下级财政款项时，借记该科目，贷记“国库存款”科目；体制结算中应由下级财政上交的收入数，借记该科目，贷记“上解收入”科目；借款收回，转作补助支出或体制结算应补助下级财政数时，借记“国库存款”、“补助支出”等科目，贷记该科目。

【例 14-11】某市财政借给 A 县财政临时周转金 12 万元。后来，A 县财政根据库款情况归还市财政 5 万元，另外 7 万元转作市财政对 A 县的补助。

借：与下级往来——A 县　120 000
　贷：国库存款　120 000
借：国库存款　50 000
　补助支出　70 000
　贷：与下级往来——A 县　120 000

【例 14-12】年末经结算，B 县应上解市财政 600 万元，实际已经上解 400 万元。余款 200 万元暂作往来处理。

借：与下级往来——B 县　200 000
　贷：上解收入　200 000

③“预拨经费”科目。该科目用于核算财政部门预拨给事业、行政单位的尚未列为预算支出的经费，其借方登记财政拨款数，贷方登记到期的列转支出数和各单位缴回财政机关数，借方余额反映尚未列转支出或尚待收回的预拨借方数。该科目按拨款单位设置明细账。

【例 14-13】某市财政向甲县预拨经费 20 万元

借：预拨经费——甲县　200 000
　贷：国库存款　200 000

【例 14-14】例 14-13 中预拨的经费转作经费支出。

借：一般预算支出　200 000
　贷：预拨经费　200 000

④“基建拨款”科目。该科目借方登记财政拨付款，贷方登记基本建设财务管理职能部门或基本建设支出的专业银行的拨付建设单位数以及缴回财政数，借方余额反映尚未列报支出的拨款数。该科目按拨款单位设置明细账。

【例 14-15】某市财政委托建行代管某类基建财务管理，预拨基建拨款 2 000 万元。

借：基建拨款　20 000 000
　贷：国库存款　20 000 000

月末收到建设银行报来建设单位本月银行支出数 200 万元。

借：一般预算支出(或基金预算支出)　2 000 000
　贷：预拨经费　2 000 000

基建任务完成后，建设单位将余款 60 万元缴回财政。

借：国库存款　　600 000

　　贷：基建拨款　　600 000

⑤“财政周转金放款”科目。该科目用于核算财政周转金的贷放及回收情况。该科目借方登记贷给用款单位的数额，贷方登记收回数或坏账数，借方余额反映财政总预算会计掌握的对用款单位的财政有偿资金放款数。该科目按部门、单位或项目设置明细账。

【例 14-16】某县财政向某种粮专业户贷方支农周转金 50 000 元。

借：财政周转金放款　　50 000

　　贷：其他财政存款　　50 000

⑥“借出财政周转金”科目。该科目用于核算上级财政部门供给下级财政部门周转金的借出和收回情况。该科目借方登记借给下级财政部门周转金的数额，贷方登记下级财政部门的归还数，借方余额反映借出财政周转金尚未收回数。该科目按借款对象设置明细账。

【例 14-17】某市财政向所属 A 县借出专项周转金 20 万元。

借：借出财政周转金——A 县　　200 000

　　贷：其他财政存款　　200 000

⑦“待处理财政周转金”科目。该科目借方登记经批准转入的逾期未还的周转金数额，贷方登记按规定程序报批核销的数额，借方余额反映尚待核销的待处理资金数。

【例 14-18】某市财政周转金管理机构向市属化工公司贷放的技术改造款 15 万元，经过初步审核已经成为呆账。

借：待处理财政周转金　　150 000

　　贷：财政周转金放款　　150 000

2．财政总预算会计负债

（1）有偿性负债

有偿性负债包括借入款和借入财政周转金。借入款指按法定程序及核定预算举借的公债，包括中央财政按全国人民代表大会批准的数额举借的国内和国外债务，以及地方财政根据国家法律或国务院特别规定举借的债务。借入财政周转金是指地方财政部门向上级财政部门借入有偿使用的财政周转金，与“借出财政周转金”相对应，是财政周转金在上下级财政之间的融通。

①“借入款”科目。该科目贷方登记发行债券或举借款数，借方登记到期偿还的款项，贷方余额反映尚未偿还的债务。其可按债券种类或债权人设置明细账。

【例 14-19】中央财政按全国人民代表大会批准的数额发行国债，当日国库实际收到款项 2 000 万元。

借：国库存款　　20 000 000

　　贷：借入款——国内债　　20 000 000

债务到期时，偿还本金 2 000 万元，支付利息 40 万元。

借：借入款——国内债　　20 000 000

　　一般预算支出　　400 000

　　贷：国库存款　　20 400 000

②“借入财政周转金”科目。该科目贷方登记借入时的数额，借方登记归还时的数额，借方余额反映尚未归还的借入周转金。其可按债权单位或资金用途设置明细账。

【例 14-20】某市财政向上级财政部门有偿借入财政周转金 600 000 元。后归还上级财政周转金，本金 600 000 元，利息 2 400 元。

借：其他财政存款　600 000
　　贷：借入财政周转金　600 000
借：借入财政周转金　600 000
　　财政周转金支出　2 400
　　贷：其他财政存款　602 400

（2）无偿性负债

无偿性负债包括因体制结算和向上级财政借入调度款而形成的与上级往来款和收到不明性质的款项等应清理的暂存款。

①“与上级往来”科目。该科目与上级财政的“与下级往来”科目相对应，反映财政年度，上下级财政尚未结算或决算时，本级财政与上级财政间的款项往来，是上下级财政之间的无息债务。贷方登记向上级借款数额，借方登记归还款数额和上级欠拨补助的数额，贷方余额反映尚未归还上级财政的款项，借方余额反映上级财政欠拨本级的情况。

【例 14-21】某县财政向市财政借入款项 150 万元用于临时周转需要。后县财政根据库款情况，归还市财政 100 万元。另外 50 万元转作对该市的补助。

县财政记录：

借：国库存款　1 500 000
　　贷：与上级往来　1 500 000
借：与上级往来　1 500 000
　　贷：国库存款　1 000 000
　　　　补助收入　500 000

市财政记录：

借：与下级往来　1 500 000
　　贷：国库存款　150 000
借：国库存款　1 000 000
　　补助支出　500 000
　　贷：与下级往来　1 500 000

②“暂存款”科目。该科目贷方登记收到的款项，借方登记冲转退还或转作收入的款项；贷方余额反映尚未结清的暂存款款项。其可按资金性质、债权单位或款项来源设置明细账。

【例 14-22】某市财政收到国库报来的“预算收入日报表”，当日收到不明款项为 1 万元。经确认该不明款项属于营业税收入。

借：国库存款　10 000
　　贷：暂存款　10 000
借：暂存款　10 000
　　贷：一般预算收入　10 000

（3）已结报支出

已结报支出属于财政国库支付执行机构会计核算的内容。根据财政国库支付执行机构核算的特点，增设负债类“已结报支出”科目。该科目用于核算财政国库资金已结清的支出数额，当天业务结束后，其余额等于一般预算支出和基金预算支出之和。年终转账时，做相反分录，借记该科目，贷记“一般预算支出”、“基金预算支出”科目。

3. 财政总预算会计净资产

(1) 结余

结余是财政收支的执行结果，是下年度可以结转使用或重新安排使用的资金。包括：预算结余、基金预算结余和专用基金结余。预算结余是指一般预算类收入减去一般预算类支出后的差额，是各级财政执行政府一般预算的结果；基金预算结余是基金预算类收入减去基金预算类支出后的差额，是各级财政管理的政府性基金收支的年终执行结果；专用基金结余是专用基金收入减去专用基金支出后的差额，是各级财政总预算会计管理的专用基金收支的年终执行结果。

①“预算结余”科目。该科目贷方登记年终从“一般预算收入”、“补助收入——一般预算补助”、“上解收入”、“调入资金”等科目转入的预算收入的数额；借方登记年终从“一般预算支出”、“补助支出——一般预算补助”、“上解支出”等科目转入的预算支出的数额；余额在贷方，反映本年的预算滚存结余数（含有价证券）。根据本年度预算结余增设（提取）周转金时，借记“预算结余”科目，贷记“预算周转金”科目。

【例 14-23】某市财政 2×13 年年终结算时，“一般预算收入”科目贷方余额 4 650 000 元，“补助收入——一般预算补助”科目贷方余额 285 000 元，“上解收入”科目贷余额 580 000 元，“调入资金”科目贷方余额 145 000 元，将上述一般预算类收入科目贷方余额转入“预算结余”科目贷方。

借：一般预算收入	4 650 000	
补助收入——一般预算补助	285 000	
上解收入	580 000	
调入资金	145 000	
贷：预算结余		5 660 000

②“基金预算结余”科目。该科目贷方登记年终从“基金预算收入”、“补助收入——基金预算补助”科目转入的基金预算收入的数额；借方登记年终从“基金预算支出”、“补助支出——基金预算补助”、“调出资金”等科目转入的基金预算支出的数额；余额在贷方，反映本年基金预算滚存结余数。

③“专用基金结余”科目。该科目贷方登记从“专用基金收入”转入的数额；借方登记从“专用基金支出”转入的数；余额在贷方，反映本年专用基金的滚存结余数。

(2) 预算周转金

预算周转金是指各级政府为平衡预算年度内季节性收支差额，保证及时用款而设置的周转资金，是国家财政后备的组成部分。预算周转金一般有两个来源：一是从本级财政预算净结余中设置和补充；二是由上级财政部门拨入。预算周转金专做执行年度预算周转之用，不能安排支出。预算周转金存入国库存款之中，不另设存款户。

“预算周转金”科目借方一般无发生额，因为预算周转金应根据《中华人民共和国预算法》的要求设置，并不得随意减少。设置和补充预算周转金时，借记“国库存款”、“预算结余”等科目，贷记该科目。

【例 14-24】某乡开始设置预算周转金，收到县财政拨来的资金 220 000 元。

借：国库存款——一般预算存款	220 000	
贷：预算周转金		220 000

(3) 财政周转基金

财政周转基金是指各级财政所掌管的可有偿使用的政府财政性资金，反映了一级地方财政周转金的规模。地方财政周转基金一般有两个来源：一是按国家制度规定，由本级财政预算安排的有偿使用，在列报预算支出的同时转入；二是年终结算后将周转金收入减周转金支出后的净收入转入。

“财政周转基金”科目贷方登记预算资金或用财政周转金收入补充的增加数额；借方登记赎回或核销的无法收回的数额；余额在贷方，反映财政部门财政周转基金总额，年终余额应结转下年。

【例 14-25】某市财政部门按核定预算拨付某业务主管部门财政周转金 244 000 元。

借：一般预算支出　　244 000
　　贷：国库存款——一般预算存款　　244 000

同时：

借：其他财政存款——财政周转金存款　　244 000
　　贷：财政周转基金　　244 000

4. 财政总预算会计收入

（1）一般预算收入

一般预算收入是指通过一定的形式和程序，有计划、有组织地由国家支配、纳入预算管理的资金。“一般预算收入”科目核算各级财政组织的纳入一般预算的各项收入。其贷方登记国库当日报来的各项一般预算收入的增加数，当收入为负数时用红字记入，借方登记年终结转数，贷方余额反映一般预算收入累计数；年终时，将该科目贷方余额全部转入“预算结余”科目的贷方。

【例 14-26】2×14 年 3 月 25 日，某县财政局收到国库报来的“预算收入日报表”以及所附收入凭证，列示当日一般预算收入为负数 1 000 元(经审核，系符合规定的退库数大于当日的预算收入缴库款)。年终，假定该财政局全年“一般预算收入”账户的贷方余额为 500 000 元，结转预算结余。

借：国库存款　　1 000
　　贷：一般预算收入　　1 000
借：一般预算收入　　500 000
　　贷：预算结余　　500 000

（2）基金预算收入

基金预算收入是指按国家有关规定收取、转入或通过当年财政安排，纳入财政预算管理，具有指定用途的政府性基金。“基金预算收入”科目的贷方登记取得的基金预算收入及其在银行的存款利息收入，贷方余额反映当年基金预算收入的累计数；年终时，将该科目贷方余额全部转入“基金预算结余”科目的贷方。

【例 14-27】2×14 年 3 月 2 日，某县财政局收到城镇公用事业附加收入 20 000 元。年终，假定该财政局“基金预算收入”账户贷方余额为 100 000 元。

借：国库存款　　20 000
　　贷：基金预算收入——城镇公用事业附加收入　　20 000
借：基金预算收入　　100 000
　　贷：基金预算结余　　100 000

（3）专用基金收入

专用基金收入是指财政总预算会计管理的各项具有专门用途的资金收入，是由财政部门按规定设置的或由上级财政部门拨入的具有专门用途的基金构成，如粮食风险基金收入。与基金预算收入相似，专用基金同样要求专款专用，但它并不需要缴入国库，而是在专业银行设立专户。“专用基金收入”科目的贷方登记取得上级财政部门或本级预算支出安排中的专用基金收入，借方登记退回的专用基金数额；年终时，该科目贷方余额全部转入“专用基金结余”科目的贷方。

【例 14-28】 2×14 年 4 月 2 日，某县财政局从上级财政部门取得粮食风险基金 30 000 元。年终，假定该财政局“专用基金收入”账户贷方余额为 400 000 元。

借：其他财政存款——专用基金　　300 000
　　贷：专用基金收入——粮食风险基金　　300 000
借：专用基金收入　　400 000
　　贷：专用基金结余　　400 000

（4）资金调拨收入

资金调拨收入是中央财政与地方财政不同级财政之间以及同级财政不同资金项目之间调拨资金、平衡各级预算收支的一种手段。资金调拨收入包括补助收入、上解收入和调入资金。

补助收入是上级财政通过预算补助给本级财政的收入；上解收入是下级财政按规定采用预算上解方式向本级财政解交的收入。预算上解是指按财政体制规定，将下级财政的一部分预算资金解交到上级财政，其对于上级财政来说是上解收入，对于下级财政来说是上解支出；调入资金是为了平衡预算从预算外收入或自筹收入调入资金以及按规定从其他渠道调入资金，其仅限于地方弥补财政总预算赤字，在年终决算时，一次性使用，未经财政部批准，不得扩大调入范围。

①“补助收入”科目。该科目借方登记退还上级补助数及年终转出数；贷方登记实际收到的上级补助款；余额在贷方，反映上级补助收入累计数，年终结转后无余额。

【例 14-29】 2×14 年 4 月 10 日，某县财政局收到市财政厅拨来的专项补助款 100 000 元，凭“信汇收账通知 ”填制记账凭证；后将该专项补助 100 000 元退回 30 000 元；年终结平“补助收入”账户。

借：国库存款　　100 000
　　贷：补助收入——预算补助　　100 000
借：补助收入——预算补助　　30 000
　　贷：国库存款　　30 000

年终：

借：补助收入——预算补助　　70 000
　　贷：预算结余　　70 000

②“上解收入”科目。该科目贷方登记本级财政收到的下级上解款；借方登记收入退回数；余额在贷方，反映下级上解收入累计数，年终结转后无余额。

【例 14-30】 2×14 年 5 月 21 日，某市财政局收到所属甲县按财政体制规定上解的收入款 100 000 元；后将该上解收入 30 000 元退回；年末，假定“上解收入”账户余额为 70 000 元，年终结转。

借：国库存款　　100 000
　　贷：上解收入　　100 000
借：上解收入　　30 000

贷：国库存款　　　　30 000

年终：

借：上解收入　　　　70 000

贷：预算结余　　　　70 000

③“调入资金”科目。该科目贷方登记收到的调入资金；余额在贷方，年终结转后无余额。

【例 14-31】2×14 年 3 月 10 日，某县财政局经批准从基金预算收入中调入 100 000 元，用于平衡一般预算收支；年终结平“调入资金”账户。

借：调出资金　　　　100 000

贷：调入资金　　　　100 000

同时：

借：国库存款——一般预算存款　　　　100 000

贷：国库存款——基金预算存款　　　　100 000

年终：

借：调入资金　　　　100 000

贷：预算结余　　　　100 000

5. 财政总预算会计支出

预算支出是各级政府为了实现其职能，将所筹集到的财政资金有计划地进行分配，是对财政资金的运用。财政总预算会计支出包括一般预算支出、基金预算支出、专用基金支出、资金调拨支出和财政周转金支出。这些项目的相关会计科目、核算内容与方法等，与财政总预算会计收入相对应，这里不再赘述。

14.4.4 财政总预算会计财务报表

财政总预算会计财务报表是各级预算收支执行情况及其结果的定期书面报告，是各级政府和上级财政部门了解情况、掌握政策和指导预算执行工作的重要资料，也是编制下年度预算的基础。各级总预算会计必须定期编制和汇总预算会计报表。

财政总预算会计财务报表种类的划分标准有以下三种。

（1）按财务报表的内容范围可分为本级报表和汇总报表。

（2）按报送期限可分为旬报、月报、季报和年报。该四种报表的报送期限及编报的内容应根据上级财政部门具体要求和本行政区或预算管理的需要办理。

（3）按会计报表的经济用途可分为资产负债表、预算执行情况表、财政周转金收支情况表、财政周转金投放情况表、预算执行情况说明书及其他附表等。其他附表有基本数字表、行政事业单位收支汇总表以及所附会计报表。

扩展内容 12　政府及非营利组织会计与企业会计的比较

政府及非营利组织的运行环境与企业的运行环境存在显著的不同，主要体现在组织目标、财务来源、监督与控制、激励机制以及决策受外界的影响程度等方面。因此，政府与非营利组织会计与企业会计存在着明显的区别。

1. 目标

与企业会计首要目标是决策有用性相比，受托责任是政府及非营利组织会计财务报告的基石。公共受托责任强调对项目受托责任和业绩受托责任进行计量和报告，但也须对政策受托责任、过程受托责任、合法性受托责任进行适当的报告。业绩计量不应受利益关系集团的操纵，不含糊且明确的计量是履行受托责任不可或缺的条件。因此政府与非营利组织会计特别强调客观性。

2. 会计控制

政府及非营利组织的特征是“没有最终委托人的代理人”，不存在所有者权益，一般不受产品市场和资本市场的约束。其主要通过法律（规）及合同条款、基金会计和预算控制来替代其所缺乏的市场规则，并对组织进行约束和控制。政府及非营利组织的会计恒等式为：资产－负债＝净资产（基金余额）；收入－支出＝结余。

政府及非营利组织用预算规则替代了其所缺乏的市场规则，预算在政府及非营利组织中发挥了重要的作用。预算由各级人大或控制公共组织的理事机构负责批准，是政府与非营利组织的工作计划，对管理当局在各个方面的活动做出了详细专门指导。预算执行情况的比较信息提供了评价管理当局的受托责任的基准。

详细预算的编制和审批以及将预算纳入政府会计系统，确保了政府的行为能够符合契约缔结主体的期望。经批准的逐项拨款作为可用于该年度每一项目的款项，都记入会计账簿中。由于政府基金的用途是有限制的，为了避免任一账目的支出超过拨款，设置了经费保留款科目进行控制。会计控制的这一特征确保组织的理事机构意愿不会由于执行差错或执行意图而受到阻挠。然而，预算抑制了管理者的创造和革新的动力。

3. 资产和负债的确认和计量

政府及非营利组织的资产和负债很难进行定义。其资产包括自然资源、继承资产、基础设施资产、国防资产、大量的无形资产等资产。对于资产来说，成本记录、计价方法、会计准则和市价可能并不存在，资产的可靠计量可能是困难的，实务中许多固定资产是不计提折旧的。当由于缺乏可靠计量而使这类资产不能被确认时，为反映这类资产往往以附注的形式来披露（IFAC，2 000）。

政府存在货币发行、环境负债、雇员养老金负债等特殊负债，同时很难把政府的合约或法律义务与政治承诺、提供一般福利的社会责任进行区分。与企业的有限责任相比，民主政府倾向于扩大他们的责任，导致更大的预算和经常的赤字。由于政府会计的计量重点是当期的财务资源，忽视长期债务的计量，以致政府存在大量的隐性债务，给政府的持续运行带来极大的风险。

4. 收入和支出的确认和计量

政府及非营利组织的收入分为非交换性交易收入、交换性交易收入、其他利得三类。税收、拨款和补助等在内的非交换性交易是公共组织主要的财务来源。GASB33 号公告《非交换性交易会计和财务报告》规定满足以下两个条件才能确认收入：（1）满足资产的确认标准或收到现金；（2）满足收入确认标准。根据这两个标准，政府的财产税可以可靠地估计，并有标的以利于强制执行。财产税可采用应计制或修正的应计制进行计量，而其他税种只能采用现金制进行确认。拨款和补助的资源提供者经常提出合格性标准或对提供资源的用途进行限制，只有满足合格性标准才能对拨款和补助进行确认。

政府及非营利组织的成本计量重点是“支出”，而非“费用”，即会计期间内为：（1）日常运营；（2）资本支出；（3）长期借款本金的偿还和支付利息；（4）拨款或补助支出等目的而支用的财务资源的金额。按国际货币基金组织颁布的政府财政统计的要求，政府支出一般可按经济性质和按实现的政府职能或社会经济目标进行分类。

5. 研究方法

与企业会计的实证研究快速发展相比，由于受数据获取途径等因素限制，政府会计研究基本还停留在规范研究阶段。齐莫尔曼（Zimmerman，1977）将政府财务报告与政治激励联系起来，开创了政府会计实证研究的先河。政府的职能就是确保社会所有契约能够被有效履行，确保各契约方的合作。政府本身又是一组契约的组合，行政当局的任务就是通过协商签订各利益方都满意的契约，并确保契约的有效履行。政府会计实证研究就是运用契约理论来研究会计政策变更对各利益方的影响。桑德运用契约理论来解释和判断政府与非营利组织会计和企业会计的差异。目前，我国除了侧重进行政府会计规范研究外，还大力提倡政府会计实证研究，以便对会计准则制订提供更多、更好的建议。

本章小结

政府及非营利组织因其建立和运行的目的不在于营利而在于其财力允许的范围内尽可能多地向公民提供公共产品或公共服务而明显区别于营利性企业组织。政府及非营利组织会计分别由政府会计和非营利组织会计组成。

政府会计分为财政总预算会计和政府行政单位会计。财政总预算会计是各级政府财政部门核算和监督政府预算执行和财政周转金等各项财政性资金活动的专业会计，是国家预算管理体系中的一项基础工作，为国家进行宏观管理提供依据。与我国的预算体系相应，我国的财政总预算体系也分为五级，每一级独立的预算都设立一级财政总预算会计，负责核算、反映和监督本级政府预算的执行。

行政单位会计是以国家各级权力机关、行政机关、审判机关和检察机关以及党派、政协机关等行政单位实际发生的各项经济业务为对象，核算和监督行政单位预算（财务收支计划）执行过程及其结果的专业会计。

非营利组织会计是以非营利组织实际发生的各项经济业务为对象，核算和监督非营利组织预算（财务收支计划）执行、业务活动过程及其结果的专业会计。公办事业单位与民办事业单位性质不同，有无政府拨款不同，财务管理要求不同，对市场的依赖程度不同，需要实行不同的会计政策和核算办法。

思考与练习题

1. 简述政府及非营利组织会计的组成体系。
2. 简述我国政府及非营利组织会计财务报告目标。
3. 简述我国政府及非营利组织会计的会计原则。
4. 简述财政总预算会计的定义及特点。
5. 简述财政总预算会计资产、负债、净资产、收入和支出的内容。

6. 某市财政局某年度发生的部分经济业务如下。

（1）收到同级国库报来的“预算收入日报表”“共享收入日报表”等，列示：本级固定收入为 7 万元，共享收入 3 万元。

（2）收到同级国库报来的“基金预算收入日报表”及其附表，列示收到的基金预算收入 9 万元。

（3）用基金预算结余 10 万元购入年息为 5%的 5 年期国库券。

（4）拨付市教育局当月经费 15 万元，已收到国库预算拨付回单。

（5）将市卫生局解款余额 6 万元，转作当月卫生事业费。

（6）借给所属甲县财政局临时用款 31 万元。

（7）收到甲县财政局归还借款 20 万，余款作为对该县的预算补助。

（8）收到性质不明的预算缴款 4 万，列作暂存。

（9）收到市税务局送来的“更正通知书”，表明上述性质不明的收入为工商局的罚没收入，其中有 1 万为多收的罚没款，予以退回。

（10）总预算会计向上级财政机关借入急需用款 20 万，款项已存入国库存款户。

（11）收到上级财政文件，批准将上述借款中的 8 万转作对本级的预算补助款，其余借款当日电汇归还。

（12）根据市文化局申请，拨付给文化局当月经费 15 万。

（13）按体制规定，上解省财政体制款 70 万。

（14）根据批准的文件，年终预拨 90 万给市科委，作为下年度的科研经费。

（15）年终结算，所属乙县财政欠解的预算款 30 万和应拨付该县的专项补助款 20 万，转作往来款项予以入账。

（16）年终结算，所属丙县应上解市财政 200 万，已经上解 150 万，欠款 50 万；根据该县具体情况，经批准，决定追加补助 20 万。

第 15 章　注册会计师审计

重要概念

- 审计
- 民间审计
- 注册会计师
- 审计证据
- 重要性
- 审计准则
- 分析程序
- 函证

引言 随着经营权和所有权的分离，产生了所有者对经营者的监督需要，审计活动因此产生。股份公司已经成为现代企业的主要形式，经济活动和会计准则也日益复杂，审计活动已经成为现代经济生活中不可缺少的部分。本章主要从审计的产生和发展、审计人员和审计职业规范体系、审计目标、审计证据、常用审计程序、审计意见和报告六个方面对注册会计师审计进行简要介绍。

15.1　审计的产生与发展

15.1.1　审计的概念

1972 年，美国会计学会在其颁布的《审计基本概念公告》中将审计定义为：审计是客观收集和评价与经济活动及事项有关的断言的证据，以确定其认定与既定标准的符合程度，并将其结果传递给利害关系者的系统过程。

审计是独立的专门机构和人员，根据授权或接受委托，对国家行政、事业单位和企业单位及其他经济组织的会计资料和其他资料及其所反映的经济活动，进行审查并发表意见。

2006 年，我国财政部颁布了《中国注册会计师审计准则第 1101 号——财务报表审计目标和一般原则》，该准则直接用审计目标来描述审计概念，“财务报表审计的目标是注册会计师通过执行审计工作，对财务报表的下列方面发表审计意见：（一）财务报表是否按照适用的会计准则和相关会计制度的规定编制；（二）财务报表是否在所有重大方面公允反映被审计单位的财务状况、经营成果和现金流量。”

15.1.2 审计的发展

审计的产生源于对财产安全的监督需要，因此最初的审计活动是伴随着私有财产的出现而出现的，有记载的最早的审计活动出现于古埃及。由于大量的社会财富集中在封建统治者手中，他们的审计需求最为强烈，因此此时的审计活动主要为政府审计，由于需求不足，它的发展十分缓慢。

在 16 世纪的威尼斯，由于地中海商贸业的发展，出现了最早的合伙制企业，这是民间资本的首次集中，由此也产生了民间资金的所有者对其资金安全的监督需要，民间审计应运而生。随着第一次、第二次工业革命的爆发，社会资本日趋集中，所有权和经营权的大规模分离为民间审计带来了无尽的需求，在这种背景下，民间审计进入了高速发展的阶段。

15.1.3 审计与会计

一直以来，人们对审计有一种误解，认为“审计”就是“审查会计”的简称，审计就是会计的重复，这种观点来源于人们对审计与会计的联系的认同，如工作对象均涉及会计资料；工作范围均涉及内部控制；均有监督职能；均可提高企业经济效益等。但是作为一门独立的学科，尽管有着千丝万缕的联系，审计与会计仍然有着本质的区别，这些区别见表 15-1。

表 15-1 审计与会计的区别

	会 计	审 计
目的	提供五大信息（经济资源及其变动信息、盈利能力及其变动信息和其他信息）	就报表质量发表意见
基本方法	七大方法（设置会计科目、填制和审核凭证、复式记账、登记账簿、成本计算、财产清查、编制报表）	八大方法（检查、清点有形资产、验算、观察、重新执行、询问、函证、分析程序）
基本职能	反映、监督	鉴证、监督
责任	会计报表的真实合法	审计报告的真实合法

15.1.4 现代审计的三大分支

进入现代审计阶段，审计活动已经演化为以下三大分支。

1. 民间审计

由独立的外部机构及人员接受所有者或政府部门的委托对一般经济组织的会计资料和其他资料及其所反映的经济活动进行审查并发表意见。民间审计最早在英国形成，经历了详细审计、资产负债表审计、会计报表审计三个发展阶段，是目前理论与实务发展最成熟的一大分支。

2. 政府审计

由国家审计机关对涉及社会公共资金、政府掌控资金的组织的经济活动进行的审查。

3. 内部审计

由组织内部的专职审计机构及人员对组织内的经济活动的审查。

由以上介绍可以看出，政府审计、民间审计和内部审计只是在实施审计活动的主体有所差别，这种差别主要表现为审计活动实施者和被审计者之间的关系不同，这也导致了审计三大分支在方式、具体对象、目的、权责和独立性等方面存在着差异见表 15-2。

表 15-2 审计三大分支的区别

	方式	对象	目的	权责	独立性
独立审计	受托、有偿	会计报表的合法公允一贯	发表审计意见	发表意见权	双向独立
政府审计	强制、无偿	财政收支及公共资金的合理合法	确定受托责任	处置权	单向独立
内部审计	自愿	内部管理制度的执行	改善经营管理	报告权	相对独立

在现代审计的三大分支中，尽管民间审计从正式形成至今还不足 200 年，但因其需求最为广泛，涉及最多数人的利益，民间审计从实践到理论的发展也是最为迅猛和完善的。可以说，时至今日，政府审计和内部审计的发展均步民间审计之后尘。也正因如此，本章以后的内容均围绕民间审计进行。

15.2 审计人员及审计职业规范体系

15.2.1 审计人员

从事审计活动的所有人员可以分为从业人员和执业人员两大类。从业人员是指在执业人员的领导下开展审计工作，接受执业人员的指导和安排，为执业人员服务，对执业人员负责的人员。从业人员没有任何证书限制。执业人员是指组织和领导审计活动，签发审计报告，对外承担审计责任的人员。执业人员根据所执行业务的具体种类，需要相应的证书。

1. 执业证书

表明持有人具有组织领导审计项目和签发审计报告的资格和权力。以有效资格证书和两年以上的从业经验为获得条件。严格地讲，只有持有执业证书的人才能称为注册会计师（简称 CPA）。只有注册会计师才有权签发审计报告，并对审计行为和结果承担法律责任。

2. 证券相关审计业务资格证书

表明持有人具有从事与有价证券（股票和债券）有关的审计业务的能力和资格。一般认为已经发行和准备发行有价债券的企业的所有审计业务均属于证券相关审计业务。以有效执业证书、通过证券业务资格综合考试和其他附加条件（道德水准、执业年限及质量、年龄、所在事务所资格等）为获得条件。

此外，还有受社会普遍关注的资格证书，只是换取执业证书的必备条件，本身不具备任何特定的审计行为权利。相关法律也没有禁止无资格证书的人以从业人员的身份从事审计活动。

该证书以考试方式获得，目前的考试科目包括会计、审计、财务成本管理、经济法和税法，考核通过标准是在连续的五年内通过上述五门考试。

对于从事国家审计和内部审计的人员，目前我国尚无特别规定。目前也有注册内部审计师证书，但这个证书不是行业准入的资格认证，而是一种行业内的质优认证。

15.2.2　审计职业规范体系

2006 年，我国颁布了新的注册会计师执业准则体系。该体系将所有准则划分为三大类：鉴证业务准则、相关服务准则和会计师事务所质量控制准则。这是一个开放的体系，其内容会随着审计业务的增加而增加，同时随着经济环境的变化，审计技术方法的创新，原有准则也可能被修订甚至被新的准则所替代。

1. 鉴证业务准则

到目前为止共发布 45 个鉴证业务准则，细分为四小类：鉴证业务基本准则（1 个），审计准则（41 个），审阅准则（1 个）和其他鉴证业务准则（2 个）。

2. 相关服务准则

到目前为止共发布 2 个相关服务准则，分别是《历史财务信息审计或审阅以外的鉴证业务》和《预测性财务信息的审核》。

3. 会计师事务所质量控制准则

到目前为止只发布 1 个会计师事务所质量控制准则，即《业务质量控制》。

除上述注册会计师执业准则体系外，我国的审计职业规范还包括 1997 年颁布实施的《中国注册会计师职业道德基本准则》和 2002 年颁布实施的《中国注册会计师职业道德规范指导意见》。《中国注册会计师职业道德基本准则》共有 7 章 32 条，从一般原则、专业胜任能力、对客户的责任、对同行的责任和其他责任五个方面对注册会计师的职业道德内容做出了相应的原则性规定。《中国注册会计师职业道德规范指导意见》共有 9 章 51 条，以《基本准则》为基础和出发点，重点对独立性、专业胜任能力、保密、收费与佣金、不相容业务、后续审计、广告、业务招揽与宣传等内容做了具体规定。

15.3　审计目标

15.3.1　审计总目标

审计目标是指审计人员通过独立审计应达到的目的和要求。

它的确定受到社会环境的影响。在审计发展的历史上，审计目标经历了以查错防弊为主（产生—20 世纪 30 年代）、以验证报表的真实公允性为主（20 世纪 30 年代—60 年代）和查错防弊和验证报表的真实公允性并重（20 世纪 60 年代至今）三个阶段。审计目标的未来发展趋势是增加“揭露公司管理层舞弊”。

根据《中国注册会计师审计准则第1101号——财务报表审计的目标和一般原则》的规定：财务报表审计的总目标是注册会计师对被审计单位会计报表的合法性、公允性发表意见。其中合法性、共允性定义如下。

1. 合法性

合法性是指会计报表是否按照适用的会计准则和相关会计制度的规定编制。

2. 公允性

公允性是指会计报表是否在所有重大方面公允反映被审计单位的财务状况、经营成果和现金流量。

15.3.2 会计报表认定

认定是指被审计单位管理当局就会计报表所作的断言或声明，反映了审计单位管理当局对经济业务处理的基本原则。认定通常分为五大类。

1. 存在或发生

存在或发生是指资产负债表所列的各项资产、负债、权益在资产负债表日是否存在，利润表所列的各项收入和费用在会计期间是否确实发生。本项认定一般与高估错误有关。

2. 完整性

完整性是指在会计报表中应该列示的所有交易和事项是否都列入了。本项认定一般与低估错误有关。

3. 权利和义务

权利和义务是指在某一特定日期，各项资产是否确属公司权利。各项负债确属公司的义务，也涉及资产使用权（主要为融资租赁固资）和非法律义务（或有事项）负债问题及资产权属是否受到限制。

4. 估价和分摊

估价和分摊是指各项资产、负债、所有者权益、收入、费用等要素是否按适当的金额列入会计报表中，包括三方面内容：总值估价、净值估价、计算精确性；还涉及管理当局会计估计的合理性。

5. 表达与披露

表达与披露是指会计报表上的特定组成要素是否被适当地加以分类、说明和披露。

上述五项认定中，“权利和义务”认定只涉及资产负债表，其余认定涉及所有报表。

15.3.3 审计一般目标

审计一般目标是指适用于会计报表所有项目审计的目标，通常根据管理当局的认定推论得出。审计一般目标是对审计总目标的分解，一般目标对具体审计程序的选择具有指导作用。

1. 总体合理性

若总体评价不满意，则必须关注下述目标。

2．真实性

金额是否真实可信。

3．所有权

资产和负债是否确归企业所有。

4．完整性

全部交易和事项是否已登记入账，并列示于会计报表之中。

5．估价

所列金额是否经过正确计价。

6．截止

交易是否计入恰当的期间。

7．机械准确性

数字的计算和汇总是否正确。

8．分类

报表项目是否按会计准则规定恰当分类。

9．披露

报表及附注是否恰当披露企业信息。

15.4　审计证据

审计证据是指注册会计师在执行审计业务过程中，为了形成审计意见而使用的所有信息。恰当使用审计证据，有利于提高审计质量。

15.4.1　审计证据的种类

按照证据的外形特征，审计证据可以分为以下证据。

1．实物证据

通过清点有形资产、观察方法获取，与真实性、完整性的目标有关，与其他目标无直接联系。因其只能证明存在，不能仅仅使用实物证据来形成审计结论。

2．书面证据

通过检查、验算、函证、分析程序方法获取，由注册会计师直接编制的书面证据可靠性最高；被审计单位外其他机构或人员编制，直接提交给注册会计师的，可靠性次之；被审计单位外其他单位和人员编制，由被审计单位转交给注册会计师的，可靠性再次之。由于记载内容广泛，书面证据可以支持所有审计一般目标，是注册会计师审计的基本证据形式。

3．口头证据

通过询问方法获取。因无法证实口头证据的提供者，因而也无法通过责任追究来约束提供虚假证据的行为，口头证据的可信度极低，一般不能以口头证据直接形成审计结论。

4．环境证据

环境证据是指对被审计单位产生影响的环境事实，也即影响因素。这些因素影响的是会计报表整体，而不是报表中的个别项目或交易中的个别事项。因此，环境证据在审计实践中仅用来支持总体合理性目标。通过观察、分析程序方法获取，不能直接形成审计结论。

15.4.2　审计证据的特征

充分和适当是审计证据的两大特性。

1．充分性

充分性是指审计证据的数量应足以证明（支持）审计人员的审计意见。充分性也称为审计证据的数量要求。所收集证据是否充分，这是注册会计师的专业判断。判断审计证据是否充分应当考虑以下因素：审计风险；具体项目的重要性；注册会计师及助理人员的审计经验；审计过程中是否发现错误和舞弊；审计证据的类型与获取途径。

2．适当性

适当性是审计证据的质量要求。适当性又包含相关性和可靠性两个方面。相关性是指注册会计师只能利用与审计目的相关联的审计证据来证实被审计单位所认定的事项，也即审计证据和所证明事项应存在逻辑上的因果关系。可靠性是指审计证据能如实反映客观事实，也即真实性。可靠性受到来源、及时性和客观性的影响，一般依据以下原则判断：书面证据强于口头证据；外部证据强于内部证据；由较好内部控制产生的内部证据强于由较差内部控制产生的内部证据；亲历证据强于其他证据；相互一致的证据强于相互矛盾的证据；客观证据强于主观证据；及时证据强于历史证据。

基于成本效益原则，注册会计师通常会以低成本收集较多数量的证据，取代以高成本收集高质量的证据。这就是充分性和适当性的相互替代，在一定范围内，这种替代是允许的。

注册会计师未能取得充分且适当的审计证据时，不能发表无保留意见。

15.5　常用审计程序

注册会计师在审计过程中可以采用检查、清点有形资产、观察、重新执行、询问、函证、验算和分析程序等审计程序。

15.5.1　检查

检查是注册会计师对会计记录和其他书面文件进行的审阅和核对。

对书面文件的审阅包括合法性审阅和真实性审阅。所谓合法性是指书面文件的制作过程和内容合法，主要判断标准就是书面文件的构成要素是否齐全。不同的书面文件、不同的内部控制制度，都会导致不同的构成要素。所谓真实性是指书面文件的构成要素是否真实，有无伪造、编造和涂改。对于编造和涂改，可以通过痕迹加以判断，对于伪造则需要与真实的构成要素的比较来识别。

对书面文件的核对是指将不同来源、不同形式的书面文件放到一起进行内容上的比较，看其是否一致。在不考虑串通的情况下，相互一致的书面文件可以互为证据，证明自身的真实。考虑到串通的可能性，注册会计师通常会进行大范围（包括数量和来源）的比较核对，以提升相互一致的书面文件的可靠性）。

15.5.2　清点有形资产

清点有形资产是注册会计师对被审计单位各种材料、商品、现金、有价证券等拥有实物形态的资产进行实际数量的清点。

按其实施方式，可以分为监督盘点和直接盘点。监督盘点是指实际的数量清点工作由被审计单位的仓储人员进行，注册会计师仅仅从旁监督。对现金、对价值大且体积小的实物资产，应采取直接盘点，其余大多采用监督盘点。为确保监督盘点的质量，在监督盘点完成后，注册会计师通常会再次抽取部分已经过监督盘点的实物资产进行直接盘点，这称为复盘抽点。

按其是否事先通知被审计单位，可以分为通知盘点和突击盘点。在存货和机器设备的盘点中，因需要被审计单位的配合，只能采取通知盘点。对于现金，注册会计师均选择突击盘点。

在盘点过程中，注册会计师还应当充分关注实物资产的外观，以为实物资产的估价问题收集审计证据。

15.5.3　观察和重新执行

观察是指注册会计师实地察看被审计单位的经营场所、实物生产过程和有关业务活动及其内部控制的执行情况等。重新执行则是指注册会计师重新执行（启动）被审计单位的相关内部控制程序，以证实相关内部控制的实际运行情况和效果。前者是行为的旁观者，后者是行为的参与者。这两类程序通常用于内部控制测试与评价。它们的缺陷也比较一致。

观察和重新执行程序的最大问题在于相关性问题。评价内部控制的目的是判断所审计报表的生成环境，进而判断报表的整体质量区间。因此需要评价的内部控制是过去的内部控制，是所审计报表涵盖期间的内部控制，但观察和重新执行所获得的证据只能证明观察和重新执行当时的内部控制运行状况，相关性严重不足。除了相关性，真实性也是值得讨论的。无论观察者身份是否暴露，“作秀”情况仍然普遍存在。

为尽量避免上述问题，注册会计师通常采用反复观察、隐蔽身份等方法。但由于注册会计师的进驻本身就是一个强烈的信号，加之进驻时间有限，上述方法收效甚微。

15.5.4　询问

询问是指注册会计师就审计中涉及的有关问题口头询问企业有关人员，并获得口头回答。获得口头证据，可靠性较低。注册会计师在进行询问时，并不十分关心被询问者的回答内容，而是更关注被询问者的情绪及肢体反应，由此印证所询问问题的重要程度和存在错弊的可能性。就发现审计线索而言，询问是最高效的一种审计程序。因此虽然所获得的口头证据极不可靠，但询问程序仍被广泛使用。

对于重要的询问结果，注册会计师会形成笔录，并请回答人签字认可，也即将口头证据转为书面证据。

15.5.5 函证

函证是指注册会计师为印证被审计单位会计记录所载事项而向第三者发函询证的一种方法。由于回函来自独立的第三方，而我们通常又认定第三方不会配合被审计单位进行会计舞弊，也即该程序获得的证据可靠性很高，所以该方法得到了注册会计师的最大程度的认同。

为进一步加强函证回函的可信度，通常要求被函证单位将回函直接寄达注册会计师本人，而不由被审计单位收取再转交。

使用该方法时，应充分考虑外部人配合舞弊的可能性。

根据相关准则，银行的存贷款是法定函证事项，其余则由注册会计师自行决定。

账户余额和发生额均属应函证内容。

15.5.6 验算

验算是指注册会计师对被审计单位的原始凭证及会计记录中的数据所进行的另行计算。这一程序仅仅支持计算准确性目标。

执行验算程序时应选取被审计单位的原始数据，利用被审计单位的计算公式（算法），重新进行计算。至于计算公式是否合理正确、参与计算的数据是否真实可靠，这些都不是验算程序要解决的问题，也即验算程序只检验等号是否成立。

验算程序在面对手工完成的会计信息时，是十分必要的。因为会计信息的数据加工量非常大，而人工出错的概率也是较大的。但目前的情况是会计信息系统非常普及，几乎所有的计算过程均由计算机完成，而计算机的偶尔错误几乎是不发生的，会发生的一定是批量错误，由系统的某一设置错误引发。所以验算程序的实施也相应地从直接的检验数据转为对会计信息系统的某一设置的检验，主要方法是将虚拟数据输入计算机系统，查看其相应变化，以确定相关计算设置是否正确。

15.5.7 分析程序

分析程序是指分析企业重要的比率或趋势，寻找异常波动或脱离预期的重大差异，以发现潜在的错漏报。通过分析程序，可以确定怀疑对象，缩小查验范围，从而提高审计效率，因此在审计实践中广泛采用。但分析结果的准确性有赖于注册会计师的能力和经验，分析过程也较为复杂，一旦失败，对审计质量的影响也十分显著。分析程序通常包括以下步骤：确定分析对象，选择分析方法及数据，建立标准值，计算被审计单位的报告值，将标准值和报告值进行比较，运用专业判断确定是否存在重大差异。

分析程序只是找出重大差异或异常波动。这些重大差异或异常波动并非一定就是错弊，还有的非常可能的是所建立的标准值出现了偏差。因此，注册会计师很少直接使用分析程序的结果来形成审计意见。通行的做法是将分析程序筛选到的重大差异列为怀疑对象，再实施其他的审计程序，以期获得真凭实据。

在审计计划和报告阶段，分析程序是法定程序。在审计实施阶段，分析程序是注册会计师的可选择程序。

需要强调的是，对于同一审计事项，注册会计师可以选择某一个审计程序或某几个审计程序同时进行审验。

15.6　审计意见与审计报告

15.6.1　审计报告

审计报告是审计意见的书面载体，可分为公开发表和非公开发表两类，注册会计师审计的审计报告是必须公开发表的，有一套完整的规范格式。其构成要素如下。

1．标题

审计报告。

2．收件人

委托人、应载明收件人全称。

3．引言段

已审会计报表的名称、日期和涵盖的期间，在表述上应指明每张财务报表的名称，并提及财务报表附注。

4．管理层对财务报表的责任段

在本段内应当说明，按照适用会计准则和相关会计制度的规定编制财务报表是管理层的责任。还应具体说明这种责任包括：设计、实施和维护与财务报表编制相关的内部控制；选择和运用恰当的会计政策；做出合理的会计估计。

5．注册会计师的责任段

包含三部分内容：审计依据，即审计准则；实施的审计工作；审计工作为注册会计师发表意见提供了合理的基础。

6．说明段

说明出具保留、否定或无法表示意见的理由。在具体表述中应说明资产和净利润的错报数。无保留意见无须说明理由，没有本段。

7．意见段

说明注册会计师出具的具体意见类型。

8．强调段

此段不是审计报告的必备要素，由注册会计师自行决定。使用强调段时应注意，无论强调或解释事项为何，此事项都不应影响注册会计师发表的审计意见。注册会计师通常只在无保留意见的审计报告中添加强调段。

9．注册会计师的签名和盖章

两名注册会计师。

10．事务所名称、地址及盖章

11．审计报告日期

15.6.2 审计意见类型

在执行审计程序、获取审计证据的基础上，审计人员必须对所审计的会计报表质量给出明确的评价，评价意见可以是如下类型。

1．无保留意见

无保留意见是指注册会计师对被审计单位无保留的表示满意，意味着注册会计师认为会计报表的反映是公允的，能满足非特定多数的利害关系人的共同需要。发表无保留意见，被审计报表应同时符合以下条件：审计范围未受到重要限制；不存在应调整未调整、应披露未披露的重要事项。

在审计报告中，无保留意见通常这样表述："我们认为，上述会计报表已经按照企业会计准则和《××会计制度》的规定编制，在所有重大方面公允地反映了 ABC 公司对×年 12 月 31 日的财务状况以及该年度的经营成果和现金流量"。

2．保留意见

保留意见是指注册会计师对会计报表的反映有所保留的审计意见。保留事项通常包括：存在应调整但未调整的重要事项，但还不至于出具否定意见；受到局部的重要限制，但还不至于出具无法表示意见。

当出具保留意见时，注册会计师应当在意见段之前增加说明段，清楚地说明发表保留意见的所有原因，并尽可能说明保留事项对被审计单位财务状况、经营成果和现金流量的影响程度。

在审计报告中，保留意见通常这样表述："我们认为，除前段所述事项的重大影响，上述会计报表已经按照企业会计准则和《××会计制度》的规定编制，在其他重大方面公允反映 ABC 公司×年 12 月 31 日的财务状况及该年度的经营成果和现金流量"。

3．否定意见

否定意见是指与无保留意见相反。经过审计后，如果认为会计报表没有按照适用的会计准则和相关会计制度的规定编制，未能在所有重大方面公允反映被审计单位的财务状况、经营成果和现金流量，注册会计师应出具否定意见的审计报告。

当出具否定意见时，注册会计师应当在意见段之前增加说明段，清楚地说明发表否定意见的原因，并尽可能说明否定事项对被审计单位财务状况、经营成果和现金流量的影响程度。

在审计报告中，否定意见通常这样表述："我们认为，由于受到前段所述事项的重大影响，上述会计报表没有按照企业会计准则和《××会计制度》的规定编制，未能在所有重大方面公允反映 ABC 公司×年 12 月 31 日的财务状况及该年度的经营成果和现金流量"。

4．无法表示意见

当审计范围受到严重限制时，注册会计师发表无法表示意见。无法表示意见不同于拒绝接受委托、也不是不愿发表意见，而是因为受到一些因素的影响，致使审计人员不能获取充分适当的审计证据，当然也就不能形成任何科学的评价，所以不予评价。

发表无法表示意见时，注册会计师应删除审计报告中的注册会计师责任段，在说明段说明审计活动受到何种限制。

在审计报告中，无法表示意见通常这样表述："由于审计范围受到限制产生的影响非常重大和广泛，我们无法对上述会计报表发表意见"。

除上述四种审计意见外，有时审计人员会发表带有强调事项的无保留审计意见。强调事项包括：①存在可能导致对持续经营能力产生重大疑虑的事项或情况；②存在可能对会计报表产生重大影响的不确定事项。运用强调段来强调某些事项时应注意如下两点：①所强调事项不影响所发表的审计意见；②所强调事项已经在会计报表中恰当处理、清楚表达。在审计报告中，强调段放在意见段之后。

本章小结

审计是独立的专门机构和人员，根据授权或接受委托，对国家行政、事业单位和企业单位及其他经济组织的会计资料和其他资料及其所反映的经济活动，进行审查并发表意见。按照实施主体的不同，审计可以分为政府审计、民间审计和内部审计。审计和会计在工作对象上有所重合，但审计的实质是判断会计所提供信息的质量，而会计的实质是提供信息，反映企业状况。

在审计人员方面，我国对执业人员实行资格认证制度，共划分了两级资格证书。资格认证以通过相应考试为必要条件，以工作经历和以往工作质量等为决定因素。在审计行为方面，我国主要通过注册会计师执业准则来规范注册会计师行为。准则按注册会计师的业务分别制定。

根据相关准则，我国财务报表审计的总目标是判定会计报表的合法性和公允性。在实际审计活动中，总目标又被分解为总体合理性、真实性、所有权、完整性、估价、截止、机械准确性、分类、披露 9 个具体目标。

审计证据是指注册会计师在执行审计业务过程中，为了形成审计意见而使用的所有信息。审计证据按其外形，可以分为口头证据、实物证据、书面证据和环境证据。不同类型的审计证据有不同的可证明目标、缺陷及使用要求。只有充分且适当的审计证据才能用来形成审计意见。

注册会计师在审计过程中可以采用检查、清点有形资产、观察、重新执行、询问、函证、验算和分析程序等来获取审计证据。这些行为也称为审计基本方法或审计主要程序。与审计证据相同，不同的审计程序有不同的可证明目标、缺陷和使用要求。

审计报告是审计意见的载体，注册会计师审计报告应需公开发表而且拥有一套标准格式。根据审定报表中是否存在问题及存在问题的重要性，注册会计师可以出具无保留、保留或否定意见。若注册会计师的审计活动受到限制，未能对报表的部分甚至全部实施审计程序，则应根据所受限制相对整体报表的重要性，出具保留或无法表示意见。

思考题

1. 简述现代审计的三大分支及其差别。
2. 简述我国财务报表审计的总目标及一般目标。
3. 简述审计证据的分类和特征。
4. 简述各种常用审计程序的实施并做简要评价。
5. 简述现有审计意见类型，并说明各类型审计意见的出具条件。
6. 简述标准审计的结构和应有内容。

参 考 文 献

[1] （美）费希尔．高级会计学（第 10 版）[M]．北京：北京大学出版社，2010．

[2] （美）理查德·刘易斯．高级会计学（第 7 版）[M]．北京：中国人民大学出版社，2007．

[3] （美）E.约翰·拉森．现代高级会计（第 6 版）[M]．上海：立信出版社，2007．

[4] 陈信元，钱逢胜，朱红军．高级财务会计[M]．上海：上海财经大学出版社，2007．

[5] 杨荣彦．高级财务会计学[M]．广州：暨南大学出版社，2001．

[6] 常勋．高级财务会计[M]．厦门：厦门大学出版社，2006．

[7] 阎达五．高级会计学[M]．北京：中国人民大学出版社，2007．

[8] 周华．高级财务会计[M]．北京：中国人民大学出版社，2015．

[9] （美）詹姆斯·迈天．大转变——企业构建工程的七项原则[M]．李东贤，译．北京：清华大学出版社，1999．

[10] 胡桂兰．高级财务会计的界定[J]．社会科学家，2003：04．

[11] 赖妍，周翊．《高级财务会计》课程教学改革探讨[J]．北方经贸，2013：06．

[12] 杨有红，江滨．关于高级财务会计几个理论问题的思考[J]．北京商学院学报，1998：05．

[13] 张昉，陈良华．茶杯背后的故事：从四种不同的收益概念解析危机中企业众生相[J]．经济学消息报，2009：02．

[14] 张瑜，闻华．丛林之争和管理学的发展[J]．管理学家，2009：09．

[15] Anthony R N, Govindarajan V.Management Control Systems, 9th edition [M]. New York: McGraw-Hill, 1995.

[16] Barkema H G,Baum J A C,Mannix E A.Management Challenges in a New Time[J]. The Academy of Management Journal, 2002:Vol. 45,No. 5.

[17] Christopher M, Gattorna J.Supply chain cost management and value-based pricing[J]. Industrial Marketing Management, 2005: No. 7.

[18] Drucker P F.Management Challenges for the 21st Century[J]. Collins, 2001: No. 2.

[19] Horngren C T.Management Accounting:Some Comments[J]. Journal of Management Accounting Research, 2004: No. 7.

[20] Kaidonis M, Moerman L, Rudkin K.Research in accounting and finance: Paradigm, paralysis, paradox[J]. Accounting Forum, 2009: Volume 33.

[21] Krippner G R.The Financialzation of American Economy[J]. Socio-Economic,2005:Volume 3.

[22] Williams P F.Reshaping accounting research:Living in the world in which we live[J]. Accounting Forum, 2009: Volume 33, Issue 4.

反侵权盗版声明

举报电话：（010）88254396；（010）88258888

传　　真：（010）88254397

E-mail：　dbqq@phei.com.cn

通信地址：北京市万寿路 173 信箱

　　　　　电子工业出版社总编办公室

邮　　编：100036